企业上市全程指引

（第四版）

周红 ◎ 编著

IPO

中信出版集团 | 北京

图书在版编目（CIP）数据

企业上市全程指引 / 周红编著 . – 4 版 . -- 北京：
中信出版社，2019.8（2021.6重印）
ISBN 978-7-5217-0748-9

Ⅰ . ①企…　Ⅱ . ①周…　Ⅲ . ①上市公司—基本知识—
中国　Ⅳ . ① F279.246

中国版本图书馆 CIP 数据核字 (2019) 第 125801 号

企业上市全程指引（第四版）

编　　著：周红
出版发行：中信出版集团股份有限公司
（北京市朝阳区惠新东街甲 4 号富盛大厦 2 座　邮编　100029）
承 印 者：北京诚信伟业印刷有限公司

开　　本：787mm×1092mm　1/16　　印　　张：40　　字　　数：613 千字
版　　次：2019 年 8 月第 1 版　　印　　次：2021 年 6 月第 4 次印刷
书　　号：ISBN 978-7-5217-0748-9
定　　价：79.00 元

出版说明

《企业上市全程指引》第四版已修订完毕与读者见面了。从 2007 年本书第一版由中信出版社出版发行以来，随着证券市场的发展，相应的上市规则及配套政策都在不断调整、改变和完善中，《企业上市全程指引》一书也随之不断更新升级。从 2014 年本书更新至第三版到现在的近5 年来，我国证券市场发生了巨大变化，尤其是 2019 年推出了科创板，企业上市的发行机制也发生了根本性的改变，由核准制走向了注册制。所以，第四版的修订是非常必要和及时的。

相比于第三版，第四版从格局上做了大幅度的调整，以企业上市、融资为主线出发，由原来的十六章，修订为现在的十八章。每章之间都相对独立又彼此衔接，读者可以根据自身需要有针对性地选择阅读。

《企业上市全程指引》似一本工具书，最具可读性的就是让读者快速了解各板块上市“规则”，这是它的核心价值。同时，不论是企业上市、融资，还是公司治理、建章立制、资本运作、金融工具等企业所需，本书都给予了规范性的操作指导，引用的都是证监会、上海证券交易所、深圳证券交易所、新三板股份转让系统新近颁布的相应规则，可以说包括了从企业开始创业到上市、再融资、再扩张整个过程中的法规、必备条件，以及避险的注意事项，构建出一个系统的知识、规则体系，呈现给读者。

所以修订时力求每一章、每一节，甚至每一页，都能给读者以启发，换句话说，当读者拿到这本书时，只要看一眼书中的内容，都会觉得有用。本书共十八章，每一章都有对应性。中国的多层次资本市场包含主板、科创板、中小板、创业板、新三板及已经建设好备用的国际板等IPO（首次公开募股）平台，每个板块对上市企业都有其相应的规则和要求。所以，我们的读者，不论你想去哪个板上市，只需去重点读相应的章节，就会对这个板的上市条件及操作流程了然于胸。

比如，阅读完第一章，你会找到自己的公司上市或不上市的理由；阅读完第二章，你会知道自己的企业距到主板或中小板上市还有多远的征程；如果是科创企业，重点读第三章，就能帮助你登陆科创板；如果想去创业板或新三板，那重点读第四章就足够了；如果你不知道上市公司和非上市公司到底有什么区别，对如何进行公司治理有困惑，那就读第九章和第十章即可了解；如果你想通过资本运作手段把企业做大做强，但不知道有哪些规范及技术要领，那第十二章可以为你打开这扇知识的大门；如果你的公司已经是上市公司，想再融资，那就读第十三章；如果你的企业不想上市，只想融资，那建议你直接读第十八章，你就会清楚上市前、上市后以及境内外融资的工具了……如此的对应选择性阅读，既能满足特定需要，又可节省时间。

本书没有跌宕起伏的故事情节，也没有堆砌华丽的辞藻，字里行间更没有诗情画意，除了规则还是规则。

今天的世界充满机遇，但创业者却生存艰难，一不留神就会掉进陷阱，想要活下来就得学会保护自己。这是一个讲规则的时代，一个不讲规则的企业是没有前途的，企业上市就是按规则办事，这就是书中传递给读者的密码。

所以，建议读者在读此书时，先泡一壶工夫茶，再放些背景音乐，然后一章章、一节节、一页页地去认真阅读所需要的内容。只要找到了想要了解的那个章节阅读下去，你心中升起的灯塔就会照耀着你，同时会有个声音向你召唤，告诉你企业该往哪个方向走、到哪里融资、在哪里上市、怎么上市、请谁来保荐等。坚定地朝着那个目标努力拼搏，一定会获得成功！

虽然我们的创业者可以不选择上市，但是又有多少人会拒绝在资本市场的金字塔尖去敲响上市的钟声呢？我将用几十年的投行从业与教学研究经历去引导中国的企业及企业家们梦想成真。

作为本书编著者，一直对资本市场怀揣敬畏之心，唯恐因自己才疏学浅或文字驾驭能力有限而扫了读者的雅兴，进而浪费读者的时间。所以，我在编著过程中不敢有半点马虎，每一项规则都要对照证监会或者是证交所的原文，才能踏实引用。希望我的努力，能为我的读者或者企业家们提供有效的帮助，尽量减少大家去查阅原文件的时间。让读者在企业融资或上市之路上，如获得有效的贴身助手，正是出版此书的初衷。

经过几个月的修订，当看完经出版社审核排版后的清样时，我的内心有一种如释重负之感。我每一章、每一节、每一页地校对和排查，唯恐有误差，或者有原则性错误。当我读完最后一页时，忐忑的心释然了。我相信，当读者打开这本书时不会失望，我们的心血没有白费。

如果此次修订后，书中还有什么遗漏，或者存有瑕疵，一经发现我将协同出版社尽快修订勘误，并虚心接受读者的批评和建议。吾用吾心竭尽全力服务于读者！

周红

2019 年 5 月 31 日

第三版序一

在当今世界，金融资本是世界通用的“强势语言”，尤其是资本市场对创新、创业成长型中小微企业的发展支持力度更大。党的十八大和十八届三中全会为大力发展资本市场制定了一系列重大战略决策，可以预见中国资本市场正迎来新一轮大发展的重大机遇，企业挂牌上市的数量和规模也将迎来新的更大发展。

通过资本市场上市融资，是企业快速健康发展的有效途径。但企业上市是一项高度专业复杂的系统工程，企业家们迫切需要一个化繁为简、通俗易懂、专业权威，能为企业传递正能量的上市指南。而周红女士再版的《企业上市全程指引》正是这样一本好书。它具有三个特点：一是新，政策法规和上市监管规则及上市条件等最新，该指引把国家发展资本市场的重大政策和监管部门最新的IPO注册制改革、新的上市标准、程序及新三板挂牌的条件等最新的政策法规，进行了全面的介绍和解读，使企业家们了解了上市的依据和条件；二是简，该指引化繁为简，用最通俗直白的语言把复杂专业的术语和程序表达得通俗易懂，达到了大道至简的境界；三是全，该指引可操作性强，细致、深入、具体地解读了企业从改制、挂牌、上市、再融资、公司法人治理、信息披露、市值管理、IR（投资者关系）管理、公司上市后的持续发展所面临的各种问题，并辅以具体的案例和操作指引。读者参考指引可以大大提高效率，达到事半功倍的效果。

周红女士曾在证券行业从事多年投资银行业务，是公司上市、融资、并购的资深专家，在上市公司任高管多年，又在北京大学、清华大学等高校讲授资本市场融资并购、PE（私募股权投资）等课程。她拥有丰富的实践经验和深厚的理论功底。《企业上市全程指引》再版也说明了社会读者对她的认可，为此，我隆重推荐该书。

金晓斌博士

享受国务院政府特殊津贴专家

海通证券股份有限公司副总裁

海通证券投资银行委员会副主任

第三版序二

周红老师是东方华尔最受欢迎的讲师之一。她的魅力不仅来自曾经在高校任教中丰富的经验，更来自她20多年来参与中国证券市场成长中的亲身感受。东方华尔专注于金融从业人员财富管理方面的专业培训，也是理财规划师国家职业资格标准与教材的编撰机构，10年来培训学员几十万人，其间合作过的讲师也不计其数，周红老师的口碑一直名列前茅。

作为专业培训机构，选择师资与教材是课程是否成功的最关键因素之一。东方华尔做的是金融机构在职人员培训，学员中不乏具备很高专业素质者，仅纸上谈兵讲述理论知识远远不能满足学员的需求，能为他们提供价值的是既具有较高理论素养，又具备丰富实战经验的讲师，而周红老师一直是我们的最佳人选。

周红老师早在20世纪90年代初期就进军证券行业，历经20多年的风风雨雨，从投资运营到基金管理、投行业务、企业顾问，再到大学教授，一路走来，她将自己多年来对资本市场的感悟无私地与学员分享，其实际运营经验要比很多企业家和管理者还要丰富。作为嘉富诚国际资本有限公司的合伙人，她为企业提供的关于上市企业治理、投融资和境内外上市的相关咨询和顾问服务，都是十分专业和具有无限价值的。这些伴随着无数企业上市实战经验和周红老师本人的专业素养，也是保证本书所具备的理论完备和操作性强的坚实基础。

多年来与周红老师的合作，让我感受到她作为企业上市导师强大的责任心和使命感，其职业化的公司治理理念已经深深地融化在她的血液之中。东方华尔是一家专业培训机构，但其本质也是一家从事经营活动的企业，东方华尔30家分公司遍布全国各地，因周红老师受欢迎程度高，所以排课也比较频繁，尤其一些高级理财规划师课程，因学员职务高、内容前沿实用，对师资要求也高，所以我们大部分分公司都留下过她授课的身影。每次遇到周红老师，她都会从职业角度出发，直言不讳地指出我们哪些地方存在问题或哪些长处值得发扬，以及在管理与公司治理上需要完善与提高之处，让我们受益匪浅。周红老师的指导具有战略高度和可操作性，东方华尔近年来飞速发展，在国内金融专业培训领域占据龙头地位，可以说和周红老师的帮助和支持是分不开的。

东方华尔和中国的其他企业一样从小到大，企业核心竞争力经历了产品、技术、成本、资金比拼等初级阶段。随着中国经济社会的发展以及互联网时代的到来，中国企业家的眼光和境界也在不断变化和提升，IPO、收购兼并、企业治理等现代企业经营思想及手段已经变得不再陌生，企业间的竞争已经上升到规模与理念层面的较量，想要保持企业长足发展、长盛不衰，上市无疑是基业长青的最佳途径之一。

企业上市，不仅仅是企业资本运作的系统性工作，更是企业管理和运营规则的改革性活动，企业在上市前不光需要做好完善的准备工作，更要针对上市后的种种变化做好充分的计划和想好应对策略。这本再版的《企业上市全程指引》，不仅可以帮助企业家快速梳理企业上市目标及最优渠道，更能针对企业的不同性质帮助企业家在公司治理和融资具体操作方面做出详尽的辅导和指引。我在阅读《企业上市全程指引》的全过程中，站在企业高层管理者的角度向各位企业家推荐此书，相信这本书的再版将为欲上市企业和已经上市企业在上市过程中的市场定位、可持续增长、管理制度完善及上市制度和操作等更多细节方面提供实质性的帮助。

资本市场会为企业提供无限的可能，同样作为一名企业家，我期待更多像《企业上市全程指引》这样的书籍和像周红老师一样的专业导师能够为我国优秀企业的发展提供辅导和帮助，让更多有梦想的企业家实现成功上市的目标。

宁淳

北京东方华尔金融咨询有限责任公司董事长

第三版序三

中国企业，特别是中小企业的发展，不缺少经营、技术、市场、专家，但资本运作经验丰富者在企业中通常是少得可怜。因此，弥补此方面的短板也成为许多企业家的心声。几经再版的《企业上市全程指引》，目前可能是企业家快速、全面了解资本市场的最有参考价值的一本读物。

中国经济的快速发展，造就了大批快速增长的企业，企业的发展离不开资本市场的支持，然而资本市场繁杂多样，又使不少企业家望而却步，因为缺少系统而又全面介绍资本市场的普及性读物。而现在，这一困境由于《企业上市全程指引》一书的出版和再版，得到了一定的缓解。

这本书内容涉及从上市准备到上市之后的市场维护和管理以及再融资，从私募股权投资到上市后发行可转换债券，还有境内及境外不同的资本市场。即使从来没有接触过资本市场的人士，读完这本书后也会变成半个专家。本书把重点放在流程的解析和政策的解读上，其创新的编著方式和浅显易懂的内容着实让我们受益颇丰。近几年，国内出版的一些图书均为闭门造车之作，此书却给我们展示了作者长期以来从实践中总结理论，从自身实践经验和理论的升华中总结出的有益于读者理解和学习的知识产品。作者体现的“满足读者快速学习之需求”的理念贯穿于全书，站在读者的角度去编著此书。这恰恰也解释了此书为何一版再版，极受读者欢迎了。

作为周红女士在嘉富诚国际有限公司的同僚，亲眼看到了她作为专家辅导许多拟上市企业，实现建立融资渠道和平台的历程，也看到她善于总结和为不断提升自己所做出的努力。相信她的努力不仅能使她更飘逸地长袖善舞于资本平台上，也能使越来越多的快速增长的中国企业受益更多。

郑锦桥

嘉富诚股权投资基金管理有限公司董事长

目录

上篇 上市前做什么

下篇 上市后的征程

上篇

上市前做什么

第一章

为何上市

企业上市固然是一条优秀的融资之道，但绝不仅限于此。2019 年中央经济工作会议及两会明确指出股市将成为国家重要核心竞争力的组成部分，资本市场要为实体企业服务，金融要脱虚向实，中小企业也要脱虚向实。

尽管在股市一夜暴富已成为过去，想复制很难，但股市仍然是企业资本运作的主战场、投资家的乐园。只是中国企业的上市之路更加规范，不论是核准制还是注册制，或者由核准制向注册制过渡，都必须把自律、严谨、公开、透明、公正、公平贯穿于上市的每个细节，都必须依照相应的法律法规要求进行审计与规范运作，上报证监会及相关监管机构，经认可后才能向证券交易所申请公开发行股票上市。

据 21 数据新闻实验室统计，2018 年共有 324 家中国企业通过 IPO 登陆资本市场（包括药明康德与格陵兰收购两地上市），占全球 IPO 总数的 24%；首发募资合计 4 047 亿元，占全球 IPO 募资总额的 29%。至此，中国上市公司数量已达 6 961 家（见图 1－1）。2018 年上半年 A 股共 118 家企业上会，IPO 审核整体通过率为 49%，不及半数。虽然 A 股在 2018 年 IPO 过会率创历史新低，但整体来看，中国企业冲刺全球资本市场的身影依然很活跃。

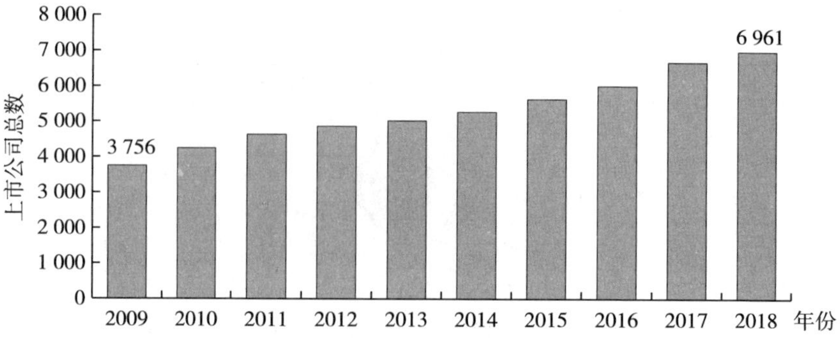

图 1－1　2009—2018 年全国上市公司总数

2018 年 4 月，港交所修订主板《上市规则》，允许同股不同权、尚未盈利生物医药公司以及将中国香港作为第二上市地的公司来港上市。在港交所拥抱“新经济”的改革背景下，小米、美团、海底捞……这些明星“独角兽”企业相继登陆港股市场，将 2018 年的港股 IPO 市场带向最高潮。截至 12 月 30 日，2018 年已有 208 家公司在港上市，募资总额约 2 800 亿港元，这也让中国香港市场成为全球 IPO 市场的第一，募资额领先排名第二的纽交所 74 亿美元。而选择在港股市场上市的中国公司有 178 家，占据了中国企业 IPO 的 55%（见图 1－2）。

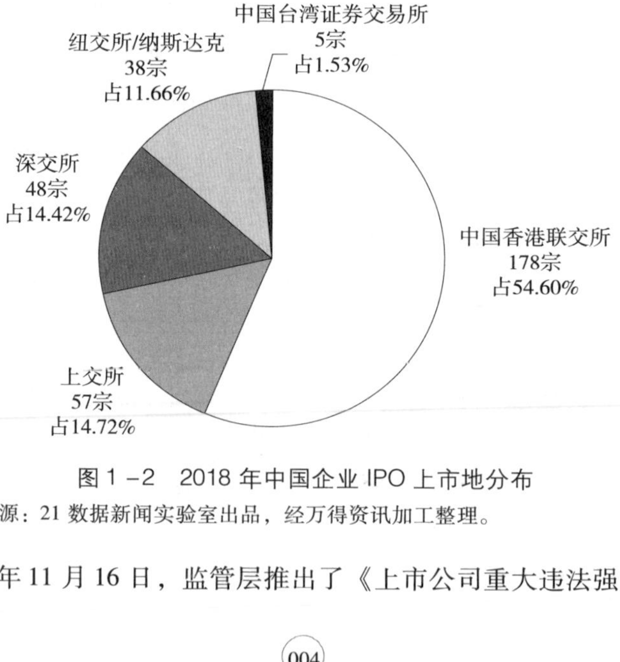

图 1－2　2018 年中国企业 IPO 上市地分布

资料来源：21 数据新闻实验室出品，经万得资讯加工整理。

2018 年 11 月 16 日，监管层推出了《上市公司重大违法强制退市实施办法》（上证发〔2018〕98号），规范了强制退市的流程机制。2018年共有8家公司退市，以后还会出现退市者。

2016年，博元投资因重大信息披露违法，被上交所依法依规终止上市，成为资本市场第一家因重大违法被终止上市的公司。2017年的两家退市企业中，一家是欣泰电气，于2014年1月在深交所创业板上市，2017年6月23日，深交所决定终止该公司股票上市，是中国证券市场第一家因欺诈发行被退市的上市公司；另一家是新都酒店，于1994年1月在深交所主板上市，2017年5月16日，深交所决定终止该公司股票上市。

长生生物因触及深交所《上市公司重大违法强制退市实施办法》第2条、第5条规定的重大违法强制退市情形，深交所于2019年1月14日向其送达《关于对长生生物科技股份有限公司股票实施重大违法强制退市的决定》（深证上〔2019〕23号）。根据《深圳证券交易所股票上市规则》第14.1.1条、第14.1.6条的规定以及上市委员会的审核意见，决定自2019年3月15日起暂停长生生物股票上市。

如果从2018年开始算起，长生生物是第5家被暂停上市的A股公司，此前的几家分别为＊ST华泽、＊ST海润、＊ST上普、＊ST众和，这几家均是在2018年被暂停上市的。

沪深交易所分别修订的《上市公司重大违法强制退市实施办法》发布实施后，主要加强了以下三个方面的监管：

一是完善重大违法强制退市的主要情形，明确上市公司构成欺诈发行、重大信息披露违法或者其他涉及国家安全、公共安全、生态安全、生产安全和公众健康安全等领域的重大违法行为的，证券交易所应当严格依法做出暂停、终止公司股票上市交易的决定的基本制度要求。

二是强化证券交易所的退市制度实施主体责任，明确证券交易所应当制定上市公司因重大违法行为暂停上市、终止上市的实施规则。

三是落实因重大违法强制退市公司控股股东、实际控制人、董事、监事、高级管理人员等主体的相关责任，强调其应当配合有关方面做好退市相关工作、履行相关职责的要求。

截至2018年1月，境外（不包括中国香港）上市的中概股数量共有334只，与之相对的是，已有242只中概股摘牌退市。也就是说，每

10家赴境外上市的企业中，就有4.2家最终以退市来结束其境外上市之旅。从纳斯达克退市的中概股数量最多，达到62只，排名第二的是新加坡证券交易所，已退市的中概股为59只，紧随其后的是纽约证券交易所和伦敦证券交易所，已退市的中概股数量分别为35只和30只。

好不容易在境外上市的中国公司为何频现退市？是什么原因导致中概股退市的比例如此之高呢？主要还是因为境外市场严厉的监管机制。以美国为例，美国资本市场实行的是注册制而不是审批制，所有的监管标准是公开的，没有监管歧视，也没有暗箱操作，无论是谁只要达到标准就可以上市。在此体制之下，企业的自制与信誉就是赖以生存的根本。但这对于那些诞生在并不完全成熟、规范的市场竞争环境里的企业来说，能否适应当地“严酷”的监管制度是一个很大的疑问。而且，还有诸多类似“浑水”的做空机构时刻盯着上市公司的财务问题。此外，价值被严重低估、股票交易量偏低也是中概股主动选择退市的主要原因。

企业想IPO上市实在好难，那我们为什么还要上市呢？

本章重点介绍企业上市的意义及成功上市的案例，同时又透过不想上市的企业案例来换个角度看问题，说明上市不一定是企业的唯一选择。

第一节　上市论证

一、上市，给企业带来什么

> 假如必须等待积累去使某些单个资本增长到能够修建铁路的程度，那么恐怕直到今天世界上还没有铁路。但是，集中通过股份公司转瞬之间就把这件事完成了。
>
> （马克思：《资本论》第1卷，人民出版社，1975年版，第688页）

企业发展必须靠两条腿：一条腿是以产业为核心的纵轴，发展健康的产业市场，通过兼并、收购、资产重组等资本运作手段把企业做大做强，即建设完善的产业链和相匹配的产品线；另一条腿则是以资本为核心的横轴，提供企业运行的血库，解决企业发展中的支付问题，如图1－3所示。倘若企业发展没有资本支撑，别说发展，可能连生存都成问题。对于一些规模尚属中小甚至微型的企业，它们发展的最大困难就是资本匮乏。尽管有一流的企业创意与愿景，有独特的创业模式和一批怀揣创业梦想的企业家们，但它们没有融资需要的抵押物与担保，所以银行很难给它们提供贷款，而PE/VC（风险投资）又不在投资点上，自身的融资渠道又不足以支撑企业高速发展的资金需求。因此，许多小微企业不是夭折在半坡上，就是被资本抛弃。新三板就是为解决中小民营科技企业融资难而生的，企业通过新三板的股权交易平台融资迅速做大规模，在残酷的市场竞争中取得产业发展优势，抢夺市场制高点，夯实企业基础，培育成熟即转主板或直接在境外IPO融资，这是当前资本市场发展所赋予企业的机遇。当然，如果企业为融资而不顾一切盲目追求上市，其结果可能是“福兮，祸之所伏”，因为融资对于企业而言，仅仅是发展过程中的一种阶段性需求、一种发展手段，并非终极目标。所以，并非所有企业在所有发展阶段均适合上市，它必须服从企业整体的战略安排和需要，有选择地做好上市准备，实现真正意义上的企业上市。那么，上市到底能给企业带来什么，上市有何意义，我们归纳了如下内容：

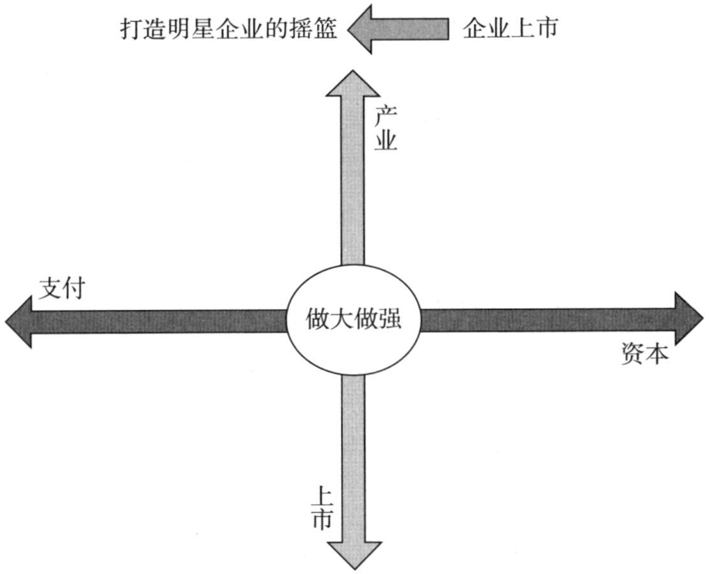

图1－3　企业发展的“两条腿”

1. 理顺企业产权关系。通过上市过程，帮助企业理顺产权关系，尤其是对于早已民营化的企业，历史上产权关系模糊不清，历史遗留问题解决不好，无法使企业轻装上阵。企业应在理顺产权的过程中促使地方政府根据政策规定，及时出具正式文件，明确其合法的产权关系，保障私有产权不受侵害。如国企改制后，企业集团主辅分离经营，其资产、债务、人事、业务等都混合不清，致使管理不力，企业整体效益下降，造成资源浪费。因此，只有理顺了企业产权关系，才能真正按市场规则运行，由市场来决定企业命运。

2. 谋得有利于持续发展的稳定的长期融资渠道。不论是国有企业还是民营企业，不缺资金的毕竟是少数，90%的民营企业快速发展的首要任务就是融资，比如资产型地产公司、金融型企业，一旦资金链断裂，马上会面临崩盘；而上市企业融资环境相对要宽松许多。

3. 企业上市成为公众公司，有利于提升企业市场形象，更有利于扩张市场领域。穿上市公司（服饰类），吃上市公司（餐饮、食品类），戴上市公司（珠宝类），用上市公司（家电、通信、能源类等），行上市公司（汽车、航空、水运类），住上市公司（地产、建筑装饰类等）……无论何时何地，上市公司本身就是最好的名片与品质保证。一些企业上市的目的就是创知名产品，提高企业品牌效益。

4. 对抗宏观调控能力加强，银根紧缩反而有利。企业没上市前求银行贷款不容易，上市后，银行会主动找上门来，银行的眼睛永远是盯着富裕企业的。如某企业改制时，集团接近亏损，外贸业务被走私及国际巨头倾销压迫得几无退路，几十亿元资产规模的股份公司年利润不到4 000万元,上市后则迅速成长为行业龙头，能与国际大公司抗衡，创造了上市以来每年增长率均超过50%的较好业绩。

5. 企业上市后有利于招贤纳士、人力资源的整合。“水往低处流，人往高处走。”优秀的人才都希望投身到能实现个人价值的地方，同等条件下，上市公司的吸引力当然大于其他公司。有一家农业板块的民企集团，主营养猪及生产动物饲料等，在即将上市前，闻讯赶来的境外一家快要破产的上市企业主动把盘中残值以零价格出让的方式托付给这家准上市企业，以保持产业的连续性及市场渠道资源的整合，使一些名牌大学的毕业生也不介意其行业的特质而自愿投靠加盟。

6. 上市是催生千万、亿万富翁的摇篮。资本市场暴富的故事可不是神话。人们熟悉的百度、阿里巴巴、腾讯、京东、小米、美团等，是上市成就了它们的财富梦想，还是它们抓住了上市的良机？

2018 年 7 月 9 日，小米公司在港交所挂牌交易，开盘价 16. 6 港元。以开盘价算，小米公司的总市值为 473. 2 亿美元。小米公司上市之后，雷军的个人财富也进入全球富豪排行榜，居第 115 位。2018 年 9 月 20 日，美团点评在港交所挂牌上市，开盘价 74 港元，市值达到 4 041 亿港元（约合 515 亿美元、3 527 亿元人民币）。美团创始人王兴的个人身家达到 58. 86 亿美元（约合 403 亿元人民币）。2018 年 9 月 26 日，海底捞在中国香港上市后，张勇夫妇的身家已经达到约 637. 5 亿港元，约合 561 亿元人民币。

二、不想上市的企业

上市的理由总是相似的，而不上市的公司却各有各的理由。虽然企业上市的意义是显而易见的，但是，仍然有许多企业并不急于上市，那些暂时不想上市的企业，其真实原因还不只是因为有钱而不需要融资，可能牵涉的具体情况是多方面的，比如：

1. 企业历史沿革不清，多重管理，理顺产权结构与规范管理所发生的成本费用太高。一些资产型企业，如地产类公司、基础类传统产业，产权结构及归属问题已成为麻团似的历史遗留问题，多角账务关系弄不好就是小马拉大车，即使上市了也不知哪天会退下来。

2. 无融资需求，也不愿意与公众分享高成长的利益。一些发达地区的众多民营企业，由小作坊成长为跨国企业集团，年利润总额上亿元，这类企业主观上就不想成为公众公司，既不想接受上市公司监管，也不想公众分享企业成果，持有“小富即安”的思想观念，认为“日子过得不错，无须上市”。

3. 核准制下，境内上市排队周期长，审核通过率相对于境外较低。从企业改制、上市辅导、报送材料、等待反馈意见、企业答复、发审委审核、证监会核准等，每一道运作程序都是一项繁重复杂的系统工程，会计师审计时真要把企业翻个底朝天还不知道发表什么意见，对于急需融资的企业，耐不住上市过程的煎熬，于是另辟蹊径。

4. “上市失败”恐惧综合征心理。少数企业 IPO 上会后未被核准，已上市公司遭遇退市，使得一些企业掌门人产生“上市失败”恐惧综合征心理。即使实现注册制，这种现象也不会减少。

5. 不愿意受监管。不管是核准制还是注册制，信息披露都是必需的。上市后不自由，因为信息披露透明度高，包括主营业务、市场策略等方面的信息。被投资者和媒体高度关注也可能会对上市公司产生一定的负面影响。企业的重大经营活动及经营决策都必须经董事会、股东大会审议通过，失去了作为私人企业老板所享受的独权，在凸显经营灵活性、提高资金效率、加快资金周转等方面会受影响。

6. 省费用，不失对企业的控制权。上市是要付出成本的，如审计费、发行费、承销费等，为了实现上市以及上市后的系列管理活动等，企业都需要支付较高的费用。上市公司比私人企业需要履行更多义务、承担更多责任，管理层也将受到更大的压力等，股权的分散将使管理层不可避免地失去对企业的部分控制权。

“择其善者而从之，其不善者而改之。”不想上市的企业自然有其规避的诸多不善之理由，想上市的企业当然也有择其善的地方。商者趋利也，上市或不上市皆因利而行之。

案例 1－1　华为任正非：不上市，华为就有可能称霸世界

华为是世界 500 强企业，也是国内最大的通信供应商。早在 1997 年前后，任正非就在薪资福利水平上向西方国家看齐，一直是同行业的佼佼者。曾有媒体爆料：华为员工的年薪超过 500 万元的大有人在！这条消息直接占据了各大门户网站的头条位置，引得其他企业员工的羡慕。能进入华为工作，一直是很多高校应届毕业生的梦想。

任正非称，华为没有上市的必要，上市不仅会增加各种费用，还会改变现有的股权结构。而华为几万员工持股，是赶超同行业其他企业的

重要因素，一旦上市，就要受到限制，不利于华为的长远发展。除此之外，上市之后会有一批人变成富翁，他们的激情就会衰退，无论对华为还是对员工来说都不见得是好事。

案例1－2　老干妈陶华碧：我坚决不上市，那是骗人家钱

老干妈的创始人陶华碧曾说："我坚决不上市，一上市，就可能倾家荡产。上市那是欺骗人家的钱，有钱你就拿，把钱圈了，喊他来入股，到时候把钱吸走了，我来还债，我才不干呢。所以一有政府人员跟我谈上市，我就跟他说：谈都不要谈！你问我要钱，我没有，要命有一条。"

老干妈的企业文化、产品、商业模式和竞争壁垒决定了它根本不用上市，未来也不用上市。陶华碧创业的原动力只不过是想养家糊口，老干妈无论是在原材料收购还是发货给经销商上，永远都是现金交易，不赊账、不欠账，没有应收款、没有负债，现金流非常充裕。其产品畅销全球，打败了所有的竞争对手，而老干妈生存的核心价值就是产品。

决定老干妈成功的核心因素有3个：淡泊名利的扩张战略、好到极致的现金流和独步天下的产品品质。能抓到这3个核心因素的企业，不成功也难，而老干妈抓住了这3个，它还要上市干吗？

案例1－3　娃哈哈宗庆后：坚持小步快跑不上市

曾是中国首富的宗庆后说："人家说我们比较傻，不会用银行的钱。我想还是稳定点好，娃哈哈是小步快跑，我们坚决不做心里没底的事。"对于娃哈哈而言，并不缺钱，所以没必要上市；另外，也是公司出于对股权和员工的考虑。

娃哈哈为何至今没有上市，主要是因为股东数量的问题。宗庆后透露，娃哈哈的股东数量为15 000个，根据国家法律规定，企业上市之前的股东数量不允许超过200个，而且要追溯到自然人。

假如将娃哈哈的这15 000个股东组成一家公司参股娃哈哈，还是要按照15 000名股东计算，这是证监会核准企业上市的一条红线，很多家

企业都被卡在这条红线外。“全部整合上市将是一项浩大的工程”，宗庆后透露这是娃哈哈目前上市的最大障碍。

“上市企业造假多了去了”，宗庆后觉得目前娃哈哈虽然没有上市，但是公司治理水平仍远高于一些上市企业。

案例1-4　方太茅忠群：做高端最重要的是耐得住寂寞

方太是中国厨电行业的领军者，在家庭选购厨电用具时，很多人会把方太作为首选。创业20年，方太仍然是一个家族企业。

“不上市、不打价格战、不欺骗”，这是茅忠群的“三不原则”。在崇尚速度与金钱的中国企业界，这绝对是个另类。

茅忠群说：“有些上市企业走进了单纯追求利润的不良怪圈，上市反倒会被股东施加压力，首要任务变成了一味追求利润规模，这与方太做高端品牌的梦想会有冲突。做高端最重要的是耐得住寂寞，你不能看着人家中低端市场大就眼红。我们也从来不给别人贴牌，因为我们的定位不是‘世界工厂’，方太要打造的是品牌。一个真正的高端品牌应该是经得起时间考验的，而不是由规模利润来决定的。”

有同行说，方太做得如此累，也没看出多赚了多少钱，规模也不大。而近两年来方太不引入风险投资资本、不上市更是被认为过于保守。但茅忠群就是理想地信奉：不做500强，要做500年。

“不上市就是为了能够真正地静下心来按照自己的思路去发展，因为上市公司会受很多的影响，股价涨跌，业绩公布，投资方对你指手画脚。例如每个季度都要交报表，可能到时为了销售的利润不得不采取短期措施。上市和不上市其实差距还是比较大的。”

案例1-5　立白许晓东：我们名利都不缺为何上市

立白集团副总裁许晓东此前曾坦言：“上市的目的一般来说有两个，一是提高知名度，二是融资。而这两点我们暂时都不需要。我们现在天天打广告，也算是家喻户晓的品牌了；至于资金，我们是业内第一家款到发货、打破行业三角债的企业，所以资金流很顺畅。”①

三、企业上市论证

上市有上市的利得，不想上市也有其深刻的缘由。“天下之事常成于困约，而败于奢靡。”人的行为动机常常表现为“为利而为，为义而为，为困而为”。一般来说，企业上市的目的和动机就是为了融资，解决企业资金压力。但是，只为了融资而上市的企业，如果公司治理及规范运作跟不上，上市成果终究会被挥霍殆尽而前途渺茫。因为上市所赋予企业的内涵远不仅是解决企业融资问题，它把利益、责任、义务、风险都同时加载给企业承担。上市过程其实是进入优胜劣汰，奉行优势者领先强者更强的选择机制，严格的上市核审过程会让尚未准备好的企业中途出局，经受不住监管考验的上市公司，也会面临摘牌退市的风险。

公开发行股票不是企业融资的唯一途径。如果企业不具备上市环境，仅为解决企业融资而不得不申请上市，那么可能会顾此失彼而增大企业机会成本。因为，对企业而言可选择的融资方式是多样的，比如项目融资、风险投资、银行贷款财务融资、私募基金、私募债等定向募集、公开发行企业债券（包括可转换债券）等，不上市也可以正常融资。

企业决策要明确，选择上市或放弃上市机会，其最终结果评价绝无高下之分。因为不同的目的和动机便会导致不同的行为结果。企业有条件不想上市和没有条件创造条件也要上市的行为动机肯定存在较大差异。但是，企业只要视自身具体情况而定，把握好自己，审时度势，择机缘而行，看长远谋发展，上市或不上市都是明智之举。

“上市成本”、“机会成本”及“监管风险”等问题企业不得不思量。如果企业没有认真论证好是否上市就仓促运作，为支付企业上市所发生的费用，以及为上市而放弃其他融资或发展机会，对企业而言也是损失。如果企业上市了经受不了监管的考验而发生退市风险，企业也会为盲目上市而付出昂贵代价。

---

① 资料来源：百家号。

总之，企业上市自然有上市的价值和意义，不上市有不上市的理由。上市论证的目的就是让企业决策者从不同的角度理清思路，不论企业选择上市还是不上市，首先，目的明确，规划清楚；其次，根据可行性论证，弄明白上市或不上市的利弊；最后，形成企业领导决策方案，实施操作。

第二节　推动企业上市

明确了企业上市的目的和意义，并经过上市可行性论证后，紧接着便是如何推动企业上市。我们应以科学发展观为指导，大力推动企业上市融资，切实拓宽企业直接融资渠道，为企业的做大做强增添新的动力。目前，主要从以下三个方面推动企业上市。

一、外部环境向好是企业上市的助推剂

中国资本市场没有理由不成为世界一流。直接金融具有推动产业结构调整的天然优势。目前的情况是小微企业融资难，我们要挖掘银行的潜力，而且要积极推动民间信贷的规范化发展。但小微企业往往需要地是本金，或者是时间稍微长一点的债务融资，而这种服务只能由基础的直接融资来提供。发展文化创意产业，实现产业升级，需要我们更多地利用资本市场。在市场并购中，资本市场可以发挥巨大的作用。在对战略性产业的发现和推动过程中，也要发挥资本市场的作用。真正的新兴产业往往孕育于中小企业当中，不确定性和轻资产的特点确定了其常常难以获得银行信贷资金的支持，而资本市场包括股票、债券、风险投资、私募等，提供了一套融资方和投资方风险共担、利润共享的机制。事实上，每一轮全球新兴产业的焦点都在各国资源配置的效率方面，美国之所以在 20 世纪 80 年代的高科技浪潮中独占鳌头，源于其资本的对接机制。美国的苹果、脸书公司取得了非常好的市场份额，都得益于其资本市场在危机后敏锐捕捉到这些产业，并快速增长。

目前上市公司已成为推动国民经济发展的重要力量。国际金融危机对我国经济的负面影响逐渐转化企稳，从中学习借鉴国际、国内先进经验和做法，勇于创新，有助于更好地发挥中国资本市场在资源配置中的基础性功能，以强化资本市场对实体经济的支持，这是应对挑战诸项措施中的重要手段。

中国股市已成为世界瞩目的焦点，上市公司对拟上市企业起到了榜样作用，从客观上推动企业加快了上市操作节奏。

二、适应市场发展要求选择上市方向，推动企业上市

企业上市融资符合当前的政策指向和市场发展的要求。

随着工商银行、中国神华、中国石油、中国建筑等一批大市值公司上市，中国船舶、中国铝业、宝钢集团、葛洲坝集团和鞍钢集团等大型公司重组并购并整体上市，我国上市公司整体结构显著改变，市值过千亿元的上市公司超过 100 家，其中，过万亿元的也突破 10 家。大型国有企业选择整体改制上市的模式不仅具备条件，而且符合当前的政策指向和市场发展的要求。大型企业一般会选择主板市场上市，而我国有 4 000 多万家中小企业，上市公司才 3 500 多家，境内资本市场的可选择性越来越大，主板、中小企业板、创业板、国际板根据企业自身条件，能够帮助企业选择适合的资本市场推动其上市。

2018 年全年共有 105 家企业上市，这些上市企业分布在 20 个省份或直辖市。其中，江苏、广东、浙江、北京、上海的上市企业合计 71 家，占比达 67.62%，是上市企业最为集中的 5 个地区。

另外，重庆、辽宁、黑龙江、吉林、甘肃、青海、云南、海南、山西、陕西、内蒙古、宁夏这 12 个省级行政区在 2018 年的上市企业数量为零。[①] 2018 年上半年，沪深两地上市公司总数量约为 3 533 家，各地情况如图 1－4 和图 1－5 所示。

---

① 资料来源：王思文，《证券日报》，2019 年 2 月 20 日。

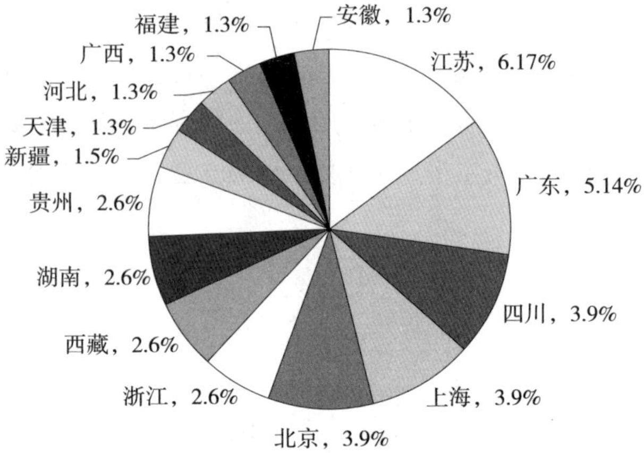

图 1 -4　2018 年至今各地上市企业数量占比

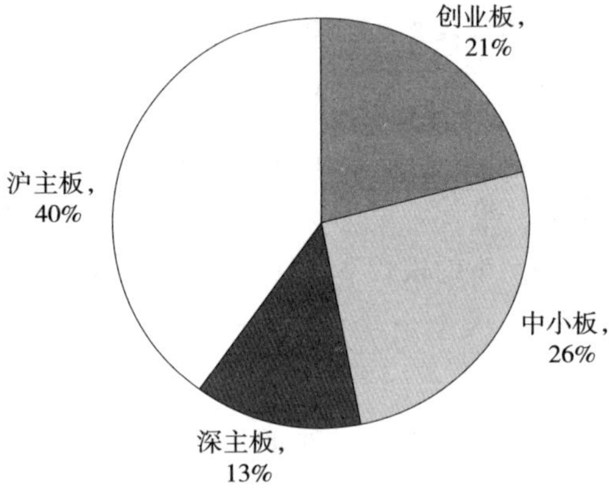

图 1 -5　沪深两地上市公司板块分布占比

三、练好企业内功，借政府力量推动企业上市

增强企业融资能力，培育资本市场，借政府力量推动企业上市。

练好企业内功是企业上市的关键。当前我国资本市场改革发展正面临难得的新机遇，同时也有诸多挑战。我们必须立足实际，放眼长远，进一步强化企业内部管理，提高企业上市质量，做好企业上市前的基础工作，调整好企业产品结构，创新拓展具有市场潜力的高科技产品，加强公司治理和制度建设，着力解决好股份制改组中的历史遗留问题，控制财务风险，做好企业上市前的融资工作，吸引战略投资者加盟，借助政府出台的好政策，搭建运作良好的资本平台，把推动企业上市作为当前工作重点，完善企业上市材料，尽快使企业进入上市流程。

2016 年 9 月，证监会发布了《中国证监会关于发挥资本市场作用服务国家脱贫攻坚战略的意见》，提出对全国 592 个贫困县企业 IPO、新三板挂牌、债券发行、并购重组等开辟绿色通道后，掀起了一阵新三板公司迁址贫困县的热潮。

证监会为贫困县企业开通了 IPO 绿色通道，但并不代表审核会放宽，而是更严格，目前贫困县企业仅新疆火炬一家新三板公司过会。

2018 年 1 月，证监会公告《关于延长证监会 IPO 扶贫申报期限的提案》，建议将“即报即审、审过即发”政策申报期限延续到 2025 年，对新疆、西藏、甘肃、青海等特别偏远的贫困地区给予更加优惠的条件。只是贫困地区企业要享受绿色通道，也是要满足以下条件的：

1. 对注册地和主要生产经营地均在贫困地区且开展生产经营满 3 年、缴纳所得税满 3 年的企业，或者注册地在贫困地区、最近一年在贫困地区缴纳所得税不低于 2 000 万元且承诺上市后 3 年内不变更注册地的企业，申请首次公开发行股票并上市的，适用“即报即审、审过即发”政策。

2. 对注册地在贫困地区的企业申请在全国中小企业股份转让系统挂牌的，实行“专人对接、专项审核”，适用“即报即审、审过即挂”政策，减免挂牌初费。

3. 对注册地在贫困地区的企业发行公司债、资产支持证券的，实行“专人对接、专项审核”，适用“即报即审”政策。

由于以往资本市场制度限制以及宏观改革措施尚未跟上，第一批处于引领地位的创新企业已经在境外上市，同时第二批快速成长的创新企业也在筹划上市。支持这类企业在境内发行上市，将有利于推动实体经济发展的质量变革、效率变革、动力变革，有利于增强境内市场国际化水平和全球影响力，提升境内上市公司质量，使境内投资者能够分享新时代经济发展成果。经过多年来的改革和发展，中国资本市场投资者成熟度、持续监管安排和发行上市监管能力有了较大提高，基础制度全面加强，市场容量稳步扩大，开放水平进一步提高，已经具备支持创新企业境内发行上市的基础条件。

鉴于以上原因，2018 年 3 月，证监会《关于开展创新企业境内发行股票或存托凭证试点的若干意见》出台，将着重处理好试点与风险防控的关系，把防控风险放到更加重要的位置。

意见指出，试点企业应当是符合国家战略、具有核心竞争力、市场认可度高，属于互联网、大数据、云计算、人工智能、软件和集成电路、高端装备制造、生物医药等高新技术产业和战略性新兴产业，达到相当规模的创新企业。主要包括：已在境外上市且市值不低于 2 000 亿元的红筹企业；尚未在境外上市，最近一年营业收入不低于 30 亿元且估值不低于 200 亿元，或收入快速增长，拥有自主研发、国际领先的技术，在同行业竞争中处于相对优势地位的红筹企业和境内企业。

此项举措一经推出，为留住下一个“独角兽”IPO 打开了又一个“即报即审”绿色通道，生物科技、云计算、人工智能、高端制造这 4 个行业的“独角兽”回归潮或将全面开启，同时也刺激了市场对科技股的投资热情。

第三节　核准制下 IPO 上会核准工作流程

拟上市企业在企业上市论证中，决策层首先要了解 IPO 的工作流程及每个流程都要做哪些具体工作，编制哪些报备文件，包括上报证监会核准时的核准程序，并在中介机构配合下协同完成各项工作。

一、IPO 上会核准工作流程

图 1 – 6 为 IPO 上会核准工作流程简图。

按照依法行政、公开透明、集体决策、分工制衡的要求，首次公开发行股票（以下简称首发）的审核工作流程分为受理、见面会、问核、反馈会、预先披露、初审会、发审会、封卷、会后事项、核准发行等主要环节，分别由不同处室负责，相互配合、相互制约。对每一个发行人的审核决定，均通过会议以集体讨论的方式提出意见，避免个人决断。

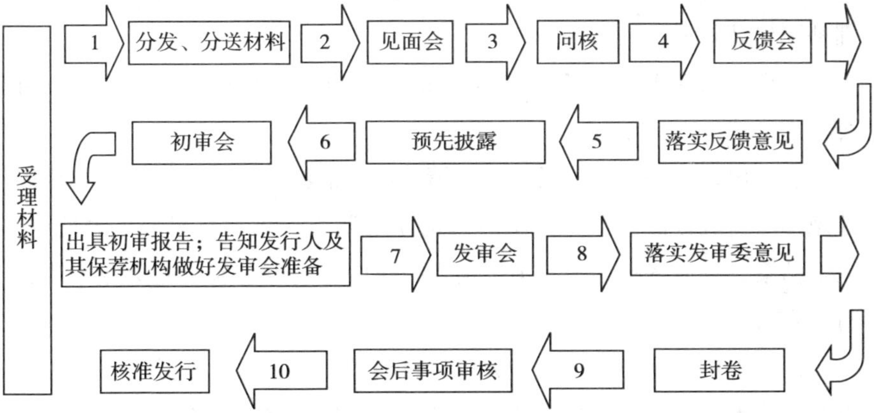

图 1-6　IPO 上会核准工作流程

(一) 具体审核环节

1. 材料受理、分发环节

中国证监会受理部门工作人员根据《中国证券监督管理委员会行政许可实施程序规定》(2018 年 4 月 23 日起施行) 和《首次公开发行股票并上市管理办法》(2018 年 6 月 6 日起施行) 等规则的要求，依法受理首发申请文件，并按程序转发行监管部。发行监管部综合处收到申请文件后将其分发审核一处、审核二处，同时送国家发展和改革委员会 (以下简称发改委) 征求意见。审核一处、审核二处根据发行人的行业、公务回避的有关要求以及审核人员的工作量等确定审核人员。

(1) 申请人提交申请材料，受理部门应当要求申请人出示单位介绍信、身份证等身份证明文件，并予以核对。申请人委托他人提交申请材料的，受理部门还应当要求受托人提交申请人的授权委托书，出示受托人的身份证明文件。受理部门应当留存申请人、申请人的受托人的身份证明文件复印件。

申请人提交申请材料，应当填写《申请材料情况登记表》。

受理部门接收申请材料，应当及时办理登记手续，并向申请人开具申请材料接收凭证。

（2）申请人有下列情形之一的，做出不予受理申请决定：

①通知申请人补正申请材料，申请人在30个工作日内未能提交全部补正申请材料。

②申请人在30个工作日内提交的补正申请材料仍不齐全或者不符合法定形式。

③为申请人制作、出具有关申请材料的证券公司、证券服务机构因涉嫌违法违规被证监会及其派出机构立案调查，或者被司法机关侦查，尚未结案，且涉案行为与其为申请人提供服务的行为属于同类业务或者对市场有重大影响。

④为申请人制作、出具有关申请材料的证券公司、证券服务机构的有关人员因涉嫌违法违规被证监会及其派出机构立案调查，或者被司法机关侦查，尚未结案，且涉案行为与其为申请人提供服务的行为属于同类业务或者对市场有重大影响。

⑤法律、行政法规及证监会规定的其他情形。

决定不予受理申请的，受理部门出具不予受理通知，告知申请人或者其受托人取回申请材料。申请人或者其受托人取回申请材料的，受理部门应当检查并留存申请人或者其受托人的身份证明文件（或复印件）、授权委托书，经登记后将申请材料退回申请人。

2. 审查

审查部门在审查申请材料过程中，认为需要申请人做出书面说明、解释的，原则上应当将问题一次汇总成书面反馈意见。申请人应当在审查部门规定的期限内提交书面回复意见；确有困难的，可以提交延期回复的书面报告，并说明理由。

确需由申请人做出进一步说明、解释的，审查部门可以提出第二次书面反馈意见，并要求申请人在书面反馈意见发出之日起30个工作日内提交书面回复意见。

申请人的书面回复意见不明确，情况复杂，审查部门难以做出准确判断的，经证监会负责人批准，可以增加书面反馈的次数，并要求申请人在书面反馈意见发出之日起30个工作日内提交书面回复意见。

书面反馈意见由受理部门告知、送达申请人。申请人提交的书面回复意见，由受理部门负责接收、登记。

审查部门负责审查申请材料的工作人员在首次书面反馈意见告知、送达申请人之前，不得就申请事项主动与申请人或者其受托人进行接触。

对有关举报材料，证监会及其派出机构可以通过下列方式进行核查：

（1）要求申请人做出书面说明。

（2）要求负有法定职责的有关中介机构做出书面说明。

（3）委托有关中介机构进行实地核查。

（4）直接进行实地核查。

（5）法律、行政法规以及证监会规定的其他核查方式。需要实地核查的，证监会及其派出机构应当指派两名以上工作人员进行核查。

3. 决定

（1）在审查申请材料过程中，申请人有下列情形之一的，应当做出终止审查的决定，并通知申请人：

①申请人主动要求撤回申请。

②申请人是自然人，该自然人死亡或者丧失行为能力。

③申请人是法人或者其他组织，该法人或者其他组织依法终止。

④申请人未在规定的期限内提交书面回复意见，且未提交延期回复的报告，或者虽提交延期回复的报告，但未说明理由或理由不充分。

⑤申请人未在规定的30个工作日内提交书面回复意见。

（2）在审查申请材料过程中，有下列情形之一的，应当做出中止审查的决定，并通知申请人：

①申请人因涉嫌违法违规被行政机关调查，或者被司法机关侦查，尚未结案，对其行政许可事项影响重大。

②申请人被证监会依法采取限制业务活动、责令停业整顿、指定其他机构托管、接管等监管措施，尚未解除。

③为申请人制作、出具有关申请材料的证券公司、证券服务机构因涉嫌违法违规被证监会及其派出机构立案调查，或者被司法机关侦查，尚未结案，且涉案行为与其为申请人提供服务的行为属于同类业务或者对市场有重大影响。

④为申请人制作、出具有关申请材料的证券公司、证券服务机构的有关人员因涉嫌违法违规被证监会及其派出机构立案调查，或者被司法机关侦查，尚未结案，且涉案行为与其为申请人提供服务的行为属于同类业务或者对市场有重大影响。

⑤对有关法律、行政法规、规章的规定，需要进一步明确具体含义，请求有关机关做出解释。

⑥申请人主动要求中止审查，理由正当。法律、行政法规、规章对前款情形另有规定的，从其规定。

（3）证监会根据申请人的申请是否符合法定条件、标准，做出准予或者不予行政许可的决定。做出不予行政许可决定的，应当在不予行政许可决定中说明理由，并告知申请人享有依法申请行政复议或者提起行政诉讼的权利。做出准予行政许可的决定，需要颁发行政许可证件的，应当向申请人颁发下列行政许可证件：

①证监会的批准文件。

②资格证、资质证或者其他合格证书。

③许可证、执照或者其他许可证书。

④法律、行政法规规定的其他行政许可证件。

4. 见面会环节

见面会旨在建立发行人与发行监管部的初步沟通机制。会上由发行人简要介绍企业基本情况，发行监管部负责人介绍发行审核的程序、标准、理念及纪律要求等。见面会按照申请文件受理顺序安排，一般安排在星期一，由综合处通知相关发行人及其保荐机构。见面会参会人员包括发行人代表、发行监管部部门负责人、综合处、审核一处和审核二处负责人等。

（1）问核环节。

问核机制旨在督促、提醒保荐机构及其保荐代表人做好尽职调查工作，安排在反馈会前后进行，参加人员包括问核项目的审核一处和审核二处的审核人员、两名签字保荐代表人和保荐机构的相关负责人。

（2）反馈会环节。

审核一处、审核二处审核人员审阅发行人申请文件后，从非财务和财务两个角度撰写审核报告，提交反馈会讨论。反馈会主要讨论初步审核中关注的主要问题，确定需要发行人补充披露、解释说明以及中介机构进一步核查落实的问题。

反馈会按照申请文件受理顺序安排，一般安排在星期三，由综合处组织并负责记录，参会人员有审核一处、审核二处审核人员和处室负责人等。反馈会后将形成书面意见，履行内部程序后反馈给保荐机构。反馈意见发出前不安排发行人及其中介机构与审核人员沟通（问核程序除外）。

保荐机构收到反馈意见后，组织发行人及相关中介机构按照要求落实并进行回复。综合处收到反馈意见回复材料进行登记后转审核一处、审核二处。审核人员按要求对申请文件以及回复材料进行审核。

发行人及其中介机构收到反馈意见后，在准备回复材料过程中如有疑问可与审核人员进行沟通，如有必要也可与处室负责人、部门负责人进行沟通。

审核过程中如发生或发现应予披露的事项，发行人及其中介机构应及时报告发行监管部并补充、修改相关材料。初审工作结束后，将形成初审报告（初稿）提交初审会讨论。

（3）预先披露环节。

反馈意见落实完毕、国家发改委等相关政府部门意见齐备、财务资料未过有效期的，将安排预先披露。具备条件的项目，由综合处通知保荐机构报送发审会材料与预先披露的招股说明书（申报稿）。发行监管部收到相关材料后安排预先披露，并按受理顺序安排初审会。

（4）初审会环节。

初审会由审核人员汇报发行人的基本情况、初步审核中发现的主要问题及其落实情况。初审会由综合处组织并负责记录，发行监管部部门负责人、审核一处和审核二处负责人、审核人员、综合处以及发审委委员（按小组）参加。初审会一般安排在星期二和星期四。

根据初审会讨论情况，审核人员修改、完善初审报告。初审报告是发行监管部初审工作的总结，履行内部程序后转发审会审核。

初审会讨论决定提交发审会审核的，发行监管部在初审会结束后出具初审报告，并书面告知保荐机构需要进一步说明的事项以及做好上发审会的准备工作。初审会讨论后认为发行人尚有需要进一步落实的重大问题、暂不提交发审会审核的，将再次发出书面反馈意见。

（5）发审会环节。

发审委制度是发行审核中的专家决策机制。发审会以投票方式对首发申请进行表决，提出审核意见。每次会议由7名委员参会，独立进行表决，同意票数达到5票为通过。发审委委员投票表决采用记名投票方式，会前有工作底稿，会上有录音。

发审会由发审委工作处组织，按时间顺序安排，发行人代表、项目签字保荐代表人、发审委委员、审核一处和审核二处审核人员、发审委工作处人员参加。

发审会召开5天前，证监会发布会议公告，公布发审会审核的发行人名单、会议时间、参会发审委委员名单等。发审会先由委员发表审核意见，发行人聆询时间为45分钟，聆询结束后由委员投票表决。发审会认为发行人有需要进一步落实的问题的，将形成书面审核意见，履行内部程序后发给保荐机构。

（6）封卷环节。

发行人的首发申请通过发审会审核后，需要进行封卷工作，即将申请文件原件重新归类后存档备查。封卷工作在落实发审委意见后进行。如没有发审委意见需要落实，则在通过发审会审核后即进行封卷。

（7）会后事项环节。

会后事项是指发行人首发申请通过发审会审核后，招股说明书刊登前发生的可能影响本次发行及对投资者做出投资决策有重大影响的应予披露的事项。存在会后事项的，发行人及其中介机构应按规定向综合处提交相关说明。须履行会后事项程序的，综合处接收相关材料后转审核一处、审核二处。审核人员按要求及时提出处理意见。按照会后事项相关规定需要重新提交发审会审核的，需要履行内部工作程序。如申请文件没有封卷，则会后事项与封卷可同时进行。

（8）核准发行环节。

封卷并履行内部程序后，将进行核准批文的下发工作。

（二）与发行审核流程相关的其他事项

发行审核过程中，证监会将征求发行人注册地省级人民政府是否同意其发行股票的意见，并就发行人募集资金投资项目是否符合国家产业政策和投资管理规定征求国家发改委的意见。特殊行业的企业还根据具体情况征求相关主管部门的意见。在国家发改委和相关主管部门未回复意见前，不安排相关发行人的预先披露和初审会。

为深入贯彻落实国家西部大开发战略、支持西部地区经济社会发展，改进发行审核工作服务水平，充分发挥沪、深两家交易所的服务功能，更好地支持实体经济发展，首发审核工作整体按西部企业优先，均衡安排沪、深交易所拟上市企业审核进度的原则实施。同时，依据上述原则，并结合企业申报材料的完备情况，对具备条件进入后续审核环节的企业按受理顺序顺次安排审核进度计划。

二、IPO 上会核准具体工作

IPO 上会核准具体工作事项如下：

1. 成立企业上市筹备小组具体负责上市运作工作。

2. 聘请财务顾问或会计师、券商等中介机构指导企业改制，设立股份有限公司。

3. 与当地证监局建立工作关系，得到领导关注，学习研究上市文件及政策法规。

4. 准备上会材料、保荐人推荐意见书、当地证监局出具意见。

5. 证监会受理申请文件。

6. 证监会进行初审、预披露上会信息，并对有问题的企业提出质疑、反馈信息。

7. 发行审核委员会审核。

8. 证监会做出核准或不予核准决定。

以上各项工作是由发行人、中介机构、地方政府、国务院审批监管机关分层分级由低到高逐项运作完成的。每份材料都有其制作标准及格式，在此不做赘述。企业董事会秘书及分管领导除了完善内部工作，还将配合中介机构完成相关文件。主要把好各项质量关，如企业财务审计关、改制变更不留尾巴、选好券商保荐人、顺利通过上会核准等，切不可急于求成、超越法规要求。

IPO 操作流程如图 1 –7 所示。

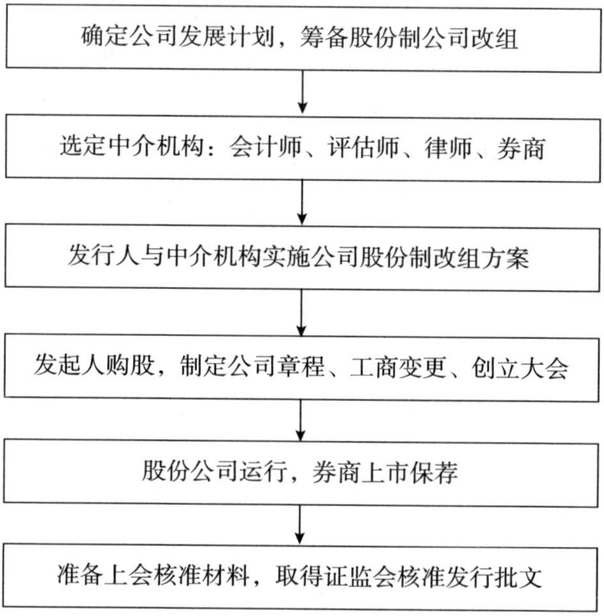

图 1 –7　IPO 操作流程

三、证监会发审委股票发行审核

发审委依照《证券法》、《公司法》等法律、行政法规和证监会的规定，审核发行人股票发行申请和可转换公司债券等证监会认可的其他证券的发行申请，对发行人的股票发行申请文件和证监会有关职能部门的初审报告进行审核。发审委以投票方式对股票发行申请进行表决，提出审核意见。证监会依照法定条件和法定程序做出予以核准或者不予核准股票发行申请的决定。

（一）发审委的组成

发审委委员由证监会的专业人员和证监会外的有关专家组成，由证监会聘任。发审委委员为66名，部分发审委委员可以为专职。发审委设会议召集人。

发审委委员每届任期一年，可以连任，但连续任期最长不超过两届。发审委委员每年至少更换一半。发审委委员和并购重组委委员不得相互兼任。

发审委委员的解聘不受任期是否届满的限制。发审委委员解聘后，证监会应及时选聘新的发审委委员。发审委委员因违法违规被解聘的，取消其所在单位5年内再次推荐发审委委员的资格，发审委委员为国家机关、事业单位工作人员的，通报其所在单位，由其所在单位做出相应处分。

（二）发审委的职责

发审委的职责为根据有关法律、行政法规和证监会的规定，审核股票发行申请是否符合相关条件；审核保荐人、会计师事务所、律师事务所、资产评估机构等证券服务机构及相关人员为股票发行所出具的有关材料及意见书；审核证监会有关职能部门出具的初审报告；依法对股票发行申请提出审核意见。

发审委委员以个人身份出席发审委会议，依法履行职责，独立发表审核意见并行使表决权。发审委委员可以通过证监会有关职能部门调阅履行职责所必需的与发行人有关的资料。

（三）发审委委员应当遵守的相关规定

1. 按要求出席发审委会议，并在审核工作中勤勉尽职。

2. 保守国家秘密和发行人的商业秘密。

3. 不得泄露发审委会议讨论内容、表决情况以及其他有关情况。

4. 不得利用发审委委员身份或者在履行职责上所得到的非公开信息，为本人或者他人直接或者间接谋取利益。

5. 不得与发行人有利害关系，不得直接或间接接受发行人及相关单位或个人提供的资金、物品等馈赠和其他利益，本人及配偶、父母、子女及其配偶不得直接或者以化名、借他人名义持有所核准的发行申请的股票，不得私下与发行人及其他相关单位或个人进行接触。

6. 不得有与其他发审委委员串通表决或者诱导其他发审委委员表决的行为。

7. 证监会以外的专职委员受聘期间，执行证监会工作人员禁止买卖股票的规定，相关人员所持股票，原则上应当在具备依法转让条件时受聘1个月内清理完毕，证监会以外的兼职委员受聘期间，买卖股票的限制措施另行规定。

8. 证监会的其他有关规定。

9. 发审委委员审核股票发行申请文件时，有下列情形之一的，应及时提出回避：

（1）发审委委员或者其亲属担任发行人或者保荐人的董事（含独立董事，下同）、监事、经理或者其他高级管理人员的。

（2）发审委委员或者其亲属、发审委委员所在工作单位持有发行人的股票，可能影响其公正履行职责的。

（3）发审委委员或者其所在工作单位近两年来为发行人提供保荐、承销、审计、评估、法律、咨询等服务，可能妨碍其公正履行职责的。

（4）发审委委员或者其亲属担任董事、监事、经理或者其他高级管理人员的公司与发行人或者保荐人有行业竞争关系，经认定可能影响其公正履行职责的。

（5）发审委会议召开前，与本次所审核发行人及其他相关单位或者个人进行过接触，可能影响其公正履行职责的。

（6）证监会认定的可能产生利害冲突或者发审委委员认为可能影响其公正履行职责的其他情形。

前款所称亲属，是指发审委委员的配偶、父母、子女、兄弟姐妹、配偶的父母、子女的配偶、兄弟姐妹的配偶。

（四）发审委会议的一般规定

发审委通过召开发审委会议进行审核工作。发审委会议表决采取记名投票方式。表决票设同意票和反对票，发审委委员不得弃权。发审委委员在投票时应当在表决票上说明理由。

发审委委员应依据法律、行政法规和证监会的规定，结合自身的专业知识，独立、客观、公正地对股票发行申请进行审核。

发审委委员应当以审慎、负责的态度，全面审阅发行人的股票发行申请文件和证监会有关职能部门出具的初审报告。在审核时，发审委委员应当在工作底稿上填写个人审核意见：

1. 发审委委员对初审报告中提请发审委委员关注的问题和审核意见有异议的，应当在工作底稿上对相关内容提出有依据、明确的审核意见。

2. 发审委委员认为发行人存在初审报告提请关注问题以外的其他问题的，应当在工作底稿上提出有依据、明确的审核意见。

3. 发审委委员认为发行人存在尚待调查核实并影响明确判断的重大问题的，应当在工作底稿上提出有依据、明确的审核意见。

发审委委员在发审委会议上应当根据自己的工作底稿发表个人审核意见，同时应当根据会议讨论情况，完善个人审核意见并在工作底稿上予以记录。

发审委会议在充分讨论的基础上，形成会议对发行人股票发行申请的审核意见，并对发行人的股票发行申请是否符合相关条件进行表决。

发审委会议对发行人的股票发行申请形成审核意见之前，可以请发行人代表和保荐代表人到会陈述和接受发审委委员的询问。

发审委会议对发行人的股票发行申请只进行一次审核。

出现发审委会议审核意见与表决结果有明显差异或者发审委会议表决结果显失公正情况的，证监会可以进行调查，并依法做出核准或者不予核准的决定。

发审委会议根据审核工作需要，可以邀请发审委委员以外的行业专家到会提供专业咨询意见。发审委委员以外的行业专家没有表决权。

（五）发审委会议的普通程序

发审委会议审核发行人公开发行股票申请和可转换公司债券等证监会认可的其他公开发行证券申请。

证监会有关职能部门应当在发审委会议召开5日前，将会议通知、股票发行申请文件及证监会有关职能部门的初审报告送达参会发审委委员，并将发审委会议审核的发行人名单、会议时间、发行人承诺函和参会发审委委员名单在证监会网站上公布。

每次参加发审委会议的发审委委员为7名。表决投票时同意票数达到5票为通过，同意票数未达到5票为未通过。

发审委委员发现存在尚待调查核实并影响明确判断的重大问题，应当在发审委会议前以书面方式提议暂缓表决。发审委会议首先对该股票发行申请是否需要暂缓表决进行投票，同意票数达到5票的，可以对该股票发行申请暂缓表决；同意票数未达到5票的，发审委会议按正常程序对该股票发行申请进行审核。

暂缓表决的发行申请再次提交发审委会议审核时，原则上仍由原发审委委员审核。

发审委会议对发行人的股票发行申请只能暂缓表决一次。

发审委会议对发行人的股票发行申请投票表决后，证监会在网站上公布表决结果。

发审委会议对发行人股票发行申请做出的表决结果及提出的审核意见，证监会有关职能部门应当向发行人聘请的保荐人进行书面反馈。

在发审委会议对发行人的股票发行申请表决通过后至证监会核准前，发行人发生了与所报送的股票发行申请文件不一致的重大事项，证监会有关职能部门可以提请发审委召开会后事项发审委会议，对该发行人的股票发行申请文件重新进行审核。会后事项发审委会议的参会发审委委员不受是否审核过该发行人的股票发行申请的限制。

（六）发审委会议的特别程序

发审委会议审核上市公司非公开发行股票申请和证监会认可的其他非公开发行证券申请，适用以下规定。

证监会有关职能部门应当在发审委会议召开前，将会议通知、股票发行申请文件及证监会有关职能部门的初审报告送达参会发审委委员。

每次参加发审委会议的委员为5名。表决投票时同意票数达到3票为通过，同意票数未达到3票为未通过。

发审委委员在审核上市公司非公开发行股票申请和证监会认可的其他非公开发行证券申请时，不得提议暂缓表决。

证监会不公布发审委会议审核的发行人名单、会议时间、发行人承诺函、参会发审委委员名单和表决结果。

发行人聘请的保荐人有义务督促发行人遵守有关规定。保荐人唆使、协助或者参与干扰发审委工作的，证监会按照有关规定在3个月内不受理该保荐人的推荐。

本章要点

1. 企业必须对上市或不上市进行可行性论证，做出正确判断，形成公司决策。

2. 正确理解企业上市的意义。

3. 了解IPO上会核准的基本工作流程。

思考题

1. 你的企业想上市吗？为什么？

2. 证监会股票发行核准的基本程序有哪些？

3. 如何推动企业上市？

第二章

主板、中小板上市操作

董事长是企业上市的决策者，董事会秘书是企业上市的先行官，是具体工作的执行者。企业经过反复严格的上市论证后，选择了上市，就要立即制定上市规划，聘请券商及财务公司等相关中介机构进场指导，帮助进行股份制改组、股权设计等工作。公司治理、规范运作是企业上市前必须重视的，依法建立健全股东大会、董事会、监事会、独立董事制度，企业相关机构及管理人员都能够依法履行其职责。

推进股票发行注册制改革是党的十八届三中全会决定提出的重大改革任务。注册制改革涉及《证券法》的修改，为此，全国人大常委会 2015 年 12 月 27 日表决通过了《关于授权国务院在实施股票发行注册制改革中调整适用〈中华人民共和国证券法〉有关规定的决定》。此决定的实施期限为两年，即从 2016 年 3 月 1 日起，至 2018 年 2 月 28 日止。但 2018 年 2 月 23 日，受国务院委托，证监会主席向全国人大常委会做说明，建议股票发行注册制授权决定期限延长两年至 2020 年 2 月 29 日。这次申请延期意味着注册制改革仍在稳步推进中，不过这并不是说注册制改革马上就要推出实施。

随着《科创板首次公开发行股票注册管理办法（试行）》与《科创

板上市公司持续监管办法（试行）》等多项规则的推出，科创板正式落地。2019 年 3 月 18 日，上交所科创板股票发行上市审核系统正式上线，公众可实时浏览科创板股票发行上市审核的最新信息，且已有多家保荐机构通过系统提交了相关企业的申报文件。

注册制与核准制有何区别呢？见图 2－1、图 2－2、图 2－3、图 2－4。

A股目前IPO使用核准制

什么是核准制：证券的发行不仅要以真实状况的充分公开为条件，而且必须符合证券管理机构制定的若干适于发行的实质条件。经证券管理机关批准后方可取得发行资格，在证券市场上发行证券

	注册制	核准制
对发行做出实质判断的主体	中介机构	中介机构、证监会
发行监管性制度	证监会形式审核 中介机构实质性审核	中介机构和证监会 分担实质性审核职责
市场化程度	完全市场化	半市场化
发行效率	高	一般

图 2－1　注册制与核准制的区别

资料来源：凤凰网。

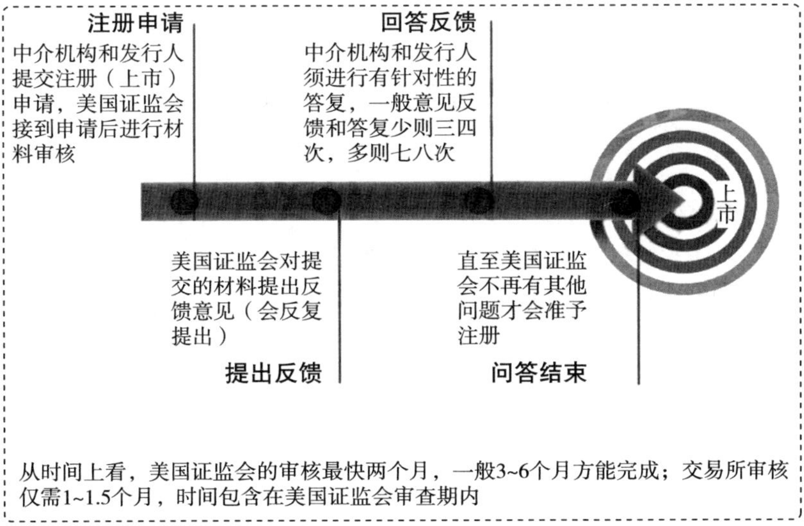

图 2－2　注册制与上市流程（以美国为例）

资料来源：凤凰网。

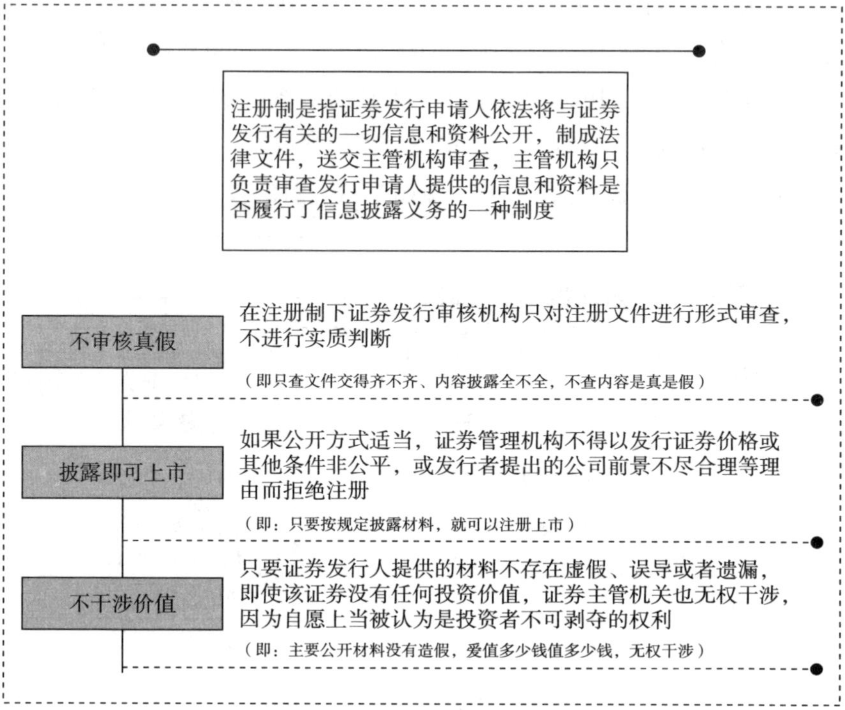

图 2 –3　IPO 注册制名词解释

第一节　企业上市准备阶段

所谓企业上市准备，一般包括两个方面，即物质化准备与观念意识转变，包括企业产权结构的调整和企业管理层的观念意识及职能变换，而上市心理准备是否成熟往往比上市运作的具体工作更难把握。企业上市，考验的往往是决策者与执行者的信念，具体体现在是否达成共识且保持一致行动的效果。所以，上市准备中选好关键人才是至关重要的。

一、董事长必须考虑的事情

1. 为什么要上市？分析上市与不上市的利弊，得出结论。

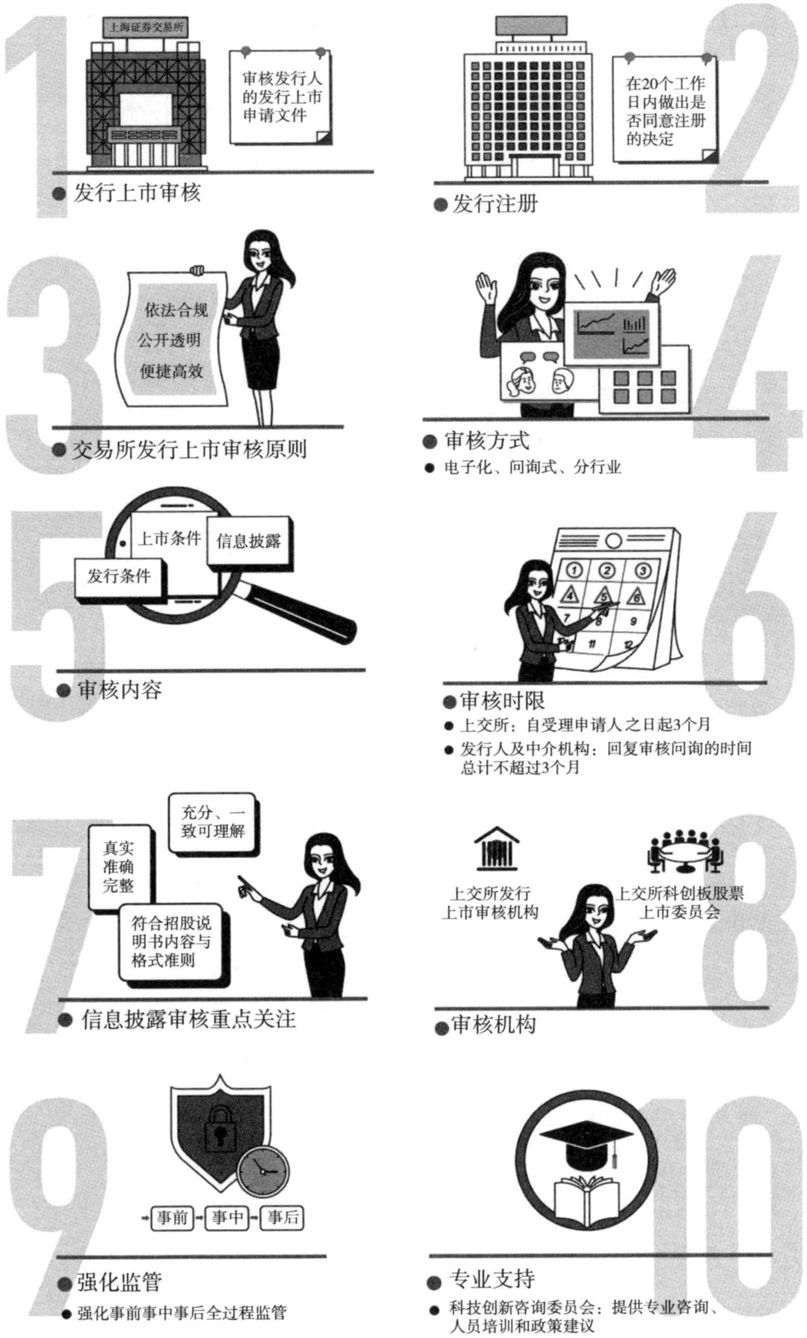

图 2－4　一图看懂中国发行注册制

资料来源：上海证券交易所。

2. 自查企业家底，产权是否明晰、股权结构是否合理、管理团队是否稳定、目标是否一致。

3. 募集资金规模，投向哪些项目，盈利预测，风险控制。

4. 到哪里上市——境内外、主板、中小企业板、创业板、国际板、新三板。

5. 预计上市时间，估算上市费用、机会成本。

6. 如何选择中介机构及合作伙伴，企业内部由谁来负责上市全过程的总协调?

7. 哪些是不确定因素以及防范措施。

8. 当前宏观政策是否能够促进企业上市，如何整合上市资源，突出企业上市优势，争取绿色通道，顺利过会核准上市? 如果是注册制，重点在信息披露。

二、做一名合格的董事会秘书——企业上市先行官

董事会秘书作为企业高管，其定位具有特殊性，董事会秘书的职业操守包括专业素质直接影响着企业上市工作的成功与否。因为董事会秘书是企业融资、企业上市的主要策划人之一，也是具体的执行人。其在选择中介机构、企业改制设立、申请及报批、发行上市等上市前的各环节中，始终起到关键作用，所以工作中常常把董事会秘书定义为企业上市的先行官。现行《公司法》第123条规定:“上市公司设董事会秘书，负责公司股东大会和董事会会议的筹备、文件保管以及公司股东资料的管理，办理信息披露事务等事宜。”董事会秘书由董事长提名，经董事会聘任或解聘，董事会秘书应对董事会负责。

拟上市企业的董事会秘书在上市运作的整个过程中都应以上市公司董事会秘书的工作标准来要求自己，接受董事会秘书的专业培训，熟悉相关法规政策，理清思路，找准方向，审时度势，为企业拟定上市规划并报企业决策层审议通过后操作实施，同时配合中介机构进场协同作战。

三、企业上市筹备阶段的工作协调

企业上市一般分为5个阶段，即上市筹备阶段、聘请中介机构、企业股份制改组阶段、上会核准（核准制下）申报材料制作及申报阶段、股票发行上市阶段。

1. 上市筹备阶段，由企业一把手挂帅，CEO（首席执行官）具体负责，财务总监参与，正式成立上市领导小组，全面负责上市工作，由拟选董事会秘书代理执行具体工作。

设立上市筹备组，主要成员单位有：办公室（或者综合办）、财务部、法律部、生产部、市场销售部、科研开发部、后勤部等部门负责人及企业候选的董事会秘书所在的类证券事务筹备部等，各成员之间互相配合协同作战，主要工作有：企业财务部配合会计师及评估师进行公司财务审计、资产评估及盈利预测编制工作；企业分管领导及董事会秘书负责协调企业与省市各有关政府部门、行业主管部门、证监会派出机构以及各中介机构之间的关系，并把握整体工作进程；法律部与律师合作，处理上市有关法律事务，包括编写发起人协议、公司章程、承销协议、各种关联交易协议等；生产部、市场销售部、科研开发部负责投资项目的立项报批工作和提供项目可行性研究报告；董事会秘书完成各类董事会决议、申报主管机关批文、上市文件等，并负责对外媒体报道及投资者关系管理。

2. 聘请中介机构。企业股份制改组及上市所涉及的主要中介机构有：具有证券从业资格的会计师事务所、证券公司及保荐人、资产评估机构、土地评估机构、律师事务所等。这些机构主要由董事会秘书及企业高管负责沟通与协调。与中介机构签署合作协议后，企业便在中介机构指导下开始股份制改组及上市准备工作。

3. 企业股份制改组阶段，其工作重心就是确定发行人主体资格及公司法理、规范运作、上市前资本运作。

4. 上会核准（核准制下）申报材料制作及申报阶段，是在完成股份制改组工作后，发行人与中介机构协同工作，准备上会核准材料呈报证监会，等待正式核准上市批文。

5. 股票发行上市阶段。企业首次公开发行股票的申请获得证监会核准批文后，便向证券交易所提出股票上市申请。此间的工作内容主要是股票发售与承销，以向特定机构投资者询价的方式确定股票发行价格，并向战略投资者配售股票，董事会秘书应在股票上市前5个交易日内到指定媒体披露相关上市文件。

第二节　企业股份制改组阶段

一、股份有限公司设立与变更

根据现行《公司法》规定，设立股份有限公司应当具备下列条件：

1. 发起人符合法定人数。

2. 有符合公司章程规定的全体发起人认购的股本总额或者募集的实收股本总额。

3. 股份发行、筹办事项符合法律规定。

4. 发起人制定公司章程，采用募集方式设立的经创立大会通过。

5. 有公司名称，建立符合股份有限公司要求的组织机构。

6. 有公司住所。

股份有限公司的设立，可以采取发起设立或者募集设立的方式。

发起设立，是指由发起人认购公司应发行的全部股份而设立公司。

募集设立，是指由发起人认购公司应发行股份的一部分，其余股份向社会公开募集或者向特定对象募集而设立公司。

设立股份有限公司，应当有2人以上200人以下为发起人，其中须有半数以上的发起人在中国境内有住所。

股份有限公司发起人承担公司筹办事务。

发起人应当签订发起人协议，明确各自在公司设立过程中的权利和义务。

股份有限公司采取发起设立方式设立的，注册资本为在公司登记机关登记的全体发起人认购的股本总额。在发起人认购的股份缴足前，不得向他人募集股份。

股份有限公司采取募集方式设立的，注册资本为在公司登记机关登记的实收股本总额。

法律、行政法规以及国务院决定对股份有限公司注册资本实缴、注册资本最低限额另有规定的，从其规定。

股份有限公司章程应当载明下列事项：

1. 公司名称和住所。

2. 公司经营范围。

3. 公司设立方式。

4. 公司股份总数、每股金额和注册资本。

5. 发起人的姓名或者名称、认购的股份数、出资方式和出资时间。

6. 董事会的组成、职权和议事规则。

7. 公司法定代表人。

8. 监事会的组成、职权和议事规则。

9. 公司利润分配办法。

10. 公司的解散事由与清算办法。

11. 公司的通知和公告办法。

12. 股东大会会议认为需要规定的其他事项。

以发起设立方式设立股份有限公司的，发起人应当书面认足公司章程规定其认购的股份，并按照公司章程规定缴纳出资。以非货币财产出资的，应当依法办理其财产权的转移手续。

发起人不依照前款规定缴纳出资的，应当按照发起人协议承担违约责任。

发起人认足公司章程规定的出资后，应当选举董事会和监事会，由董事会向公司登记机关报送公司章程以及法律、行政法规规定的其他文件，申请设立登记。

以募集设立方式设立股份有限公司的，发起人认购的股份不得少于公司股份总数的35%，但是法律、行政法规另有规定的，从其规定。

发起人向社会公开募集股份，必须公告招股说明书，并制作认股书。认股书应当载明招股说明书，由认股人填写认购股数、金额、住所，并签名、盖章。认股人按照所认购股数缴纳股款。

招股说明书应当附有发起人制定的公司章程，并载明下列事项：

1. 发起人认购的股份数。

2. 每股的票面金额和发行价格。

3. 无记名股票的发行总数。

4. 募集资金的用途。

5. 认股人的权利、义务。

6. 本次募股的起止期限及逾期未募足时认股人可以撤回所认股份的说明。

发起人向社会公开募集股份，应当由依法设立的证券公司承销，签订承销协议。

发起人向社会公开募集股份，应当同银行签订代收股款协议。

代收股款的银行应当按照协议代收和保存股款，向缴纳股款的认股人出具收款单据，并负有向有关部门出具收款证明的义务。

发行股份的股款缴足后，必须经依法设立的验资机构验资并出具证明。发起人应当自股款缴足之日起 30 日内主持召开公司创立大会。创立大会由发起人、认股人组成。

发行的股份超过招股说明书规定的截止期限尚未募足的，或者发行股份的股款缴足后，发起人在 30 日内未召开创立大会的，认股人可以按照所缴股款并加算银行同期存款利息，要求发起人返还。

发起人应当在创立大会召开 15 日前将会议日期通知各认股人或者予以公告。创立大会应有代表股份总数过半数的发起人、认股人出席，方可举行。

创立大会行使下列职权：

1. 审议发起人关于公司筹办情况的报告。

2. 通过公司章程。

3. 选举董事会成员。

4. 选举监事会成员。

5. 对公司的设立费用进行审核。

6. 对发起人用于抵作股款的财产的作价进行审核。

7. 发生不可抗力或者经营条件发生重大变化直接影响公司设立的，

可以做出不设立公司的决议。

创立大会对前款所列事项做出决议，必须经出席会议的认股人所持表决权过半数通过。

发起人、认股人缴纳股款或者交付抵作股款的出资后，除未按期募足股份、发起人未按期召开创立大会或者创立大会决议不设立公司的情形外，不得抽回其股本。

董事会应于创立大会结束后30日内，向公司登记机关报送下列文件，申请设立登记：

1. 公司登记申请书。

2. 创立大会的会议记录。

3. 公司章程。

4. 验资证明。

5. 法定代表人、董事、监事的任职文件及其身份证明。

6. 发起人的法人资格证明或者自然人身份证明。

7. 公司住所证明。

以募集方式设立股份有限公司公开发行股票的，还应当向公司登记机关报送国务院证券监督管理机构的核准文件。

股份有限公司成立后，发起人未按照公司章程的规定缴足出资的，应当补缴，其他发起人承担连带责任。

股份有限公司成立后，发现作为设立公司出资的非货币财产的实际价额显著低于公司章程所定价额的，应当由交付该出资的发起人补足其差额，其他发起人承担连带责任。

二、发行人的主体资格

根据《首次公开发行股票并上市管理办法》规定，首次公开发行股票的发行人应当是依法设立且合法存续的股份有限公司。经国务院批准，有限责任公司在依法变更为股份有限公司时，可以采取募集设立方式公开发行股票。

发行人自股份有限公司成立后，持续经营时间应当在3年以上，但经国务院批准的除外。有限责任公司按原账面净资产值折股整体变更为股份有限公司的，持续经营时间可以从有限责任公司成立之日起计算。

发行人的注册资本已足额缴纳，发起人或者股东用作出资的资产的财产权转移手续已办理完毕，发行人的主要资产不存在重大权属纠纷。

发行人的生产经营符合法律、行政法规和公司章程的规定，符合国家产业政策。

发行人最近3年内主营业务和董事、高级管理人员没有发生重大变化，实际控制人没有发生变更。

发行人的股权清晰，控股股东和受控股股东、实际控制人支配的股东持有的发行人股份不存在重大权属纠纷。

三、发起设立与募集设立

整体改制的企业毕竟是一部分，还有很多企业需要经历股份制改组过程。股份制改组的目的是，建立规范的公司治理结构、筹集资金、确立法人财产权关系等。根据《公司法》第77条规定，股份有限公司的设立，可以采取发起设立或者募集设立两种方式。

（一）发起设立

发起设立，是指由发起人认购公司应发行的全部股份而设立公司。有限责任公司必须采用发起设立方式，只有经国务院批准的有限责任公司在依法变更为股份有限公司时，可以采取募集设立方式公开发行股票。股份有限公司可在发起设立与募集设立之间自行决定。

比如，一汽集团发起设立股份有限公司，同时将旗下一汽轿车、一汽夏利股份划至新公司持有，选择以A+H股的形式整体上市。如图2-5所示，从股权结构中不难发现其集团在整合资源中的战略思想。

再比如，早些年由中央汇金投资有限责任公司、中国建银投资有限责任公司、国家电网公司、上海宝钢集团公司和中国长江电力股份有限公司5家公司，决议共同发起设立中国建设银行股份有限公司。5家发起人出资合计1 942.302 5亿元，按1∶1比例折股为1 942.302 5亿股。

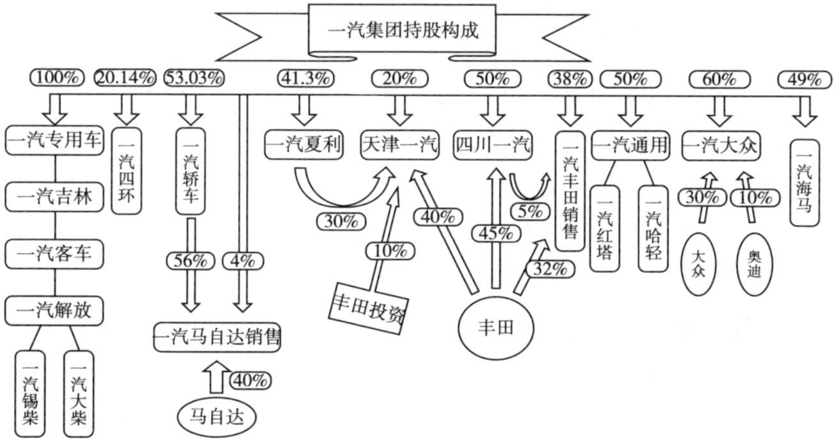

图2－5　一汽集团股权结构

中国建设银行将由国有独资商业银行改制为国家控股的股份制商业银行。中国建设银行股份有限公司承继原中国建设银行商业银行业务及相关资产、负债和权益。

发起设立一般有以下五个步骤：

第一，确定发起人，签订发起人协议。自然人、法人都可以作为发起人。发起人签订发起人协议，确定设立公司的总体方案，明确各方拟认购的股份数额和应当承担的责任。

第二，申请与报批。发起人签订设立公司协议后，需要先向工商行政管理部门提出企业名称预先核准的申请，然后向国务院授权部门或省级人民政府提出发行股票和设立股份有限公司的申请。

第三，发起人出资。发起人以书面形式认定公司章程规定发行的股份后，应立即缴纳全部股款。以实物、工业产权、非专利技术或土地使用权抵作股款的，应依法办理财产权转移手续。

第四，创立。发起人在缴付全部股款后，应当召开全体发起人大会，选举董事会和监事会成员，通过公司章程草案。

第五，登记。由董事会向公司登记机关报送设立公司的批准文件、公司章程、验资报告等文件，申请设立登记。经批准登记申请后，公司应进行公告。

（二）募集设立

募集设立，是指由发起人认购公司应发行股份的一部分，其余股份向社会公开募集或者向特定对象募集而设立公司。以募集设立方式设立股份有限公司的，发起人认购的股份不得少于公司股份总数的35%，但是，法律、行政法规另有规定的，从其规定。

以募集设立方式设立股份有限公司的程序如下：

1. 发起人签订发起人协议，明确各自在公司设立过程中的权利和义务。

2. 发起人制定公司章程。

3. 发起人认购一定数额的股份。发起人认购的股份不得少于公司股份总数的35%；法律、行政法规另有规定的，从其规定。

4. 发起人公告招股说明书，并制作认股书，向社会公开募集股份。

5. 发起人与依法设立的证券公司签订承销协议，并由证券公司承销。

6. 发起人同银行签订代收股款协议。

7. 发行股份的股款缴足后，经依法设立的验资机构验资并出具证明。

8. 发起人应当自股款缴足之日起30日内主持召开公司创立大会。

9. 董事会于创立大会结束后30日内，申请设立登记。

（三）设立方式的选择

设立方式的选择要具体情况具体分析，不能一概而论，一般有以下几种方式：

1. 推倒重来，发起设立。如果企业历史沿革复杂，产权结构不明晰，公司治理及规范成本高，可选用发起设立。

2. 整体变更设立。如果企业历史简单、产权结构清楚，无重大隐患，企业的业绩能连续计算，可选用整体发起设立或募集设立。

3. 发起设立，部分上市，实行多元化企业经营模式。如果企业希望自主空间大，除了考虑整体上市外还可选择部分上市，对于民企来说，保留部分自主空间，拿出部分上市，实行多元化企业经营模式也是一种可操作的选择。

四、改制过程中应完全进入股份公司的资产

股份制改组中，与主营业务相对应的资产应完全进入股份公司，其中包括：

1. 相关在建工程。

2. 商标等无形资产的原始处置权、处理和移交，原则上，商标应随资产无偿进入。

3. 补贴收入等也要有明确的进入方向。

4. 以债权、债务出资，债权人同意以挂账的研发费用等待摊费用作为出资。

5. 股东以在其他企业的股权投资出资。

6. 发起人以不具产权的资产出资（如仍在海关监管期的资产）。

7. 发起人以集体企业的产权出资。

8. 发起人出资，如同股不同价的要进行合理计算。

五、改制过程中相关行为的规范性

1. 发行人资格的鉴定（根据《首次公开发行股票并上市管理办法》规定执行）。

2. 发行人对外投资限制（根据《公司法》、公司章程相关规定执行）。

3. 设立后原企业的注销问题。

4. 改制时的中介机构选择（参照本书第五章操作）。

5. 改制时的资产评估（根据新《企业会计准则》、《审计准则》执行）。

6. 股改时的折股比例和国有股权管理方案。

7. 同业竞争及关联交易。

以上具体事项可请企业选聘的中介机构参与顾问，处理好细节。

六、企业改制后基本要求

企业改制后作为拟申请上市公司，应该达到以下基本要求：

1. 突出的公司主营业务，形成核心竞争力和持续发展的能力。
2. 按照《上市公司治理准则》要求独立经营，运作规范。
3. 有效避免同业竞争，减少和规范关联交易。

第三节 股份制改组后如何规范运作

一、公司治理

企业在上市过程中重点关注公司治理是否健全，是否具有清晰的权力制衡和有效的制度约束。其组织架构如图2－6所示。

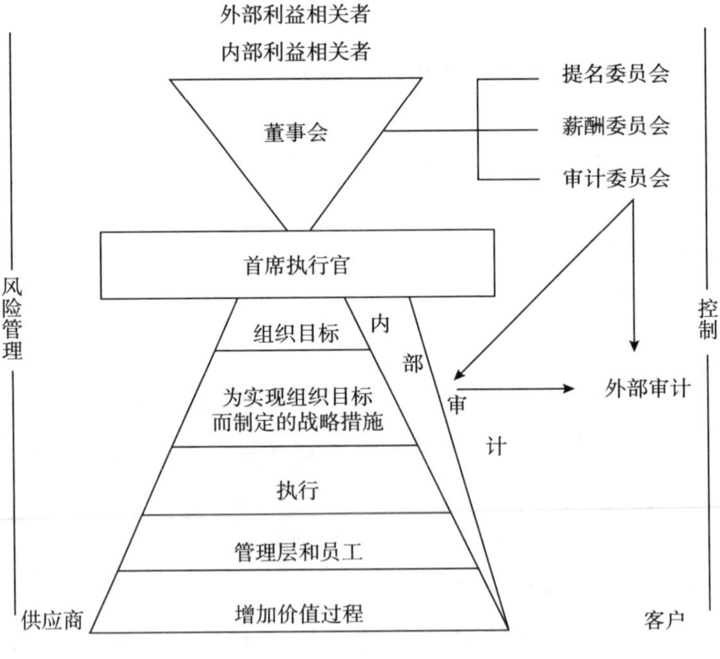

图2－6 上市前的企业架构

成功上市后，公司的治理架构如图 2－7 所示。

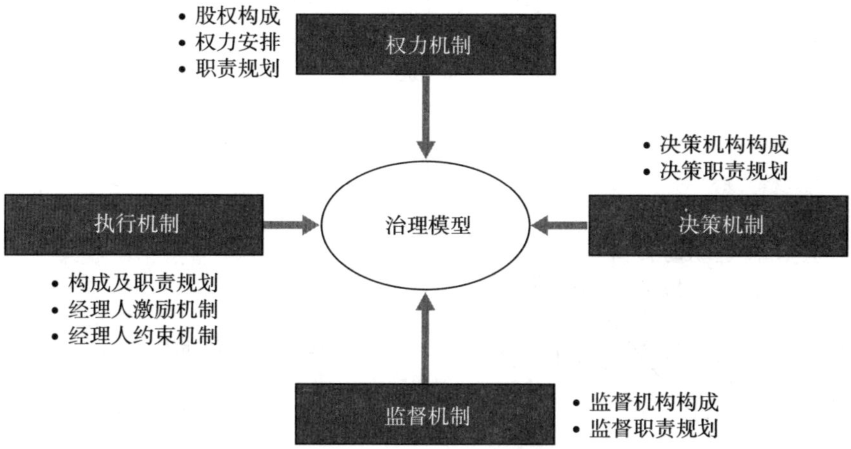

图 2－7　上市后的公司治理架构

上市公司的组织体系如图 2－8 所示。

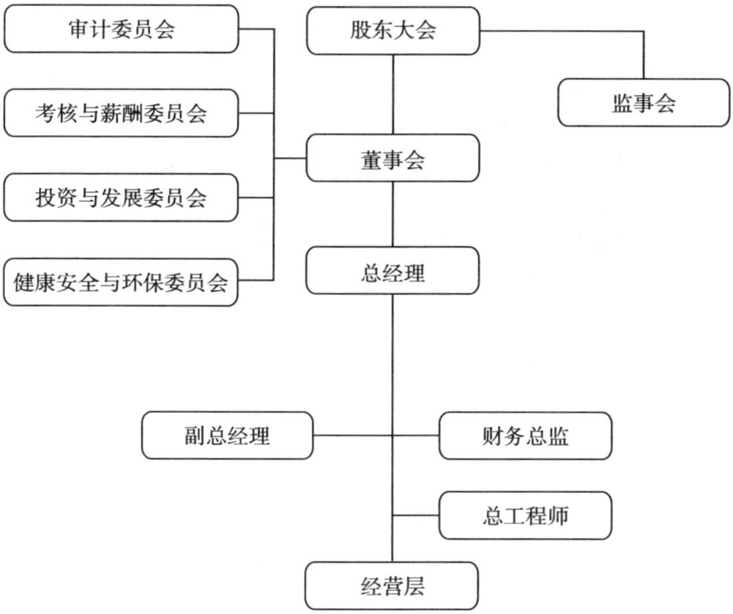

图 2－8　上市公司组织体系

上市公司的利益相关者之间的关系如图 2－9 所示。

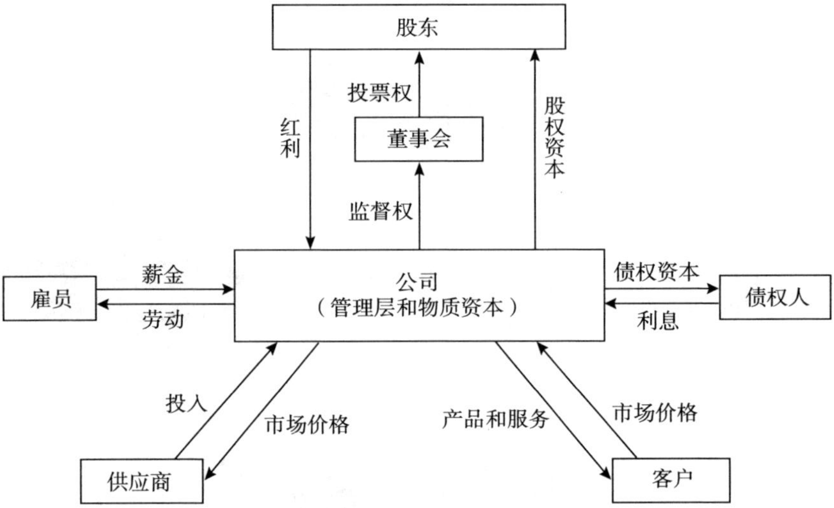

图2－9　利益相关者之间的关系

上市公司股东大会、董事会、监事会三会协同工作如图2－10所示。

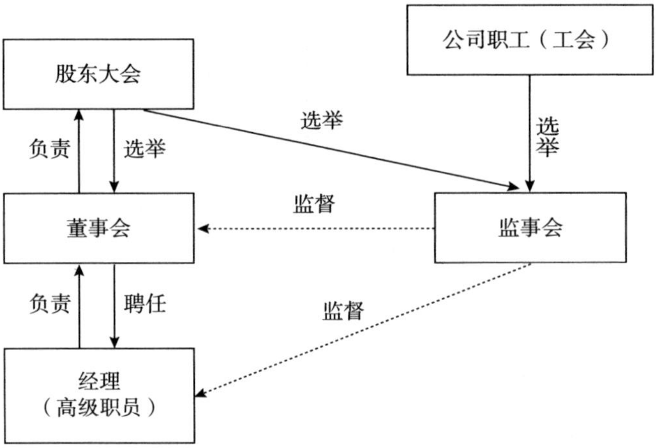

图2－10　三会协同工作示意

公司治理是现代企业制度中最重要的组织架构。狭义的公司治理主要是指公司内部股东、董事、监事及经理层之间的关系，广义的公司治理还包括与利益相关者（如员工、客户、存款人和社会公众等）之间的关系。

二、规范运行

发行人已经依法建立健全股东大会、董事会、监事会、独立董事、董事会秘书制度，相关机构和人员能够依法履行职责。

发行人的董事、监事和高级管理人员已经了解与股票发行上市有关的法律法规，知悉上市公司及其董事、监事和高级管理人员的法定义务和责任。

上市公司（拟上市企业参照）控股子公司不得取得该上市公司发行的股份。确因特殊原因持有股份的，应当在一年内依法消除该情形。前述情形消除前，相关子公司不得行使所持股份对应的表决权。

发行人的董事、监事和高级管理人员符合法律、行政法规和规章规定的任职资格，且不得有下列情形：

1. 被证监会采取证券市场禁入措施尚在禁入期的。

2. 最近 36 个月内受到证监会行政处罚，或者最近 12 个月内受到证券交易所公开谴责。

3. 因涉嫌犯罪被司法机关立案侦查或者涉嫌违法违规被证监会立案调查，尚未有明确结论意见。

发行人的内部控制制度健全且被有效执行，能够合理保证财务报告的可靠性、生产经营的合法性、营运的效率与效果。

发行人不得有下列情形：

1. 最近 36 个月内未经法定机关核准，擅自公开或者变相公开发行过证券；或者有关违法行为虽然发生在 36 个月前，但目前仍处于持续状态。

2. 最近 36 个月内违反工商、税收、土地、环保、海关以及其他法律、行政法规，受到行政处罚，且情节严重。

3. 最近 36 个月内曾向证监会提出发行申请，但报送的发行申请文件有虚假记载、误导性陈述或重大遗漏；或者不符合发行条件以欺骗手段骗取发行核准；或者以不正当手段干扰证监会及其发行审核委员会审核工作；或者伪造、变造发行人或其董事、监事、高级管理人员的签字、盖章。

4. 本次报送的发行申请文件有虚假记载、误导性陈述或者重大遗漏。

5. 涉嫌犯罪被司法机关立案侦查，尚未有明确结论意见。

6. 严重损害投资者合法权益和社会公共利益的其他情形。

发行人的公司章程中已明确对外担保的审批权限和审议程序，不存在为控股股东、实际控制人及其控制的其他企业进行违规担保的情形。

发行人有严格的资金管理制度，不得有资金被控股股东、实际控制人及其控制的其他企业以借款、代偿债务、代垫款项或者其他方式占用的情形。

三、财务与会计

发行人资产质量良好，资产负债结构合理，盈利能力较强，现金流量正常。

发行人的内部控制在所有重大方面是有效的，并由注册会计师出具了无保留结论的内部控制鉴证报告。

发行人会计基础工作规范，财务报表的编制符合《企业会计准则》和相关会计制度的规定，在所有重大方面公允地反映了发行人的财务状况、经营成果和现金流量，并由注册会计师出具了无保留意见的审计报告。

发行人编制财务报表应以实际发生的交易或者事项为依据；在进行会计确认、计量和报告时应当保持应有的谨慎；对相同或者相似的经济业务，应选用一致的会计政策，不得随意变更。

发行人应完整披露关联方关系并按重要性原则恰当披露关联交易。关联交易价格公允，不存在通过关联交易操纵利润的情形。

发行人应当符合下列条件：

1. 最近 3 个会计年度净利润均为正数且累计超过人民币 3 000 万元，净利润以扣除非经常性损益前后较低者为计算依据。

2. 最近 3 个会计年度经营活动产生的现金流量净额累计超过人民币 5 000 万元，或者最近 3 个会计年度营业收入累计超过人民币 3 亿元。

3. 发行前股本总额不少于人民币 3 000 万元。

4. 最近一期末无形资产（扣除土地使用权、水面养殖权和采矿权等后）占净资产的比例不高于20%。

5. 最近一期末不存在未弥补亏损。

证监会根据《关于开展创新企业境内发行股票或存托凭证试点的若干意见》等规定认定的试点企业（以下简称试点企业），可不适用前款第1项、第5项规定。

发行人依法纳税，各项税收优惠符合相关法律法规的规定。发行人的经营成果对税收优惠不存在严重依赖。

发行人不存在重大偿债风险，不存在影响持续经营的担保、诉讼以及仲裁等重大或有事项。

发行人申报文件中不得有下列情形：

1. 故意遗漏或虚构交易、事项或者其他重要信息。

2. 滥用会计政策或者会计估计。

3. 操纵、伪造或篡改编制财务报表所依据的会计记录或者相关凭证。

发行人不得有下列影响持续盈利能力的情形：

1. 发行人的经营模式、产品或服务的品种结构已经或者将发生重大变化，并对发行人的持续盈利能力构成重大不利影响。

2. 发行人的行业地位或发行人所处行业的经营环境已经或者将发生重大变化，并对发行人的持续盈利能力构成重大不利影响。

3. 发行人最近1个会计年度的营业收入或净利润对关联方或者存在重大不确定性的客户存在重大依赖。

4. 发行人最近1个会计年度的净利润主要来自合并财务报表范围以外的投资收益。

5. 发行人在用的商标、专利、专有技术以及特许经营权等重要资产或技术的取得或者使用存在重大不利变化的风险。

6. 其他可能对发行人持续盈利能力构成重大不利影响的情形。

四、民营企业IPO需要关注的问题

（一）担保行为要规范

对外担保事项，必须经董事会审议通过后，方可提交股东大会审批。须经股东大会审批的对外担保，包括但不限于下列情形：

1. 上市公司及其控股子公司的对外担保总额，超过最近一期经审计净资产 50% 以后提供的任何担保。

2. 为资产负债率超过 70% 的担保对象提供的担保。

3. 单笔担保额超过最近一期经审计净资产 10% 的担保。

4. 按照担保金额连续 12 个月内累计计算原则，超过公司最近一期经审计总资产 30% 的担保。

对于董事会权限范围内的担保事项，除应当经全体董事的过半数通过外，还应当经出席董事会会议的 2/3 以上董事同意；前款第 4 项担保，应当经出席会议的股东所持表决权的 2/3 以上通过。

5. 对股东、实际控制人及其关联方提供的担保。

股东大会在审议为股东、实际控制人及其关联方提供的担保议案时，该股东或受该实际控制人支配的股东，不得参与该项表决，该项表决由出席股东大会的其他股东所持表决权的半数以上通过。

应由董事会审批的对外担保，必须经出席董事会的 2/3 以上董事审议同意并做出决议。

上市公司发生“提供担保”交易事项，应当提交董事会或者股东大会进行审议，并及时披露。

（二）借贷行为要规范

1. 及时将贷款、担保信息登录征信管理系统，以便贷款方监控。依据《担保法》、《公司法》、《最高人民法院关于适用〈中华人民共和国担保法〉若干问题的解释》等相关法律法规进行贷款申请的审查。

2. 依据《担保法》、《公司法》、《上市公司章程指引》及其他有关规定，提供贷款的金融机构对担保方审核以下事项：

（1）由上市公司提供担保的贷款申请的材料齐备性及合法合规性。

（2）上市公司对外担保履行董事会或股东大会审批程序的情况。

（3）上市公司对外担保履行信息披露义务的情况。

（4）上市公司的担保能力。

（5）贷款人的资信、偿还能力等其他事项。根据《商业银行授信工作尽职指引》等规定完善内部控制制度，控制贷款风险。对由上市公司控股子公司提供担保的贷款申请，比照规定执行。

（三）是否做到诚信经营

上市公司诚信评价、银行诚信评价、申请文件的信息披露是否属实。

（四）关于资产负债率的控制

《关于拟公开发行股票公司资产负债率等有关问题的通知》（〔2002〕122 号）规定（如有新的文件规定应按新规定执行）："发行前一年末，资产负债率高于 70% 的公司申请公开发行股票，应满足以下条件：第一，发行前每股净资产不得低于 1 元人民币；第二，发行后资产负债率原则上不高于 70%，但银行、保险、证券、航空运输等特殊行业的公司不受此限。"

（五）募集资金投向是否规范的问题

《证券法》第 15 条规定，公司对公开发行股票所募集资金，必须按照招股说明书所列资金用途使用。改变招股说明书所列资金用途，必须经股东大会做出决议。擅自改变用途而未做纠正的，或者未经股东大会认可的，不得公开发行新股。

《公司法》第 86 条规定，招股说明书应当载明募集资金的用途。

《上市公司章程指引》第 40 条规定，股东大会审议批准变更募集资金用途事项。

一般来说，关注募集资金投向，有以下几方面：

1. 研发项目投资与补充流动资金的比例。发行人原固定资产投资和研发支出很少、募集资金后将大规模增加固定资产投资或研发支出的，主要看发行人固定资产变化与产能变动的匹配关系，新增固定资产折旧、研发支出对未来经营成果的影响。

2. 募集资金拟用于收购资产的，应获得拟收购资产的财务报告、审计报告、资产评估报告及相关资料，调查拟收购资产的评估、定价情况，拟收购资产与发行人主营业务的关系。若收购的资产为在建工程的，还应取得工程资料，了解已投资情况、还需投资的金额、负债情况、建设进度、计划完成时间等。

3. 发行人董事会关于建立募集资金专项存储制度的文件，应核查发行人是否已在银行开立了募集资金专项账户。

（六）募集资金投向产生的关联交易

发行人募集资金投向涉及与关联方合资或与关联方发生交易的，应取得相关项目或交易对象的详细资料，并判断其对发行人的影响。涉及评估、审计的，应取得相关资料并予以核查；涉及项目合作或设立合资公司的，应取得公司设立或批准文件等，调查发行人对该项目或公司是否具备控制能力和经营能力以及有关协议、合同的订立情况及已履约情况和审批手续；涉及收购资产或购买股权的，应调查交易的定价依据是否充分、公允，判断收购资产是否为发行人必需的经营性资产。对关联交易一般关注以下几方面：

1. 审批备案。

2. 交易规模不得超过上会核准前一年净资产的 2 倍。

3. 交易前尽可能预算准确，稳健操作。

4. 交易收益尽可能保守，可能会影响到再融资。

5. 资金投向与还贷方式。可先投资建设，抽取部分资金还贷。

6. 收购大股东资产。如果要解决同业竞争问题可以操作，一般则不宜收购大股东资产。

（七）纳税和补贴收入的问题

1. 所得税的优惠问题

福利企业的审批权限以及相应的税收优惠问题可以向当地政府申请。注册地和经营地不同的在国家级高新技术园区的税收优惠，企业应主动与主管机关协调解决。

2. 营改增后的财务处理

软件开发企业，销售自行开发的计算机软件产品，可按 17% 的税率征收后，对实际税负超过 3% 的部分实行即征即退，所退税款用于研究开发软件产品和扩大再生产。

3. 合资企业免税问题

新税法实施后，我国不同性质、不同类别的企业，包括国有企业、集体企业、民营企业、合资企业和外资企业均适用同一个税法。

4. 补贴收入是否真实的问题

财政补贴应有相关政府机关的正式文件作为支持。

（八）财务问题

财务问题包括以下几个方面：

1. 销售收入的真实性。
2. 纳税的规范性。
3. 经营性现金流量的准确性。
4. 毛利率是否在正常值范围。
5. 行业性波动对利润的影响。

第四节　股份有限公司运行及上市申请

根据《公司法》设立股份有限公司，召开创立大会，成立董事会和监事会，再到工商行政管理机关办理变更股份公司营业执照。股份公司规范运行一段时间后，根据《首次公开发行股票并上市管理办法》规定，已具备发行人条件的，可在中介机构的配合下制作上市申报文件，聘请主承销商汇总并出具推荐函，最后由主承销商完成内核后将申报文件报送证监会审核。同时，会计师事务所的审计报告、评估机构的资产评估报告、律师出具的法律意见书将为招股说明书有关内容提供法律及专业依据。

发行人所具备的条件及上市申报的工作要求如下详述。

一、发行人应当符合的具体条件

1. 最近3个会计年度净利润均为正数且累计超过人民币3 000万

元，净利润以扣除非经常性损益前后较低者为计算依据。

2. 最近3个会计年度经营活动产生的现金流量净额累计超过人民币5 000万元，或者最近3个会计年度营业收入累计超过人民币3亿元。

3. 发行前股本总额不少于人民币3 000万元。

4. 最近一期末无形资产（扣除土地使用权、水面养殖权和采矿权等后）占净资产的比例不高于20%。

5. 最近一期末不存在未弥补亏损。

6. 发行人依法纳税，各项税收优惠符合相关法律法规的规定。发行人的经营成果对税收优惠不存在严重依赖。

7. 发行人不存在重大偿债风险，不存在影响持续经营的担保、诉讼以及仲裁等重大或有事项。

证监会根据《关于开展创新企业境内发行股票或存托凭证试点的若干意见》等规定认定的试点企业，可不适用第1项和第5项规定。

二、发行人申报文件中不得有的情形

1. 故意遗漏或虚构交易、事项或者其他重要信息。

2. 滥用会计政策或者会计估计。

3. 操纵、伪造或篡改编制财务报表所依据的会计记录或者相关凭证。

三、发行人不得有的影响持续盈利能力的情形

1. 发行人的经营模式、产品或服务的品种结构已经或者将发生重大变化，并对发行人的持续盈利能力构成重大不利影响。

2. 发行人的行业地位或发行人所处行业的经营环境已经或者将发生重大变化，并对发行人的持续盈利能力构成重大不利影响。

3. 发行人最近1个会计年度的营业收入或净利润对关联方或者存在重大不确定性的客户存在重大依赖。

4. 发行人最近1个会计年度的净利润主要来自合并财务报表范围以外的投资收益。

5. 发行人在用的商标、专利、专有技术以及特许经营权等重要资产或技术的取得或者使用存在重大不利变化的风险。

6. 其他可能对发行人持续盈利能力构成重大不利影响的情形。

四、发行程序

1. 发行人董事会应当依法就本次股票发行的具体方案、本次募集资金使用的可行性及其他必须明确的事项做出决议，并提请股东大会批准。

2. 发行人股东大会就本次发行股票做出的决议，至少应当包括下列事项：

（1）本次发行股票的种类和数量。

（2）发行对象。

（3）价格区间或者定价方式。

（4）募集资金用途。

（5）发行前滚存利润的分配方案。

（6）决议的有效期。

（7）对董事会办理本次发行具体事宜的授权。

（8）其他必须明确的事项。

3. 发行人应当按照证监会的有关规定制作申请文件，由保荐人保荐并向证监会申报。特定行业的发行人应当提供管理部门的相关意见。

五、发行申请文件报证监会核审

1. 证监会收到申请文件后，在5个工作日内做出是否受理的决定。

2. 证监会受理申请文件后，由相关职能部门对发行人的申请文件进行初审，并由发行审核委员会审核。

3. 证监会在初审过程中，将征求发行人注册地省级人民政府是否同意发行人发行股票的意见。

4. 证监会依照法定条件对发行人的发行申请做出予以核准或者不予核准的决定，并出具相关文件。

5. 自证监会核准发行之日起，发行人应在 6 个月内发行股票；超过 6 个月未发行的，核准文件失效，须重新经证监会核准后方可发行。

6. 发行申请核准后、股票发行结束前，发行人发生重大事项的，应当暂缓或者暂停发行，并及时报告证监会，同时履行信息披露义务。影响发行条件的，应当重新履行核准程序。

7. 股票发行申请未获核准的，自证监会做出不予核准决定之日起 6 个月后，发行人可再次提出股票发行申请。

六、暂不发 IPO 批文的情形

证监会发布的“IPO 审核 50 条”，直击对赌协议、业绩下滑等焦点问题，首次明确何种情况下暂不发 IPO 批文。

1. 下滑幅度不超过 30% 的过会企业。过会后的最近一期经营业绩与上年同期相比下滑幅度不超过 30%，且预计下一报告期业绩数据下滑幅度也不超过 30% 的，发行人需提供最近一期至下一报告期乃至全年主要经营状况及财务数据的专项分析报告，充分说明发行人的核心业务、经营环境、主要指标是否发生重大不利变化，业绩下滑程度与行业变化趋势是否一致或背离，发行人的经营业务和业绩水准是否仍处于正常状态，并按照及时性指引的要求在重大事项提示中披露主要经营状况与财务信息，以及下一报告期（指经审计或审阅财务报表截止日后）业绩预告情况，同时充分揭示业绩变动或下滑风险；保荐机构需对上述情况及发行人经营业绩变化趋势、持续盈利能力出具专项核查意见，详细分析发行人业绩变动的原因及合理性，明确说明业绩预计的基础及依据，核查发行人的经营与财务状况是否正常，报表项目有无异常变化，是否存在影响发行条件的重大不利影响因素，发表明确意见。

在过会企业提交上述补充材料后，在招股说明书充分信息披露、保荐机构核查无重大不利变化且发行人仍符合发行条件的基础上，将按照相关程序安排后续核准发行工作。该类企业发行上市后，如发现发行人关于上述业绩变动的信息披露及保荐机构核查意见存在虚假记载、误导性陈述或重大遗漏的，将视情节轻重，依据相关法律、法规、规章予以严肃查处。

2. 下滑幅度超过 30% 但不超过 50% 的过会企业。过会企业最近一期或预计下一报告期经营业绩与上年同期相比下滑幅度超过 30% 但不超过 50% 的，发行人如能提供经审核的下一年度盈利预测报告，同时，提供最近一期至下一年度主要经营状况及财务数据的专项分析报告，以及保荐机构对上述情况及发行人经营业绩变化趋势、持续盈利能力出具专项核查意见；说明经营业绩下滑趋势已扭转，不存在对持续盈利或持续经营能力以及发行条件产生重大不利影响的事项，保荐机构应对上述情况予以充分核查，获取明确的证据，并发表明确意见；符合上述要求，将按照相关程序安排后续核准发行工作。

3. 下滑幅度超过 50% 以上的过会企业。过会后的最近一期经营业绩与上年同期相比下滑幅度超过 50%，或预计下一报告期业绩数据下滑幅度将超过 50% 的，基于谨慎稳妥原则，暂不予安排核准发行事项，待其业绩恢复并趋稳后再行处理或安排重新上发审会。

过会后的“最近一期”可以是中期（一季度、半年度、三季度），也可以是新增补的会计年度；“经营业绩”以扣除非经常性损益合计数前后孰低的净利润为财务数据的计算依据；“财务数据”应为已审计报告期财务数据、按照及时性指引要求经审阅季度财务数据。

4. IPO 发行人对赌协议同时满足 4 个条件可以不清理。“IPO 审核 50 条”称，投资机构在投资发行人时约定对赌协议等类似安排的，原则上要求发行人在申报前清理，但同时满足以下要求的可以不清理：

（1）发行人不作为对赌协议当事人。

（2）对赌协议不存在可能导致公司控制权变化的约定。

（3）对赌协议不与市值挂钩。

（4）对赌协议不存在严重影响发行人持续经营能力或者其他严重影响投资者权益的情形。

保荐人及发行人律师应当就对赌协议是否符合上述要求发表明确核查意见。发行人应当在招股说明书中披露对赌协议的具体内容、对发行人可能存在的影响等，并进行风险提示。

5. 持续经营能力及业绩表现仍为关注焦点。

6. 明确IPO发行人“三类股东”核查披露要求。发行人在新三板挂牌期间形成契约性基金、信托计划、资产管理计划“三类股东”持有发行人股份的，中介机构和发行人应从以下方面核查披露相关信息。

（1）中介机构应核查确认公司控股股东、实际控制人、第一大股东不属于“三类股东”。

（2）中介机构应核查确认发行人的“三类股东”依法设立并有效存续，已纳入国家金融监管部门有效监管，并已按照规定履行审批、备案或报告程序，其管理人也已依法注册登记。

（3）发行人应根据《关于规范金融机构资产管理业务的指导意见》披露“三类股东”相关过渡期安排，以及相关事项对发行人持续经营的影响。中介机构应当对前述事项核查并发表明确意见。

（4）发行人应当按照首发信息披露准则的要求对“三类股东”进行信息披露。中介机构应对控股股东、实际控制人，董事、监事、高级管理人员及其近亲属，本次发行的中介机构及其签字人员是否直接或间接在“三类股东”中持有权益进行核查并发表明确意见。

（5）中介机构应核查确认“三类股东”已做出合理安排，可确保符合现行锁定期和减持规则要求。

七、股票发行及上市阶段

1. 股票发行申请经发行审核委员会核准后，取得证监会同意发行的批文。

2. 刊登招股说明书，通过媒体巡回进行路演，按照发行方案发行股票。

3. 刊登上市公告书，在交易所安排下完成挂牌上市交易。

八、信息披露

按照《首次公开发行股票并上市管理办法》的规定，进行信息披露的程序如下：

1. 发行人应当按照证监会的有关规定编制和披露招股说明书。

2. 招股说明书内容与格式准则是信息披露的最低要求。不论准则是否有明确规定，凡是对投资者做出投资决策有重大影响的信息，均应当予以披露。

3. 发行人应当在招股说明书中披露已达到发行监管对公司独立性的基本要求。

4. 发行人及其全体董事、监事和高级管理人员应当在招股说明书上签字、盖章，保证招股说明书的内容真实、准确、完整。保荐人及其保荐代表人应当对招股说明书的真实性、准确性、完整性进行核查，并在核查意见上签字、盖章。

5. 招股说明书中引用的财务报表在其最近一期截止日后6个月内有效。特别情况下发行人可申请适当延长，但至多不超过1个月。财务报表应当以年度末、半年度末或者季度末为截止日。

6. 招股说明书的有效期为6个月，自证监会核准发行申请前招股说明书最后一次签署之日起计算。

7. 申请文件受理后、发行审核委员会审核前，发行人应当将招股说明书（申报稿）在证监会网站预先披露。发行人可以将招股说明书（申报稿）刊登于其企业网站，但披露内容应当完全一致，且不得早于在证监会网站的披露时间。

8. 发行人及其全体董事、监事和高级管理人员应当保证预先披露的招股说明书（申报稿）的内容真实、准确、完整。

9. 预先披露的招股说明书（申报稿）不是发行人发行股票的正式文件，不能含有价格信息，发行人不得据此发行股票。发行人应当在预先披露的招股说明书（申报稿）的显要位置声明："本公司的发行申请尚未得到证监会核准。本招股说明书（申报稿）不具有据以发行股票的法律效力，仅供预先披露之用。投资者应当以正式公告的招股说明书全文作为做出投资决定的依据。"

10. 发行人股票发行前只需在一种证监会指定报刊刊登提示性公告，告知投资者网上刊登的地址。同时将招股说明书全文和摘要刊登于证监会指定的网站并将招股说明书全文置于发行人住所、拟上市证券交易所、保荐人、主承销商和其他承销机构的住所，以备公众查阅。

11. 保荐人出具的发行保荐书、证券服务机构出具的有关文件应当作为招股说明书的备查文件，在证监会指定的网站上披露，并置备于发行人住所、拟上市证券交易所、保荐人、主承销商和其他承销机构的住所，以备公众查阅。

12. 发行人可以将招股说明书摘要、招股说明书全文、有关备查文件刊登于其他报刊和网站，但披露内容应当完全一致，且不得早于在证监会指定报刊和网站的披露时间。

九、监管和处罚

发行人的违规行为及处罚如下所示：

1. 发行人向证监会报送的发行申请文件有虚假记载、误导性陈述或者重大遗漏的，发行人不符合发行条件以欺骗手段骗取发行核准的，发行人以不正当手段干扰证监会及其发行审核委员会审核工作的，发行人或其董事、监事、高级管理人员的签字、盖章系伪造或者变造的，除依照《证券法》的有关规定处罚外，证监会将采取终止审核并在 36 个月内不受理发行人的股票发行申请的监管措施。

2. 保荐人出具有虚假记载、误导性陈述或者重大遗漏的发行保荐书，保荐人以不正当手段干扰证监会及其发行审核委员会审核工作的，保荐人或其相关签字人员的签字、盖章系伪造或变造的，或者不履行其他法定职责的，依照《证券法》和保荐制度的有关规定处理。

3. 证券服务机构未勤勉尽责，所制作、出具的文件有虚假记载、误导性陈述或者重大遗漏的，除依照《证券法》及其他相关法律、行政法规和规章的规定处罚外，证监会将采取 12 个月内不接受相关机构出具的证券发行专项文件，36 个月内不接受相关签字人员出具的证券发行专项文件的监管措施。

4. 发行人、保荐人或证券服务机构制作或者出具的文件不符合要求，擅自改动已提交的文件，或者拒绝答复证监会审核中提出的相关问题的，证监会将视情节轻重，对相关机构和责任人员采取监管谈话、责令改正等监管措施，记入诚信档案并公布；情节特别严重的，给予警告。

5. 发行人公开发行证券上市当年即亏损的，证监会自确认之日起暂停保荐机构的保荐资格 3 个月，撤销相关人员的保荐代表人资格，尚未盈利的试点企业除外。

6. 发行人披露盈利预测的，利润实现数如未达到盈利预测的 80%，除因不可抗力外，其法定代表人、盈利预测审核报告签字注册会计师应当在股东大会及证监会指定报刊上公开做出解释并道歉；证监会可以对法定代表人处以警告。利润实现数未达到盈利预测的 50% 的，除因不可抗力外，证监会在 36 个月内不受理该公司的公开发行证券申请。

十、中小企业板的“两个不变”和“四个独立”

1. “两个不变”是指中小企业板块运行所遵循的法律、法规和部门规章与主板市场相同；中小企业板块的上市公司符合主板市场的发行上市条件和信息披露要求。

2. “四个独立”是指中小企业板块是主板市场的组成部分，同时实行运行独立、监察独立、代码独立、指数独立。运行独立是指中小企业板块的交易由独立于主板市场交易系统的第二交易系统承担；监察独立是指证券交易所将建立独立的监察系统实施对中小企业板块的实时监控，该系统将针对中小企业板块的交易特点和风险特征设置独立的监控指标和报警阈值；代码独立是指将中小企业板块股票作为一个整体，使用与主板市场不同的股票编码；指数独立是指中小企业板块将在上市股票达到一定数量后，发布该板块独立的指数。

本章要点

根据《首次公开发行股票并在创业板上市管理办法》精神，了解 IPO 的发行条件及相关规定，依法设立股份公司，完善发行人的主体资格，加强股份制改组后的公司治理和规范运作、保证“持续盈利能力”、监督发行人行为，准备上市申请材料及信息披露等。

本章主要关注以下几点：

1. 发行人上市管理办法及上市规则。
2. 中小企业 IPO 需要关注哪些问题。
3. 发行条件及动作程序。

思考题

1. 发行人的主体资格是什么？
2. 如何理解董事会秘书的职责与定位？
3. 上市准备中什么最重要？

第三章

独立于主板的科创板

科创板的提出时间是2018年11月5日，为了更好地发挥上海等地区在中国对外开放中的重要作用，将在上交所设立科创板并试点注册制，支持上海国际金融中心和科技创新中心建设，并不断完善资本市场基础制度。

科创板的提出，显然是放在了最高层级资本市场顶层设计的角度来宣示的，因此，它将形成上交所—科创板、深交所—创业板的格局。而注册制的试行，将连带着注册制所涉及的发行、承销等基础制度进行修订。

上交所对科创板的定位是独立于主板的新设板块。

设立科创板并试点注册制是提升服务科技创新企业能力，增强市场包容性，强化市场功能的一项资本市场重大改革举措。通过发行、交易、退市、投资者适当性、证券公司资本约束等新制度以及引入中长期资金等配套措施，增量试点、循序渐进，新增资金与试点进展同步匹配，力争在科创板实现投融资平衡、一二级市场平衡、公司的新老股东利益平衡，并促进现有市场形成良好预期。

推动科创板改革尽快落地是上交所2019年的一号工程。在证监会的指导下，上交所制定了“高标准、快推进、稳起步、强功能、控风险、渐完善”的工作思路，目前已陆续推出业务规则和配套制度，完成技术系统开发，做好上市资源培育服务，努力建设一个充满生机和活力的科创板市场，使之成为科创企业上市首选地。坚持市场导向，以信息披露为中心，按照“市场主导、责任到位、披露为本、预期明确、监管有力”的理念，完善相关规则建设，推动注册制形成可复制可推广的典型。

2019年3月18日，科创板发行审核系统正式运行，券商可以通过科创板电子申报系统递交企业IPO材料。上交所官网也开通了相关信息披露板块，从页面信息来看，科创板发行审核流程信息全节点公开。

发行人申请首次公开发行股票并在科创板上市，应当符合科创板定位，面向世界科技前沿、面向经济主战场、面向国家重大需求。优先支持符合国家战略、拥有关键核心技术、科技创新能力突出、主要依靠核心技术开展生产经营、具有稳定的商业模式、市场认可度高、社会形象良好、具有较强成长性的企业。

上交所重点鼓励券商推荐来自硬科技的五大行业企业赴科创板上市，包括以下行业领域。

第一类：新一代信息技术，主要包括集成电路、人工智能、云计算、大数据、互联网、软件、物联网等。

第二类：高端装备制造和新材料，主要包括船舶、高端轨道交通、海洋工程、高端数控机床、机器人及新材料。

第三类：新能源及节能环保，主要包括新能源、新能源汽车、先进节能环保。

第四类：生物医药，主要包括生物医药和医疗器械。

第五类：技术服务领域，主要包括为半导体集成电路、新能源、高端装备制造和生物医药提供技术服务的企业。

我们来通过图3-1了解一下什么是科创板。

科创板首批受理上市申请9家企业名单如表3-1所示。

图3－1　一图看懂科创板

资料来源：上海证券交易所。

表3-1 科创板首批受理上市申请的9家企业

序号	发行人全称	审核状态	注册地	证监会行为	保荐机构	律师事务所	会计师事务所	更新日期	受理日期
1	武汉科前生物股份有限公司	已受理	湖北	医药制造业	招商证券股份有限公司	北京市嘉源律师事务所	广东正中珠江会计事务所(特殊普通合伙)	2019-03-22	2019-03-22
2	安翰科技(武汉)股份有限公司	已受理	湖北	专用设备制造业	招商证券股份有限公司	北京市中伦律师事务所	安永华明会计师事务所(特殊普通合伙)	2019-03-22	2019-03-22
3	和舰芯片制造(苏州)股份有限公司	已受理	江苏	计算机、通信和其他电子设备制造业	长江证券承销保荐有限公司	北京海润天睿律师事务所	大华会计师事务所(特殊普通合伙)	2019-03-22	2019-03-22
4	宁波容百新能源科技股份有限公司	已受理	浙江	计算机、通信和其他电子设备制造业	中信证券股份有限公司	国浩律师(上海)事务所	天津会计师事务所(特殊普通合伙)	2019-03-22	2019-03-22

续表

序号	发行人全称	审核状态	注册地	证监会行为	保荐机构	律师事务所	会计师事务所	更新日期	受理日期
5	广东利元亨智能装备股份有限公司	已受理	广东	专用设备制造业	民生证券股份有限公司	北京国枫律师事务所	广东正中珠江会计师事务所（特殊普通合伙）	2019－03－22	2019－03－22
6	江苏北人机器人系统股份有限公司	已受理	江苏	专用设备制造业	东吴证券股份有限公司	国浩律师（上海）事务所	中汇会计师事务所（特殊普通合伙）	2019－03－22	2019－03－22
7	江苏天奈科技股份有限公司	已受理	江苏	化学原料和化学制品制造业	民生证券股份有限公司	北京市中伦律师事务所	天健会计师事务所（特殊普通合伙）	2019－03－22	2019－03－22
8	烟台睿创微纳技术股份有限公司	已受理	山东	计算机、通信和其他电子设备制造业	中信证券股份有限公司	北京市中银律师事务所	信永中和会计师事务所（特殊普通合伙）	2019－03－22	2019－03－22
9	晶晨半导体（上海）股份有限公司	已受理	上海	计算机、通信和其他电子设备制造业	国泰君安证券股份有限公司	北京市君合律师事务所	安永华明会计师事务所（特殊普通合伙）	2019－03－22	2019－03－22

资料来源：上海证券交易所。

第一节　发行条件

科创板股票公开发行条件的设定充分体现了以信息披露为中心的注册制改革理念，精简优化现行发行条件，同时突出重大性原则并强调风险防控。《科创板首次公开发行股票注册管理办法（试行）》取消了现行发行条件中关于盈利业绩、不存在未弥补亏损、无形资产占比限制等方面的要求，规定申请首发上市应当满足以下四个方面的基本条件：一是组织机构健全，持续经营满3年；二是会计基础工作规范，内控制度健全有效；三是业务完整并具有直接面向市场独立持续经营的能力；四是生产经营合法合规，相关主体不存在《科创板首次公开发行股票注册管理办法（试行）》规定的违法违规记录。

一、发行人的申请条件

按照《上海证券交易所科创板股票上市规则》的规定，发行人申请在上交所科创板上市，应当符合下列条件：

1. 符合证监会规定的发行条件。

2. 发行后股本总额不低于人民币3 000万元。

3. 公开发行的股份达到公司股份总数的25%以上；公司股本总额超过人民币4亿元的，公开发行股份的比例为10%以上。

4. 市值及财务指标符合本规则规定的标准。

5. 上交所规定的其他上市条件。

上交所可以根据市场情况，经证监会批准，对上市条件和具体标准进行调整。

二、发行人的市值及财务指标条件

发行人申请在上交所科创板上市，市值及财务指标应当至少符合下列标准中的一项：

1. 预计市值不低于人民币 10 亿元，最近两年净利润均为正且累计净利润不低于人民币 5 000 万元，或者预计市值不低于人民币 10 亿元，最近 1 年净利润为正且营业收入不低于人民币 1 亿元。

2. 预计市值不低于人民币 15 亿元，最近一年营业收入不低于人民币 2 亿元，且最近 3 年累计研发投入占最近 3 年累计营业收入的比例不低于 15%。

3. 预计市值不低于人民币 20 亿元，最近一年营业收入不低于人民币 3 亿元，且最近 3 年经营活动产生的现金流量净额累计不低于人民币 1 亿元。

4. 预计市值不低于人民币 30 亿元，且最近一年营业收入不低于人民币 3 亿元。

5. 预计市值不低于人民币 40 亿元，主要业务或产品需经国家有关部门批准，市场空间大，目前已取得阶段性成果。医药行业企业需至少有一项核心产品获准开展二期临床试验，其他符合科创板定位的企业需具备明显的技术优势并满足相应条件。

以上所称净利润以扣除非经常性损益前后的孰低者为准，所称净利润、营业收入、经营活动产生的现金流量净额均指经审计的数值。

三、发行人是红筹企业的市值及财务指标条件

符合《国务院办公厅转发证监会关于开展创新企业境内发行股票或存托凭证试点若干意见的通知》（国办发〔2018〕21 号）相关规定的红筹企业，可以申请发行股票或存托凭证并在科创板上市。

营业收入快速增长，拥有自主研发、国际领先技术，在同行业竞争中处于相对优势地位的尚未在境外上市的红筹企业，申请在科创板上市的，市值及财务指标应当至少符合下列标准之一：

1. 预计市值不低于人民币 100 亿元。

2. 预计市值不低于人民币 50 亿元，且最近一年营业收入不低于人民币 5 亿元。

四、发行人具有表决权差异安排的市值及财务指标条件

发行人具有表决权差异安排的，市值及财务指标应当至少符合下列标准中的一项：

1. 预计市值不低于人民币 100 亿元。

2. 预计市值不低于人民币 50 亿元，且最近一年营业收入不低于人民币 5 亿元。

发行人特别表决权股份的持有人资格、公司章程关于表决权差异安排的具体规定，应当符合《上海证券交易所科创板股票上市规则》第四章第五节的规定，所称表决权差异安排，是指发行人依照《公司法》第 131 条的规定，在一般规定的普通股份之外，发行拥有特别表决权的股份。每一特别表决权股份拥有的表决权数量大于每一普通股份拥有的表决权数量，其他股东权利与普通股份相同。

五、发行人应当提交的文件

发行人首次公开发行股票经证监会同意注册并完成股份公开发行后，向上交所提出股票上市申请的，应当提交下列文件：

1. 上市申请书。

2. 证监会同意注册的决定。

3. 首次公开发行结束后发行人全部股票已经中国证券登记结算有限责任公司上海分公司登记的证明文件。

4. 首次公开发行结束后，具有执行证券、期货相关业务资格的会计师事务所出具的验资报告。

5. 发行人、控股股东、实际控制人、董事、监事和高级管理人员根据相关规则要求出具的证明、声明及承诺。

6. 首次公开发行后至上市前，按规定新增的财务资料和有关重大事项的说明（如适用）。

7. 上交所要求的其他文件。

发行人及其董事、监事、高级管理人员应当保证上市申请文件真实、准确、完整，不存在虚假记载、误导性陈述或者重大遗漏。

上交所收到发行人上市申请文件后5个交易日内，做出是否同意上市的决定。发行人发生重大事项，对是否符合上市条件和信息披露要求产生重大影响的，上交所可提请科创板股票上市委员会进行审议，审议时间不计入前款规定时限。

六、发行人应当披露的文件

发行人应当于股票上市前5个交易日内，在指定媒体及上交所网站上披露下列文件：

1. 上市公告书。
2. 公司章程。
3. 上交所要求的其他文件。

第二节　注册程序

《科创板首次公开发行股票注册管理办法（试行）》规定，首次公开发行股票并在科创板上市，应当符合发行条件、上市条件以及相关信息披露要求，依法经上交所发行上市审核并报经证监会履行发行注册程序。

一、注册程序所涉及的内容

1. 对科创板发行上市审核流程做出制度安排，规定上交所的发行上市审核程序和证监会发行注册程序的流程、审核机构设置、审核内容及审核时限。

2. 规定证监会与上交所建立电子化审核注册系统，实现受理和审核全流程电子化，提高审核效率，减轻企业负担。

3. 规定发行人及其控股股东、实际控制人、董事、监事、高级管理人员，以及相关中介机构及其责任人员，自注册申请文件受理之日起即承担相应法律责任。

4. 明确上交所和证监会应当提高审核和注册工作透明度，审核标准、流程、进度、反馈意见及发行人的回复情况、审议结果等全流程重要节点，均对社会公开，接受社会监督。

5. 将现场检查制度规则化，规定证监会和上交所应当建立健全信息披露质量现场检查制度。

二、上市委、咨询委和自律委

上市委将参与科创板股票发行上市审核工作，侧重于对上交所审核机构出具的审核报告和发行人的申请文件提出审议意见。委员主要来自会计师事务所、律师事务所、高校、市场机构、证监会系统相关机构，以兼职为主。上市委的组建程序，主要包括组建遴选委员会、相关机构推荐人选、任职条件初步核查、推荐机构和推荐人选执业诚信记录核查、遴选委员会审议、候选人名单公示、遴选委员会进行差额面谈并再次审议、正式聘任、委员名单公布等。

咨询委作为专家咨询机构，将侧重于为科创板建设以及发行上市审核提供专业咨询和政策建议。委员主要由从事高新技术产业和战略性新兴产业的人员、知名企业家、资深投资专家、科研院所专家学者等权威专家组成。委员均为兼职，以个人专家身份履行职责。咨询委的组建程序，主要包括组建遴选委员会、邀请意向专家、执业诚信记录核查、遴选委员会审议、候选人名单公示、遴选委员会再次审议、上交所聘任、委员名单公布等。

上交所第一届科创板股票上市委员会、科技创新咨询委员会委员候选人名单已于2019年3月21日公示，本次公示的上市委委员候选人共计48人，将按标准和程序，差额选定30～40名委员；公示的咨询委委员候选人共计48人，将按标准和程序，予以等额选定。上市委、咨询委最终人选确定后，将正式向社会公布。

自律委是由科创板股票发行一级市场主要参与主体组成的咨询和议事机构，负责就科创板股票发行相关政策制定提供咨询意见、对股票发行和承销等事宜提出行业倡导建议。

自律委通过自律委员会工作会议的形式履行职责。工作会议以合议方式开展集体讨论，形成合议意见。

自律委委员共35名，由市场机构委员和上交所委员组成。

市场机构委员由科创板股票一级市场买卖双方共34家机构组成。

上交所可以根据市场情况适当增补自律委委员。

自律委的职责包括以下内容：

1. 分析和评估科创板市场当前和今后一段时期的供需状况。

2. 根据评估情况，对如何有效保持市场供需平衡以及今后一段时期的股票发行审核工作提出意见和建议。

3. 对科创板发行与承销的相关政策和运行机制提供咨询意见。

4. 以适当方式回应市场关于科创板股票发行工作的问题和建议。

5. 上交所业务规则规定或者上交所提请办理的其他事项。

后续，上交所将按既定程序推进上市委和咨询委的组建工作。上市委、咨询委组建后，将组织委员培训，确保上市委、咨询委和自律委正常履行职责。

三、具体的注册程序

1. 发行人董事会应当依法就本次股票发行的具体方案、本次募集资金使用的可行性及其他必须明确的事项做出决议，并提请股东大会批准。

2. 发行人股东大会就本次发行股票做出的决议，至少应当包括下列事项：

（1）本次公开发行股票的种类和数量。

（2）发行对象。

（3）定价方式。

（4）募集资金用途。

（5）发行前滚存利润的分配方案。

（6）决议的有效期。

（7）对董事会办理本次发行具体事宜的授权。

（8）其他必须明确的事项。

3. 发行人申请公开发行股票并在科创板上市，应当按照证监会有关规定制作注册申请文件，由保荐人保荐并向上交所申报。上交所收到注册申请文件后，5 个工作日内做出是否受理的决定。

4. 自注册申请文件受理之日起，发行人及其控股股东、实际控制人、董事、监事、高级管理人员，以及与本次股票公开发行并上市相关的保荐人、证券服务机构及相关责任人员，即承担相应法律责任。

5. 注册申请文件受理后，未经证监会或者上交所同意，不得改动。发生重大事项的，发行人、保荐人、证券服务机构应当及时向上交所报告，并按要求更新注册申请文件和信息披露资料。

6. 上交所设立独立的审核部门，负责审核发行人公开发行并上市申请；设立科技创新咨询委员会，负责为科创板建设和发行上市审核提供专业咨询和政策建议；设立科创板上市委员会，负责对审核部门出具的审核报告提出审议意见。上交所主要通过向发行人提出审核问询、发行人回答问题方式开展审核工作，基于科创板定位，判断发行人是否符合发行条件、上市条件和信息披露要求。

7. 上交所按照规定的条件和程序，做出同意或者不同意发行人股票公开发行并上市的审核意见。同意发行人股票公开发行并上市的，将审核意见、发行人注册申请文件及相关审核资料报送证监会履行发行注册程序。不同意发行人股票公开发行并上市的，做出终止发行上市审核决定。

8. 上交所应当自受理注册申请文件之日 3 个月内形成审核意见。发行人根据要求补充、修改注册申请文件，以及上交所按照规定对发行人实施现场检查，或者要求保荐人、证券服务机构对有关事项进行专项核查的时间不计算在内。

9. 上交所应当提高审核工作透明度，接受社会监督，公开下列事项：

（1）发行上市审核标准和程序等发行上市审核业务规则，以及相关监管问答。

（2）在审企业名单、企业基本情况及审核工作进度。

（3）发行上市审核问询及回复情况，但涉及国家秘密或者发行人商业秘密的除外。

（4）上市委员会会议的时间、参会委员名单、审议的发行人名单、审议结果及现场问询问题。

（5）对股票公开发行并上市相关主体采取的自律监管措施或者纪律处分。

（6）上交所规定的其他事项。

10. 证监会收到上交所报送的审核意见及发行人注册申请文件后，依照规定的发行条件和信息披露要求，在上交所发行上市审核工作的基础上，履行发行注册程序。证监会认为存在需要进一步说明或者落实事项的，可以提出反馈意见。证监会认为上交所对影响发行条件的重大事项未予关注或者上交所的审核意见依据明显不充分的，可以退回交易所补充审核。上交所补充审核后，同意发行人股票公开发行并上市的，重新向证监会报送审核意见及相关资料，相关注册期限重新计算。

11. 证监会依照法定条件，在 20 个工作日内对发行人的注册申请做出同意注册或者不予注册的决定。发行人根据要求补充、修改注册申请文件，以及证监会要求保荐人、证券服务机构等对有关事项进行核查的时间不计算在内。

12. 证监会同意注册的决定自做出之日 1 年内有效，发行人应当在注册决定有效期内发行股票，发行时点由发行人自主选择。

13. 证监会做出注册决定后、发行人股票上市交易前，发行人应当及时更新信息披露文件内容，财务报表过期的，发行人应当补充财务会计报告等文件；保荐人及证券服务机构应当持续履行尽职调查职责；发生重大事项的，发行人、保荐人应当及时向上交所报告。上交所应当对上述事项及时处理，发现发行人存在重大事项影响发行条件、上市条件的，应当出具明确意见并及时向证监会报告。

14. 证监会做出注册决定后、发行人股票上市交易前，发现可能影响本次发行的重大事项的，证监会可以要求发行人暂缓或者暂停发行、上市；相关重大事项导致发行人不符合发行条件的，可以撤销注册。证监会撤销注册后，股票尚未发行的，发行人应当停止发行；股票已经发行尚未上市的，发行人应当按照发行价并加算银行同期存款利息返还股票持有人。

15. 上交所因不同意发行人股票公开发行并上市，做出终止发行上市审核决定，或者证监会做出不予注册决定的，自决定做出之日起6个月后，发行人可以再次提出公开发行股票并上市申请。

16. 证监会应当按规定公开股票发行注册行政许可事项相关的监管信息。

17. 存在下列情形之一的，发行人、保荐人应当及时书面报告上交所或者证监会，上交所或者证监会应当中止相应发行上市审核程序或者发行注册程序：

（1）相关主体涉嫌违反相关规定，被立案调查或者被司法机关立案侦查，尚未结案。

（2）发行人的保荐人，以及律师事务所、会计师事务所等证券服务机构因首次公开发行股票、上市公司证券发行、并购重组业务涉嫌违法违规，或者其他业务涉嫌违法违规且对市场有重大影响被证监会立案调查，或者被司法机关侦查，尚未结案。

（3）发行人的签字保荐代表人，以及签字律师、签字会计师等证券服务机构签字人员因首次公开发行股票、上市公司证券发行、并购重组业务涉嫌违法违规，或者其他业务涉嫌违法违规且对市场有重大影响被证监会调查，或者被司法机关侦查，尚未结案。

（4）发行人的保荐人，以及律师事务所、会计师事务所等证券服务机构被证监会依法采取限制业务活动、责令停业整顿、指定其他机构托管、接管等监管措施，或者被上交所实施一定期限内不接受其出具的相关文件的纪律处分，尚未解除。

（5）发行人的签字保荐代表人、签字律师、签字会计师等中介机构签字人员被证监会依法采取证券市场禁入、限制证券从业资格等监管措施，尚未解除。

（6）发行人及保荐人主动要求中止发行上市审核程序或者发行注册程序，理由正当且经上交所或者证监会批准。

（7）发行人注册申请文件中记载的财务资料已过有效期，需要补充提交。

（8）证监会规定的其他情形。

前款所列情形消失后，发行人可以提交恢复申请；因前款第（2）、（3）项规定情形中止的，保荐人以及律师事务所、会计师事务所等证券服务机构按照有关规定履行复核程序后，发行人也可以提交恢复申请；上交所或者证监会按照有关规定恢复发行上市审核程序或者发行注册程序。

18. 存在下列情形之一的，上交所或者证监会应当终止相应发行上市审核程序或者发行注册程序，并向发行人说明理由：

（1）发行人撤回注册申请文件或者保荐人撤销保荐。

（2）发行人未在要求的期限内对注册申请文件做出解释说明或者补充、修改。

（3）注册申请文件存在虚假记载、误导性陈述或者重大遗漏。

（4）发行人阻碍或者拒绝证监会、上交所依法对发行人实施检查、核查。

（5）发行人及其关联方以不正当手段严重干扰发行上市审核或者发行注册工作。

（6）发行人法人资格终止。

（7）注册申请文件内容存在重大缺陷，严重影响投资者理解和发行上市审核或者发行注册工作。

（8）发行人注册申请文件中记载的财务资料已过有效期且逾期 3 个月未更新。

（9）发行人中止发行上市审核程序超过上交所规定的时限或者中止发行注册程序超过 3 个月仍未恢复。

（10）上交所不同意发行人公开发行股票并上市。

（11）证监会规定的其他情形。

19. 证监会和上交所可以对发行人进行现场检查，并要求保荐人、证券服务机构对有关事项进行专项核查并出具意见。

证监会和上交所应当建立健全信息披露质量现场检查制度，以及对保荐业务、发行承销业务的常态化检查制度，具体制度另行规定。

证监会与上交所建立全流程电子化审核注册系统，实现电子化受理、审核，以及发行注册各环节实时信息共享，并满足依法向社会公开相关信息的需要。

第三节　信息披露

《科创板首次公开发行股票注册管理办法（试行）》贯彻注册制改革理念，强化信息披露要求，压实市场主体责任。一是明确发行人的信息披露义务，无论规则是否明确规定，凡是对投资者做出价值判断和投资决策有重大影响的信息，都必须充分披露。二是严格落实发行人及其董事、监事、高级管理人员、控股股东、实际控制人，以及保荐人、证券服务机构及相关人员在信息披露方面的责任，为加大信息披露违规处罚力度夯实基础。三是进一步完善首发预披露制度，增加了预披露次数和预披露内容，以强化社会监督。四是针对科创企业特点，规定其应当充分披露行业特点、业务模式、公司治理、发展战略、科研水平、科研人员、科研资金投入等情况，以及募集资金重点投向科技创新领域的具体安排。五是规定存在“同股不同权”的境内科技创新企业申请发行股票并在科创板上市，应当在招股说明书中披露相关情况和风险，中介机构需对特别表决权股份设置是否合规发表专业意见。按照《上海证券交易所科创板股票上市规则》的规定，信息披露具体操作如下所示。

一、信息披露的基本原则

上市公司和相关信息披露义务人应当及时、公平地披露信息，保证所披露信息的真实、准确、完整。

上市公司的董事、监事、高级管理人员应当保证公司及时、公平地披露信息，以及信息披露内容的真实、准确、完整，不存在虚假记载、误导性陈述或者重大遗漏。董事、监事、高级管理人员对公告内容存在异议的，应当在公告中做出相应声明并说明理由。

上市公司和相关信息披露义务人披露信息，应当以客观事实或者具有事实基础的判断和意见为依据，如实反映实际情况，不得有虚假记载。

上市公司和相关信息披露义务人披露信息，应当客观，不得夸大其词，不得有误导性陈述。

披露未来经营和财务状况等预测性信息的，应当合理、谨慎、客观。上市公司和相关信息披露义务人披露信息，应当内容完整，充分披露对上市公司有重大影响的信息，揭示可能产生的重大风险，不得有选择地披露部分信息，不得有重大遗漏。

信息披露文件应当材料齐备，格式符合规定要求。

出现下列情形之一的，上市公司和相关信息披露义务人应当及时披露重大事项：

1. 董事会或者监事会已就该重大事项形成决议。
2. 有关各方已就该重大事项签署意向书或者协议。
3. 董事、监事或者高级管理人员已知悉该重大事项。
4. 其他发生重大事项的情形。

上市公司筹划的重大事项存在较大不确定性，立即披露可能会损害公司利益或者误导投资者，且有关内幕信息知情人已书面承诺保密的，公司可以暂不披露，但最迟应当在该重大事项形成最终决议、签署最终协议、交易确定能够达成时对外披露。

相关信息确实难以保密、已经泄露或者出现市场传闻，导致公司股票交易价格发生大幅波动的，公司应当立即披露相关筹划和进展情况。

二、信息披露的一般要求

上市公司应当披露能够充分反映公司业务、技术、财务、公司治理、竞争优势、行业趋势、产业政策等方面的重大信息，充分揭示上市公司的风险因素和投资价值，便于投资者合理决策。

上市公司股票的停牌和复牌，应当遵守相关规则及上交所相关规定。上市公司未按规定申请停牌和复牌的，上交所可以决定对公司股票实施停牌和复牌。

上市公司筹划重大事项或者具有其他上交所认为合理的理由，可以按照相关规定申请对其股票停牌与复牌。

证券市场交易出现极端异常情况的，上交所可以根据证监会的决定或者市场实际情况，暂停办理上市公司停牌申请，维护市场交易的连续性和流动性，维护投资者正当的交易权利。

上市公司出现下列情形的，上交所可以视情况决定公司股票的停牌和复牌：

1. 严重违反法律法规、相关规则及上交所其他规定，且在规定期限内拒不按要求改正。

2. 定期报告或者临时公告披露存在重大遗漏或者误导性陈述，但拒不按照要求就有关内容进行解释或者补充。

3. 在公司运作和信息披露方面涉嫌违反法律法规、相关规则或者上交所其他规定，情节严重而被有关部门调查。

4. 无法保证与上交所的有效联系，或者拒不履行信息披露义务。

5. 其他上交所认为应当停牌或者复牌的情形。

上市公司被要约收购的，要约收购期限届满至要约收购结果公告前，公司股票应当停牌。公司股票应当于要约结果公告日复牌。

三、应当披露的交易

（一）重大交易

所谓“重大交易”，包括下列事项：

1. 购买或者出售资产。

2. 对外投资（购买银行理财产品的除外）。

3. 转让或受让研发项目。

4. 签订许可使用协议。

5. 提供担保。

6. 租入或者租出资产。

7. 委托或者受托管理资产和业务。

8. 赠与或者受赠资产。

9. 债权、债务重组。

10. 提供财务资助。

11. 上交所认定的其他交易。

上述购买或者出售资产，不包括购买原材料、燃料和动力，以及出售产品或商品等与日常经营相关的交易行为。

上市公司发生的交易（提供担保除外）达到下列标准之一的，应当及时披露：

1. 交易涉及的资产总额（同时存在账面值和评估值的，以高者为准）占上市公司最近一期经审计总资产的10%以上。

2. 交易的成交金额占上市公司市值的10%以上。

3. 交易标的（如股权）的最近一个会计年度资产净额占上市公司市值的10%以上。

4. 交易标的（如股权）最近一个会计年度相关的营业收入占上市公司最近一个会计年度经审计营业收入的10%以上，且超过1 000万元。

5. 交易产生的利润占上市公司最近一个会计年度经审计净利润的10%以上，且超过100万元。

6. 交易标的（如股权）最近一个会计年度相关的净利润占上市公司最近一个会计年度经审计净利润的10%以上，且超过100万元。

上市公司发生的交易（提供担保除外）达到下列标准之一的，应当提交股东大会审议：

1. 交易涉及的资产总额（同时存在账面值和评估值的，以高者为准）占上市公司最近一期经审计总资产的50%以上。

2. 交易的成交金额占上市公司市值的50%以上。

3. 交易标的（如股权）的最近一个会计年度资产净额占上市公司市值的50%以上。

4. 交易标的（如股权）最近一个会计年度相关的营业收入占上市公司最近一个会计年度经审计营业收入的50%以上，且超过5 000万元。

5. 交易产生的利润占上市公司最近一个会计年度经审计净利润50%以上，且超过500万元。

6. 交易标的（如股权）最近一个会计年度相关的净利润占上市公

司最近一个会计年度经审计净利润的50%以上，且超过500万元。

交易安排涉及未来可能支付或者收取对价的、未涉及具体金额或者根据设定条件确定金额的，预计最高金额为成交金额。

以上规定中的市值，是指交易前10个交易日收盘市值的算术平均值。

上市公司分期实施交易的，应当以交易总额为基础，并及时披露分期交易的实际发生情况。

（二）关联交易

此处所称“关联交易”，是指上市公司或者其合并报表范围内的子公司等其他主体与上市公司关联人之间发生的交易，包括前款规定的交易和日常经营范围内发生的可能引致资源或者义务转移的事项。

上市公司发生关联交易，应当保证关联交易的合法性、必要性、合理性和公允性，保持上市公司的独立性，不得利用关联交易调节财务指标，损害上市公司利益。

上市公司与关联人发生的交易（提供担保除外）达到下列标准之一的，应当及时披露：

1. 与关联自然人发生的成交金额在30万元以上的交易。

2. 与关联法人发生的成交金额占上市公司最近一期经审计总资产或市值0.1%以上的交易，且超过300万元。

上市公司与关联人发生的交易金额（提供担保除外）占上市公司最近一期经审计总资产或市值1%以上的交易，且超过3 000万元，应当比照前款规定，提供评估报告或审计报告，并提交股东大会审议。

与日常经营相关的关联交易可免于审计或者评估。

上市公司为关联人提供担保的，应当具备合理的商业逻辑，在董事会审议通过后及时披露，并提交股东大会审议。

上市公司为控股股东、实际控制人及其关联方提供担保的，控股股东、实际控制人及其关联方应当提供反担保。

上市公司应当审慎向关联方提供财务资助或委托理财；确有必要的，应当以发生额作为披露的计算标准，在连续12个月内累计计算。

上市公司应当对下列交易，按照连续12个月内累计计算的原则，分别适用前款“关联交易”披露标准：

1. 与同一关联人进行的交易。

2. 与不同关联人进行交易标的类别相关的交易。

上述同一关联人，包括与该关联人受同一实际控制人控制，或者存在股权控制关系，或者由同一自然人担任董事或高级管理人员的法人或其他组织。

已经按照本规定履行相关义务的，不再纳入累计计算范围。

上市公司与关联人进行日常关联交易时，按照下列规定披露和履行审议程序：

1. 上市公司可以按类别合理预计日常关联交易年度金额，履行审议程序并披露；实际执行超出预计金额的，应当按照超出金额重新履行审议程序并披露。

2. 上市公司年度报告和半年度报告应当分类汇总披露日常关联交易。

3. 上市公司与关联人签订的日常关联交易协议期限超过 3 年的，应当每 3 年重新履行相关审议程序和披露义务。

上市公司拟进行须提交股东大会审议的关联交易，应当在提交董事会审议前，取得独立董事事前认可意见。

独立董事事前认可意见应当取得全体独立董事的半数以上同意，并在关联交易公告中披露。

上市公司董事会审议关联交易事项的，关联董事应当回避表决，并不得代理其他董事行使表决权。

董事会会议应当由过半数的非关联董事出席，所做决议须经非关联董事过半数通过。出席董事会会议的非关联董事人数不足 3 人的，公司应当将交易事项提交股东大会审议。

上市公司股东大会审议关联交易事项时，关联股东应当回避表决，并不得代理其他股东行使表决权。

上市公司与关联人发生的下列交易，可以免予按照关联交易的方式审议和披露：

1. 一方以现金方式认购另一方公开发行的股票、公司债券或企业债券、可转换公司债券或者其他衍生品种。

2. 一方作为承销团成员承销另一方公开发行的股票、公司债券或企业债券、可转换公司债券或者其他衍生品种。

3. 一方依据另一方股东大会决议领取股息、红利或者薪酬。

4. 一方参与另一方公开招标或者拍卖，但是招标或者拍卖难以形成公允价格的除外。

5. 上市公司单方面获得利益的交易，包括受赠现金资产、获得债务减免、接受担保和资助等。

6. 关联交易定价为国家规定。

7. 关联人向上市公司提供资金，利率水平不高于中国人民银行规定的同期贷款基准利率，且上市公司对该项财务资助无相应担保。

8. 上市公司按与非关联人同等交易条件，向董事、监事、高级管理人员提供产品和服务。

9. 上交所认定的其他交易。

四、行业信息披露

上市公司应当主动披露对股票交易价格或者投资者决策有重大影响的行业信息。

上市公司应当在年度报告中，结合其所属行业的政策环境和发展状况，披露下列行业信息：

1. 所处行业的基本特点、主要技术门槛，报告期内新技术、新产业、新业态、新模式的发展情况和未来发展趋势。

2. 核心竞争优势，核心经营团队和技术团队的竞争力分析，以及报告期内获得相关权利证书或者批准文件的核心技术储备。

3. 当期研发支出金额及占销售收入的比例、研发支出的构成项目、费用化及资本化的金额及比重。

4. 在研产品或项目的进展或阶段性成果；研发项目预计总投资规模、应用前景以及可能存在的重大风险。

5. 其他有助于投资者决策的行业信息。

上市公司可以在《企业会计准则》的规定范围外，披露息税前利润、自由现金流等反映公司价值和行业核心竞争力的参考指标。

上市公司开展与主营业务行业不同的新业务，或者进行可能导致公司业务发生重大变化的收购或资产处置等交易，应当及时披露下列信息：

1. 原因及合理性，包括现有业务基本情况及重大风险，新业务与上市公司主营业务是否具备协同性等。

2. 公司准备情况，包括在业务、资金、技术、人才等方面的储备，以及开展新业务对公司财务状况、现有业务的影响。

3. 新业务的行业情况，包括所依赖的技术水平、研发进展、商业化情况、市场成熟度、政策环境及市场竞争等。

4. 新业务的管理情况，包括开展新业务后，公司实际控制人对公司的控制情况是否发生变化，公司能否控制新业务。

5. 新业务审批情况，包括已经取得或者尚待有关部门审批的说明（如适用）。

6. 新业务的风险提示，包括上市公司经营风险、财务风险、新业务风险等。

7. 独立董事、监事会对公司开展新业务的意见。

8. 上交所或公司认为应当披露的其他重要内容。

上市公司采用具体指标披露行业信息的，应当对其含义做出详细解释，说明计算依据和假定条件，保证指标的一致性。相关指标的计算依据、假定条件等发生变化的，应当予以说明。引用相关数据、资料，应当保证充分可靠、客观权威，并注明来源。

五、经营风险

上市公司尚未盈利的，应当在年度报告显著位置披露公司核心竞争力和经营活动面临的重大风险。

上市公司应当结合行业特点，充分披露尚未盈利的原因，以及对公司现金流、业务拓展、人才吸引、团队稳定性、研发投入、战略性投入、生产经营可持续性等方面的影响。

上市公司年度净利润或营业收入与上年同期相比下降50%以上，或者净利润为负值的，应当在年度报告中披露下列信息：

1. 业绩大幅下滑或者亏损的具体原因。

2. 主营业务、核心竞争力、主要财务指标是否发生重大不利变化，是否与行业趋势一致。

3. 所处行业景气情况，是否存在产能过剩、持续衰退或者技术替代等情形。

4. 持续经营能力是否存在重大风险。

5. 对公司具有重大影响的其他信息。

上市公司应当在年度报告中，遵循关联性和重要性原则，识别并披露下列可能对公司核心竞争力、经营活动和未来发展产生重大不利影响的风险因素：

1. 核心竞争力风险，包括技术更迭、产品更新换代或竞争加剧导致市场占有率和用户规模下降，研发投入超出预期或进程未达预期，关键设备被淘汰等。

2. 经营风险，包括单一客户依赖、原材料价格上涨、产品或服务价格下降等。

3. 行业风险，包括行业出现周期性衰退、产能过剩、市场容量下滑或增长停滞、行业上下游供求关系发生重大不利变化等。

4. 宏观环境风险，包括相关法律、税收、外汇、贸易等政策发生重大不利变化。

5. 其他重大风险。

上市公司发生下列重大风险事项的，应当及时披露其对公司核心竞争力和持续经营能力的具体影响：

1. 国家政策、市场环境、贸易条件等外部宏观环境发生重大不利变化。

2. 原材料采购价格、产品售价或市场容量出现重大不利变化，或者供销渠道、重要供应商或客户发生重大不利变化。

3. 核心技术人员离职。

4. 核心商标、专利、专有技术、特许经营权或者核心技术许可丧失、到期或者出现重大纠纷。

5. 主要产品、业务或者所依赖的基础技术研发失败或者被禁止使用。

6. 主要产品或核心技术丧失竞争优势。

7. 其他重大风险事项。

出现下列重大事故或负面事件的，应当及时披露具体情况及其影响：

1. 发生重大环境、生产及产品安全事故。

2. 收到政府部门限期治理、停产、搬迁、关闭的决定通知。

3. 不当使用科学技术或违反科学伦理。

4. 其他不当履行社会责任的重大事故或负面事件。

上市公司出现下列重大风险事项之一，应当及时披露具体情况及其影响：

1. 可能发生重大亏损或者遭受重大损失。

2. 发生重大债务或者重大债权到期未获清偿。

3. 可能依法承担重大违约责任或者大额赔偿责任。

4. 计提大额资产减值准备。

5. 公司决定解散或者被有权机关依法吊销营业执照、责令关闭或者被撤销。

6. 预计出现股东权益为负值。

7. 主要债务人出现资不抵债，公司对相应债权未提取足额坏账准备。

8. 主要资产被查封、扣押、冻结或者被抵押、质押。

9. 主要银行账户被查封、冻结。

10. 主要业务陷入停顿。

11. 董事会会议无法正常召开并形成决议。

12. 被控股股东及其关联方非经营性占用资金或违规对外担保。

13. 控股股东、实际控制人或者上市公司因涉嫌违法违规被有权机关调查，或者受到重大行政、刑事处罚。

14. 实际控制人、公司法定代表人或者经理无法履行职责，董事、监事、高级管理人员、核心技术人员因涉嫌违法违纪被有权机关调查或者采取强制措施，或者受到重大行政、刑事处罚。

15. 上交所或者公司认定的其他重大风险情况。

上市公司申请或者被债权人申请破产重整、和解或破产清算的，应当及时披露下列进展事项：

1. 法院裁定受理重整、和解或破产清算申请。

2. 重整、和解或破产清算程序的重大进展或法院审理裁定。

3. 法院裁定批准公司破产重整计划、和解协议或者清算。

4. 破产重整计划、和解协议的执行情况。

进入破产程序的上市公司，除应当及时披露上述信息外，还应当及时披露定期报告和临时公告。

上市公司破产采取破产管理人管理或者监督运作模式的，破产管理人及其成员、董事、监事和高级管理人员应当按照《证券法》、最高人民法院、证监会和上交所有关规定，及时、公平地向所有债权人和股东披露信息，并保证信息披露内容的真实、准确、完整。

六、信息披露监管方式

上交所通过审阅信息披露文件、提出问询等方式，进行信息披露事中事后监管，督促信息披露义务人履行信息披露义务，督促保荐机构、证券服务机构履行职责。

信息披露涉及重大复杂、无先例事项的，上交所可以实施事前审核。

上交所对信息披露文件实施形式审核，对其内容的真实性不承担责任。

上交所经审核认为信息披露文件存在重大问题，可以提出问询。上市公司和相关信息披露义务人应当在规定期限内如实答复，并披露补充或者更正公告。

上市公司或者相关信息披露义务人未按照相关规则或者上交所要求进行公告的，或者上交所认为必要的，上交所可以以交易所公告形式向市场说明有关情况。

上市公司应当通过上交所上市公司信息披露电子化系统登记公告。相关信息披露义务人应当通过上市公司或者上交所指定的信息披露平台办理公告登记。

上市公司和相关信息披露义务人应当保证披露的信息与登记的公告内容一致。未能按照登记内容披露的，应当立即向上交所报告并及时更正。

上市公司和相关信息披露义务人应当在上交所网站和证监会指定媒体上披露信息披露文件。

上市公司或者相关信息披露义务人公告屡次出现虚假记载、误导性陈述或者重大遗漏等情形的，上交所可以决定对其暂停适用信息披露直通车业务。

七、信息披露管理制度

上市公司和相关信息披露义务人不得以新闻发布或者答记者问等其他形式代替信息披露或泄露未公开重大信息。

上市公司和相关信息披露义务人确有需要的，可以在非交易时段通过新闻发布会、媒体专访、公司网站、网络自媒体等方式对外发布应披露的信息，但公司应当于下一交易时段开始前披露相关公告。

上市公司应当建立内幕信息管理制度。上市公司及其董事、监事、高级管理人员和其他内幕信息知情人在信息披露前，应当将内幕信息知情人控制在最小范围。

内幕信息知情人在内幕信息公开前，不得买卖公司股票、泄露内幕信息或者建议他人买卖公司股票。

相关信息披露义务人应当积极配合上市公司做好信息披露工作，及时告知公司已发生或者可能发生的重大事件，严格履行承诺。

相关信息披露义务人通过上市公司披露信息的，上市公司应当予以协助。

上市公司应当建立与投资者的有效沟通渠道，保障投资者合法权益。

上市公司应当积极召开投资者说明会，向投资者说明公司重大事项，澄清媒体传闻。

第四节　发行上市保荐的特别规定

《科创板首次公开发行股票注册管理办法（试行）》专门对设立科创板并试点注册制的保荐业务做出特别制度安排，并与现行《证券发行上市保荐业务管理办法》做好衔接。一是明确除特别规定外，科创板上市保荐业务适用《证券发行上市保荐业务管理办法》。二是要求保荐人应当结合科创企业特点做出针对性内部控制制度安排，控制业务风险，提高执业质量，并按规定制作、报送和披露注册申请文件，遵守发行上市审核及发行注册程序。三是明确科创板上市企业的持续督导期为证券上市当年剩余时间及其后3个完整会计年度。按照《上海证券交易所科创板上市保荐书内容与格式指引》的规定，发行人申请首次公开发行股票并在科创板上市的，所聘请的保荐人应当按照本指引的要求出具上市保荐书，具体操作如下所示。

一、保荐人应当简述的内容

保荐人应当简述发行人基本情况，包括发行人名称、注册地及注册时间、联系方式、主营业务、核心技术、研发水平、主要经营和财务数据及指标、发行人存在的主要风险等内容。

保荐人应当简述发行人本次发行情况，包括证券种类、发行数量、发行方式等内容。

保荐人应当简述本次证券发行上市的保荐代表人、协办人及项目组其他成员情况，包括人员姓名、保荐业务执业情况等内容。

二、保荐人应当详述的内容

保荐人应当详细说明发行人与保荐人是否存在下列情形：

1. 保荐人或其控股股东、实际控制人、重要关联方持有或者通过参与本次发行战略配售持有发行人或其控股股东、实际控制人、重要关联方股份的情况。

2. 发行人或其控股股东、实际控制人、重要关联方持有保荐人或其控股股东、实际控制人、重要关联方股份的情况。

3. 保荐人的保荐代表人及其配偶，董事、监事、高级管理人员，持有发行人或其控股股东、实际控制人及重要关联方股份，以及在发行人或其控股股东、实际控制人及重要关联方任职的情况。

4. 保荐人的控股股东、实际控制人、重要关联方与发行人控股股东、实际控制人、重要关联方相互提供担保或者融资等情况。

5. 保荐人与发行人之间的其他关联关系。

存在上述情形的，应当重点说明其对保荐人及其保荐代表人公正履行保荐职责可能产生的影响。

三、保荐人应当做出的承诺

保荐人应当在上市保荐书中就《证券发行上市保荐业务管理办法》第 29 条所列相关事项做出承诺。

保荐人应当简要说明发行人是否已就本次证券发行上市履行了《公司法》、《证券法》和证监会及上交所规定的决策程序。

四、保荐人应当说明的内容

保荐人应当说明针对发行人是否符合科创板定位所做出的专业判断以及相应理由和依据，并说明保荐人的核查内容和核查过程。

保荐人应当逐项说明发行人是否符合《上海证券交易所科创板股票上市规则》规定的上市条件，并明确说明发行人所选择的具体上市标准，详细载明得出每项结论的查证过程及事实依据。对于市值指标，保荐人应当结合发行人报告期外部股权融资情况、可比公司在境内外市场的估值情况等进行说明。

五、发行人为红筹企业

发行人为红筹企业的，保荐人应当说明发行人的投资者权益保护水平、特别披露事项、重大交易决策程序等是否符合《上海证券交易所科创板股票上市规则》的相关规定。

六、发行人具有表决权差异安排

发行人具有表决权差异安排的，保荐人应当说明发行人有关表决权差异安排的主要内容、相关风险及对公司治理的影响，以及依法落实保护投资者合法权益的各项措施，相关安排是否符合《上海证券交易所科创板股票上市规则》的相关规定。

七、保荐人应当说明工作的具体安排

保荐人应当说明对发行人证券上市后持续督导工作的具体安排，包括持续督导事项、持续督导期限、持续督导计划等内容。

八、若发行人情况发生重大变化

保荐人报送上市保荐书后，发行人情况发生重大变化并影响本次证券上市条件的，保荐人应当及时对上市保荐书进行补充、更新。

九、保荐人应更新上市保荐书

发行人发行完成后，保荐人应当结合发行情况更新上市保荐书，就市值及财务指标等是否符合选定的上市标准发表明确结论意见，并将更新后的上市保荐书提交上交所。

上市保荐书应当由保荐人法定代表人、保荐业务负责人、内核负责人、保荐代表人和项目协办人签字，加盖保荐人公章并注明签署日期。

第五节 发行与承销的特别规定

《科创板首次公开发行股票注册管理办法（试行）》与《证券发行与承销管理办法》有效衔接并做出特别规定，明确科创板企业发行与承销行为一般适用《证券发行与承销管理办法》，但参与询价网下机构投资者条件及报价要求、最高报价剔除比例、网下初始配售比例、网下优先配售比例、网下网上回拨机制、网下分类配售安排、战略配售、超额

配售选择权等事项适用上交所相关规定。《科创板首次公开发行股票注册管理办法（试行）》同时明确，科创板企业新股发行价格，应当通过向符合条件的网下投资者询价确定。具体操作规则如下：

1. 首次公开发行股票并在科创板上市的发行与承销行为，适用《证券发行与承销管理办法》，上交所另有规定的除外。

2. 首次公开发行股票，应当向经中国证券业协会注册的证券公司、基金管理公司、信托公司、财务公司、保险公司、合格境外机构投资者和私募基金管理人等专业机构投资者询价，确定股票发行价格。

发行人和主承销商可以根据自律规则，设置网下投资者的具体条件，并在发行公告中预先披露。

3. 网下投资者可以按照管理的不同配售对象账户分别申报价格，每个报价应当包含配售对象信息、每股价格和该价格对应的拟申购股数。

首次公开发行股票价格（或者发行价格区间）确定后，提供有效报价的网下投资者方可参与新股申购。

4. 上交所应当根据《证券发行与承销管理办法》和《科创板首次公开发行股票注册管理办法（试行）》制定科创板股票发行承销业务规则。

投资者报价要求、最高报价剔除比例、网下初始配售比例、网下优先配售比例、网下网上回拨机制、网下分类配售安排、战略配售、超额配售选择权等事项适用上交所相关规定。

《证券发行与承销管理办法》规定的战略投资者在承诺的持有期限内，可以按规定向证券金融公司借出获得配售的股票。借出期限届满后，证券金融公司应当将借入的股票返还给战略投资者。

5. 保荐人的相关子公司或者保荐人所属证券公司的相关子公司参与发行人股票配售的具体规则由上交所另行规定。

6. 获证监会同意注册后，发行人与主承销商应当及时向上交所报备发行与承销方案。上交所 5 个工作日内无异议的，发行人与主承销商可依法刊登招股意向书，启动发行工作。

7. 上交所对证券发行承销过程实施监管。发行承销涉嫌违法违规或者存在异常情形的，证监会可以要求上交所对相关事项进行调查处理，或者直接责令发行人和承销商暂停或中止发行。

第六节　红筹企业和境内外事项的协调

一、有关红筹企业的特别规定

红筹企业申请发行股票或者存托凭证并在科创板上市的，适用证监会、上交所关于发行上市审核注册程序的规定。

红筹企业申请其在境内首次公开发行的股票上市的，应当根据《上海证券交易所科创板股票发行上市审核规则》的规定，取得上交所出具的同意发行上市审核意见并由证监会做出同意注册决定。

红筹企业在境内发行存托凭证并上市的，还应当提交本次发行的存托凭证已经中国结算存管的证明文件、经签署的存托协议、托管协议文本以及托管人出具的存托凭证所对应基础证券的托管凭证等文件。

根据公司注册地公司法等法律法规和公司章程或者章程性文件规定，红筹企业无须就本次境内发行上市事宜提交股东大会审议的，其申请上市时可以不提交股东大会决议，但应当提交相关董事会决议。

红筹企业在境内发行股票或者存托凭证并在上交所科创板上市，股权结构、公司治理、运行规范等事项适用境外注册地公司法等法律法规的，其投资者权益保护水平，包括资产收益、参与重大决策、剩余财产分配等权益，总体上应不低于境内法律法规规定的要求，并保障境内存托凭证持有人实际享有的权益与境外基础证券持有人的权益相当。

红筹企业注册地公司法等法律法规或者实践中普遍认同的标准对公司董事会、独立董事职责有不同规定或者安排，导致董事会、独立董事无法按照上交所规定履行职责或者发表意见的，红筹企业应当详细说明情况和原因，并聘请律师事务所就上述事项出具法律意见。

红筹企业在上交所上市存托凭证的，应当在年度报告和中期报告中披露存托、托管相关安排在报告期内的实施和变化情况，以及报告期末前 10 名境内存托凭证持有人的名单和持有量。发生下列情形之一的，公司应当及时披露：

1. 存托人、托管人发生变化。

2. 存托的基础财产发生被质押、挪用、司法冻结或者其他权属变化。

3. 对存托协议、托管协议做出重大修改。

4. 存托凭证与基础证券的转换比例发生变动。

5. 证监会和上交所要求披露的其他情形。

红筹企业变更存托凭证与基础证券的转换比例的，应当经上交所同意。

发生第1项、第2项规定的情形，或者托管协议发生重大修改的，存托人应当及时告知红筹企业，公司应当及时进行披露。

红筹企业、存托人应当合理安排存托凭证持有人权利行使的时间和方式，保障其有足够时间和便利条件行使相应权利，并根据存托协议的约定及时披露存托凭证持有人权利行使的时间、方式、具体要求和权利行使结果。

公司、存托人通过上交所或者上交所子公司提供的网络系统征集存托凭证持有人投票意愿的，具体业务流程按照上交所相关规定或者业务协议的约定办理，并由公司或者存托人按照存托协议的约定向市场公告。

红筹企业和相关信息披露义务人适用相关信息披露要求和持续监管规定，可能导致其难以符合公司注册地、境外上市地有关规定及市场实践中普遍认同的标准的，可以向上交所申请调整适用，但应当说明原因和替代方案，并聘请律师事务所出具法律意见。

二、境内外事项的协调

在上交所上市的公司同时有证券在境外证券交易所上市的，应当保证将境外证券交易所要求披露的信息及时向上交所报告，并同时在指定媒体上按照相关规则规定披露。

上市公司就同一事件向境外证券交易所提供的报告和公告应当与向上交所提供的内容一致。出现重大差异时，公司应当向上交所做出专项说明，并按照上交所要求披露更正或补充公告。

上市公司股票及其衍生品种被境外证券交易所停牌的，应当及时向上交所报告停牌的事项和原因，并提交是否需要向上交所申请停牌的书面说明。

第七节　投资者适当性管理制度

《上海证券交易所科创板股票交易特别规定》（以下简称《交易特别规定》）是《上海证券交易所交易规则》（以下简称《交易规则》）的特别规定，集中规定科创板差异化交易机制安排。

一、规则定位

《交易特别规定》在框架体例和基本制度上与主板《交易规则》保持一致。主板市场运行多年，《交易规则》的各项规定已相对成熟，科创板交易在交易日历、交易参与人、指定交易、委托申报路径、交易信息、异常情况处理等基本制度与主板保持一致，有益于科创板建设，也易于为投资者接受。

《交易特别规定》集中体现科创板交易机制的差异化安排。针对科创型企业的特点，结合交易机制创新，拟在科创板推出不同于主板的交易机制改革措施，并在《交易特别规定》中集中体现。

《交易特别规定》按照如下思路制定：

1. 防止过度投机炒作，促进市场平稳运行。科创板企业具有业务模式新、不确定性大等特点，股票价格波动可能高于一般上市公司。需要在防止过度炒作的同时，维护正常交易秩序。为此，科创板将引入投资者适当性制度、适当放宽涨跌幅限制、调整单笔申报数量、上市首日开放融资融券业务等差异化机制安排。

2. 保障市场流动性，提升定价效率。二级市场出现流动性不足，会影响定价效率，并制约一级市场的融资功能。防范炒作的同时，应保障市场流动性。为此，科创板将引入盘后固定价格交易，满足投资者多样化交易需求。

3. 稳步推进，分批实施。考虑到科创板交易机制的调整市场影响面较广，全市场实施的技术复杂度较高，因此拟根据市场准备情况，分批实施差异化交易机制安排，包括做市制度、证券公司证券借入业务等交易制度。主要制度安排如下所示。

（1）投资者适当性管理。设立专章明确投资者适当性管理安排。考虑到科创板企业的特点，为保护投资者合法权益，拟在科创板引入投资者适当性管理制度。明确规定个人投资者的适当性条件，要求申请权限开通前20个交易日证券账户及资金账户内的资产日均不低于人民币50万元,并且参与证券交易24个月以上。上交所可根据市场情况对上述条件做出调整。

会员应当制定科创板股票投资者适当性管理的相关工作制度，对投资者进行适当性管理。

参与科创板股票交易的投资者应当符合上交所规定的适当性管理要求，个人投资者还应当通过会员组织的科创板股票投资者适当性综合评估。

（2）在科创板首次公开发行股票，网下发行比例应当遵守以下规定：

①公开发行后总股本不超过4亿股的，网下初始发行比例不低于本次公开发行股票数量的70%。

②公开发行后总股本超过4亿股或者发行人尚未盈利的，网下初始发行比例不低于本次公开发行股票数量的80%。

③应当安排不低于本次网下发行股票数量的40%优先向公募基金、社保基金和养老金配售，安排一定比例的股票向根据《企业年金基金管理办法》设立的企业年金基金和符合《保险资金运用管理办法》等相关规定的保险资金配售。

④公募基金、社保基金、养老金、企业年金基金和保险资金有效申购不足安排数量的，发行人和主承销商可以向其他符合条件的网下投资者配售剩余部分。

⑤对网下投资者进行分类配售的，同类投资者获得配售的比例应当相同。公募基金、社保基金、养老金、企业年金基金和保险资金的配售比例应当不低于其他投资者。

⑥安排向战略投资者配售股票的，应当扣除向战略投资者配售部分后确定网下网上发行比例。

（3）个人投资者参与科创板股票交易，应当符合下列条件：

①申请权限开通前20个交易日证券账户及资金账户内的资产日均不低于人民币50万元（不包括该投资者通过融资融券融入的资金和证券）。

②参与证券交易24个月以上。

③上交所规定的其他条件。

机构投资者参与科创板股票交易，应当符合境内法律及上交所业务规则的规定。

上交所可根据市场情况对上述条件做出调整。

（4）根据投资者持有的市值确定其网上可申购额度，持有市值达到10 000元以上方可参与网上申购。每5 000元市值可申购一个申购单位，不足5 000元的部分不计入申购额度。

每一个新股申购单位为500股，申购数量应当为500股或其整数倍，但最高申购数量不得超过当次网上初始发行数量的千分之一，且不得超过9 999.95万股，如超过则该笔申购无效。

投资者持有市值的计算，按照上交所有关规定执行。

（5）会员应当对投资者是否符合科创板股票投资者适当性条件进行核查，并对个人投资者的资产状况、知识水平、风险承受能力和诚信状况等进行综合评估。

会员应当重点评估个人投资者是否了解科创板股票交易的业务规则与流程，以及是否充分知晓科创板股票投资风险。

会员应当动态跟踪和持续了解个人投资者交易情况，至少每两年进行一次风险承受能力的后续评估。

（6）会员应当全面了解参与科创板股票交易的投资者情况，提出明确的适当性匹配意见，不得接受不符合适当性管理要求的投资者参与科创板股票交易。

（7）会员应当通过适当方式，向投资者充分揭示科创板股票交易风险事项，提醒投资者关注投资风险，引导其理性、规范地参与科创板股票交易。

会员应当要求首次委托买入科创板股票的客户，以纸面或电子形式签署科创板股票风险揭示书，风险揭示书应当充分揭示科创板的主要风险特征。客户未签署风险揭示书的，会员不得接受其申购或者买入委托。

（8）投资者应当充分知悉和了解科创板股票交易风险事项、境内法律和上交所业务规则，结合自身风险认知和承受能力，审慎判断是否参与科创板股票交易。

二、交易的一般事项

1. 投资者参与科创板股票交易，应当使用 A 股证券账户。

2. 投资者通过以下方式参与科创板股票交易：

（1）竞价交易。

（2）盘后固定价格交易。

（3）大宗交易。

盘后固定价格交易，指在收盘集合竞价结束后，上交所交易系统按照时间优先顺序对收盘定价申报进行撮合，并以当日收盘价成交的交易方式。盘后固定价格交易的具体事宜由上交所另行规定。

3. 科创板股票申报价格最小变动单位适用《交易规则》相关规定。上交所可以依据股价高低，实施不同的申报价格最小变动单位，具体事宜由上交所另行规定。

4. 科创板股票自上市首日起可作为融资融券标的，标的证券相关条件由上交所另行规定。

5. 科创板存托凭证在上交所上市交易，以份为单位，以人民币为计价货币，计价单位为每份存托凭证价格。

科创板存托凭证交易的其他相关事宜，按照《交易特别规定》、《交易规则》以及上交所关于股票交易的其他相关规定执行。

6. 上交所可以通过适当方式，对上市时尚未盈利以及具有表决权差异安排的发行人的股票或者存托凭证做出相应标识。

三、竞价交易

1. 根据市场需要，上交所可以接受下列方式的市价申报：

（1）最优五档即时成交剩余撤销申报。

（2）最优五档即时成交剩余转限价申报。

（3）本方最优价格申报，即该申报以其进入交易主机时，集中申报簿中本方最优报价为其申报价格。

（4）对手方最优价格申报，即该申报以其进入交易主机时，集中申报簿中对手方最优报价为其申报价格。

（5）上交所规定的其他方式。

2. 上交所对科创板股票竞价交易实行价格涨跌幅限制，涨跌幅比例为20%。

科创板股票涨跌幅价格的计算公式为：涨跌幅价格 = 前收盘价 ×（1 ± 涨跌幅比例）。

首次公开发行上市、增发上市的股票，上市后的前5个交易日不设价格涨跌幅限制。

3. 上交所可以对科创板股票的有效申报价格范围和盘中临时停牌情形等另行做出规定，并根据市场情况进行调整。

4. 通过限价申报买卖科创板股票的，单笔申报数量应当不小于200股，且不超过10万股；通过市价申报买卖的，单笔申报数量应当不小于200股，且不超过5万股。卖出时，余额不足200股的部分，应当一次性申报卖出。

四、其他交易事项

1. 有价格涨跌幅限制的股票竞价交易出现下列情形之一的，上交所公布当日买入、卖出金额最大的5家会员营业部的名称及其买入、卖出金额：

（1）日收盘价格涨跌幅达到 ±15% 的各前5只股票。

（2）日价格振幅达到30%的前5只股票，价格振幅的计算公式为：价格振幅 =（当日最高价格 − 当日最低价格）/当日最低价格 × 100%。

（3）日换手率达到30%的前5只股票，换手率的计算公式为：换手率 = 成交股数（份额）/总股上交数（份额）×100%。

收盘价格涨跌幅、价格振幅或换手率相同的，依次按成交金额和成交量选取。

2. 股票竞价交易出现下列情形之一的，属于异常波动，上交所公告该股票交易异常波动期间累计买入、卖出金额最大 5 家会员营业部的名称及其买入、卖出金额：

（1）连续 3 个交易日内日收盘价格较基准指数偏离值累计达到 ±30%。

（2）证监会或者上交所认定属于异常波动的其他情形。

基准指数由上交所向市场公告。异常波动指标自公告之日起重新计算。无价格涨跌幅限制的股票不纳入异常波动指标的计算。上交所可以根据市场情况，调整异常波动的认定标准。

五、审慎交易原则

投资者应当按照上交所相关规定，审慎开展股票交易，不得滥用资金、持股等优势进行集中交易，影响股票交易价格正常形成机制。

可能对市场秩序造成重大影响的大额交易，投资者应当选择适当的交易方式，根据市场情况分散进行。

六、会员对客户交易行为的管理

会员应当建立有效的客户交易监控系统，设定相应的监控指标和预警参数，对客户的交易行为进行监督和管理，确保申报的价格、数量等符合上交所规定，且不对市场价格产生不适当的影响。

对可能严重影响交易秩序的异常交易行为，会员应当根据与客户的协议拒绝接受其委托，并及时向上交所报告。

投资者从事严重异常交易行为，或者会员未按规定对客户交易行为进行管理的，上交所可以根据《交易规则》《上海证券交易所会员管理规则》等规则实施相关纪律处分或者监管措施。情节严重的，上交所上报证监会查处。

七、绿鞋机制

科创板将引进绿鞋机制，也叫绿鞋期权，是指根据证监会颁布的《证券发行与承销管理办法》第 14 条规定：“首次公开发行股票数量在 4 亿股以上的，发行人及其主承销商可以在发行方案中采用超额配售选择权”。这其中的“超额配售选择权”就是俗称的“绿鞋机制”。该机制可以稳定大盘股上市后的股价走势，防止股价大起大落。工行 2006 年 IPO 时就采用过“绿鞋机制”发行，其过程如下：

1. 绿鞋机制实施：发行人和主承销商可以在发行方案中采用超额配售选择权。采用超额配售选择权发行股票数量不得超过首次公开发行股票数量的 15%。

主承销商采用超额配售选择权，应当与参与本次配售并同意做出延期交付股份安排的投资者达成协议。

2. 绿鞋机制行权：发行人股票上市之日起 30 日内，主承销商有权使用超额配售股票募集的资金，从二级市场购买发行人股票，但每次申报的买入价不得高于本次发行的发行价，具体事宜由上交所另行规定。

主承销商可以根据超额配售选择权行使情况，要求发行人按照超额配售选择权方案发行相应数量股票。

3. 股票资金交付：主承销商应当在发行人股票上市之日 30 日后的 5 个工作日内，根据超额配售选择权行使情况，向发行人支付超额配售股票募集的资金，向同意延期交付股票的投资者交还股票。

八、启动发行

报备方案获证监会同意注册后，发行人与主承销商应当及时向上交所报备发行与承销方案。上交所 5 个工作日内无异议的，发行人与主承销商可依法刊登招股意向书，启动发行工作。

1. 配号摇号。当网上申购总量大于网上发行总量时，上交所按照每 500 股配一个号的规则对有效申购进行统一连续配号。

在有效申购总量大于网上发行总量时，主承销商在公证机构监督下根据总配号量和中签率组织摇号抽签，每一个中签号可认购500股新股。

2. 战略配售。首次公开发行股票数量在1亿股以上的，可以向战略投资者配售。战略投资者配售股票的总量超过本次公开发行股票数量30%的，应当在发行方案中充分说明理由。

首次公开发行股票数量不足1亿股，战略投资者获得配售股票总量不超过本次公开发行股票数量20%的，可以向战略投资者配售。

3. 战略配售要求。发行人应当与战略投资者事先签署配售协议。发行人和主承销商应当在发行公告中披露战略投资者的选择标准、向战略投资者配售的股票总量、占本次发行股票的比例以及持有期限等。

战略投资者参与股票配售，应当使用自有资金，不得接受他人委托或者委托他人参与，但依法设立并符合特定投资目的的证券投资基金等主体除外。发行人和主承销商应当对战略投资者配售资格进行核查。

战略投资者不参与网下询价，且应当承诺获得本次配售的股票持有期限不少于12个月，持有期自本次公开发行的股票上市之日起计算。

九、违规行为监管

发行人、证券公司、证券服务机构、投资者及其直接负责的主管人员和其他直接责任人员存在下列情形的，上交所可以视情节轻重，对其单独或者合并采取监管措施和纪律处分：

1. 在询价、配售活动中进行合谋报价、利益输送或者谋取其他不当利益。

2. 违反相关办法的规定，向不符合要求的主体进行询价、配售。

3. 出具的投资价值研究报告以及发布的投资风险公告存在严重夸大、失实，误导投资者投资决策。

4. 发行人的高级管理人员与核心员工设立专项资产管理计划参与战略配售，未按规定履行决策程序和信息披露义务。

5. 未及时向上交所报备发行与承销方案，或者上交所提出异议后仍然按原方案启动发行工作。

6. 预计发行后总市值不满足选定市值与财务指标上市标准，应当中止发行而不中止发行。

7. 未按发行与承销方案中披露的标准，向战略配售、网下配售获配股票的投资者收取新股配售佣金。

8. 违反相关办法关于采用超额配售选择权的规定，影响股票上市交易正常秩序。

9. 违反相关办法规定的其他情形。

十、监管措施类型

发行人、证券公司、证券服务机构、投资者及其直接负责的主管人员和其他直接责任人员等违反相关办法规定的，上交所可以采取下列监管措施：

1. 要求限期改正。
2. 监管谈话。
3. 口头警示。
4. 书面警示。
5. 要求公开更正、澄清或者说明。
6. 要求限期参加培训或者考试。
7. 要求保荐机构聘请第三方机构进行核查并发表意见。
8. 要求公开致歉。
9. 上交所规定的其他监管措施。

十一、实施监管

上交所对股票在科创板发行与承销的过程实施自律监管，对违反相关规则的行为单独或者合并采取监管措施和纪律处分。

发行承销涉嫌违法违规或者存在异常情形的，上交所可以要求发行人和承销商暂停或中止发行，对相关事项进行调查，并上报证监会查处。

十二、日常监管

上交所对发行人、证券公司、证券服务机构、投资者及其直接负责的主管人员和其他直接责任人员等实施日常监管，可以采取下列措施：

1. 对发行人及其保荐机构、承销商、证券服务机构发出通知和函件。

2. 约见问询发行人董事、监事、高级管理人员以及保荐机构、承销商、证券服务机构及其相关人员。

3. 调阅和检查保荐机构、承销商、证券服务机构工作底稿。

4. 要求发行人、保荐机构、承销商、证券服务机构对有关事项做出解释和说明。

5. 对发行人、保荐机构、承销商、证券服务机构进行调查或者检查。

6. 向证监会报告涉嫌违法违规及存在异常的情况。

7. 其他必要的工作措施。

第八节　退市

一、关于退市的一般规定

1. 上市公司触及相关规则规定的退市情形，导致其股票存在被终止上市风险的，上交所对该公司股票启动退市程序。

2. 上市公司股票被实施退市风险警示的，在公司股票简称前冠以“＊ST”字样，以区别于其他股票。上市公司股票被实施退市风险警示期间，不进入风险警示板交易，不适用风险警示板交易的相关规定。

3. 上市公司出现两项以上退市风险警示、终止上市情形的，按照先触及先适用的原则实施退市风险警示、终止上市。

上市公司存在两项以上退市风险警示情形的，须满足全部退市风险警示的撤销条件，方可申请撤销风险警示。但已满足撤销条件退市风险警示情形，不再适用其对应的终止上市程序。

4. 上市公司申请撤销退市风险警示的，应当聘请保荐机构就公司是否符合撤销退市风险警示的条件进行核查并发表明确意见。

5. 上市公司股票被终止上市的，不得申请重新上市。

二、重大违法强制退市

1. 相关规则所称重大违法强制退市，包括下列情形：

（1）上市公司存在欺诈发行、重大信息披露违法或者其他严重损害证券市场秩序的重大违法行为，且严重影响上市地位，其股票应当被终止上市的情形。

（2）上市公司存在涉及国家安全、公共安全、生态安全、生产安全和公众健康安全等领域的违法行为，情节恶劣，严重损害国家利益、社会公共利益，或者严重影响上市地位，其股票应当被终止上市的情形。

2. 上市公司涉及重大违法行为，存在下列情形之一的，其股票应当被终止上市：

（1）上市公司首次公开发行股票申请或者披露文件存在虚假记载、误导性陈述或重大遗漏，被证监会依据《证券法》第 189 条做出行政处罚决定，或者被人民法院依据《刑法》第 160 条做出有罪生效判决。

（2）上市公司发行股份购买资产并构成重组上市，申请或者披露文件存在虚假记载、误导性陈述或者重大遗漏，被证监会依据《证券法》第 189 条做出行政处罚决定，或者被人民法院依据《刑法》第 160 条做出有罪生效判决。

（3）上市公司披露的年度报告存在虚假记载、误导性陈述或者重大遗漏，根据证监会行政处罚决定认定的事实，导致其相关财务指标已实际触及相关规则规定的退市标准。

（4）上交所根据上市公司违法行为的事实、性质、情节及社会影响等因素认定的其他严重损害证券市场秩序的情形。

3. 上市公司涉及前款规定的重大违法行为，存在下列情形之一的，其股票应当被终止上市：

（1）上市公司或其主要子公司被依法吊销营业执照、责令关闭或者被撤销。

（2）上市公司或其主要子公司被依法吊销主营业务生产经营许可证，或者存在丧失继续生产经营法律资格的其他情形。

（3）上交所根据上市公司重大违法行为损害国家利益、社会公共利益的严重程度，结合公司承担法律责任类型、对公司生产经营和上市地位的影响程度等情形，认为公司股票应当终止上市的。

4. 上交所上市委员会依据相关行政机关行政处罚决定、人民法院生效裁判认定的事实，按照相关规则规定的标准，就是否对上市公司股票实施重大违法强制退市进行审议，做出独立的专业判断并形成审核意见。

重大违法强制退市的认定程序、信息披露要求、停复牌和听证等事宜，按照《上海证券交易所上市公司重大违法强制退市实施办法》的规定执行。

5. 上交所根据上市委员会对公司股票是否实施重大违法强制退市的审核意见，在5个交易日内做出是否终止公司股票上市的决定。

6. 上交所在做出终止上市决定之日起2个交易日内，通知公司并发布相关公告，同时报证监会备案。

公司应当在收到上交所关于终止其股票上市决定之日起的次一交易日，披露股票终止上市公告。

公司可以在收到终止上市决定之日起5个交易日内，按照相关规定申请复核。

7. 上市公司因重大违法强制退市情形，其股票被终止上市后，作为上市公司重大违法强制退市认定依据的行政处罚决定、司法裁判被依法撤销、确认无效或被依法变更的，公司可以在知道相关行政机关决定或者人民法院生效司法裁判后的10个交易日内，向上交所申请撤销对公司股票做出的终止上市决定。

8. 上交所自收到上市公司按照前条规定提出的撤销申请之日起的15个交易日内，召开上市委员会会议，根据相关行政机关决定或者人民法院生效司法裁判，审议是否撤销对公司股票做出的终止上市决定，并形成审核意见。

上交所根据上市委员会的审核意见，做出是否撤销对公司股票做出的终止上市决定的决定。

9. 上交所撤销终止上市决定的，公司股票相应还原上市地位。公司股票同时具有其他退市风险警示或者终止上市情形的，上交所对其股票实施相应退市风险警示或者终止上市。

上交所在做出撤销决定之日起2个交易日内，通知公司并发布相关公告，同时报证监会备案。

10. 公司可以在收到上交所撤销决定之日起20个交易日内，向上交所申请还原上市地位。公司股份已经转入全国中小企业股份转让系统或者上交所认可的其他转让场所挂牌转让的，上交所在公司办理完毕其股份的重新确认、登记、托管等相关手续后安排其股票上市交易。

公司应当在其股票还原上市地位前与上交所重新签订上市协议，明确双方的权利、义务及其他有关事项。公司控股股东、实际控制人、董事、监事和高级管理人员等应当签署并提交相应声明与承诺。

公司股票还原上市地位首日不设涨跌幅，不进入风险警示板交易。

三、交易类强制退市

1. 上市公司出现下列情形之一的，上交所决定终止其股票上市：

（1）通过上交所交易系统连续120个交易日实现的累计股票成交量低于200万股。

（2）连续20个交易日股票收盘价均低于股票面值。

（3）连续20个交易日股票市值均低于3亿元。

（4）连续20个交易日股东数量均低于400人。

（5）上交所认定的其他情形。

前款规定的交易日，不包含公司股票停牌日和公司首次公开发行股票上市之日起的20个交易日。证券市场出现重大异常波动等情形的，上交所可以根据实际情况调整第（1）款规定的交易指标。

2. 上市公司连续10个交易日（不包含公司股票停牌日）出现下列情形之一的，应当在次一交易日发布公司股票可能被终止上市的风险提示公告，其后每个交易日披露一次，直至相应的情形消除或者上交所做出公司股票终止上市的决定之日（以先达到的日期为准）：

（1）每日股票收盘价均低于股票面值。

（2）每日股票市值均低于3亿元。

（3）每日股东数量均低于400人。

3. 上交所在做出终止股票上市的决定之日起2个交易日内，通知公司并发布相关公告，同时报证监会备案。

公司应当在收到上交所关于终止其股票上市决定后，及时披露股票终止上市公告。

公司可以在收到终止上市决定之日起5个交易日内，按照规定申请复核。

四、财务类强制退市

1. 上市公司出现下列情形之一，明显丧失持续经营能力，达到相关规则规定标准的，上交所将对其股票启动退市程序：

（1）主营业务大部分停滞或者规模极低。

（2）经营资产大幅减少导致无法维持日常经营。

（3）营业收入或者利润主要来源于不具备商业实质的关联交易。

（4）营业收入或者利润主要来源于与主营业务无关的贸易业务。

（5）其他明显丧失持续经营能力的情形。

2. 上市公司出现下列情形之一的，上交所对其股票实施退市风险警示：

（1）最近一个会计年度经审计的扣除非经常性损益之前或者之后的净利润（含被追溯重述）为负值，且最近一个会计年度经审计的营业收入（含被追溯重述）低于1亿元。

（2）最近一个会计年度经审计的净资产（含被追溯重述）为负值。

（3）上交所认定的其他情形。

上市公司营业收入主要来源于与主营业务无关的贸易业务或者不具备商业实质的关联交易，公司明显丧失持续经营能力的，上交所可以提交上市委员会认定在计算前款规定的营业收入指标时是否扣除前述收入，并通知上市公司。

3. 研发型上市公司主要业务、产品或者所依赖的基础技术研发失败或者被禁止使用，且公司无其他业务或者产品符合规定要求的，上交所将对其股票实施退市风险警示。

4. 上市公司收到终止上市事先告知书后，可以根据规定提出听证、陈述和申辩。

上交所上市委员会在前款规定的有关期限届满或者听证程序结束后15个交易日内，就是否终止公司股票上市事宜进行审议，做出独立的专业判断并形成审核意见。

上交所根据上市委员会的审核意见，做出是否终止股票上市的决定。

5. 上交所在做出终止股票上市的决定之日起2个交易日内，通知公司并发布相关公告，同时报证监会备案。

公司应当在收到上交所关于终止其股票上市决定后，及时披露股票终止上市公告。

公司可以在收到终止上市决定之日起5个交易日内，按照相关规定申请复核。

五、规范类强制退市

1. 上市公司出现下列情形之一的，上交所对其股票实施退市风险警示：

（1）因财务会计报告存在重大会计差错或者虚假记载，被证监会责令改正但公司未在规定期限内改正，此后公司在股票停牌2个月内仍未改正。

（2）未在法定期限内披露年度报告或者半年度报告，此后公司在股票停牌2个月内仍未披露。

（3）因信息披露或者规范运作等方面存在重大缺陷，被上交所责令改正但公司未在规定期限内改正，此后公司在股票停牌2个月内仍未改正。

（4）因公司股本总额或股权分布发生变化，导致连续20个交易日不再具备上市条件，此后公司在股票停牌1个月内仍未解决。

（5）最近一个会计年度的财务会计报告被会计师事务所出具无法表示意见或者否定意见的审计报告。

（6）公司可能被依法强制解散。

（7）法院依法受理公司重整、和解和破产清算申请。

（8）上交所认定的其他情形。

2. 上市公司股票因前款情形被实施退市风险警示后，符合下列对应条件的，可以向上交所申请撤销对其股票实施的退市风险警示：

（1）因前款第（1）项情形被实施退市风险警示之日起的 2 个月内，披露经改正的财务会计报告。

（2）因前款第（2）项情形被实施退市风险警示之日起的 2 个月内，披露相关年度报告或者半年度报告。

（3）因前款第（3）项情形被实施退市风险警示之日起 2 个月内，公司已按要求完成整改，具备健全的公司治理结构，运作规范，公司信息披露和内控制度无重大缺陷。

（4）因前款第（4）项情形被实施退市风险警示之日起的 6 个月内，解决股本总额或股权分布问题，且其股本总额或股权分布重新具备上市条件。

（5）因前款第（5）项情形被实施退市风险警示后，会计师事务所对其下一个会计年度的财务会计报告出具标准无保留审计意见。

（6）因前款第（6）项情形被实施退市风险警示后，公司可能被依法强制解散的情形已消除。

3. 上市公司股票因前款第（7）项情形被实施退市风险警示后，符合下列条件之一的，公司可以向上交所申请撤销对其股票实施的退市风险警示：

（1）重整计划执行完毕。

（2）和解协议执行完毕。

（3）法院受理破产申请后至破产宣告前，依据《中华人民共和国企业破产法》（以下简称《企业破产法》）做出驳回破产申请的裁定，且申请人在法定期限内未提起上诉。

（4）因公司已清偿全部到期债务、第三人为公司提供足额担保或者清偿全部到期债务，法院受理破产申请后至破产宣告前，依据《企业破产法》做出终结破产程序的裁定。

六、听证与复核

上市公司收到上交所发出的终止上市事先告知书后，可以在 5 个交易日内，以书面形式向上交所提出听证要求，并载明具体事项及理由。

上市公司对终止上市有异议的，可以在前款规定期限内，向上交所提交相关书面陈述和申辩，并提供相关文件。

上市公司根据前条规定向上交所申请复核，应当提交下列文件：

1. 复核申请书。

2. 保荐机构就申请复核事项出具的意见书。

3. 律师事务所就申请复核事项出具的法律意见书。

4. 上交所要求的其他文件。

上交所在收到申请人提交的复核申请文件之日后的 5 个交易日内，做出是否受理的决定并通知申请人。未能按照前条规定提交复核申请文件的，上交所不受理其复核申请。

七、退市整理期

上市公司股票被上交所根据相关规定做出终止上市决定后，自公告终止上市决定之日起 5 个交易日后的次一交易日复牌，进入退市整理期交易。

退市整理股票的简称前冠以“退市”标识，不进入上交所风险警示板交易，不适用上交所风险警示板股票交易的相关规定。

退市整理期的交易期限为 30 个交易日。公司股票在退市整理期内全天停牌的，停牌期间不计入退市整理期，但停牌天数累计不得超过 5 个交易日。

累计停牌达到 5 个交易日后，上交所不再接受公司的停牌申请；公司未在累计停牌期满前申请复牌的，上交所于停牌期满后的次一交易日恢复公司股票交易。

上市公司股票进入退市整理期的，公司及相关信息披露义务人仍应当遵守法律法规、相关规则及上交所有关规定，履行信息披露及相关义务。

上市公司应当于退市整理期的第一天，发布公司股票已被上交所做出终止上市决定的风险提示公告，说明公司股票进入退市整理期的起始日和终止日等事项。

上市公司应当在退市整理期前 25 个交易日内，每 5 个交易日发布一次股票将被终止上市的风险提示公告，在最后 5 个交易日内每日发布一次股票将被终止上市的风险提示公告。

退市整理期届满后 5 个交易日内，上交所对公司股票予以摘牌，公司股票终止上市，并转入股份转让场所挂牌转让。

上市公司应当在上交所做出终止其股票上市决定后，立即安排股票转入全国中小企业股份转让系统或者上交所认可的其他转让场所挂牌转让的相关事宜，保证公司股票在摘牌之日起 45 个交易日内可以挂牌转让。

八、主动终止上市

1. 上市公司出现下列情形之一的，可以向上交所申请主动终止上市：

（1）上市公司股东大会决议主动撤回其股票在上交所的交易，并决定不再在上交所交易。

（2）上市公司股东大会决议主动撤回其股票在上交所的交易，并转而申请在其他交易场所交易或转让。

（3）上市公司向所有股东发出回购全部股份或部分股份的要约，导致公司股本总额、股权分布等发生变化不再具备上市条件。

（4）上市公司股东向所有其他股东发出收购全部股份或部分股份的要约，导致公司股本总额、股权分布等发生变化不再具备上市条件。

（5）除上市公司股东外的其他收购人向所有股东发出收购全部股份或部分股份的要约，导致公司股本总额、股权分布等发生变化不再具备上市条件。

（6）上市公司因新设合并或者吸收合并，不再具有独立法人资格并被注销。

（7）上市公司股东大会决议公司解散。

（8）证监会和上交所认可的其他主动终止上市情形。

2. 前款第（1）项、第（2）项规定的股东大会决议事项，除须经出席会议的全体股东所持有效表决权的 2/3 以上通过外，还须经出席会议的除下列股东以外的其他股东所持有效表决权的 2/3 以上通过：

（1）上市公司的董事、监事、高级管理人员。

（2）单独或者合计持有上市公司5%以上股份的股东。

3. 上市公司向上交所提出主动终止上市申请的，应当提交下列文件：

（1）主动终止上市申请书。

（2）董事会决议及独立董事意见（如适用）。

（3）股东大会决议（如适用）。

（4）主动终止上市的方案。

（5）主动终止上市后去向安排的说明。

（6）异议股东保护的专项说明。

（7）财务顾问出具的关于公司主动终止上市的专项意见。

（8）律师出具的关于公司主动终止上市的专项法律意见。

（9）上交所要求的其他材料。

上交所在收到上市公司提交的主动终止上市申请文件之日后5个交易日内，做出是否受理的决定并通知公司。公司应当在收到决定后及时披露，并提示其股票是否存在可能终止上市的风险。

主动终止上市公司可以选择在股份转让场所转让其股票，或者依法做出其他安排。

上交所在做同意或者不同意上市公司主动终止上市决定之日起15个交易日内，以及上市公司退出市场交易之日起15个交易日内，将上市公司主动终止上市的情况报告证监会。

第九节　监督管理和法律责任

《科创板首次公开发行股票注册管理办法（试行）》建立了流程监管体系，并对责任主体加大追责力度。一是规定证监会建立对发行上市监管全流程的权力运行监督制约机制，对发行上市审核程序和发行注册程序相关内控制度运行情况进行督导督察，对廉政纪律执行情况和相关人员的履职尽责情况进行监督监察。二是规定证监会建立对上交所发行上市审核工作和发行承销过程监管的监督机制，定期检查和抽查。三是加大违法违规行为追责力度，对负有责任的发行人及其控股股东、实际控制人、保荐人、证券服务机构以及相关责任人员，采取较长时间不予受理证券发行相关文件、限制相关从业资格、认定为不适当人员、市场禁入等严厉措施。四是突出投资者保护，明确发行人通过欺诈发行上市的，证监会可以责令发行人及其控股股东、实际控制人按规定购回本次公开发行的股票。五是强化自律监管，规定上交所和证券业协会应当对发行上市过程中违反自律监管规则的行为采取自律监管措施或者纪律处分。具体规范如下。

一、证监会层面

1. 证监会负责建立健全以信息披露为中心的注册制规则体系，制定股票发行注册并上市的规章规则，依法批准上交所制定的上市条件、审核标准、审核程序、上市委员会制度、信息披露、保荐、发行承销等方面的制度规则，指导上交所制定与发行上市审核相关的其他业务规则。

2. 证监会建立对上交所发行上市审核工作和发行承销过程监管的监督机制，持续关注上交所审核情况和发行承销过程监管情况；发现上交所自律监管措施或者纪律处分失当的，可以责令上交所改正。

3. 证监会对上交所发行上市审核和发行承销过程监管等相关工作进行年度例行检查。在检查过程中，可以调阅审核工作文件，列席相关审核会议。

4. 证监会定期或者不定期按一定比例对上交所发行上市审核和发行承销过程监管等相关工作进行抽查。

证监会在检查和抽查过程中发现问题，上交所应当整改。

5. 证监会建立对发行上市监管全流程的权力运行监督制约机制，对发行上市审核程序和发行注册程序相关内控制度运行情况进行督导督察，对廉政纪律执行情况和相关人员的履职尽责情况进行监督监察。

二、上交所层面

1. 上交所应当建立内部防火墙制度，发行上市审核部门、发行承销监管部门与其他部门隔离运行。参与发行上市审核的人员，不得与发行人及其控股股东、实际控制人和相关中介机构有利害关系，不得直接或者间接与发行人、保荐人、证券服务机构有利益往来，不得持有发行人股票，不得私下与发行人接触。

2. 上交所应当建立定期报告制度，及时总结发行上市审核和发行承销监管的工作情况，并报告证监会。

3. 上交所发行上市审核工作违反相关办法规定，有下列情形之一的，由证监会责令改正；情节严重的，追究直接责任人员相关责任：

（1）未按审核标准开展发行上市审核工作。

（2）未按审核程序开展发行上市审核工作。

（3）不配合证监会对发行上市审核工作和发行承销监管工作的检查、抽查，或者不按证监会的整改要求进行整改。

三、发行人层面

1. 发行人不符合发行上市条件，以欺骗手段骗取发行注册的，证监会将自确认之日起采取5年内不接受发行人公开发行证券相关文件的监管措施。对相关责任人员，视情节轻重，认定为不适当人选的监管措施，或者采取证券市场禁入的措施。

2. 发行人存在前款行为，已经发行上市的，证监会在做出行政处罚的同时，可以责令上市公司及其控股股东、实际控制人在一定期间从投资者手中购回本次公开发行的股票。

上市公司及其控股股东、实际控制人在法定期限内不申请行政复议或者提请行政诉讼，又不履行购回义务的，证监会可以依照《中华人民共和国行政强制法》的规定申请人民法院强制执行。

前款所称投资者是指自发行人首次公开发行，至欺诈发行揭露日期间买入股票，且在购回时仍然持有股票的投资者。

前款所称欺诈发行揭露日是指欺诈发行在全国范围发行或者播放的报刊、电台、电视台等媒体上，或者在权威的网络媒体上首次被公开揭露之日。

上市公司及其控股股东、实际控制人购回股票时，若股票的交易价格低于投资者买入股票时的价格，应当按照买入价并加算银行同期存款利息购回股票；若股票的交易价格高于投资者买入股票时的价格，应当按照股票交易价格购回股票。

责令购回的具体规则由证监会另行规定。

3. 发行人存在注册程序第 18 条第（三）项、第（四）项、第（五）项情形，或者发行人及其董事、监事、高级管理人员、控股股东、实际控制人的签名、盖章系伪造或者变造的，证监会将自确认之日起采取 3 ~5 年不接受发行人公开发行证券相关文件的监管措施。

4. 发行人的控股股东、实际控制人违反相关办法规定，致使发行人所报送的注册申请文件和披露的信息存在虚假记载、误导性陈述或者重大遗漏，或者纵容、指使、协助发行人进行财务造假、利润操纵或者有意隐瞒其他重要信息等骗取发行注册行为的，证监会可以视情节轻重，对相关单位和责任人员采取自确认之日起 1 ~5 年不接受相关单位及其控制的下属单位公开发行证券相关文件，对责任人员采取认定为不适当人选等监管措施。

5. 发行人的董事、监事和高级管理人员违反相关办法规定，致使发行人所报送的注册申请文件和披露的信息存在虚假记载、误导性陈述或者重大遗漏的，证监会可以对责任人员采取认定为不适当人选等监管措施。

四、保荐人层面

1. 保荐人未勤勉尽责，致使发行人信息披露资料存在虚假记载、误导性陈述或者重大遗漏的，证监会将视情节轻重，采取自确认之日起暂停保荐人业务资格 1 ~3 年，责令保荐人更换相关负责人的监管措施；情节严重的，撤销保荐人业务资格，对相关责任人员采取证券市场禁入的措施。

保荐代表人未勤勉尽责，致使发行人信息披露资料存在虚假记载、误导性陈述或者重大遗漏的，按规定撤销保荐代表人资格。

证券服务机构未勤勉尽责，致使发行人信息披露资料中与其职责有关的内容及其所出具的文件存在虚假记载、误导性陈述或者重大遗漏的，证监会将视情节轻重，自确认之日起采取3个月至3年不接受相关单位及其责任人员出具的发行证券专项文件的监管措施；情节严重的，对证券服务机构相关责任人员采取证券市场禁入的措施。

2. 保荐人存在以下情形的，证监会可以视情节轻重，采取自确认之日起暂停保荐人业务资格3个月至3年的监管措施；情节特别严重的，撤销其业务资格：

（1）伪造或者变造签字、盖章。

（2）重大事项未及时报告或者未及时披露。

（3）以不正当手段干扰注册审核工作。

（4）不履行其他法定职责。

保荐代表人存在前款规定情形的，视情节轻重，按规定暂停保荐代表人资格3个月至3年；情节特别严重的，按规定撤销保荐代表人资格。

证券服务机构及其相关人员存在第（1）款规定情形的，证监会可以视情节轻重，采取3个月至3年不接受相关单位及其责任人员出具的发行证券专项文件的监管措施。

3. 发行人公开发行证券上市当年利润大幅下滑导致亏损的，证监会自确认之日起暂停保荐人的保荐人资格3个月，撤销相关人员的保荐代表人资格，尚未盈利的企业除外。

4. 发行人、保荐人、证券服务机构存在以下情形的，证监会可以视情节轻重，采取责令改正、监管谈话、出具警示函、1年内不接受相关单位及其责任人员出具的与注册申请有关的文件等监管措施；情节严重的，可以同时采取3个月内不接受相关单位及其责任人员出具的发行证券专项文件的监管措施：

（1）制作或者出具的文件不齐备或者不符合要求。

（2）擅自改动注册申请文件、信息披露资料或者其他已提交文件。

（3）注册申请文件或者信息披露资料存在相互矛盾或者同一事实表述不一致且有实质性差异。

（4）文件披露的内容表述不清，逻辑混乱，严重影响投资者理解。

（5）发行人对重大事项未及时报告或者未及时披露。

五、财务审计工作

1. 发行人披露盈利预测的，利润实现数如未达到盈利预测的 80%，除因不可抗力外，其法定代表人、财务负责人应当在股东大会及证监会指定报刊上公开做出解释并道歉；证监会可以对法定代表人处以警告。

2. 利润实现数未达到盈利预测的 50% 的，除因不可抗力外，证监会在 3 年内不受理该公司的公开发行证券申请。

3. 注册会计师为上述盈利预测出具审核报告的过程中未勤勉尽责的，证监会将视情节轻重，对相关机构和责任人员采取监管谈话等监管措施，记入诚信档案并公布；情节严重的，给予警告等行政处罚。

六、监管与处罚

发行人及其控股股东和实际控制人、董事、监事、高级管理人员，保荐人、承销商、证券服务机构及其相关执业人员，在股票公开发行并上市相关的活动中存在其他违反本办法规定行为的，证监会可以视情节轻重，采取监管措施，或者采取证券市场禁入的措施。

发行人及其控股股东、实际控制人、保荐人、证券服务机构及其相关人员违反《证券法》依法应予以行政处罚的，证监会将依法予以处罚；对欺诈发行、虚假陈述负有责任的发行人、保荐人、会计师事务所、律师事务所、资产评估机构及其责任人员依法从重处罚。涉嫌犯罪的，依法移送司法机关，追究其刑事责任。

上交所负责对发行人及其控股股东、实际控制人、保荐人、承销商、证券服务机构等进行自律监管。

中国证券业协会负责制定保荐业务、发行承销自律监管规则，对保荐人、承销商、保荐代表人、网下投资者进行自律监管。

上交所和中国证券业协会应当对发行上市过程中违反自律监管规则的行为采取自律监管措施或者纪律处分。

本章要点

1. 适合上科创板的是具有硬科技的创新型企业。
2. 了解发行上市条件与注册程序以及信息披露规则。
3. 投资者如何理性、规范地参与科创板股票交易。

思考题

1. 发行人的责任与风险有哪些?
2. 赢得投资人认可的前提是什么?
3. 公司治理架构设计是怎样的?

第四章

登陆创业板、新三板、国际板

2009 年 10 月 30 日，中国的创业板正式开板。2020 年 6 月，借鉴科创板、香港创业板以及美国纳斯达克的建设经验，也正值科创板注册制运行一年多的成果出炉，创业板改革并试点注册制正式实施了。

与老创业板相比，注册制下的创业板更加适应于更多依靠创新、创造、创意的成长型企业，同时支持传统产业与新技术、新产业、新业态、新模式深度融合。

2013 年 12 月 31 日起，股转系统面向全国接收企业挂牌申请。新三板的定位主要是为创新型、创业型、成长型中小微企业发展服务。这类企业普遍规模较小，尚未形成稳定的赢利模式。在准入条件上，不设财务门槛，申请挂牌的公司可以尚未赢利，只要是股权结构清晰、经营合法规范、公司治理健全、业务明确并履行信息披露义务的股份公司，均可以经主办券商推荐申请在全国股份转让系统挂牌。

2018 年 4 月 21 日正式开启新三板 + H 股，首批启动赴港的有 11 家企业。

2020 年 7 月 27 日，首批 32 家新三板精选层企业正式挂牌，这是新三板改革的核心——设立精选层并设置转板上市制度。具体而言，转板为新三板企业打开了进入科创板、创业板或主板、中小板市场的通道。

上海国际板是指境外企业在中国A股发行上市的板块。境外企业在A股上市后，因其“境外”性质将被划分为“国际板”。2011年3月9日，时任上海证券交易所理事长耿亮表示，国际板发行办法、交易规则、上市规则和结算规则这四大法规目前已有初稿，但何时推出尚无时间表。十年磨一剑，相信不会太久。

第一节　创业板改革并试点注册制

创业板改革并试点注册制主要服务成长型创新创业企业，支持传统产业与新技术、新产业、新业态、新模式的深度融合。试点注册制是创业板改革的主线，创业板首发、再融资、并购重组将同步推行注册制，并配套完善相关制度规则。在总体制度设计上主要遵循三点：一是深化改革，全面贯彻落实新《证券法》；二是协同发展，推进资本要素市场化配置；三是稳中求进，为全市场推行注册制改革积累经验。

一、创业板制度创新与定位

根据《深圳证券交易所创业板股票发行上市审核规则》《深圳证券交易所创业板企业发行上市申报及推荐暂行规定》，创业板制度创新与定位如图4－1所示。

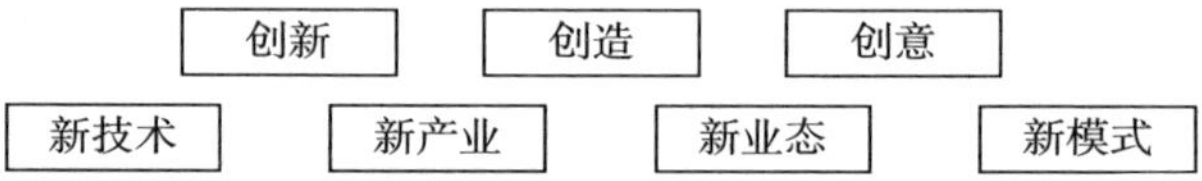

图4－1　创业板上市的“三创四新”

创业板实行注册制后，原则上不支持这些行业的企业在创业板申报发行上市：农林牧渔业；采矿业；酒、饮料和精制茶制造业；纺织业；黑色金属冶炼和压延加工业；电力、热力、燃气及水生产和供应业；建筑业；交通运输、仓储和邮政业；住宿和餐饮业；金融业；房地产业；居民服务、修理和其他服务业。

上述行业中与互联网、大数据、云计算、自动化、新能源、人工智能等新技术、新产业、新业态、新模式深度融合的创新创业企业仍可以在创业板上市，并要求保荐人对推荐的此类企业进行尽职调查，做出专业判断，在发行保荐书中说明相关核查过程、依据和结论，充分体现创业板服务创新创业的定位。

二、创业板注册制改革在审企业平移规则

与科创板相比，创业板此次注册制改革最大的不同在于要兼顾体量不小的存量市场。截至2020年5月29日，创业板存量排队企业的数量有203家，其中在审未上会的企业有183家，过会等待尚未取得发行批文的企业有19家，还有1家企业上会后被发审委决定暂缓投票。

存量企业如何顺利从核准制过渡到注册制？证监会发布的《关于创业板改革并试点注册制实施前后相关行政许可事项过渡期安排的通知》明确了存量企业发行审核的工作安排，深交所则按照创业板注册制改革在审企业平移规则，进一步明确了处在不同审核阶段企业的具体安排。

（一）已通过证监会发审委审核

按原有进程推进。

（二）已通过证监会初审会

按证监会的受理顺序和审核成果接续审核：初审会意见已落实的，安排创业板上市委会议审议；初审会意见未落实的，落实后深交所安排审核会议和上市委会议审议。

（三）已拿到证监会反馈意见、但未开初审会

根据证监会的受理顺序和审核成果，继续推进：反馈意见已落实的，安排审核会议审议；反馈意见未落实的，落实后安排审核会议。

（四）证监会已受理、尚未出具反馈意见

自受理之日起20个工作日内发出首轮问询。

（五）受理时间

创业板试点注册制实施之日起10个工作日内，专门受理在审企业，不接新申报。

深交所受理顺序不作为审核顺序，审核顺序仍按原来在证监会的顺序。但是，如果在审企业未在前10个工作日内申请，将视为新申报企业，需重新排队。

（六）负面清单

在审企业无须适用相关负面清单规定，在审企业不需提交有关符合创业板定位要求的专项说明。

（七）中止状态

处于中止状态的在审企业，且在创业板试点注册制实施之日起10个工作日内提出申请的，如中止情形已消除，经审核确认，恢复发行上市审核；中止情形尚未消除的，继续中止。

（八）未处理完的举报核查

平移后由深交所处理，保荐机构将核查结果报深交所。

（九）财报有效期

财报有效期原来是6个月，考虑到2020年疫情防控的特殊情况，允许首发、并购重组在审企业及新申报企业相关资产财报有效期可延长1个月。

（十）首发新申报企业

创业板试点注册制实施之日起10个工作日后，深交所开始受理新申报企业的申请。按受理先后顺序审核，自受理之日起20个工作日内发出首轮审核问询。

创业板试点注册制实施之日起10个工作日内，深交所仅接受首次公开发行股票、再融资、并购重组在审企业提交的相关申请。

深交所基于相关企业在证监会的审核顺序和已有审核成果，按照注册制审核程序和规则，认真开展审核工作，确保在审企业平稳有序过渡。

三、科创板与创业板首发上市条件对照

科创板与创业板首发上市条件对照详情参见表 4 –1。

表 4 –1　科创板与创业板首发上市条件对照

	科创板		创业板	
上市条件	内容	法规指引	内容	法规指引
企业类型	面向世界科技前沿、面向经济主战场、面向国家重大需求。优先支持符合国家战略、拥有关键核心技术、科技创新能力突出、主要依靠核心技术开展生产经营、具有稳定的商业模式、市场认可度高、社会形象良好、具有较强成长性的企业	《科创板首次公开发行股票注册管理办法（试行）》第三条	深入贯彻创新驱动发展战略，适应发展更多依靠创新、创造、创意的大趋势，主要服务成长型创新创业企业，支持传统产业与新技术、新产业、新业态、新模式深度融合	《创业板首次公开发行股票注册管理办法（试行）》第三条
经营年限	持续经营 3 年以上	《科创板首次公开发行股票注册管理办法（试行）》第十条	持续经营 3 年以上	《创业板首次公开发行股票注册管理办法（试行）》第十条
规范性	会计基础工作规范，财务报表的编制和披露符合企业会计准则和相关信息披露规则的规定，在所有重大方面公允地反映了发行人的财务状况、经营成果和现金流量，并由注册会计师出具标准无保留意见的审计报告。内部控制制度	《科创板首次公开发行股票注册管理办法（试行）》第十一条	会计基础工作规范，财务报表的编制和披露符合企业会计准则和相关信息披露规则的规定，在所有重大方面公允地反映了发行人的财务状况、经营成果和现金流量，最近 3 年财务会计报告由注册会计师出具无保留意见的审计报告。内部控制制度健全	《创业板首次公开发行股票注册管理办法（试行）》第十一条

续表

	科创板		创业板	
上市条件	内容	法规指引	内容	法规指引
规范性	健全且被有效执行，能够合理保证公司运行效率、合法合规和财务报告的可靠性，并由注册会计师出具无保留结论的内部控制鉴证报告		且被有效执行，能够合理保证公司运行效率、合法合规和财务报告的可靠性，并由注册会计师出具无保留结论的内部控制鉴证报告	
独立性	资产完整，业务及人员、财务、机构独立，与控股股东、实际控制人及其控制的其他企业间不存在对发行人构成重大不利影响的同业竞争，不存在严重影响独立性或者显失公平的关联交易	《科创板首次公开发行股票注册管理办法（试行）》第十二条	资产完整，业务及人员、财务、机构独立，与控股股东、实际控制人及其控制的其他企业间不存在对发行人构成重大不利影响的同业竞争，不存在严重影响独立性或者显失公平的关联交易	《创业板首次公开发行股票注册管理办法（试行）》第十二条
稳定性	主营业务、控制权、管理团队和核心技术人员稳定，最近2年内主营业务和董事、高级管理人员及核心技术人员均没有发生重大不利变化；控股股东和受控股股东、实际控制人支配的股东所持发行人的股份权属清晰，最近2年实际控制人没有发生变更，不存在导致控制权可能变更的重大权属纠纷	《科创板首次公开发行股票注册管理办法（试行）》第十二条	主营业务、控制权和管理团队稳定，最近2年内主营业务和董事、高级管理人员均没有发生重大不利变化；控股股东和受控股股东、实际控制人支配的股东所持发行人的股份权属清晰，最近2年实际控制人没有发生变更，不存在导致控制权可能变更的重大权属纠纷	《创业板首次公开发行股票注册管理办法（试行）》第十二条
持续性	不存在主要资产、核心技术、商标等的重大权属纠纷，重大偿债风险，重大担保、诉讼、仲裁等或有事项，经营环境已经或者将要发生重大变化等对持续经营有重大不利影响的事项	《科创板首次公开发行股票注册管理办法（试行）》第十二条	不存在涉及主要资产、核心技术、商标等的重大权属纠纷，重大偿债风险，重大担保、诉讼、仲裁等或有事项，经营环境已经或者将要发生重大变化等对持续经营有重大不利影响的事项	《创业板首次公开发行股票注册管理办法（试行）》第十二条

续表

	科创板		创业板	
上市条件	内容	法规指引	内容	法规指引
合法合规	发行人生产经营符合法律、行政法规的规定，符合国家产业政策。最近3年内，发行人及其控股股东、实际控制人不存在贪污、贿赂、侵占财产、挪用财产或者破坏社会主义市场经济秩序的刑事犯罪，不存在欺诈发行、重大信息披露违法或者其他涉及国家安全、公共安全、生态安全、生产安全、公众健康安全等领域的重大违法行为。董事、监事和高级管理人员不存在最近3年内受到证监会行政处罚，或者因涉嫌犯罪被司法机关立案侦查或者涉嫌违法违规被证监会立案调查，且尚未有明确结论意见等情形	《科创板首次公开发行股票注册管理办法（试行）》第十三条	发行人生产经营符合法律、行政法规的规定，符合国家产业政策。最近3年内，发行人及其控股股东、实际控制人不存在贪污、贿赂、侵占财产、挪用财产或者破坏社会主义市场经济秩序的刑事犯罪，不存在欺诈发行、重大信息披露违法或者其他涉及国家安全、公共安全、生态安全、生产安全、公众健康安全等领域的重大违法行为。董事、监事和高级管理人员不存在最近3年内受到证监会行政处罚，或者因涉嫌犯罪被司法机关立案侦查或者涉嫌违法违规正在被证监会立案调查，且尚未有明确结论意见等情形	《创业板首次公开发行股票注册管理办法（试行）》第十三条
股本要求	发行后股本总额不低于人民币3 000万元	《上海证券交易所科创板股票上市规则（2019年修订）》第2.1.1条	发行后股本总额不低于人民币3 000万元	《深圳证券交易所创业板股票上市规则（2020年修订）》第2.1.1条
	公开发行的股份达到公司股份总数的25%以上；公司股本总额超过人民币4亿元的，公开发行股份的比例为10%以上		公开发行的股份达到公司股份总数的25%以上；公司股本总额超过4亿元的，公开发行股份的比例为10%以上	
市值及财务指标	符合其中一项标准： （1）预计市值不低于人民币10亿元，最近2年净利润均为正且累计净利润不低于人民币5 000万元，或者预计市值不	《上海证券交易所科创板股票上市规则（2019年修订）》第2.1.2条	符合其中一项标准： （1）最近2年净利润均为正，且累计净利润不低于5 000万元；（2）预计市值不低于10亿元，最近1年净利润为正且	《深圳证券交易所创业板股票上市规则（2020年修订）》第2.1.2条

续表

	科创板		创业板	
上市条件	内容	法规指引	内容	法规指引
市值及财务指标	低于人民币10亿元，最近1年净利润为正且营业收入不低于人民币1亿元；（2）预计市值不低于人民币15亿元，最近1年营业收入不低于人民币2亿元，且最近3年累计研发投入占最近3年累计营业收入的比例不低于15%；（3）预计市值不低于人民币20亿元，最近1年营业收入不低于人民币3亿元，且最近3年经营活动产生的现金流量净额累计不低于人民币1亿元；（4）预计市值不低于人民币30亿元，且最近1年营业收入不低于人民币3亿元；（5）预计市值不低于人民币40亿元，主要业务或产品需经国家有关部门批准，市场空间大，目前已取得阶段性成果。医药行业企业需至少有一项核心产品获准开展二期临床试验，其他符合科创板定位的企业需具备明显的技术优势并满足相应条件		营业收入不低于1亿元；（3）预计市值不低于50亿元，且最近1年营业收入不低于3亿元	
红筹企业（尚未在境外上市）	市值及财务指标应当至少符合下列标准之一：（1）预计市值不低于人民币100亿元；（2）预计市值不低于人民币50亿元，且最近1年营业收入不低于人民币5亿元	《上海证券交易所科创板股票上市规则（2019年修订）》第2.1.3条	市值及财务指标应当至少符合下列标准之一：（1）预计市值不低于100亿元，且最近1年净利润为正；（2）预计市值不低于50亿元，最近1年净利润为正且营业收入不低于5亿元	《深圳证券交易所创业板股票上市规则（2020年修订）》第2.1.3条

四、发行上市流程

（一）审核流程

具体流程参见图4－2。

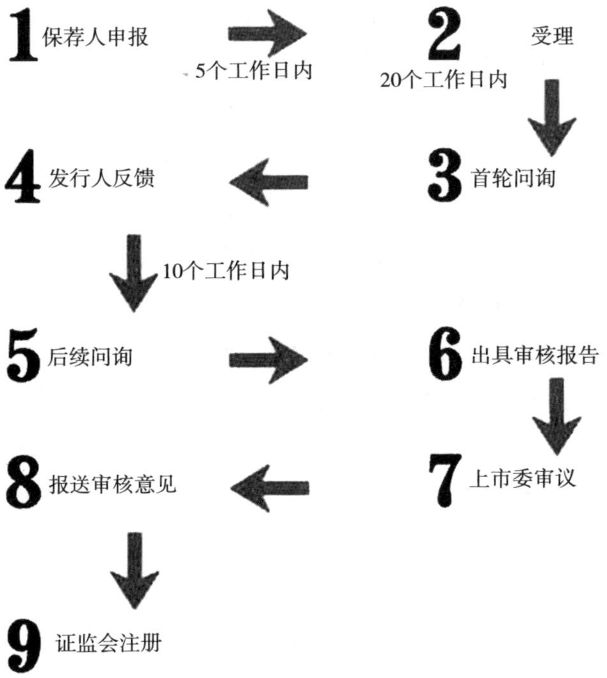

图4－2　审核流程

注：自受理之日起，交易所审核时间和证监会注册时间总计不超过3个月，发行人、中介机构回复问询时间不超过3个月。

1. 受理阶段主要关注事项：

（1）申请文件与证监会及深交所规定的文件目录是否相符。

（2）文件名称与文件本身内容是否相符。

（3）文件签字或签章是否完整、清晰、一致。

（4）文档字体排版等格式是否符合相关规定。

（5）招股说明书引用的中介机构报告是否在有效期内等。

2. 发行人、上市公司应当通过保荐人、独立财务顾问向深交所发行上市审核业务系统提交电子版申请文件，申请文件应当与书面原件一致。

首次公开发行上市相关申请文件、上市公司证券发行上市相关申请文件，应由两名保荐代表人签字。重大资产重组相关申请文件应由两名财务顾问主办人签字。

每名保荐代表人可在创业板同时负责两家在审企业，但存在下列情形之一的，仅可在创业板负责一家在审企业：

（1）最近3年内有过违规记录，包括被证监会采取过监管措施、受到过证券交易所公开谴责或中国证券业协会自律处分。

（2）最近3年内未曾担任过已完成的首发、再融资项目签字保荐代表人。

3. 申请文件符合要求的，深交所做出予以受理的决定，出具受理通知。

受理当日，发行人应当在深交所网站披露招股说明书、发行保荐书、上市保荐书、审计报告和法律意见书等文件；上市公司申请文件中的向不特定对象发行证券募集说明书或向特定对象发行证券募集文件、发行保荐书、审计报告、法律意见书等文件应当在深交所网站披露；上市公司申请文件中的重大资产重组报告书、独立财务顾问报告、法律意见书、审计报告、资产评估报告或估值报告等文件应当在深交所网站披露。

申请一经受理，发行人、上市公司及其控股股东、实际控制人、董事、监事和高级管理人员，以及与本次发行上市相关的保荐人、独立财务顾问、证券服务机构及其相关人员等即须承担相应的法律责任。

未经深交所同意，不得对申请文件进行更改。

4. 上市委员会审议。上市委员会召开审议会议，对交易所发行上市审核机构出具的审核报告及发行上市申请文件进行审议。每次审议会议由5名委员参加，其中会计、法律专家至少各1名。上市委员会进行审议时要求对发行人及其保荐人进行现场问询的，发行人代表及保荐代表人应当到会接受问询，回答委员提出的问题。

参会委员就审核报告的内容和发行上市审核机构提出的初步审核意见发表意见，通过合议形成发行人是否符合发行条件、上市条件和信息披露要求的审议意见。

发行人存在尚待核实的重大问题，无法形成审议意见的，经会议合议，上市委员会可以对该发行人的发行上市申请暂缓审议，暂缓审议时间不超过两个月。对发行人的同一发行上市申请，上市委员会只能暂缓审议一次。

交易所结合上市委员会的审议意见，出具发行人符合发行条件、上市条件和信息披露要求的审核意见或者做出终止发行上市审核的决定。

上市委员会认为发行人符合发行条件、上市条件和信息披露要求，但要求发行人补充披露有关信息的，交易所发行上市审核机构告知保荐人组织落实；发行上市审核机构对发行人及其保荐人、证券服务机构的落实情况予以核对，通报参会委员，无须再次提请上市委员会审议。发行人对相关事项补充披露后，交易所出具发行人符合发行条件、上市条件和信息披露要求的审核意见。

（二）发行上市流程

1. 流程

企业取得证监会核准批文后，在深交所发行上市的流程如图 4 –3 所示。

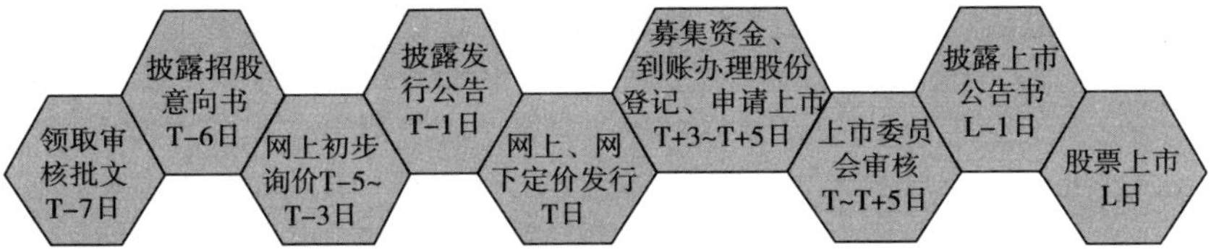

图 4 –3　发行上市流程

注：T 日为发行日，L 日为股票上市日。一般情况下，L 日介于 T +6 至 T +10 之间，全部发行、上市工作在 3 ~4 周完成；发行人可以根据需要适当延长网下询价时间，但应于 T –3 日截止。

证监会做出予以注册决定后，由上市公司和主承销商在注册决定的有效期内选择发行时间。

证监会做出予以注册决定后，在启动发行前，上市公司和主承销商应当及时向交易所报备发行与承销方案，深交所在 5 个工作日内无异议的，上市公司和主承销商可以启动发行工作。

证券上市之日起 10 个工作日内，主承销商应当将验资报告、专项法律意见书、承销总结报告等文件一并向交易所报送。

2. 战略配售

（1）首次公开发行证券可以向战略投资者配售。

发行证券数量 1 亿股（份）以上的，战略投资者原则上不超过 35 名，配售证券总量原则上不超过公开发行证券数量的 30%，超过的应当在发行方案中充分说明理由；不足1亿股（份）的，战略投资者应不超过10名，配售证券总量不超过公开发行证券数量的20%。

依法设立并符合特定投资目的的证券投资基金参与战略配售的，应当以基金管理人的名义作为1名战略投资者参与发行。同一基金管理人仅能以其管理的1只证券投资基金参与本次战略配售。

发行人和主承销商应当根据首次公开发行证券数量、股份限售安排以及实际需要，合理确定参与战略配售的投资者家数和比例，保障证券上市后必要的流动性。

（2）发行人应当与战略投资者事先签署配售协议。发行人和主承销商应当在发行公告中披露战略投资者的选择标准、向战略投资者配售的证券总量、占本次发行证券的比例以及持有期限等。

（3）战略投资者应当具有较强资金实力，认可发行人长期投资价值，并按照最终确定的发行价格认购其承诺认购数量的发行人证券，并实际持有本次配售证券。

（4）参与发行人战略配售的投资者主要包括：

①与发行人经营业务具有战略合作关系或长期合作愿景的大型企业或其下属企业。

②具有长期投资意愿的大型保险公司或其下属企业、国家级大型投资基金或其下属企业。

③以公开募集方式设立，主要投资策略包括投资战略配售证券，且以封闭方式运作的证券投资基金。

④按照相关规定实施跟投的，保荐机构依法设立的另类投资子公司或者实际控制该保荐机构的证券公司依法设立的另类投资子公司（以下简称保荐机构相关子公司）。

⑤发行人的高级管理人员与核心员工参与本次战略配售设立的专项资产管理计划。

⑥符合法律法规、业务规则规定的其他战略投资者。

（三）保荐机构相关子公司跟投

创业板未盈利企业、存在表决权差异安排企业、红筹企业以及发行价格（或者发行价格区间上限）超过《特别规定》第八条第二款规定的中位数、加权平均数低值的企业，试行保荐机构相关子公司跟投制度。发行人为上述企业之一的，其保荐机构相关子公司应当参与本次公开发行战略配售，并对获配证券设定限售期。保荐机构通过证监会和深交所认可的其他方式履行前款规定的，应当遵守关于保荐机构相关子公司跟投的规定和监管要求。

发行人为本条第一款规定外的其他企业的，其保荐机构相关子公司不得参与本次发行战略配售。

实施跟投的保荐机构相关子公司应当事先与发行人签署配售协议，承诺按照证券发行价格认购发行人首次公开发行证券数量2% ~5%的证券，具体比例根据发行人首次公开发行证券的规模分档确定：

1. 发行规模不足10亿元的，跟投比例为5%，但不超过人民币4 000万元。

2. 发行规模10亿元以上、不足20亿元的，跟投比例为4%，但不超过人民币6 000万元。

3. 发行规模20亿元以上、不足50亿元的，跟投比例为3%，但不超过人民币1亿元。

4. 发行规模50亿元以上的，跟投比例为2%，但不超过人民币10亿元。

5. 参与配售的保荐机构相关子公司应当承诺获得本次配售的股票持有期限为自发行人首次公开发行并上市之日起24个月。

对网下投资者分类配售的，发行人和主承销商可以根据配售对象的机构类别、产品属性、承诺持有期限等合理设置具体类别，在发行公告中预先披露。发行人和主承销商可以对同类投资者采取比例配售或者摇号配售方式。采取比例配售方式的，同类投资者配售比例应当相同。采取摇号配售方式的，同类投资者中签率应当相同。

公募基金、社保基金、养老金、企业年金基金和保险资金的配售比例或中签率不得低于其他投资者。发行人向公募基金、社保基金、养老金、企业年金基金和保险资金外的其他投资者进行分类配售的，应当保证合格境外机构投资者资金的配售比例或中签率不低于其他投资者。

五、个人投资者应当符合的条件

1. 申请权限开通前20个交易日证券账户及资金账户内的资产日均不低于人民币10万元（不包括该投资者通过融资融券融入的资金和证券）。

2. 参与证券交易24个月以上。

交易所可以根据市场情况对前款所述条件做出调整。

六、《创业板投资风险揭示书》包含的内容

1. 创业板上市公司往往高度依赖新技术、新模式、新业态，且多为轻资产结构，具有技术迭代快、产业升级快、模式易复制、业绩波动大等特点，公司上市后的持续创新能力、盈利能力和抗风险能力具有较大的不确定性。

2. 创业板上市公司可能存在首次公开发行前最近3个会计年度未能连续盈利、公开发行并上市时尚未盈利、有累计未弥补亏损，以及在上市后仍无法盈利、持续亏损、无法进行利润分配等情形。

3. 创业板新股发行价格、规模、节奏等坚持市场化导向，询价、定价、配售等环节由机构投资者主导。创业板新股发行可能采用直接定价和询价定价方式。采用询价定价方式的，询价对象限定在证券公司等7类专业机构投资者，而个人投资者无法直接参与发行定价。

4. 初步询价结束后，创业板发行人预计发行后总市值不满足其在招股说明书中明确选择的市值与财务指标上市标准的，将按规定中止发行。

5. 创业板的网上发行比例、网上网下回拨机制、投资风险特别公告发布等可能与创业板原有发行规则及其他板块存在差异，投资者应当在申购环节充分知悉并关注相关规则。

6. 首次公开发行股票时，发行人和主承销商可以采用超额配售选择权，即存在超额配售选择权实施结束后，发行人增发股票的可能性。

7. 创业板退市制度更为严格，退市情形更多，市值低于规定标准、上市公司信息披露或者规范运作存在重大缺陷的可能导致退市；执行标

准更严，明显丧失持续经营能力，仅依赖与主业无关的贸易或者不具备商业实质的关联交易维持收入的上市公司可能会被退市。

8. 创业板上市公司可能设置表决权差异安排。上市公司可能根据此项安排，存在控制权相对集中，以及因每一特别表决权股份拥有的表决权数量大于每一普通股份拥有的表决权数量等情形，而使普通投资者的表决权利及对公司日常经营等事务的影响力受到限制。

9. 出现《深圳证券交易所创业板股票上市规则》以及上市公司章程规定的情形时，特别表决权股份将按1∶1的比例转换为普通股份。股份转换自相关情形发生时即生效，并可能与相关股份转换登记时点存在差异。投资者需及时关注上市公司相关公告，以了解特别表决权股份变动事宜。

10. 创业板上市公司的股权激励制度可能更为灵活，包括股权激励计划所涉及的股票比例上限和对象有所扩大、价格条款更为灵活、实施方式更为便利。实施该等股权激励制度安排可能导致公司实际上市交易的股票数量超过首次公开发行时的数量。

11. 实施注册制后，创业板股票竞价交易设置较宽的涨跌幅限制，首次公开发行上市的股票，上市后的前5个交易日不设涨跌幅限制，其后涨跌幅限制为20%，投资者应当关注可能产生的股价波动的风险。

12. 投资者需关注创业板交易的单笔申报限制数量、有效竞价范围等与深圳证券交易所其他板块交易存在的差异，避免产生无效申报。

13. 投资者需关注创业板交易方式，包括竞价交易、盘后定价交易及大宗交易，不同交易方式的交易时间、申报要求、成交原则等存在差异。

14. 按照《创业板首次公开发行股票注册管理办法（试行）》发行上市的股票，上市首日即可作为融资融券标的，投资者应注意相关风险。

15. 创业板股票交易盘中临时停牌情形和严重异常波动股票核查制度与深圳证券交易所其他板块规定不同，投资者应当关注与此相关的风险。

16. 符合相关规定的红筹企业可以在创业板上市。红筹企业在境外注册，可能采用协议控制架构，在信息披露、分红派息等方面可能与境内注册的上市公司存在差异。红筹企业注册地、境外上市地等地法律法规对当地投资者提供的保护，可能与境内法律为境内投资者提供的保护存在差异。

17. 红筹企业可以发行股票或存托凭证。存托凭证由存托人签发、以境外证券为基础在中国境内发行，代表境外基础证券权益。红筹企业存托凭证持有人实际享有的权益与境外基础证券持有人的权益虽然基本相当，但并不能等同于直接持有境外基础证券。投资者应当充分知悉存托协议和相关规则的具体内容，了解并接受在交易和持有红筹企业股票或存托凭证过程中可能存在的风险。

18. 创业板相关法律、行政法规、部门规章、规范性文件和交易所业务规则，可能根据市场情况进行修改，或者制定新的法律法规和业务规则，投资者应当及时予以关注和了解。

七、退市规定

上市公司出现两项以上退市风险警示、终止上市情形的，其股票按照先触及先适用的原则实施退市风险警示、终止上市。

上市公司同时存在两项以上退市风险警示情形的，须满足全部退市风险警示情形的撤销条件，方可撤销退市风险警示。已满足撤销条件的退市风险警示情形，不再适用其对应的终止上市程序。

公司虽满足撤销退市风险警示条件，但还存在其他风险警示情形的，交易所对公司股票交易实施相应的风险警示。

（一）交易类强制退市

上市公司出现下列情形之一的，交易所可以决定终止其股票上市交易。

1. 连续120个交易日通过交易所交易系统实现的股票累计成交量低于200万股。

2. 连续20个交易日每日股票收盘价均低于每股面值。

3. 连续20个交易日每日股票收盘市值均低于3亿元。

4. 连续20个交易日每日公司股东人数均少于400人。

5. 交易所认定的其他情形。

前款规定的交易日，不包含公司股票全天停牌日和公司首次公开发行股票上市之日起的20个交易日。

（二）财务类强制退市

上市公司出现下列情形之一的，交易所可以对其股票交易实施退市风险警示。

1. 最近一个会计年度经审计的净利润为负值且营业收入低于1亿元，或追溯重述后最近一个会计年度净利润为负值且营业收入低于1亿元。

2. 最近一个会计年度经审计的期末净资产为负值，或追溯重述后最近一个会计年度期末净资产为负值。

3. 最近一个会计年度的财务会计报告被出具无法表示意见或者否定意见的审计报告。

4. 交易所认定的其他情形。

以上所述净利润以扣除非经常性损益前后孰低为准。上市公司营业收入主要来源于与主营业务无关的贸易业务或者不具备商业实质的关联交易，公司明显丧失持续经营能力的，交易所可以提交上市委员会认定在计算前款规定的营业收入指标时是否扣除前述收入，并通知上市公司。

（三）规范类强制退市

上市公司出现下列情形之一的，交易所可以对其股票交易实施退市风险警示。

1. 未在法定期限内披露年度报告或者半年度报告，此后公司在股票停牌两个月内仍未披露。

2. 因财务会计报告存在重大会计差错或者虚假记载，被证监会责令改正但公司未在规定期限内改正，此后公司在股票停牌两个月内仍未改正。

3. 因信息披露或者规范运作等方面存在重大缺陷，被深交所责令改正但公司未在规定期限内改正，此后公司在股票停牌两个月内仍未改正。

4. 因公司股本总额或者股权分布发生变化，导致连续20个交易日不再符合上市条件，在规定期限内仍未解决。

5. 公司可能被依法强制解散。

6. 法院依法受理公司重整、和解和破产清算申请。

7. 交易所认定的其他情形。

前款规定的第 3 项情形，由交易所提请上市委员会审议，并根据上市委员会的审核意见做出认定。

（四）重大违法强制退市

上市公司出现下列情形将被强制退市。

1. 上市公司存在欺诈发行、重大信息披露违法或者其他严重损害证券市场秩序的重大违法行为，且严重影响上市地位，其股票应当被终止上市的情形。

2. 上市公司存在涉及国家安全、公共安全、生态安全、生产安全和公众健康安全等领域的违法行为，情节恶劣，严重损害国家利益、社会公共利益，或者严重影响上市地位，其股票应当被终止上市的情形。

八、主动终止上市

上市公司出现下列情形之一的，可以向交易所申请主动终止其股票上市交易。

1. 上市公司股东大会决议主动撤回其股票在深交所上市交易，并决定不再在证券交易所交易。

2. 上市公司股东大会决议主动撤回其股票在深交所上市交易，并转而申请在其他交易场所交易或转让。

3. 上市公司股东大会决议解散。

4. 上市公司因新设合并或者吸收合并，不再具有独立主体资格并被注销。

5. 上市公司以终止公司股票上市为目的，向公司所有股东发出回购全部股份或者部分股份的要约，导致公司股本总额、股权分布等发生变化不再具备上市条件。

6. 上市公司股东以终止公司股票上市为目的，向公司所有其他股东发出收购全部股份或者部分股份的要约，导致公司股本总额、股权分布等发生变化不再具备上市条件。

7. 上市公司股东以外的其他收购人以终止公司股票上市为目的，

向公司所有股东发出收购全部股份或者部分股份的要约，导致公司股本总额、股权分布等发生变化不再具备上市条件。

8. 证监会或深交所认可的其他主动终止上市情形。

九、红筹企业特别规定

红筹企业申请其在境内首次公开发行的股票或者存托凭证上市的，应当根据交易所《创业板股票发行上市审核规则》的规定，取得交易所出具的同意发行上市审核意见并由证监会做出予以注册决定。

红筹企业在境内发行存托凭证并上市的，还应当提交本次发行的存托凭证已经结算公司存管的证明文件、经签署的存托协议、托管协议文本以及托管人出具的存托凭证所对应基础证券的托管凭证等文件。

根据公司注册地公司法等法律法规和公司章程或者章程性文件的规定，红筹企业无须就本次境内发行上市事宜提交股东大会审议的，其申请上市时可以不提交股东大会决议，但应当提交相关董事会决议。操作中注意如下事项：

1. 红筹企业的股权结构、公司治理、运行规范等事项适用境外注册地公司法等法律法规的，其投资者权益保护水平，包括资产收益、参与重大决策、剩余财产分配等权益，总体上应不低于境内法律法规规定的要求，并保障境内存托凭证持有人实际享有的权益与境外基础证券持有人的权益相当。

2. 红筹企业提交的上市申请文件和持续信息披露文件，应当使用中文。红筹企业和相关信息披露义务人应当按照证监会和深交所规定，在符合条件的媒体披露上市和持续信息披露文件。

3. 红筹企业应当在境内设立证券事务机构，并聘任信息披露境内代表，负责办理公司股票或者存托凭证上市期间的信息披露和监管联络事宜。信息披露境内代表应当具备境内上市公司董事会秘书的相应任职能力，熟悉境内信息披露规定和要求，并能够熟练使用中文。

红筹企业应当建立与境内投资者、监管机构及交易所的有效沟通渠道，按照规定保障境内投资者的合法权益，保持与境内监管机构及交易所的畅通联系。

4. 红筹企业具有协议控制架构或者类似特殊安排的，应当充分、详细披露相关情况，特别是风险和公司治理等信息，以及依法落实保护投资者合法权益规定的各项措施。

红筹企业应当在年度报告中披露协议控制架构或者类似特殊安排在报告期内的实施和变化情况，以及该等安排下保护境内投资者合法权益有关措施的实施情况。

前款规定事项出现重大变化或者调整，可能对公司股票、存托凭证交易价格产生较大影响的，公司和相关信息披露义务人应当及时披露。

5. 红筹企业进行本规则规定需提交股东大会审议的重大交易、关联交易等事项，可以按照其已披露的境外注册地公司法等法律法规和公司章程规定的权限和程序执行，法律法规另有规定的除外。

公司按照前款规定将相关事项提交股东大会审议的，应当及时披露。

6. 红筹企业注册地公司法等法律法规或者实践中普遍认同的标准对公司董事会、独立董事职责有不同规定或者安排，导致董事会、独立董事无法按照深交所规定履行职责或者发表意见的，红筹企业应当详细说明情况和原因，并聘请律师事务所就上述事项出具法律意见。

7. 红筹企业存托凭证在交易所上市的，应当在年度报告及半年度报告中披露存托、托管相关安排在报告期内的实施和变化情况以及报告期末前10名境内存托凭证持有人的名单和持有量。发生以下情形之一的，应当及时履行信息披露义务：

（1）存托人、托管人发生变化。

（2）存托的基础财产发生被质押、挪用、司法冻结或者其他权属变化。

（3）对存托协议、托管协议做出重大修改。

（4）存托凭证与基础证券的转换比例发生变动。

（5）证监会和深交所认为需要披露的其他情形。

存托凭证上市后，未经交易所同意，红筹企业不得改变存托凭证与基础证券之间的转换比例。

第二节　不可替代的新三板

2013 年 1 月 16 日，全国中小企业股份转让系统在京揭牌，新三板正式出台。“新三板”主要是为未上市股份公司提供股份转让服务，挂牌对象是暂时不符合主板及创业板上市标准的成长型、创新型中小企业，融资方式是对特定投资者定向募集。当时对新三板的定位是打造成“中国的纳斯达克”，企业家们试图通过新三板圆上市梦。

2020 年 7 月 27 日，新三板精选层设立暨首批企业晋层仪式在北京隆重举行。京外 26 家精选层企业及相关领导通过视频连线的方式共同见证仪式。

新三板全面深化改革的主要措施已落地实施，从进入基础层到创新层、精选层，再转板至主板的操作指引如下所述。

一、挂牌条件

按照《全国中小企业股份转让系统业务规则（试行)》规定的 6 项挂牌条件进行细化，形成基本标准如下：

1. 依法设立，存续满两年（有限公司整体改制可以连续计算)，根据《公司法》等法律、法规及规章的规定向公司登记机关申请登记，并已取得《企业法人营业执照》。

2. 业务明确，具有持续经营能力，具体如下：

公司业务在报告期内应有持续的营运记录。营运记录包括现金流量、营业收入、交易客户、研发费用支出等。公司营运记录应满足下列条件：

（1）公司应在每一个会计期间内形成与同期业务相关的持续营运记录，不能仅存在偶发性交易或事项。

（2）最近两个完整会计年度的营业收入累计不低于 1 000 万元；因研发周期较长导致营业收入少于 1 000 万元，但最近一期末净资产不少于 3 000 万元的除外。

（3）报告期末股本不少于500万元。

（4）报告期末每股净资产不低于1元/股。

3. 持续经营能力，是指公司在可预见的将来，有能力按照既定目标持续经营下去。

公司存在以下情形之一的，应认定为不符合持续经营能力要求：

（1）存在依据《公司法》第180条规定解散的情形，或法院依法受理重整、和解或者破产申请。

（2）公司存在《中国注册会计师审计准则第1324号——持续经营》应用指南中列举的影响其持续经营能力的相关事项或情况，且相关事项或情况导致公司持续经营能力存在重大不确定性。

（3）存在其他对公司持续经营能力产生重大影响的事项或情况。

4. 股权明晰，是指公司的股权结构清晰，权属分明，真实确定，合法合规，股东特别是控股股东、实际控制人及其关联股东或实际支配的股东持有公司的股份不存在权属争议或潜在纠纷。

5. 主办券商推荐并持续督导。

（1）公司须经主办券商推荐，双方签署《推荐挂牌并持续督导协议》。

（2）主办券商应完成尽职调查和内核程序，对公司是否符合挂牌条件发表独立意见，并出具推荐报告。

6. 全国股份转让系统公司要求的其他条件。

二、分层管理

全国股转系统设置基础层、创新层和精选层，符合不同条件的挂牌公司分别纳入不同市场层级管理。全国股转公司制定客观、差异化的各层级进入和调整条件，并据此调整挂牌公司所属市场层级。

全国股转公司对挂牌公司所属市场层级实行定期和即时调整机制。可以根据挂牌公司层级进入和调整的需要，要求挂牌公司、主办券商或保荐机构等中介机构提供相关材料。

挂牌公司的层级进入和调整由全国股转公司挂牌委员会审议，并形成审议意见。全国股转公司结合挂牌委员会的审议意见，做出决定。按规定免于挂牌委员会审议的事项除外。

挂牌公司对全国股转公司做出的层级进入和调整决定存在异议的，可以按照全国股转公司有关规定申请复核。

全国股转公司在各市场层级实行差异化的投资者适当性标准、股票交易方式、发行融资制度，以及不同的公司治理和信息披露等监督管理要求。

全国股转公司针对各市场层级分别揭示证券交易行情、展示信息披露文件，为各市场层级挂牌公司提供差异化服务。

符合证监会、证券交易所和全国股转公司有关规定的精选层挂牌公司，可以直接向证券交易所申请上市交易。

三、创新层标准

1. 最近两年的净利润均不少于1 000万元（以扣除非经常性损益前后孰低者为计算依据）；最近两年加权平均净资产收益率平均不低于8%（以扣除非经常性损益前后孰低者为计算依据）；股本总额不少于2 000万元。

2. 最近两年营业收入连续增长，且年均复合增长率不低于50%；最近两年营业收入平均不低于6 000万元；股本总额不少于2 000万元。

3. 最近有成交的60个做市或者竞价转让日的平均市值不少于6亿元；股本总额不少于5 000万元；采取做市转让方式的，做市商家数不少于6家。

除以上规定外，进入创新层的挂牌公司，还应当满足以下条件：

1. 最近12个月完成过股票发行融资，且融资额累计不低于1 000万元，合格投资者不少于50人。

2. 公司治理健全，股东大会、董事会和监事会制度、对外投资管理制度、对外担保管理制度、关联交易管理制度、投资者关系管理制度、利润分配管理制度和承诺管理制度完备；公司设立董事会秘书并作为公司高级管理人员，董事会秘书取得全国股转系统董事会秘书资格证书。

3. 最近12个月不存在以下情形：

（1）挂牌公司或其控股股东、实际控制人，现任董事、监事和高级管理人员因信息披露违规、公司治理违规、交易违规等行为被全国股转公司采取自律监管措施合计3次以上，或者被全国股转公司等自律监管机构采取了纪律处分措施。

（2）挂牌公司或其控股股东、实际控制人，现任董事、监事和高级管理人员因信息披露违规、公司治理违规、交易违规等行为被证监会及其派出机构采取行政监管措施或者被采取行政处罚，或者正在接受立案调查，尚未有明确结论意见。

（3）挂牌公司或其控股股东、实际控制人，现任董事、监事和高级管理人员受到刑事处罚，或者正在接受司法机关的立案侦查，尚未有明确结论意见。

4. 按照全国股转公司的要求，在会计年度结束之日起4个月内编制并披露年度报告；最近一个会计年度经审计的期末净资产不为负值；最近两个会计年度的财务会计报告未被会计师事务所出具非标准审计意见的审计报告；按照第六条第二项规定进入创新层的挂牌公司，最近3个会计年度的财务会计报告未被会计师事务所出具非标准审计意见的审计报告。

5. 全国股转公司规定的其他条件。

未进入创新层的挂牌公司进入基础层。

四、精选层标准

在全国股转系统连续挂牌满12个月的创新层挂牌公司，可以申请公开发行并进入精选层。

挂牌公司申请公开发行并进入精选层时，应当符合下列条件之一：

1. 市值不低于2亿元，最近两年净利润均不低于1 500万元且加权平均净资产收益率平均不低于8%，或者最近一年净利润不低于2 500万元且加权平均净资产收益率不低于8%。

2. 市值不低于4亿元，最近两年营业收入平均不低于1亿元，且最近一年营业收入增长率不低于30%，最近一年经营活动产生的现金流量净额为正。

3. 市值不低于8亿元，最近一年营业收入不低于2亿元，最近两年研发投入合计占最近两年营业收入合计比例不低于8%。

4. 市值不低于 15 亿元，最近两年研发投入合计不低于 5 000 万元。

前款所称市值是指以挂牌公司向不特定合格投资者公开发行（以下简称公开发行）价格计算的股票市值。

挂牌公司完成公开发行并进入精选层时，还应当符合下列条件：

1. 最近一年期末净资产不低于 5 000 万元。

2. 公开发行的股份不少于 100 万股，发行对象不少于 100 人。

3. 公开发行后，公司股本总额不少于 3 000 万元。

4. 公开发行后，公司股东人数不少于 200 人，公众股东持股比例不低于公司股本总额的 25%；公司股本总额超过 4 亿元的，公众股东持股比例不低于公司股本总额的 10%。

5. 证监会和全国股转公司规定的其他条件。

挂牌公司或其他相关主体出现下列情形之一的，挂牌公司不得进入精选层：

1. 挂牌公司或其控股股东、实际控制人最近 3 年内存在分层管理办法第十三条第一项规定情形。

2. 挂牌公司或其控股股东、实际控制人、董事、监事、高级管理人员最近 12 个月内存在分层管理办法第十三条第二项规定情形。

3. 分层管理办法第十三条第三项至第五项规定情形。

4. 最近 3 年财务会计报告被会计师事务所出具非标准审计意见的审计报告。

5. 证监会和全国股转公司规定的，对挂牌公司经营稳定性、直接面向市场独立持续经营的能力具有重大不利影响，或者存在挂牌公司利益受到损害等其他情形。

精选层挂牌公司出现下列情形之一的，全国股转公司定期将其调出精选层：

1. 最近两年净利润均为负值，且营业收入均低于 5 000 万元，或者最近一年净利润为负值，且营业收入低于 3 000 万元。

2. 最近一年期末净资产为负值。

3. 最近一年财务会计报告被会计师事务所出具否定意见或无法表示意见的审计报告。

4. 证监会和全国股转公司规定的其他情形。

精选层挂牌公司出现下列情形之一的，全国股转公司即时将其调出精选层：

1. 分层管理办法第十九条第二项至第四项、第六项规定的情形。

2. 连续 60 个交易日，公众股东持股比例均低于公司股本总额的 25%；公司股本总额超过 4 亿元的，连续 60 个交易日，公众股东持股比例均低于公司股本总额的 10%。

3. 连续 60 个交易日，股东人数均少于 200 人。

4. 因更正年度报告导致进层时不符合所属市场层级进入条件，或者出现本办法第二十条第一款第一项至第三项规定的情形。

5. 仅根据本办法第十五条第二款第四项规定进入精选层的挂牌公司，连续 60 个交易日，股票交易市值均低于 5 亿元的。

6. 证监会和全国股转公司规定的其他情形。

五、转让方式

新三板股票可以采取协议转让、竞价转让、做市转让方式进行转让。

协议转让方式就是单笔申报数量不低于 10 万股，或者转让金额不低于 100 万元的股票转让，投资者可以采用成交确认委托方式委托主办券商买卖股票进行协议转让。

竞价转让可采用集合竞价和连续竞价两种方式。集合竞价，是指对一段时间内接受的买卖申报一次性集中撮合的竞价方式。连续竞价，是指对买卖申报逐笔连续撮合的竞价方式。

做市商转让是目前境内资本市场的一大特色，操作如下：

1. 委托与申报。做市商应在全国股份转让系统持续发布买卖双向报价，并在其报价数量范围内按其报价履行与投资者的成交义务。做市转让方式下，投资者之间不能成交。全国股份转让系统公司另有规定的除外。

投资者可以采用限价委托方式委托主办券商买卖股票。

限价委托是指投资者委托主办券商按其限定的价格买卖股票的指令，主办券商必须按限定的价格或低于限定的价格申报买入股票，按限定的价格或高于限定的价格申报卖出股票。

限价委托应包括证券账户号码、证券代码、买卖方向、委托数量、委托价格等内容。

2. 全国股份转让系统接受主办券商的限价申报、做市商的做市申报。全国股份转让系统公司另有规定的除外。

限价申报应包括证券账户号码、证券代码、交易单元代码、证券营业部识别码、买卖方向、申报数量、申报价格等内容。

做市申报是指做市商为履行做市义务，向全国股份转让系统发送的，按其指定价格买卖不超过其指定数量股票的指令。做市申报应包括证券账户号码、证券代码、交易单元代码、买卖申报数量和价格等内容。

3. 全国股份转让系统接受限价申报、做市申报的时间为每个转让日的9：15～11：30、13：00～15：00。全国股份转让系统公司可以调整接受申报的时间。

4. 做市商应最迟于每个转让日的9：30开始发布买卖双向报价，履行做市报价义务。

5. 做市商每次提交做市申报应当同时包含买入价格与卖出价格，且相对买卖价差不得超过5%。相对买卖价差计算公式为：

相对买卖价差＝（卖出价格－买入价格）÷卖出价格×100%

卖出价格与买入价格之差等于最小价格变动单位的，不受前款限制。

6. 做市商提交新的做市申报后，前次做市申报的未成交部分自动撤销。

7. 做市商前次做市申报撤销或其申报数量经成交后不足1 000股的，做市商应于5分钟内重新报价。

8. 做市商持有库存股票不足1 000股时，可以免于履行卖出报价义务。

出现前款所述情形，做市商应及时向全国股份转让系统公司报告并调节库存股票数量，并最迟于该情形发生后第3个转让日恢复正常双向报价。

9. 单个做市商持有库存股票达到挂牌公司总股本20%时，可以免于履行买入报价义务。

出现前款所述情形，做市商应及时向全国股份转让系统公司报告，并最迟于该情形发生后第3个转让日恢复正常双向报价。

六、做市商管理

挂牌时采取做市转让方式的股票，初始做市商应当取得合计不低于挂牌公司总股本5%或100万股（以孰低为准），且每家做市商不低于10万股的做市库存股票。

做市商在做市前应当取得不低于10万股的做市库存股票。

做市商的做市库存股票可通过以下方式取得：

1. 股东在挂牌前转让。

2. 股票发行。

3. 在全国股份转让系统买入。

4. 其他合法方式。

出现下列情形时，做市商自动终止为相关股票做市：

1. 该股票摘牌。

2. 该股票因其他做市商退出导致做市商不足2家而变更转让方式。

3. 做市商被暂停、终止从事做市业务或被禁止为该股票做市。

4. 全国股份转让系统公司认定的其他情形。

七、“新三板”挂牌前后要做的事

1. 召开董事会和股东大会，就股份报价转让事项做出决议。

2. 与主办报价券商签订推荐挂牌报价转让协议。

3. 向当地政府申请股份报价转让试点企业资格。

4. 配合会计师事务所和律师事务所进行独立审计和调查。会计师事务所出具审计报告；律师事务所出具法律意见书、对公司股东名册的鉴证意见。

5. 配合主办报价券商项目小组尽职调查，形成如下文件：尽职调查报告、推荐报告、股份报价转让说明书、调查工作底稿。

6. 配合主办报价券商组织材料、接受主办报价券商的内部审核。

7. 配合主办报价券商组织材料向中国证券业协会报备。

8. 中国证券业协会向主办报价券商出具备案确认函后，到工商部门办理股份登记退出手续。以后的企业年检在工商部门，股东名册在登记公司。

9. 与中国证券登记结算公司深圳分公司签订证券登记服务协议，并与主办报价券商共同办理股份登记手续和在交易所的挂牌手续。

10. 股份报价转让前 2 个报价日，在代办股份转让信息披露平台披露股份报价转让说明书，主办报价券商同时披露推荐报告。

八、“新三板 + H” 上市

港交所和全国股转公司于 2018 年 4 月 21 日在北京签约合作，迈出了企业在新三板、港交所两地同时挂牌上市的第一步。核心内容是：新三板挂牌公司可以到境外发行股票并在香港联交所上市，无须在全国股转系统终止挂牌。

根据规则，新三板挂牌公司可在不摘牌的情况下赴港上市，重点内容有：

1. 挂牌公司可以到境外发行股票并在香港联交所上市（简称“发行 H 股”），无须在新三板终止挂牌。挂牌公司可以结合自身业务发展规划，充分利用境内外两个市场进行资本运作，实现与境外资本的对接。

2. 挂牌公司发行 H 股应当遵守《国务院关于股份有限公司境外募集股份及上市的特别规定》及证监会相关规定，全国股转公司不设前置审查程序及特别条件。

3. 挂牌公司申请发行 H 股，应当按照《全国中小企业股份转让系统挂牌公司信息披露细则》的相关要求，在全国股转公司指定信息披露平台及时披露相关重大信息，包括董事会决议、股东大会决议、证监会受理申请材料、向香港联交所提交申请材料、证监会核准情况、香港联交所聆讯情况、刊发招股说明书、完成股票发行和上市及其他对股票转让价格可能产生较大影响的信息。

4. 挂牌公司在筹划申请发行 H 股期间应当履行信息保密义务，原则上无须申请暂停转让。挂牌公司如存在两种特殊情形时，应当及时申请暂停转让，直至按规定披露或相关情形消除后恢复转让。

5. 挂牌公司申请发行 H 股应当按照证监会、全国股转系统及香港联交所的相关规定，修订公司章程。

6. 发行H股的挂牌公司在香港联交所披露的文件应当在全国股转系统指定信息披露平台同步披露。

7. 申请发行H股的挂牌公司应当参照《企业会计准则解释第2号》关于同时发行A股与H股的上市公司运用会计政策及会计估计的相关规定。因会计处理不同导致两地信息披露产生差异的，挂牌公司应当在全国股转系统指定信息披露平台予以披露并解释说明。

8. 主办券商对挂牌公司履行持续督导职责，对于挂牌公司根据香港联交所规则要求披露的信息，主办券商应当督导挂牌公司在全国股转系统指定信息披露平台同步披露，并对前述披露文件内容的一致性进行审查。

9. 全国股转公司和香港交易所将深化合作，就双方监管合作、数据交换，以及发行H股的挂牌公司的信息披露等方面建立相关安排。全国股转公司将与香港交易所保持充分沟通，及时协商解决相关问题。

九、新三板转板规则

申请转板上市的企业应当为新三板精选层挂牌公司，且在精选层连续挂牌一年以上。挂牌公司转板上市的，应当符合转入板块的上市条件。转板上市条件应当与首次公开发行并上市的条件保持基本一致，交易所可根据监管需要提出差异化要求。

十、新三板股票交易规则

（一）新三板交易及投资者适当性整体架构

新三板交易及投资者适当性整体架构参见图4－4。

（二）一般交易规定

1. 交易时间

盘中交易时间：9：15～11：30、13：00～15：00。

盘后交易时间：15：00～15：30。

交易时间内因故停市，交易时间不作顺延。

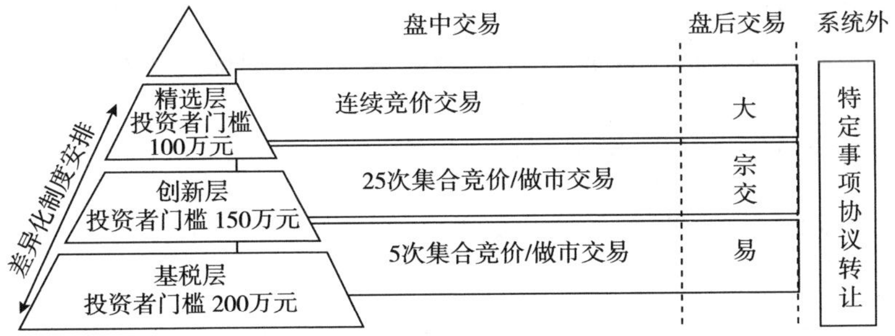

图 4-4　新三板交易及投资者适当性整体架构

2. 申报价格最小变动单位

股票交易的计价单位为“每股价格”。

股票交易的申报价格最小变动单位为 0.01 元人民币。

3. 申报数量

买卖挂牌公司股票的申报数量应当为 100 股以上，可以 1 股为单位增减。卖出股票时，不足 100 股部分应当一次性卖出。

股票交易单笔申报最大数量不得超过 100 万股，大宗交易除外。

4. 回转交易

投资者盘中、盘后买入的挂牌公司股票，交收前均不得卖出（T+1）。

（三）大宗交易

1. 大宗交易条件

单笔申报数量不低于 10 万股，或者交易金额不低于 100 万元人民币。

2. 交易时间

成交确认申报时间：9：15～11：30、13：00～15：30。

成交确认时间：15：00～15：30。

3. 成交价格范围

上限：前收盘价的 130% 与当日已成交的最高价格二者中的较高者。

下限：前收盘价的 70% 与当时已成交的最低价格二者中的较低者。

（四）特定事项协议转让

收购及股东权益变动；存在实际控制关系，或属同一实际控制人；外国投资者战略投资挂牌公司；履行符合条件的股东间业绩承诺及补偿等特殊条款；行政划转挂牌公司股份；全国股转公司与中国结算认定的其他情形。

（五）改革后三层交易方式对比

精选层、创新层、基础层交易方式对比如表 4 -2 所示。

表 4 -2　三层交易方式对比

项目	精选层	创新层	基础层
交易方式	连续竞价	25 次集合竞价或做市交易	5 次集合竞价或做市交易
涨跌幅限制	±30%	集合竞价跌幅 50%，涨幅 100% 做市交易不设涨跌幅	
动态申报有效价格范围	5%或 0.1 元	无	
放开涨跌幅情形	精选层成交首日 “摘牌整理期”成交首日	挂牌后成交首日 “摘牌整理期”成交首日	
订单类型	限价申报、市价申报	限价申报	
临时停牌机制	有	无	

第三节　时刻准备着的国际板

国际板指境外企业在中国 A 股发行上市的板块。这些境外企业在 A 股上市后，因其“境外”性质将被划分为“国际板”。

一、开设国际板的意义

（一）提升中国资本市场的国际影响力和竞争力

推出国际板是我国资本市场改革发展和对外开放的内在要求，国际板将对中国资本市场起到重要的补充和推进作用，有助于提高中国资本市场的流动性和市场效率。目前中国金融市场的开放远远滞后于实体经济。这种滞后表现为中国的 GDP（国内生产总值）占全球 GDP 的比重已经越来越大，但是全球大的机构投资者对中国的配置则是少之又少，甚至没有。这对我们实体经济的全球化也并非好事，而国际板的设立有助于中国及全球资源的有效配置。同时，国际板的建立将吸引境外一流企业来国内上市，有利于上海证券交易所打造蓝筹股市场，这意味着中国资本市场的国际影响力和竞争力将迈上新台阶。

（二）加快人民币的国际化

确定国际板用人民币标价，本身就是人民币走向国际化的体现。一般而言，货币国际化要经过如下阶段：首先，货币在周边地区的现钞流通和使用；其次，货币成为周边地区贸易和金融交易的计值、结算和流通货币；再次，货币成为国际储备货币。而推出以人民币标价的国际板，表明A股市场具备对国际资产的定价能力，不仅可体现人民币在国际资本交易中的计价单位作用，还可提高境外企业对人民币的接受程度。

（三）建设国际板将为国内投资者开辟新的投资渠道

引入国际板，将为本土投资者提供全新的投资品种——成本更低、风险可控的国际投资工具，为基金提供更多产品标的，从而拓宽投资领域。建立国际板，将使国内投资者可以用人民币在国内直接购买境外优质企业的股票，并使得境内投资者以人民币开展境外直接投资时可以规避汇率风险。同时，来国际板上市的外国企业如果要将所募集的资金转移到境外使用，就会把募集到的人民币资金兑换为美元，这会在一定程度上降低我国的外汇储备存量，从而减少汇率风险损失。

（四）国际板的推出是上海建设国际金融中心的重要内容

根据世界交易所联合会的统计，在全球市值排名前10位的证券交易所中，只有上海与孟买证券交易所没有境外上市公司。上交所要跻身世界一流交易所的行列，成为全球资本市场的核心力量，就必须建设自己的国际板市场。放眼各国际金融中心，股票市场国际化对于其证券交易所乃至整个金融中心的发展至关重要。而依据我国国家战略，到2020年上海要建成与中国的经济实力以及人民币地位相适应的国际金融中心，因此，建设国际板、建设国际化的资本市场是资本市场走向开放的必然选择，也是国家经济金融发展战略的需要。

（五）发展国际板的好处

一是国际板有利于缓解外汇储备压力，符合国民经济由引进资本向引进技术、管理、人才的发展方向要求。

二是国际板有利于吸引境外资源能源类企业境内上市，从而为通过股权收益对冲国际大宗商品价格上涨，打破境外资源能源企业对中国资金的收购壁垒发挥积极作用。

三是国际板为中国投资者分享跨国公司在中国开展业务形成的收益提供了渠道，改变了以往跨国公司只能为中国民众提供就业机会的状况，使中国投资者分享跨国企业在中国业务增长的成果。

四是国际板吸引跨国公司在境内上市，有利于发挥示范效应，改善本土上市公司的公司治理。

五是通过资本纽带，国际板有助于跨国公司更深地融入中国经济，进而从多个方面为中国经济发展贡献力量。

二、国际板企业上市的动机

（一）融资动机

企业上市是筹集发展所需资金的重要方式。我国资本存量大、资本市场流动性强，是上市融资的理想场所。境外企业到中国上市，可以摆脱其本国资本市场融资的限制，包括证券市场宏观环境、市场融资容量等方面的约束。通过境外上市，可以融得资金，支持企业的经营发展，同时基于上市的市盈率，可以放大企业资本，提高企业市场价值。

（二）商业动机

企业上市是提高企业知名度的有效方式。企业股票公开上市发行，股票交易信息会通过各种媒体和各种方式向社会各界发布，扩大了企业的知名度，提高了企业的市场地位和影响力，有利于企业树立品牌形象，扩大市场，提高企业的业绩。

（三）圈钱动机

当然，也不排除个别企业以圈钱为目的，通过跨境上市达到将境外资金在合法融资的外衣下不正当地据为己有的情形，通过高价发行、不按募资说明书上的募资目的使用上市发行所募得的资金、连环担保、不正当关联交易等方式，在公司股票上市交易的过程中套骗资金。

三、发行方式与上市条件

上交所酝酿的“国际板”将以人民币作为交易货币，发行方式目前来看更倾向于直接发行A股。

国际板的上市细则尚未正式公布，据传上市的条件首先要求境外上市须满3年。其他条件还包括：发行前6个月月均总市值不低于300亿元人民币（46.54亿美元），3个会计年度净利润之和不低于30亿元，最近1个会计年度净利润不低于10亿元。

本章要点

1. 了解创业板上市规则。
2. “新三板+H”、精选层与转科创板、创业板的操作规则。
3. 探索建立国际板的可能性与历史意义。

思考题

1. 创业板注册制带来的机遇与挑战是什么？
2. 进入新三板精选层的优势何在？
3. 扎根三地的科创板、创业板、新三板之间有何关系？

第五章

中介机构

企业股份制改组上市要聘请具有从事证券相关业务资格的会计审计机构、资产评估机构、律师事务所以及主承销商等中介机构进场共同完成运作过程。中介机构的水平高低关系到企业能否顺利完成股份制改组、正常进入上市发行通道，以及上市后的公司治理、规范运作、再融资等系列具体事项。与什么样的中介机构合作对企业来说即省心又省成本，达到效率最大化，这确实是难以回答的问题。但是，企业在接触中介机构前必须首先了解其工作职能及对整个企业股份制改组上市过程中所负的责任和义务，如果可能的话，尽量查访所选择的中介机构曾经做过的企业案例，考察其与本企业是否匹配。

企业决定聘请的中介机构要审慎调查其服务对象，券商将召集所有中介机构参加分工协调会，就发行上市的重大问题，如股份公司设立方案、资产重组方案、股本结构、财务审计、资产评估、土地评估、盈利预测等事项进行讨论，并及时向企业提出整改意见，协调会将根据工作进展情况不定期召开。

根据证监会《关于拟发行股票公司聘用审计机构等问题的通知》规定，拟申请发行股票的公司，设立时应聘请有证券从业资格许可证的中介机构承担验资、资产评估、审计等业务。若设立聘请没有证券从业资格许可证的中介机构承担上述业务的，应在股份公司运行满 3 年后才能提出发行申请，在申请发行股票前须另聘有证券从业资格许可证的中介机构复核并出具专业报告。

第一节　会计师

拟上市企业挑选会计师首先是确认其是否具有从事证券相关业务资质及背景，然后参考其做过的成功案例，还要调查其有无违规受处罚的记录，最后看其是否与本企业匹配，并商量费用等具体事宜。

会计师进场首先就是摸企业家底，所以很多企业上市后感叹："会计师把企业翻了个底朝天。"此言虽有些夸张，却说明了会计师的操作态度是严谨的，没有对企业资产财务及负债的全面审查，哪怕是埋下一丝隐患，也会给企业上市留下莫大遗憾。

一、会计师在企业股份制改组上市过程中所要完成的工作及审计报告

会计师事务所在股份制改组上市中的主要业务包括：审计会计报表、审验存量资产、审核盈利预测、企业上市改组中的合并与分立的审计、审验股本、资产评估等工作。通常完成以下事项：

（一）参与企业上市改组策划

注册会计师在明确企业准备上市的特点和改组旨意的基础上，参与企业上市改组方案的制订，充分发挥注册会计师的专长指导企业清理债务，划清资产权限，帮助企业从法律上理顺产权关系，及早规划未来重大的投资项目及经营发展等。

（二）参与企业内部和外部的协调

注册会计师可以在一个由经验丰富的专业人士（证券商、律师、注册

会计师、财务顾问等）组成的上市改组顾问团中发挥自己应有的作用，与其他成员彼此合作，及时沟通，部署整个上市改组工作计划。与此同时，协助企业加强与证券主管机构、资产评估管理机构、证券交易管理机构、税务当局等部门的协调与沟通，及时解决上市改组中可能遇到的问题。

（三）参与上市公司正式成立时建立新账的工作

上市公司正式成立日即为建立新账之日，上市公司在建账时会涉及审计结果与资产评估结果的调整入账，以及持续经营期间资产、负债的再剥离和经营成果的再分配等重大会计问题。即便是一家原为定向募集方式设立的股份有限公司改组上市，也会涉及审计结果与资产评估结果的调整入账和持续经营期间经营成果的再分配等会计问题。虽然这类工作是上市公司管理当局的会计责任，但由于技术性强，操作难度大，上市公司可聘请参与上市改组审计的注册会计师进行指导，甚至代为实施并出具相关报告，如：

1. 对各发起人的出资及实际到位情况进行检验，并出具验资报告。
2. 负责协助公司进行的有关账目调整，使公司的财务处理符合规定。
3. 协助公司建立股份公司的财务会计制度、财务管理制度。
4. 对公司前3年经营业绩进行审计，以及审核公司的盈利预测。
5. 对公司的内部控制制度进行检查，出具内部控制制度评价报告。

二、资产评估事务所在企业股份制改组上市过程中所要完成的工作及审计报告

资产评估事务所是指组织专业人员依照国家数据资料，按照特定的目的，遵循适当的原则、方法和计价标准，对资产价格进行评定估算的专门机构。

资产评估事务所必须具备以下基本条件：

1. 必须是已经取得省级以上国有资产评估资格，被授予正式资产评估资格的评估机构。

2. 具有正式资格的资产评估机构，必须是业务水平高、职业道德

好、社会信誉高，并拥有丰富评估经验的机构，以往没有发生过明显工作失误或违反职业道德的行为。

3. 评估机构中的专职人员不得少于 10 人，其中职龄人员不得少于 5 人；专职人员超过 17 人的评估机构，其中职龄人员所占比例不得少于 1/3。

4. 评估机构中的专职人员必须具有较高的资产评估水平、经验和技能，并具有丰富的证券业务及相关金融、法律、经济方面的知识，其中骨干人员应参加过股份制改造的资产评估工作。

5. 评估机构的实有资本金不得少于 30 万元，风险准备金不得少于 5 万元，自取得从事证券业务资格的那年起，每年从业务收入中计提不少于 4% 的风险准备金。

在证券市场上的资产评估业务主要有以下几个方面：

1. 国有企业的股份制改造需要进行评估。

2. 上市公司资产重组需要进行资产评估。

3. 上市公司年度报告也可能涉及资产评估。上市公司每年公布年度报告或中期报告时，如果公司资产价值发生非经营性因素的变动，如土地使用权的增值等，也需要进行资产评估。

按照国家有关规定，企业改组为股份有限公司发行股票并上市，应当进行资产评估；报经国家国有资产管理部门确认的净资产值作为折股、溢价和确定股权比例的依据，评估结果作为企业调账、建账的依据。

在需要的情况下对各发起人投入的资产评估，出具资产评估报告。

三、土地评估机构在企业股份制改组上市过程中所要完成的工作及审计报告

我国土地估价机构资格实行分级制，即 A、B 级。A 级土地估价机构，可在全国范围内从事土地估价工作。B 级土地估价机构，只能在估价机构所在地的县级行政区域内从事土地估价工作。

凡持有国家或省级土地管理部门颁发的土地估价资格证书的估价机构，可承担相应的土地估价工作，并接受土地管理部门的监督和管理。只有取得土地估价资格的机构，经具有土地估价师资格的人员认可，可

派专人到估价对象所在地的土地管理部门，申请查阅与估价土地有关的土地登记文件、地价信息和图件等。

在企业股份制改组上市过程中，土地评估机构对纳入股份公司股本的土地使用权进行评估。

四、股份制改组中的核查、评估、审计等具体事宜

（一）清产核资的内容

清产核资主要包括账务清理、资产清查、价值重估、损益认定、资金核实和完善制度等。按照国资委的规定，国有企业在改制前，首先就进行清产核资，在清产核资的基础上再进行资产评估。

（二）国有资产的折股及折股比率

国有资产折股时，不得低估作价折股，一般应以评估确认后的净资产折为国有股股本。折股比率为国有股股本除以发行前国有净资产，一般不得低于65%，股票发行溢价倍率为股票发行价格除以股票面值，应不低于折股倍数（即发行前国有净资产除以国有股股本），净资产未全部折股的差额部分应计入资本公积金，不得以任何形式将资本（净资产）转为负债。净资产折股后股东权益等于净资产。

（三）所占用国有土地的处置方式

公司改组为上市公司时，对上市公司占用的国有土地可采用以下处置方式：

1. 以土地使用权作价入股。

2. 缴纳土地出让金，直接取得土地使用权。

3. 缴纳土年租金。国家以租赁方式将土地使用权交给股份有限公司定期收取租金。

（四）授权经营

对于省级以上人民政府批准实行授权经营或国家控股公司试点的企

业，可采用授权经营方式配置土地。

1. 将非经营性资产和经营性资产完全划分开，非经营性资产或留在原企业，或组建为新的第三产业服务性单位。

2. 完全分离经营性资产和非经营性资产，公司的社会职能分别由保险公司、教育系统、医疗系统等社会公共服务系统承担，其他非经营性资产以变卖、拍卖、赠与等方式处置。

（五）无形资产的处置

无形资产包括商标权、专利权、著作权、专有技术、土地使用权等。对作为出资的实物、工业产权、非专利技术或者土地使用权，必须进行评估作价，核实财产，并折合为股份。发起人以工业产权、非专利技术作价出资的金额不得超过股份有限公司注册资本的20%，高新技术企业另有规定。

（六）资产评估的范围

评估的资产包括固定资产、长期投资、流动资产、无形资产、其他资产及负债。按资产评估范围的不同，可以分为单项资产评估、部分资产评估及整体资产评估。

（七）资产评估的基本方法

1. 收益现值法

收益现值法是指将评估对象剩余寿命期间每年（或每月）的预期收益，用适当的折现率折现，累加得出评估基准日的现值，以此估算资产价值的方法。收益现值法通常适用于收益企业的整体评估及无形资产评估。

2. 重置成本法

（1）被评估资产价值 = 重置全价 − 实质性陈旧贬值 − 功能性贬值 − 经济性贬值。

（2）被评估资产的价值 = 重置全价 × 成新率。

3. 现行市价法

（1）被评估资产价值 = 被评估资产全新市价 − 折旧。

（2）被评估资产价值 = 被评估资产全新市价 × 成新率。

现行市价法的适用条件，一是存在着 3 个或 3 个以上具有可比性的参照物，二是价值影响因素明确并可量化。

4. 清算价格法

此方法适用于经人民法院宣告破产的公司。采用时应当根据公司清算时其资产可变现的价值，评估重估价值。

（八）股份制改组的会计报表审计

会计报表的审计是指从审计工作开始到审计报告完成的整个过程，分为 3 个阶段。

1. 计划阶段

该阶段主要包括：

（1）调查、了解被审计单位的基本情况。

（2）与被审计单位签订审计业务约定书。

（3）执行分析程序。

（4）确定重要性水平，即指财务会计报表等信息的漏报或错报程度足以影响使用者根据财务报表所做出的决策。

（5）分析审计风险，审计风险 = 固有风险 × 控制风险 × 检查风险。

（6）编制审计计划。

2. 实施审计阶段

根据计划阶段所确定的范围、要点、步骤和方法进行取证、评价并形成审计目标的中间过程，是审计全过程的中间环节。

3. 审计完成阶段

此阶段的主要工作有形成审计结论，分级复核工作底稿，审计期后事项和或有损失，完成审计报告。

期后事项是指被审计单位的资产负债表截止日到审计报告日发生的，以及审计报告日至会计报表公布日发生的对会计报表产生影响的事项。

或有损失是指由某一特定的经济业务所造成的，将为可能会发生，并要由被审计单位承担的潜在损失。

财政部财会〔2018〕15 号文为解决执行企业会计准则的企业在财

务报告编制中的实际问题，规范企业财务报表列报，提高会计信息质量，针对2018年1月1日起分阶段实施的《企业会计准则第22号——金融工具确认和计量》（财会〔2017〕7号）、《企业会计准则第23号——金融资产转移》（财会〔2017〕8号）、《企业会计准则第24号——套期会计》（财会〔2017〕9号）、《企业会计准则第37号——金融工具列报》（财会〔2017〕14号）（以上4项简称新金融准则）和《企业会计准则第14号——收入》（财会〔2017〕22号，简称新收入准则），以及企业会计准则实施中的有关情况，对一般企业财务报表格式进行了修订。执行企业会计准则的非金融企业中，尚未执行新金融准则和新收入准则的企业应当按照企业会计准则和新通知附件1的要求编制财务报表，已执行新金融准则或新收入准则的企业应当按照企业会计准则和新通知附件2的要求编制财务报表。企业对不存在相应业务的报表项目可结合本企业的实际情况进行必要删减，企业根据重要性原则并结合本企业的实际情况可以对确须单独列示的内容增加报表项目。执行企业会计准则的金融企业应当根据金融企业经营活动的性质和要求，比照一般企业财务报表格式进行相应调整。

第二节　券商

证监会要求，对通过发审会审核的拟发行公司，在获准上市前，主承销商和相关专业中介机构应遵循勤勉尽责、诚实信用的原则，继续认真履行尽职调查义务，对拟发行公司是否发生重大事项给予持续、必要的关注。所谓重大事项是指可能影响本次发行上市及对投资者做出投资决策有重大影响的应予披露的事项。

前中国证监会主席在中国证券业协会第四次会员大会上指出，证券公司、基金公司作为证券市场发展的中坚力量，要努力完善公司治理结构，进一步加强和完善内部风险控制，依法合规执业，积极稳妥地推进业务和产品创新。

拟上市企业寻找券商合作时，首先，确认其是否具有从事证券相关业务资格；其次，看券商分类等级，参考其做过的成功案例，进行合作前景分析；最后，探讨运作周期及成本费用等具体操作事宜。

一、券商分类监管

（一）券商类别划分

证监会根据证券公司评价计分的高低，将证券公司分为 A（AAA、AA、A）、B（BBB、BB、B）、C（CCC、CC、C）、D、E 五大类 11 个级别。

被依法采取责令停业整顿，指定其他机构托管、接管、行政重组等风险处置措施的证券公司，评价计分为 0 分，定为 E 类公司。评价计分低于 60 分的证券公司，定为 D 类公司。

证监会每年根据行业发展情况，结合以前年度分类结果，事先确定 A、B、C 三大类别公司的相对比例，并根据评价计分的分布情况，具体确定各类别、各级别公司的数量，其中 B 类 BB 级及以上公司的评价计分应高于基准分 100 分。

1. A 类公司风险管理能力在行业内最高，能较好地控制新业务、新产品方面的风险。

2. B 类公司风险管理能力在行业内较高，在市场变化中能较好地控制业务扩张的风险。

3. C 类公司风险管理能力与其现有业务相匹配。

4. D 类公司风险管理能力低，潜在风险可能超过公司可承受范围。被直接认定为 D 类的公司可能存在如下情况：

（1）证券公司在评价期内存在挪用客户资产、违规委托理财、财务信息虚假、恶意规避监管或股东虚假出资、抽逃出资等违法违规行为的，将公司分类结果下调 3 个级别；情节严重的，将公司分类结果直接认定为 D 类。

（2）证券公司在自评时，若不如实标注存在问题，存在遗漏、隐瞒等情况，将在应扣分事项上加倍扣分；自评时存在隐瞒重大事项或者报送、提供的信息和资料有虚假记载、误导性陈述或重大遗漏的，将视情节轻重将公司分类结果下调 1～3 个级别。

（3）证券公司未在规定日期之前上报自评结果的，将公司分类结果下调 1 个级别；未在确定分类结果期限之前上报自评结果的，将公司分类结果直接认定为 D 类。

5. E 类公司潜在风险已经变为现实风险，已被采取风险处置措施。

（二）券商评价指标

证券公司风险管理能力主要根据资本充足、公司治理与合规管理、全面风险管理、信息系统安全、客户管理与权益保护、信息披露 6 类评价指标，按照《证券公司风险管理能力评价指标与标准》进行评价，体现证券公司对流动性风险、合规风险、市场风险、信用风险、技术风险及操作风险等管理能力。

1. 资本充足。主要反映证券公司净资本以及以净资本和流动性为核心的风险控制指标情况，体现其资本实力及流动性状况。

2. 公司治理与合规管理。主要反映证券公司治理和规范运作情况，体现其合规风险管理能力。

3. 全面风险管理。主要反映证券公司识别、计量、监测、预警、报告、防范及处理各类风险的情况，体现其流动性风险、市场风险、信用风险、声誉风险管理能力。

4. 信息系统安全。主要反映证券公司信息技术治理及信息技术系统运行情况，体现其技术风险管理能力。

5. 客户管理与权益保护。主要反映证券公司客户资产安全性、客户服务及客户管理水平，体现其操作风险管理能力。

6. 信息披露。主要反映证券公司报送信息的真实性、准确性、完整性和及时性，体现其会计风险及诚信风险管理能力。

7. 证券公司市场竞争力主要根据证券公司经纪业务、投行业务、资产管理业务、综合实力、创新能力等方面的情况进行评价。

8. 证券公司持续合规状况主要根据司法机关采取的刑事处罚措施，证监会及其派出机构采取的行政处罚措施、监管措施及证券期货行业自律组织纪律处分、自律监管措施的情况进行评价。

（三）券商评价方法

1. 设定正常经营的证券公司基准分为 100 分。在基准分的基础上，根据证券公司风险管理能力评价指标与标准、市场竞争力、持续合规状况等方面的情况，进行相应加分或扣分以确定证券公司的评价计分。

2. 评价期内证券公司因违法违规行为被证监会及其派出机构实施行政处罚、监管措施或者被司法机关刑事处罚的，按以下原则给予相应扣分：

（1）公司被采取出具警示函，责令公开说明，责令参加培训，责令定期报告的，每次扣 0. 5 分。

（2）公司被采取出具警示函并在辖区内通报，责令改正，责令增加内部合规检查次数的，每次扣 1 分。

（3）公司被采取责令处分有关人员，或者董事、监事、高级管理人员因对公司违法违规行为负有责任被监管谈话的，每次扣 1. 5 分。

（4）公司被采取出具警示函并在全行业通报，责令停止职权或解除职务，责令更换董事、监事、高级管理人员或限制其权利，限制股东权利或责令转让股权的，每次扣 2 分。

（5）公司被采取公开谴责，限制业务活动，暂不受理与行政许可有关文件，暂停核准新业务或增设、收购营业性分支机构申请的，每次扣 2.5 分。

（6）董事、监事、高级管理人员因对公司违法违规行为负有责任被认定为不适当人选或被撤销任职资格的，每次扣 3 分。

（7）公司被实施警告行政处罚，或者董事、监事、高级管理人员因对公司违法违规行为负有责任被采取警告行政处罚措施的，每次扣 4 分。

（8）公司被实施罚款行政处罚，或者董事、监事、高级管理人员因对公司违法违规行为负有责任被采取罚款行政处罚措施的，每次扣 5 分。

（9）公司被实施没收违法所得行政处罚，或者董事、监事、高级管理人员因对公司违法违规行为负有责任被实施没收违法所得行政处罚的，每次扣 6 分。

（10）董事、监事、高级管理人员因对公司违法违规行为负有责任被采取一定期限内市场禁入的，每次扣 7 分。

（11）公司被实施暂停业务许可行政处罚，或者董事、监事、高级管理人员因对公司违法违规行为负有责任被采取终身市场禁入的，每次扣 8 分。

（12）公司被实施撤销部分业务许可行政处罚或被刑事处罚的，每次扣 10 分。

证券公司分公司、营业部等分支机构被直接采取上述措施的，按以上原则减半扣分，累计最高扣5分；证券公司分支机构负责人等管理人员、保荐代表人等主要业务人员因对公司及分支机构违法违规行为负有责任被直接采取上述措施的，按以上原则减半扣分，累计最高扣5分；证券公司控股子公司纳入母公司合并评价的，子公司被采取上述措施的，按以上原则减半扣分。

3. 证券公司被证券期货行业自律组织采取书面自律监管措施的，每次扣0.25分；被采取纪律处分的，每次扣0.5分；证券公司被证监会授权履行相关职责的单位采取措施的，比照执行。

4. 就同一事项对证券公司实施多项行政处罚、监管措施、纪律处分、自律监管措施的，按最高分值扣分，不重复扣分，但因限期整改不到位再次被实施行政处罚、监管措施、纪律处分、自律监管措施的除外；就不同事项实施同一行政处罚、监管措施、纪律处分、自律监管措施的，应当分别计算、合计扣分。

证券公司因同一事项在不同评价期被分别实施行政处罚、监管措施、纪律处分、自律监管措施的，按最高分值扣分；同一事项在以前评价期已被扣分但未达到最高分值扣分的，按最高分值与已扣分值的差额扣分。

5. 证券公司资本充足、公司治理与合规管理、全面风险管理、信息系统安全、客户管理和权益保护和信息披露6类评价指标存在一定问题，按具体评价标准每项扣0.5分。如已被采取监管措施的，按相关规定执行，不重复扣分。

证券公司被实施行政处罚预先告知或者因涉嫌证券违法违规行为被立案调查或者发生风险事件，造成严重影响，反映出公司在上述评价指标方面存在问题的，按照本条前款规定对相应的具体评价标准进行扣分。

6. 证券公司市场竞争力符合以下条件的，按以下原则给予相应加分：

（1）证券公司上一年度营业收入位于行业前5名、前10名、前20名的，分别加2分、1分、0.5分。

（2）证券公司上一年度代理买卖证券业务收入位于行业前5名、前10名、前20名，且营业部平均代理买卖证券业务收入位于行业中位数以上的，分别加2分、1分、0.5分或证券公司上一年度营业部平均代理买卖证券业务收入位于行业前5名、前10名、前20名的，分别加2分、1分、0.5分，前述两项按孰高分值加分。

（3）证券公司上一年度承销与保荐业务、财务顾问业务收入位于行业前5名、前10名、前20名的，分别加2分、1分、0.5分。

（4）证券公司上一年度资产管理业务收入位于行业前5名、前10名、前20名的，分别加2分、1分、0.5分。

（5）证券公司上一年度机构客户投研服务收入占经纪业务收入比例达到40%、30%、20%，且经纪业务收入位于行业中位数以上的，分别加2分、1分、0.5分。

（6）证券公司上一年度境外子公司证券业务收入占营业收入的比例达到40%、30%、20%，且营业收入位于行业中位数以上的，分别加4分、3分、2分。

（7）证券公司新业务市场竞争力或者信息系统建设投入指标，位于行业前5名、前10名、前20名的，分别加2分、1分、0.5分，具体指标及计算口径由证券业协会依据行业发展情况确定。

7. 证券公司符合以下条件的，按以下原则给予相应加分：

（1）证券公司最近2个、3个评价期内主要风险控制指标持续达标的，分别加2分、3分。

（2）证券公司净资本达到规定标准10倍及以上的，每一倍数加0.1分，最高可加3分。

（3）证券公司净资本收益率位于行业前5名、前10名、中位数以上的，分别加2分、1分、0.5分。

（4）证券公司上一年度净利润为正且成本管理能力位于行业前5名、前10名、前20名的，分别加2分、1分、0.5分。

8. 证监会及其派出机构可以根据证券公司在评价期内落实专项监管工作情况，对证券公司的评价计分进行调整，每项最高可加或扣3分。

9. 证券公司可以申请证监会认可的机构（以下简称专业评价机构）组织专家对其专业管理能力、信息技术系统的稳定与安全、客户服务与管理水平、投资者教育等方面进行专业评价；专业评价机构可针对证券行业内发生的重大事故、技术故障、业务纠纷与客户投诉等情况，对涉及的证券公司进行专业评价。证券公司专业评价的标准和办法另行制定。

证监会可以委托中国证券业协会对证券公司的全面风险管理能力、合规管理能力、社会责任履行情况等进行专项评价。

证监会及其派出机构可以根据证券公司专业评价及专项评价结果，对证券公司评价计分进行调整，每项评价最高可加 3 分。

经专业评价机构评定，证券公司发生的重大事故、技术故障、业务纠纷、客户投诉是由于证券公司管理不善引起的，证监会及其派出机构应采取相应的监管措施，进行扣分。

（四）组织实施

1. 证券公司分类每年进行一次，评价期为上一年度 5 月 1 日至本年度 4 月 30 日，涉及的财务数据、业务数据原则上以上一年度经审计报表及中国证券业协会公布的信息为准。

2. 证券公司分类按照证券公司自评、派出机构初审、证监会复核的程序进行。

3. 证券公司应当按照相关规定的要求进行自评。证券公司应结合自身情况，对照评价指标与标准，如实反映存在的问题及被采取的监管措施，经公司主要负责人和合规负责人签署确认后，将自评结果上报公司住所地证监会派出机构。

4. 证监会派出机构在证券公司自评的基础上，根据日常监管掌握的情况，对证券公司自评结果进行初审和评价计分，将初审结果上报证监会。

在初审过程中，证监会派出机构可以就有关问题进行核查，并与证券公司核对情况，确认事实。

5. 证监会在派出机构初审的基础上进行复核并确定证券公司的类别，原则上于每年 7 月 15 日之前将分类结果书面告知证券公司。

证券公司对其分类结果有异议的，在收到分类结果书面通知之日起 1 个月内可向证监会提出书面申述。证监会在收到申述后 1 个月内予以答复。

6. 对于在自评时隐瞒事项或者报送、提供的信息和资料有虚假记载、误导性陈述或重大遗漏的证券公司，证监会派出机构应当对公司主要负责人视情节轻重采取监管谈话等措施，并记入诚信档案。

7. 证监会派出机构在日常监管工作中，对证券公司发生的违规行为和异常情况应及时调查、迅速采取适当的监管措施并记入监管档案，在此基础上对证券公司进行客观、公正的初审和评价计分。证监会派出机构对证券公司的违法违规行为是否及时、充分采取相应监管措施，以及证券公司分类初审的质量，是落实辖区监管责任制，考评证监会派出机构证券公司监管工作绩效的重要依据。

8. 证券公司状况发生重大变化或者出现异常且足以导致公司分类类别调整的，证监会及其派出机构应当根据有关情况及时对相关证券公司的分类进行动态调整；证券公司也可以向派出机构提出调整分类的申请，经派出机构初审后报证监会复核确定。

上述分类调整属于调高证券公司类别的，证券公司评价指标应当持续6个月以上满足与调高类别相应的标准。

证券公司风险管理能力评价指标与标准如表5－1所示。

表5－1 证券公司风险管理能力评价指标与标准

评价指标	序号	评价标准
1. 资本充足	1.01	净资本绝对数指标符合规定标准
	1.02	风险覆盖率、资本杠杆率、流动性覆盖率、净稳定资金率指标符合规定标准
	1.03	自营业务风控指标符合规定标准
	1.04	融资类业务风控指标符合规定标准
2. 公司治理与合规管理	2.01	股东会、董事会、监事会有效运作，公司股东资格及行为、公司董事、监事、高管人员资质及任免变更符合监管要求
	2.02	内部组织架构和业务管控制度健全有效
	2.03	内部激励约束机制和责任追究制度科学合理并有效执行
	2.04	合规管理制度和机制健全有效，能切实防范合规风险
	2.05	董事会、监事会、高级管理人员、合规总监等合规管理职责明确并落实到位
	2.06	合规保障体系完善并有效执行，能切实保障合规总监独立性、权威性、知情权和合理薪酬待遇。合规总监切实履行职责，并按要求及时向证券监管部门报告违法违规行为或合规风险隐患

续表

评价指标	序号	评价标准
3. 全面风险管理	3.01	建立符合自身发展战略需要的全面风险管理体系，实现风险管理全覆盖、风险监测监控健全有效、风险计量科学合理、风险分析及时全面准确、风险应对机制切实有效
	3.02	风控组织体系独立有效运作，由首席风险官负责全面风险管理工作，配备充足的风险管理专业人员，能够全面、有效履行风险管理职责
	3.03	风险管理制度有效执行，风险管理考核纳入员工绩效考核、风险管理文化建设融入经营管理全过程
	3.04	风险管理信息技术系统及各项业务风险控制机制健全，能及时识别、计量、预警、报告及应对各类风险
	3.05	压力测试机制健全有效并能按要求报送压力测试报告，净资本补足机制和业务规模调整机制健全并能有效实施
4. 信息系统安全	4.01	IT 治理完善，信息系统管理机制独立有效
	4.02	信息系统功能齐备，有效满足客户委托、交易、清算、开户、查询等需求，客户电子资料等信息安全
	4.03	信息系统安全稳定运行，能够避免频繁信息安全事故或重大事故
	4.04	信息系统应急预案有效，能够及时应对信息安全事故
5. 客户权益保护	5.01	客户资产存放管理制度完善，能够有效保障客户资产安全
	5.02	投资者适当性制度和客户服务、客户管理制度健全，能够将适当的产品或服务或销售提供给适当的投资者
	5.03	营销人员管理制度健全，有效防止营销人员损害客户权益。投行、资管等业务勤勉尽责、诚实守信，从源头保障上市公司质量，切实维护客户合法权益
	5.04	客户投诉处理机制有效，能够稳妥处理各类上访、投诉纠纷，防止群体性事件、恶性个案发生
	5.05	投资者教育融入各项业务流程和服务环节，在防范和打击非法证券活动中积极发挥作用
	5.06	客户管理制度健全，流程完备，措施到位，能够有效落实事前审核、事中监测、事后报告职责，切实防范客户账户使用、资金划转、证券交易过程中的异常行为

续表

评价指标	序号	评价标准
6. 信息披露	6. 01	年度报告真实、准确、完整，不存在虚假记载、误导性陈述或重大遗漏，能按规定及时报告和披露
	6. 02	综合监管报表真实、准确、完整，不存在虚假记载、误导性陈述或重大遗漏，能按规定及时报告
	6. 03	公开披露的信息以及向股东和监管部门报告的信息真实、准确、完整、及时，不存在虚假记载、误导性陈述或重大遗漏
	6. 04	重要事项报告和处理机制健全，发生信息安全事故、群体性事件、恶性个案、被其他政府部门实施行政处罚、涉及刑事民事诉讼等重大事项能按规定及时向监管部门报告并及时处理，能及时应对涉及公司的舆论报道
	6. 05	按规定使用分类评价结果

二、券商在企业股份制改组上市过程中所要完成的工作

1. 制订股份公司改制方案。

2. 对股份公司设立的股本总额、股权结构、招股筹资、配售新股及制订发行方案并进行操作指导和业务服务。

3. 推荐具有证券从业资格的其他中介机构，协调各方的业务关系、工作步骤及工作结果，充当公司改制及股票发行上市全过程总策划与总协调人。

4. 起草、汇总、报送全套申报材料。

5. 组织承销团包 A 股，承担 A 股发行上市的组织工作。

三、保荐人尽职调查工作

1. 发行人基本情况调查。

2. 业务与技术调查。

3. 同业竞争与关联交易调查。

4. 高管人员调查。

5. 组织结构与内部控制调查。

6. 财务与会计调查。

7. 业务发展目标调查。

8. 募集资金运用调查。

9. 风险因素及其他重要事项调查。

四、主承销商是股票发行人聘请的最重要的中介机构

一般股票发行的主承销商又是发行人的财务顾问，而且经常还是发行人上市的推荐人。如果发行人向全球发行股票，承销商又是为发行人发行股票的全球协调人。概括地说，主承销商在发行人发行股票和上市过程中主要有以下作用：

1. 与发行人就有关发行方式、日期、发行价格、发行费用等进行磋商，达成一致。

2. 编制向主管机构提供的有关文件。

3. 组织承销团。

4. 筹划、组织、召开承销会议。

5. 承担承销团发行股票的管理。

6. 协助发行人申办有关法律方面的手续。

7. 向认购人交付股票并清算价款。

8. 包销未能售出的股票。

9. 做好发行人的宣传工作和促进其股票在二级市场的流动性。

10. 其他跟进服务，如协助发行人筹谋新的融资方式或融资渠道等。在我国，主承销商一般还担任发行人上市前后的辅导工作。

五、股票上市保荐人

1. 督导发行人有效执行并完善防止控股股东、实际控制人、其他关联方违规占用发行人资源。

2. 督导发行人有效执行并完善防止其董事、监事、高级管理人员利

用职务之便损害发行人利益。

3. 督导发行人有效执行并完善保障关联交易公允性和合规性的制度，并对关联交易发表意见。

4. 持续关注发行人募集资金的专户存储、投资项目的实施等承诺事项。

5. 持续关注发行人为他人提供担保等事项，并发表意见。

发行人临时报告披露的信息涉及募集资金、关联交易、委托理财、为他人提供担保等重大事项的，保荐机构应当自临时报告披露之日起10个工作日内进行分析并在证监会指定网站发表独立意见。

同次发行的证券，其发行保荐和上市保荐应当由同一保荐机构承担。保荐机构依法对发行人申请文件、证券发行募集文件进行核查，向证监会、证券交易所出具保荐意见。保荐机构应当保证所出具的文件真实、准确、完整。

证券发行规模达到一定数量的，可以采用联合保荐，但参与联合保荐的保荐机构不得超过两家。

证券发行的主承销商可以由该保荐机构担任，也可以由其他具有保荐机构资格的证券公司与该保荐机构共同担任。

发行人及其董事、监事、高级管理人员，为证券发行上市制作、出具有关文件的律师事务所、会计师事务所、资产评估机构等证券服务机构及其签字人员，应当依照法律、行政法规和证监会的规定，配合保荐机构及其保荐代表人履行保荐职责，并承担相应的责任。

保荐机构及其保荐代表人履行保荐职责，不能减轻或者免除发行人及其董事、监事、高级管理人员、证券服务机构及其签字人员的责任。

第三节　律师

拟上市企业寻找律师合作时，首先是确认其是否具有从事证券相关业务资格。企业从筹备上市工作伊始就离不开律师的帮助，新型企业家是一手牵会计师，一手牵律师，背后站着心理咨询师。律师对企业产权保护及规范运作起着重要作用，当然，考察律师的职业经验及背景资源、客户评价也是不可忽视的。

一、改制重组、设立股份公司

1. 协助公司及券商制订改制重组方案，确定股份公司的主营业务、资产范围等。在此项工作中，根据公司实际情况尽量避免同业竞争及关联交易是关键，要使之符合相关要求，同时不致影响公司的整体利益。

2. 方案一经确定，律师将展开尽职调查。调查方式包括：全面、大量收集各方相关资料、实地考察、与相关人员谈话及向有关部门调查核实等。

3. 指导企业相关人员，规范企业行为，初步建立现代企业制度的架构，为股份公司的设立铺路。

4. 协助企业编制并签署《发起人协议》、股份公司《章程》等一系列相关法律文件。

5. 在完成调查核实工作后，律师将依据改制方案及实际情况，就股份公司的设立编制《法律意见书》，该文件内容涉及股份公司的资产、业务、人员、财务、机构等，是设立申报材料中必备的法律文件之一。

6. 协助企业及中介机构准备申报材料，并就相关问题，提供专业的法律意见。

7. 参与股份公司创立大会工作。

8. 企业及中介机构要求的其他工作。

二、辅导申报阶段

1. 律师要对企业、董事、监事、高管包括5%以上的股东进行法律培训和辅导，辅导的内容包括《公司法》、《证券法》、公司运作的相关规定、信息披露的相关规定等。通过这个辅导，让公司的实际控制人以及公司董监高对将来上市公司怎么运作，彼此之间承担什么法律责任有一个大概认识。这个培训表面上看有些虚，但大部分董监高听完之后，收获很大。

2. 协助企业办理相关资产、证件的过户或更名手续。有限公司整体变更股份公司以后会导致后续烦琐的工作，公司名称变了，所有证照、权利证书都必须办理更名手续。

3. 继续规范和解决历史遗留问题。前期改制重组阶段大部分都解决了，但有些独立性问题没有解决好。

4. 获取税务、工商、国土、海关、劳动等部门的无违法违规记录证明。

5. 协助企业制定或规范三会议事规则、公司内部各种规章制度。

6. 撰写《律师工作报告》和《法律意见书》，撰写过程中要注意与招股说明书的一致性。

7. 协助保荐机构撰写、修改和完善招股说明书。

8. 就证监会反馈意见，对有关问题进行补充核查，并发表补充法律意见。

三、股份公司股票的发行与上市

1. 股份公司设立后，券商、律师将协助完善企业制度，强化企业管理机制，严格依照股份公司的要求规范企业行为，达到发行与上市的目的。

2. 参加或列席公司相关会议，协助公司高管人员的工作，协助企业起草经营过程中的法律文书。

3. 收集股份公司相关资料，依法进行全面的尽职调查，编制股份公司股票发行与上市的《法律意见书》。

4. 参与起草招股说明书，就其是否存在法律风险做出公正的判断，并就其中相关问题提出专项法律意见。

5. 依法出具主管部门要求的其他相关法律文件。

6. 与各中介机构共同协助企业编制发行申报材料，尽可能使之完美，力争早日通过审查。

7. 完成企业或中介机构的其他工作。

四、其他法律顾问服务

除上述工作外，在具体操作过程中，律师将及时提供法律、法规、规章及国家政策，随时解答法律咨询，为企业排忧解难。

1. 为上市公司增发股份、配股以及发行可转换债券出具法律意见书；见证上市公司股东大会并出具意见。

2. 见证上市公司重大购买或出售资产的行为及此行为的实施结果并出具意见。

3. 为上市公司新任董事、监事解释《董事声明及承诺书》、《监事声明及承诺书》见证并出具法律意见书等。

4. 为主承销商、承销商制作的招股说明书、配股说明书出具验证笔录等。

5. 为股东年会召开见证并出具法律意见书。

6. 协助股份有限公司在国内和境外公开发行或以私募的方式发行股票，并将该等股票在国内或境外的证券交易市场上市交易。

7. 为证券投资基金和基金管理公司发起人所设立的基金是否具备发行与上市的法定条件，出具法律意见书等。

8. 为境内企业到中国香港创业板和境外交易所发行股票，或涉及境内权益相关的境外公司在境外发行股票提供法律顾问服务。

本章要点

企业上市的整个过程是离不开中介机构的努力的，与中介机构的良好合作是成功的基础，选择好了就能事半功倍。本章帮助读者了解中介机构的工作内容与工作程序，还介绍了券商的分类标准。重点在于企业对所选择的中介机构曾经做过的上市案例进行考察，看其与本企业是否匹配。

思考题

1. 如何理解券商及中介机构在上市过程中的作用？
2. 企业与中介机构的配合应关注哪些方面？
3. 会计师在股份制改组中重点关注什么？

第六章

改制上市中的制度设计

在企业改制上市的制度设计中明确相关治理措施，建章立制加强企业规范运作，如果企业不想让控制权转移，就要考虑制定反收购策略，同时还要注意以下几个方面：

1. 发行人是信息披露的第一责任人，规范的公司治理和内控制度是保障发行人积极履行信息披露义务，把握好发行“入口关”的基础和前提。建议进一步强化发行人和相关中介机构对公司治理和内控制度建设的责任。

2. 会计师的诚信自律、客观公正对于防范财务虚假披露行为，提升信息披露质量至关重要，应进一步明确对会计师事务所、注册会计师从事审计等相关业务的执业要求。

3. 明确规定发行人和主承销商可以在获得批文后在有效期内自主选择适当时机启动发行。

4. 明确在发行价格市盈率高于同行业上市公司平均市盈率25%（采取其他方法定价的比照执行）的情形下，发行人需要补充披露信息的内容及程序。

5. 明确对违法违规行为的处罚措施，从严监管。

针对企业 IPO 上市的一系列制度设计及操作规则，国务院、证监会、证券交易所及政府相关部门不断发布新规，企业董事、监事、高管必须认真学习领悟，在实际运作中才能保证上市质量，不会违规操作。

第一节　股权激励制度设计

股权激励是指企业以本公司股票或股票期权，对其董事、监事、高级管理人员进行的长期性激励，从而使他们能够勤勉尽责地为公司的长期发展服务。股权激励在国外成熟资本市场已有近 50 年历史。20 世纪 50 年代美国的“高管持股计划”把全球带入股权激励的浪潮中。

全球排名前 500 位的大型工业企业，几乎都实行经理股票期权制。因此股权激励并不只是公司高管的一厢情愿，也代表了资本市场发展的一个趋势。

股权激励制度，就是为吸纳人才、保护一批优秀职业经理人利益、真正发挥员工积极性而设计的。一个成功的股权激励方案首先考虑企业主体的发展周期、人力资源整合，选择适合企业的管理方法，设计可操作方案。在设计股权激励制度的方案时，主要考虑以下因素。

一、激励对象

激励对象即股权的受益者，激励对象的选择也要有一定的原则和方法，不符合条件的员工是不能享受股权激励的。一般有以下 3 种类型：

1. 全体职员参与，这是企业在初创期比较喜欢采用的方案。

2. 大多数员工持有股份，这主要适用于高速成长期的企业，能够留住更多的人才支持企业的发展。

3. 少数人员持有股份，受益者主要是管理人员和关键技能人员。

二、激励方式

一般采用中长期激励方式，有股权类、期权类和利益分享类等。每个企业都要根据企业具体情况选择适合的方法，比如对于上市公司而言，期权类和股权类比较适合；非上市公司可选择股权类和利益分享类比较合适。而每一种方法都有它的优点、缺点和具体适用的前提条件，但是无论采取哪一种方法，都要考虑到激励机制和约束机制有机结合起来，真正发挥员工的积极性。如果只考虑激励机制，不考虑约束机制，股权方案就有可能失去效用。如果期权到期不能行权，除了会给被授予者造成损失外，还会失去人心，影响企业整体利益。

三、员工持股总额及分配

员工持股总额及分配主要解决的是股权激励的总量、每位收益人的股权激励数量、用于后期激励的预留股票数量。如何确定？每个公司有特殊性，可以根据实际情况来确定，尤其是上市公司，要经股东大会通过，报证监会审查。

如果公司在职位评估上相对公平，可以按照职位来确定每位收益人的股权数量，按照年收入水平考虑该职位在公司的价值及体现的个人能力，这样确定股权比例。

对于一些空降或新就职的高管，一般进入公司就需要享受中长期激励方案，比如在试用期过后的一年里先享受 50% 的比例，一年之后再 100% 享受。

四、股权来源

企业自有股权，上市前分配的是未来股票，上市后的库存股票是指上市公司将自己已发行的股票从二级市场购回的部分，这些购回股票不再由股东持有，其性质为已发行但不在外流通。公司将回购的股票放入库存股票账户，根据股票期权或其他长期激励机制的需要，留存股票将在未来某时再次出售。如美国雅虎公司，到 1998 年 2 月 27 日为止，它赠与的股票期权总量为 1 114 万股，公司为此新发行了 835 万股股票，其中 409 万股已用于员工行权，其余 426 万股作为将来员工行权的准备。1998 年，董事会预计公司将持续高速发展，员工数将激增，股票期权计划规模将不断扩大，因而现有的为股票期权准备的股票数量显得不足。为此，董事会决定在市场上回购 200 万股股票来增加储备。

上市公司股票来源的办理程序比较复杂，主要是要经公司股东大会审批，报证监会审核。

五、购股方式

购股方式也就是购买股票的资金来源，一般有员工现金出资、公司历年累计公益金、福利基金、公司或大股东提供融资、员工用股权向银行抵押贷款。这几种方式都好操作，有些方式会产生财务支出，要重复缴税。股票投资不仅仅要交投资经营税，期权所得还要交付投资所得税，而且股票的回购是不能算作成本费用来抵销税负的。

如果不考虑财务方面，有些公司更多会采用员工出资购买的方式，即每个月从工资中按比例扣钱，这样不仅仅给公司创造了融资，节约了成本，还从一定程度上提高了员工的辞职成本，有利于员工队伍的稳定。

六、退出机制

退出机制对员工退出激励方案的一些约定，有以下 3 种情况：

1. 正常离职，公司往往会要求已享受股权的员工办理退出手续，比如劳动合同期满，不再续约的员工，或者是退休、经营性裁员，或者是伤残、死亡等，这种情况下，企业往往会按照合同继续让这些员工享受股权或者期权。

2. 非正常离职，劳动合同期限未满，员工主动离职的。如果员工的主动离职没有给公司造成损失，不违反保密协议，也没有跟股权激励方案相冲突。一般来说，大部分公司还是能允许已经被授予的股权收益。

3. 开除，按照相关规定取消享受股权收益的权利。

七、管理机构及操作

企业在初创时期，其基本特点大多是人少，待遇不高，工作辛苦，但是加盟者对未来充满幻想，有工作热情；随着企业规模逐渐壮大，待遇比原来提高很多，工作也轻松很多，但稳定后的人们反倒少了些开始时的工作劲头，同时员工对公司的分配制度也表示不满意了。到这个时候，企业人力资源管理部门就要把中长期激励措施提到日程上来加以推动。但是任何一把工具和一种方法都可能是一把双刃剑，有好的一面，也有坏的一面。股权激励会稀释企业产权，用得好会更加激发员工的工作热情，用得不好也会挫伤员工的积极性，所以，我们在设计方案时，一定要与企业的整体战略、企业文化及各职能部门的具体情况相匹配，设计出既有系统性、持续性，同时还必须有针对性和可操作性的实施方案来。

案例6－1　某IT企业的股权激励制度设计

有一家由几个自然人出资成立的网络信息技术公司，是互联网应用平台提供商和基础网络应用服务商，年销售额增长率达到500%，公司发展迅速。几年的高速发展过程中，公司引进了大量的管理、技术等方面的优秀人才加盟，虽然公司已建立了一套工资、奖金收入分配体系，但为适应公司新的战略规划和发展，构建和巩固企业的核心团队，又开始设计了一套干股＋实股＋股份期权的多层次长期激励计划，让公司的创业者和核心骨干人员有机会共同分享公司的成长收益，同时也增大了公司股权结构的包容性，更好的激发企业的核心团队为企业发展出力，增强企业凝聚力，提高工作效率。具体设计如下：

一、方案设计主要内容

1. 授予对象：高管层和管理、技术骨干共20位。

2. 持股形式：

第一部分，持股计划。在增资扩股中由高管层和管理、技术骨干自愿以现金出资持股。

第二部分，岗位干股计划。

（1）岗位干股设置目的：岗位干股的设置着重考虑被激励对象的历史贡献和现实业绩表现，只要在本计划所规定的岗位就有资格获得岗位干股。

（2）岗位干股落实办法：岗位干股的分配依据所激励岗位的重要性和本人的业绩表现，岗位干股于每年年底公司业绩评定之后进行重新调整和授予，作为名义上的股份记在各经理人员名上，目的是为了获得其分红收益。岗位干股的授予总额为当期资产净值的10%。

第三部分，股份期权计划。

（1）股份期权设置目的：股份期权设置着重于公司的未来战略发展，实现关键人员的人力资本价值最大化。

（2）股份期权的授予：从原股东目前资产净值中分出10%转让给被激励对象。依据每位经理人员的人力资本量化比例确定获授的股份期权数。如本计划开始实施时一次性授予，可假定为某年某月某日，以一元一股将公司当期资产净值划分为若干股份，授予价格即每股1元，行权时经理人员以每股1元的价格购买当时已增值的公司股份。

（3）如企业上市，员工持有的股票经准予就可以到二级市场上市交易，获取更大的增值空间。

二、案例分析

1. 激励模式设计的理由：这是一个处于高速成长期的民营企业，构建一个稳定的核心团队和留住员工是最关键的。通过多层次的股权激励方案设计，一方面通过自愿原则实现员工主动参与企业经营管理，分享公司的成长价值；另一方面通过岗位干股设置体现员工对公司的现实贡献；再通过股份期权设计反映公司的战略规划，构建长期稳定的核心团队，获授股份期权的人只是少数有发展潜力的公司核心人员。

2. 此模式的特点：开放性的、动态的，既民主又体现公司意愿。

3. 激励作用：此激励方案既通过干股设置实现了短期激励，又通过现金购股和股份期权实现了长期激励，体现了公司原股东的股权包容性和对未来利益共享的企业文化，增强员工主人翁意识，取得较好的激励效果。

第二节　收购与反收购制度设计

一、收购与反收购

收购的定义不难理解，简单来说就是获取企业的股权及控制权。

收购分为善意收购和恶意收购，恶意收购会导致反收购的出现。反收购是指目标公司管理层为了防止公司控制权转移而采取的旨在预防或挫败收购者收购本公司的行为。反收购的主体是目标公司，反收购的核心在于防止公司控制权的转移。随着中国股市正逐步进入全流通时代，围绕上市公司控制权的争夺也显著增多。对大多数上市公司的原有大股东来说，当自己的控制权受到威胁时，最直接的反应莫过于奋力反击。

（一）收购与反收购动机

收购的常见动机为：

1. 追求规模经济，扩大产品线以及市场份额。

2. 快速进入新的行业领域。

3. 取得先进生产技术和各类人才。

4. 转手倒卖。

5. 扼杀竞争对手。

6. 内部控制人——经理层扩张性冲动或个人私欲驱动等。

7. 获取上市公司的壳资源等。

反收购的动机一般都比较单纯，首先，他们不愿意丧失对公司的控制权，认为收购方入主后对公司经营不利；同时，如果收购方出价过低，他们会认为收购方实力不强有利于反收购等。

（二）恶意收购

恶意收购通常有以下手法：

1. 狗熊式拥抱。致函目标公司董事会，承诺高价收购该公司股票，要求董事会以股东利益为重接受收购方报价。董事会出于责任要把信件公布于全体股东，而分散的股东往往受优惠价格的诱惑迫使董事会接受报价。

2. 狙击式公开购买。先在市场上购买目标公司的股票，直至达到5%进行要约收购，然后再视目标公司反应进行下一步行动，比如增持股份；若收购不成，便想办法高价售出股票获利。除了收购股票外，还可收购目标公司中小股东的投票委托书。如果能够获得足够多的投票委托书，使其发言权超过目标公司管理当局，就可以设法改组后者的董事会，最终达到合并的目的。

二、反收购方式

常见的反收购方式有：增持股份、寻求大股东联盟及收集中小股东的投票委托书、找第三方公司充当外援、高报价求购狙击手的股份、制订有针对性的股东权益计划（即“毒丸计划”）等。为阻止收购，也可以从财务上重组。被收购方可以把收购方看中的公司核心资产或者业务卖掉，这种方式对被收购方损害比较大。

国内公司首次出现“股东权益计划”的反收购案例是北大青鸟—搜狐。当年，“北大青鸟”通过下属“香港青鸟”已吃进672万股搜狐股票，占搜狐18.9%的股权，一跃成为搜狐的第三大股东，便向搜狐提出收购意向函，要求与搜狐协商此事，而搜狐董事会没有理会或予以配合。因此，此收购基本可以判定为非善意收购。第一大股东张朝阳与MAXTECH公司合计持股比重超过45%，当时搜狐拥有充足的现金，而且股价也低，股权相对集中，张朝阳与MAXTECH公司携手抵抗，宣布“股东权益计划”，正式启动反收购毒丸政策。“青鸟”一时无计可施，最终没有机会成功收购搜狐。

在所有反收购案例中，“毒丸计划”长期以来就是理想武器。“毒丸计划”是美国著名的并购律师马丁·利普顿（Martin Lipton）1982 年发明的，正式名称为“股权摊薄反收购措施”，最初的形式很简单，就是目标公司向普通股股东发行优先股，一旦公司被收购，股东持有的优先股就可以转换为一定数额的收购方股票。在最常见的形式中，一旦未经认可的一方收购了目标公司一大笔股份（一般是 10% ~20% 的股份）时，毒丸计划就会启动，导致新股充斥市场。一旦毒丸计划被触发，其他所有的股东都有机会以低价买进新股。这样就大大地稀释了收购方的股权，继而使收购变得代价高昂，从而达到抵制收购的目的。美国有超过 2 000 家公司拥有这种工具。

“毒丸计划”一般分为“弹出”计划和“弹入”计划。“弹出”计划通常指履行购股权，购买优先股。比如，以 100 元购买的优先股可以转换成目标公司 200 元的股票。“弹出”计划最初的影响是提高股东在收购中愿意接受的最低价格。如果目标公司的每股股价为 50 元，那么股东就不会接受所有低于每股 150 元的收购要约。因为 150 元是股东可以从购股权中得到的溢价，它等于 50 元的股价加上 200 元的股票减去 100 元的购股成本。这时，股东可以获得的最低股票溢价是 200% 。

在“弹入”计划中，目标公司以很高的溢价购回其发行的购股权，通常溢价高达 100% ，就是说，100 元的优先股以 200 元的价格被购回。而敌意收购者或触发这一事件的大股东则不在回购之列。这样就稀释了收购者在目标公司的权益。“弹入”计划经常被包括在一个有效的“弹出”计划中。“毒丸计划”在美国是经过 1985 年德拉瓦斯切斯利（Delawance Chancery）法院的判决才被合法化的，由于它不需要股东的直接批准就可以实施，故在 20 世纪 80 年代后期被广泛采用。

三、反收购制度设计

企业可以运用多种手段增持或减持股票，保护自己的控股地位，在反收购制度设计时可以考虑定向增发、转增股本、公司章程修正、自然人持股上调、员工持股计划和回购等，在面临敌意收购时可以采取一些反收购措施来防范或者抵御，使那些没有经过公司董事会同意的收购企图不可能实现或不具可行性。

我国上市公司的收购活动仍然以协议收购为主。协议收购在大多数情况下都是一种“善意收购”。但是，如果遇到被收购公司将协议收购视为“敌意收购”的情况，被收购公司董事会是否有权自行独立地采取抵制收购，应按照《上市公司收购管理办法》执行。我国反收购的主要法规有：《公司法》《证券法》《上市公司收购管理办法》《股票发行与交易管理暂行条例》等。

通过对大股东进行定向增发，以收购其手中持有的资产，这是在股票全流通之后开始流行的整体上市途径。由于不存在再融资行为，较容易被中小股东所接受，对大股东而言也可以提高对上市公司的控股比例。通过这种方式实现整体上市的有鞍钢新轧、太钢不锈、本钢板材等公司。

2004 年 9 月 2 日中信证券发布公告，宣布董事会通过《关于收购广发证券股份有限公司部分股权的议案》，9 月 16 日中信证券向广发证券现有全体股东发出了股权收购的要约邀请书，股权转让的初步价格确定为 1.25 元，并以此为基础设计了价格调整机制，10 月 14 日，中信证券不得不宣布，公司要约收购广发股权未达到 51% 的预期目标，要约收购因此解除。

为什么在不到两个月短短的时间内，广发证券反收购取得了成功？其显著的特点是广发证券“特殊的股权结构发挥了巨大的反收购效应”。主要表现是：

第一，职工收购。广发证券得悉中信证券收购消息后，职工自发成立吉富公司迅速收购了广发证券 12.23% 的股份，成为其第四大股东，这种股权结构能产生一定的反收购效应。

第二，相互持股和把股份放在朋友手中，股东的关联关系是反收购成功的决定因素。根据公开资料，广发证券第一大股东辽宁成大和第三大股东吉林敖东合计持股 39.33%，与广发证券存在相互持股。广发证券工会（广发证券内职工组成的持股机构）是公司的第二大股东，持股 16.91%，仅比第一大股东成大集团少 16% 的股份。辽宁成大副董事长出任广发证券总裁。广发证券持有吉林敖东 3.46% 的股份，是吉林敖东最大的流通股股东。因此，吉林敖东与辽宁成大、广发证券结成不会拆散的“金三角”。这种特殊的股权结构让中信证券无法再继续完成收购计划，不得不宣布解除要约收购。

四、反收购措施

国际上常见的反收购策略主要有3类：

1. 股票交易策略。如股份回购、白衣骑士法等以防止被收购。

2. 管理上的策略。如发行有限制表决权的股票、通过密切公司相互持股、采取“毒丸计划”、在公司章程中置入“驱鲨剂”反收购条款等，以防止被收购。

3. 运用法律保护的策略。即根据《证券法》、《公司法》、《反垄断法》等相关法律对收购行为的规定，求助法院确认某项收购不合法。由于反收购措施是从实践中发展起来的，部分措施只注重其反收购的效果，尤其是管理上的部分措施如“毒丸计划”、“焦土战术”等，难免会损害部分股东的利益，影响上市公司自身的持续经营，具有一定的负面作用。

具体反收购措施有以下几种。

（一）股份回购与死亡换股股份回购

股份回购与死亡换股股份回购是指目标公司或其董事、监事回购目标公司的股份。回购股份在实战中往往是作为辅助战术来实施的。如果单纯通过股份回购来达到反收购的效果，往往会使目标公司库存股票过多，一方面不利于公司筹资，另一方面也会影响公司资金的流动性。目标公司财务状况是制约这一手段的最大因素。死亡换股即目标公司发行公司债券、特别股或其组合以回收其股票。这同样起到减少在外流通股份和提升股票价格的作用。但死亡换股对目标公司的风险很大，因负债比例过高，财务风险增加，即使公司价值不变，但权益比重降低，股价不见得会随在外流通股份的减少而升高。更有甚者，即便股价等比例上涨，但买方收购所需要的股数也相应地减少，最后收购总价款变化不大，目标公司可能只是白忙一场。

(二) 寻找“白衣骑士”

寻找“白衣骑士”指目标企业为免遭敌意收购而自己寻找善意收购者。公司在遭到收购威胁时，为不使本企业落入恶意收购者手中，可选择与其关系密切的有实力的公司，以更优惠的条件达成善意收购。通常，如果敌意收购者的收购出价不是很高，目标公司被“白衣骑士”拯救的可能性就大；如果敌意收购者提出的收购出价很高，那么“白衣骑士”的成本也会相应提高，目标公司获得拯救的可能性就会减少。

在美国1978—1984年的78起成功的反收购案例中，有36起是被“白衣骑士”拯救的。2007年12月5日，中钢集团受澳大利亚Midwest Corp（即中西部公司，澳大利亚证券交易所代码：MIS）邀请，针对默奇森公司对中西部公司的无条件要约收购，决定扮演“白衣骑士”，向中西部公司董事会正式递交收购意向函，此后通过公开市场大量买入Midwest股份,成为其第一大股东；2008年2月5日，默奇森收购建议因未能成功延期而退出收购，7月7日默奇森的收购被中钢集团再次击退，中钢集团成功扮演了“白衣骑士”，成功获得中西部公司的实际控制权。

(三) 交叉持股

交叉持股或相互持股也是反收购的一个重要策略，也就是关联公司或关系友好公司之间相互持有对方股权。韩国家族企业时常通过在关系企业中交叉持股的复杂网络来控制子公司。具体做法是，一个公司购买另一个公司10%的股份，另一个公司反过来也购买这个公司10%的股份，一旦其中一个公司被作为收购的目标，另一个公司就会伸出援助之手，避免关联或者友好公司被收购。

(四) 管理层防卫措施

管理层防卫措施主要是指所谓的“降落伞策略”。

公司收购往往导致目标公司的管理人员被解职，普通员工也可能被解雇。为了解除管理人员及员工的这种后顾之忧，美国有许多公司采用“金降落伞”、“银降落伞”和“锡降落伞”的做法。

（五）运用法律保护措施

根据反垄断、信息披露不充分、犯罪等理由，被收购公司也可以采取法律手段提起诉讼，使收购方提高收购价。

第一，反垄断。部分收购可能使收购方获得某一行业的垄断或接近垄断地位，目标公司可以此作为诉讼理由。第二，信息披露不充分，目标公司认定收购方未按有关法律规定向公众及时、充分或准确地披露信息等。第三，犯罪，除非有十分确凿的证据，否则目标公司难以以此为由提起诉讼。

法律诉讼有两个目的：第一，它可以拖延收购，从而鼓励其他竞争者参与收购；第二，可以通过法律诉讼迫使收购者提高其收购价格，或迫使目标公司为了避免法律诉讼而放弃收购。①

第三节　上市前的建章立制

一、建章立制，保障公司规范高效运行

股份有限公司成立伊始，根据《公司法》、《证券法》、《上市公司章程指引》的要求制订《公司章程》，以维护公司、股东和债权人的合法权益，规范公司的组织和行为，调整公司与股东、股东与股东之间的权利义务关系。企业从实际出发，制定公司的《治理手册》并不断完善，包括股东大会议事规则、董事会议事规则、监事会议事规则、总经理工作细则、募集资金使用制度、关联交易公允决策制度、担保内控制度、信息披露管理办法、信息质量控制制度、中小股东权益保障制度、资产减值制度，将本公司《公司章程》的精神和原则具体化，初步形成公司治理架构，建立独立董事制度、董事会专门委员会制度、股东大会网络投票方式、社会公众股东分类表决等更充分保护股东权益的制度。

---

① 资料来源：《争夺董事会实战手册》，何劲松、邬健敏，《新财富》，2005 年。

二、在充分调研的基础上制定可持续发展战略及企业中长期战略目标

1. 企业发展阶段的具体任务，制定各项指标所要达到的标准。

2. 战略实施阶段的具体任务，制定各项指标所要达到的标准。

3. 发展阶段的具体任务，制定各项指标所要达到的标准。

4. 以股东利益为根本，实现企业价值最大化。

三、按照《上市公司章程指引》，完成企业《公司章程》

根据《公司法》、《证券法》，证监会制定了《上市公司章程指引》（2016 年修订），以完成企业章程。《上市公司章程指引》的内容由正文和注释两部分组成。

《上市公司章程指引》规定的是上市公司章程的基本内容，在不违反法律、法规的前提下，上市公司可以根据具体情况，在其章程中增加《上市公司章程指引》包含内容以外的、适合本公司实际需要的其他内容，也可以对《上市公司章程指引》规定的内容做文字和顺序的调整或变动。上市公司根据需要，增加或修改《上市公司章程指引》规定的必备内容的，应当在董事会公告章程修改议案时进行特别提示。

制定企业《公司章程》时应重点把握以下方面：

1. 首次公开发行股票的公司，在其向证监会报送申请材料时，其公司章程（或公司章程草案）的内容，应当按照《上市公司章程指引》及相关要求起草或修订。

2. 发行境外上市外资股，或者既发行内资股又发行境外上市外资股的上市公司，应当继续执行《到境外上市公司章程必备条款》的规定，同时参照《上市公司章程指引》对公司章程进行修订。

3. 公司或公司的子公司（包括公司的附属企业）不以赠与、垫资、担保、补偿或贷款等形式，对购买或者拟购买公司股份的人提供任何资助。

4. 公司收购本公司股份，可以选择下列方式之一进行：

（1）证券交易所集中竞价交易方式。

（2）要约方式。

（3）证监会认可的其他方式。

5. 公司股东享有的权利、义务，承担的责任。

6. 企业哪些行为必须经股东大会审议通过。股东大会议事规则，规定股东大会的召开和表决程序，包括通知、登记、提案的审议、投票、计票、表决结果的宣布、会议决议的形成、会议记录及其签署、公告等内容，以及股东大会对董事会的授权原则，授权内容应明确具体。

7. 公司董事、监事享有的权利、义务和承担的责任。董事会、监事会议事规则和审议事项等。

8. 会计师事务所的聘任、公司财务会计制度、利润分配和审计制度的规定。

9. 公司股份转让。

10. 公司合并、分立、增资、减资、解散和清算。

11. 控股股东应严格依法行使出资人的权利，控股股东不得利用利润分配、资产重组、对外投资、资金占用、借款担保等方式损害公司和社会公众股股东的合法权益，不得利用其控制地位损害公司和社会公众股股东的利益。

四、企业内部控制制度

依据《公司法》、《证券法》等法律法规和《上海证券交易所上市公司内部控制指引》的内容要求以及《公司章程》的规定来建立企业内部控制制度。保证内部控制的完整性、合理性及实施的有效性，以提高公司经营的效果与效率，增强公司信息披露的可靠性，确保公司行为合法合规。具体关注以下方面：

1. 公司董事会对内部控制的建立健全、有效实施及其检查监督负责，董事会及其全体成员应保证内部控制相关信息披露内容的真实、准确、完整。

2. 规定内部控制的基本目标和原则。

内部控制遵循的基本原则：合法性原则、有效性原则、审慎性原则、全面性原则、及时性原则、独立性原则、成本效益原则。

内部控制要求达到的基本目标：战略目标和经营目标的实现；公司财务报告和信息披露的可靠性；公司经营业务合法合规，公司财产安全完整。

3. 内控制度的基本要素。

4. 货币资金的内部控制。

5. 采购与付款的内部控制。

6. 存货的内部控制。

7. 销售与收款的内部控制。

8. 固定资产的控制。

9. 关联交易的控制。

10. 投资活动的控制。

11. 筹资活动的控制。

12. 对外担保的控制。

13. 审计控制。

14. 专项风险的内部控制。

15. 内部控制的检查监督。

16. 内部控制的信息披露。

案例6－2　郑州亚细亚集团内部控制的失败

一、案例基本情况

郑州亚细亚集团曾在中国商界享有盛誉。亚细亚商场于1989年5月开业，之后仅用7个月时间就实现销售额9 000万元，1990年达1.86亿元，实现利税1 315万元，一年就跨入全国50家大型商场行列。到1995年，其销售额达到4.8亿元。亚细亚取得过几个“全国第一”：全国商场中第一个设立迎宾小姐、电梯小姐，第一个设立琴台，第一个创立自己的仪仗队，第一个在中央电视台做广告。当年的亚细亚以其在经营和管理上的创新创造了一个平凡而奇特的“亚细亚现象”，吸引了全国30多个省市的近200个大中城市的党政领导、商界要员来到亚细亚参观学习“取经”。许多券商瞄准了这家优秀企业，按照今天的拟上市企业标准，亚细亚即使申请主板市场也不是不可能的。

然而，正当郑州亚细亚集团迅速膨胀的时候，却出现了严重的内部管理失控，潜伏已久的系统隐患导致集团积重难返，运行到1998年8月15日，郑州亚细亚商场悄然关门，上市早已离它远去。是什么原因导致这家企业与上市无缘？当然，导致亚细亚集团倒闭的原因是多方面的，而其内部控制的极端薄弱是促成倒闭的主要原因之一。

二、案例分析

在对郑州亚细亚集团案例的过程分析中，我们发现内部控制失败，是导致郑州亚细亚商场关门的重要因素之一，显而易见的是控制环境失败。企业控制环境决定其他控制要素能否发挥作用，是内部控制其他要素发挥作用的基础，直接影响到企业内部控制的贯彻和执行以及企业内部控制目标的实现，是企业内部控制的核心。如企业决策层、董事会、企业管理人员的品行、操守、价值观、综合素质与实践能力，管理人员的管理思想与经营理念、企业文化、企业各项规章制度、信息沟通体系等都属于企业控制环境的诸要素，这些要素一旦失控就会形成连锁反应，而导致企业管理混乱，无法正常运转，具体表现在以下方面：

1. 一张嘴一支笔决定企业命运，企业制度形同虚设。郑州、广州两块牌子，一套人马，总部设在广州。总经理在异地遥控实施对集团和商场的管理，目标不明，原则不清，随意性大。王遂舟任集团总经理的同时还任海南商联的法人代表，身兼两地之职，便可以随意抽调人员与调拨资金，企业无管理制度而言。

2. 董事会如同虚设。董事会一直处于瘫痪状态。企业内部控制环境的一个重要因素是董事会，并认为企业应该建立一个强有力的董事会，董事会要能对企业的经营管理决策起到真正的监督引导的作用。在集团公司内部，董事会从未召集董事们就重大决策进行过表决，凡事都由总经理王遂舟一人拍板。总经理成了“国王”，董事会不实行任何具体职能。

3. 人事制度如同虚设。公司任人唯亲，排斥异己。亚细亚曾有4位年轻的副总，因他们不附和总经理的意见，在1990年借故被派往外地办事处。1991年夏，亚细亚驻外办事处撤销，4位副总返回商场时，他们的位置已被别人取代，接着半年闲置，被调离商场。

4. 企业产权关系及组织结构混乱。郑州亚细亚商场是由河南省建行租赁公司和中原不动产公司共同出资200万元设立的股份制企业，其中，租赁公司102万元，占51%的股份；中原不动产公司98万元，占49%的股份。郑州亚细亚商场计划在1992年改组成股份有限公司，面向社会公众发行股票，但由于种种原因，改制的郑州亚细亚股份有限公司上市未获成功。1993年9月，经河南省体改委批准，仅仅有过渡意义的郑州亚细亚股份有限公司正式更名为郑州亚细亚集团股份有限公司。亚细亚上市未成，股权转让已被河南省体改委等政府职能部门认定，即河南建行租赁公司51%的股权转让给海南大昌实业发展公司18%，转让给广西北海巨龙房地产公司10%；中原不动产公司49%的股权转让给海南三联企业发展公司18%，转让给海南汇通信托投资公司18%。由于股权受让方未按协议及时把购股资金兑付，从此埋下了一个巨大的资金隐患。特别是后来中原不动产公司新任董事长认为前任批准的股权转让造成公司资产流失，不予承认。郑亚集团产权关系混乱局面就此形成。

5. 销售与收款的内部控制失调。郑亚集团设有一个“货物配送中心”，其职能是为郑亚商场本店和四家直接连锁店配货，该中心负责向厂家直接订货，目的是降低进货成本并防止各商场自行进货时吃回扣。但该中心配送给各大商场的所有商品，价格不但比批发市场上的批发价高出许多，甚至高于自由市场上的零售价，“货物配送中心”实际上成了一个大黑洞。

6. 风险意识不强，专项风险的内部控制弱。对风险的认识和把握问题如下：第一是“对市场认识不足，对形势认识不足”；第二是“过于自信、乐观、想当然，其结果是骄兵必败”；第三是“面对零售业艰难的状况，我们的应变能力差，整个经营进入死胡同，最后到了山穷水尽的地步”；第四是“抗风险能力差，一近事阵脚就乱了”。这几个教训说明，在郑亚集团管理层的思想中缺乏风险概念，没有设置风险管理机制，因此抗风险能力极低。

7. 检查监督缺乏适当的内部控制活动。郑亚集团运作中几乎不存在控制活动，或者即使存在所谓的政策和程序，也是名存实亡，未实际发生作用。亚细亚一年一度的场庆花费都超70万元；集团某股东从郑亚商场借出800万元，连借条也没有，后来归还300万元，剩余500万元商场账面和收据显示是“工程款”；集团另一个股东1993年借走商场57万元，也无人催要；1997年，郑亚商场管理费用就高达18.6亿元。郑亚集团的控制活动如此缺乏检查监督，何以确保管理层的指令得以实现？

8. 审计控制，内部信息沟通不畅。集团内部一不需要成本信息，二不计算投资回收期及投资回报率，三不收集市场方面的信息。会计信息系统由管理层随意控制，资金被大量挪用，却不知去向何方。在郑亚集团，信息系统已经不再是一个管理和控制的工具，而是上层管理人员的话筒，信息随其意愿而变。

9. 货币资金的内部控制及审计制度形同虚设。亚细亚商场自开业以来，没有进行过一次全面彻底的审计。偶尔的局部的内部审计中曾发现几笔几百万元资金被转移出去，但后来也不了了之。任何事情都是总经理说了算，属下当然包括内部审计人员在内，全无发言权，可见内部监督极度缺乏是既成事实。

上述几个方面较清楚地说明了郑亚集团的内部控制环境情况，由于亚细亚内部控制的诸要素皆存在问题，其最终结局亦在意料之内，必然走向倒闭之路。

本章要点

股权激励制度的设计关系到企业吸纳人才、保护一批优秀职业经理人的利益，是真正发挥员工积极性、稳定企业队伍而采取的重要措施。本章通过案例介绍，告诉读者对股权激励制度的设计重点是可操作性，让受益者能兑现期权。

收购与反收购就是争夺企业的股权及控制权，重点是反收购的策略及方案设计。

建章立制的重点是，加强企业内部控制制度，以案例参考说明内部控制制度的重要性。

思考题

1. 如何进行企业股权激励制度的设计?
2. 上市前的建章立制具体包括哪些?
3. 企业内部控制主要包括哪些方面?

第七章

首次公开发行上市股票相关事项

证监会对发行人首次公开发行股票的核准，不表明其对该股票的投资价值或者投资者的收益做出实质性判断或者保证。股票依法发行后，因发行人经营与收益的变化引致的投资风险，由投资者自行负责。

企业在上市前的准备工作中，以董事长为首，董事、监事、董事会秘书等企业高管在扮演角色的过程中都承担了相应的责任和义务，面对各种不确定的变数，他们所付出的努力和辛苦是无以言表的，当首次公开发行股票的申请获得证监会核准后，过去的一切都以成功的喜悦来填补，为早日看到自己千辛万苦换来的公司股票在证券交易所正式挂牌上市交易，他们又奔忙于证券交易所，参与提交上市申请文件、确定发行价格、准备证券发售与承销等具体工作。

第一节　上市文件准备

发行人、证券公司和投资者参与证券发行，应当遵守证监会有关证券发行的规定，以及证券交易所、证券登记结算机构的业务规则和中国证券业协会的自律规则。证券公司承销证券，还应当遵守证监会有关保荐制度、风险控制制度和内部控制制度的相关规定。证券交易所应当与申请证券上市交易的公司订立上市协议，确定相互间的权利义务关系。上市协议的内容与格式应当符合法律、行政法规、部门规章的规定。

上市协议应当包括下列内容：

1. 上市证券的品种、名称、代码、数量和上市时间。

2. 上市费用的收取。

3. 证券交易所对证券上市交易公司及相关主体进行自律管理的主要手段和方式，包括现场和非现场检查等内容。

4. 违反上市协议的处理，包括惩罚性违约金等内容。

5. 上市协议的终止情形。

6. 争议解决方式。

7. 证券交易所认为需要在上市协议中明确的其他内容。

一、首次公开发行股票后申请其股票在证券交易所上市的条件

首次公开发行股票后申请其股票在证券交易所上市，应当符合下列条件：

1. 股票经证监会核准已公开发行。

2. 公司股本总额不少于人民币 5 000 万元。

3. 公开发行的股份达到公司股份总数的 25% 以上；公司股本总额超过人民币 4 亿元的，公开发行股份的比例为 10% 以上。

4. 公司最近 3 年无重大违法行为，财务会计报告无虚假记载。

5. 证券交易所要求的其他条件。

二、向证券交易所申请股票上市所需文件

发行人首次公开发行股票的申请获得证监会核准后，可以向证券交易所提出股票上市申请。发行人应当提交下列文件：

1. 上市申请书。

2. 证监会核准其股票首次公开发行的文件。

3. 有关本次发行上市事宜的董事会和股东大会决议。

4. 营业执照复印件。

5. 公司章程。

6. 经具有执行证券、期货相关业务资格的会计师事务所审计的发行人最近3年的财务会计报告。

7. 首次公开发行结束后发行人全部股票已经中国证券登记结算有限责任公司上海分公司（以下简称“登记公司”）托管的证明文件。

8. 首次公开发行结束后，具有执行证券、期货相关业务资格的会计师事务所出具的验资报告。

9. 关于董事、监事和高级管理人员持有本公司股份的情况说明和《董事（监事、高级管理人员）声明及承诺书》。

10. 发行人拟聘任或者已聘任的董事会秘书的有关资料。

11. 首次公开发行后至上市前，按规定新增的财务资料和有关重大事项的说明（如适用）。

12. 首次公开发行前已发行股份持有人，自发行人股票上市之日起1年内持股锁定证明。

13. 承诺函。

发行人向证券交易所申请其首次公开发行股票上市时，控股股东和实际控制人应当承诺：自发行人股票上市之日起36个月内，不转让或者委托他人管理其直接和间接持有的发行人首次公开发行股票前已发行股份，也不由发行人回购该部分股份。

但转让双方存在控制关系，或者均受同一实际控制人控制的，自发行人股票上市之日起1年后，经控股股东和实际控制人申请并经证券交易所同意，可豁免遵守前款承诺。

发行人应当在上市公告书中披露上述承诺。

14. 最近一次的招股说明书和经证监会审核的全套发行申报材料。

15. 按照有关规定编制的上市公告书。

16. 保荐协议和保荐人出具的上市保荐书。

17. 律师事务所出具的法律意见书。

18. 交易所要求的其他文件。

三、股票上市前 5 个交易日内媒体披露文件

发行人应当于其股票上市前 5 个交易日内，在指定媒体上披露下列文件：

1. 上市公告书。
2. 公司章程。
3. 申请股票上市的股东大会决议。
4. 上市保荐书。
5. 法律意见书。
6. 交易所要求的其他文件。

上述文件应当备置于公司住所，供公众查阅。

发行人在提出上市申请期间，未经证券交易所同意，不得擅自披露与上市有关的信息。

四、申请可转换公司债券应符合的条件

上市公司申请可转换公司债券在证券交易所上市，应当符合下列条件：

1. 可转换公司债券的期限为一年以上。
2. 可转换公司债券实际发行额不少于人民币 5 000 万元。
3. 申请上市时仍符合法定的可转换公司债券发行条件。

上市公司向证券交易所申请公开发行股票或可转换公司债券的上市，应当在股票或可转换公司债券上市前 5 个交易日向证券交易所提交下列文件：

1. 上市申请书。
2. 有关本次发行上市事宜的董事会和股东大会决议。
3. 按照有关规定编制的上市公告书。
4. 保荐协议和保荐人出具的上市保荐书。

5. 发行结束后经具有执行证券、期货相关业务资格的会计师事务所出具的验资报告。

6. 中国结算对新增股份或可转换公司债券登记托管的书面确认文件。

7. 董事、监事和高级管理人员持股情况变动的报告（适用于新股上市）。

8. 证券交易所要求的其他文件。

第二节　定价与配售

首次公开发行股票，可以通过向网下投资者询价的方式确定股票发行价格，也可以通过发行人与主承销商自主协商直接定价等其他合法可行的方式确定发行价格。公开发行股票数量在2 000万股（含）以下且无老股转让计划的，可以通过直接定价的方式确定发行价格。发行人和主承销商应当在招股意向书（或招股说明书）和发行公告中披露本次发行股票的定价方式。上市公司发行证券的定价，应当符合证监会关于上市公司证券发行的有关规定。

一、定价方法

（一）常用定价方式

1. 协商定价：股票发行价格经过路演之后，发行价格由发行人与承销地证券公司协商确定，报证监会核准。

2. 向机构投资者询价定价：发行人和主承销商事先确定发行量和发行底价，通过向机构投资者询价，并根据机构投资者的申请情况确定最终发行价格，以同一价格向机构投资者和一般投资者上网发行。

（二）可比公司定价法

1. 市盈率法

市盈率＝股票市场价格/每股收益（每股净利润）

（1）全面摊薄法。

每股净利润＝发行当年预测的全年净利润/发行后总股本

（2）加权平均法。

每股净利润＝发行当年预测净利润/发行前总股本数＋本次公开发行股本数×（12－发行月份）/12

（3）最近一个会计年度的每股净利润。

最近一个会计年度每股净利润＝最近一个会计年度的净利润/该年度期末股本

2. 市净率法

市净率＝股票市场价格/每股净资产

影响市净率比值的一个重要因素是发行当年预计的净资产收益率，确定方法有全面摊薄法与加权平均法。

（三）贴现现金流量法

该种定价法是通过预测公司未来的盈利能力，按照一定的折扣率计算公司的净现值，从而确定股票发行价格。其计算步骤如下：

1. 预测公司未来5～10年的自由现金流量。

2. 预测公司的永续价值。

预测公司未来的永续价值，可以参照公司的账面残值和当时的收益情况，选取适当的行业平均市盈率倍数或者市净率进行估算。

3. 计算加权平均资本成本。

$$WACC = \sum K_i \times B_i$$

式中：$WACC$——加权平均资本成本。

K_i——各单项资本成本。

B_i——各单项资本所占的比重。

4. 计算公司的价值。

$$公司价值 = \sum_{t=1}^{n} \frac{FCF_t}{(1 + WACC)^t} + \frac{V_t}{(1 + WACC)^t}$$

式中：FCF_t——企业自由现金流量。

V_t——t时刻目标企业的终值。

5. 公司股权价值。

公司股权价值 = 公司价值 − 净债务值

6. 公司每股股票价值。

公司每股股票价值 = 公司股权价值/发行后总股本

发行人及其主承销商在推介过程中不得夸大宣传，或以虚假广告等不正当手段诱导、误导投资者，不得干扰询价对象正常报价和申购，不得披露除招股意向书等公开信息以外的发行人其他信息；推介资料不得存在虚假记载、误导性陈述或者重大遗漏。

二、网下投资者询价

1. 首次公开发行股票，网下投资者须具备丰富的投资经验和良好的定价能力，应当接受中国证券业协会的自律管理，遵守中国证券业协会的自律规则。

网下投资者参与报价时，应当持有一定金额的非限售股份或存托凭证。发行人和主承销商可以根据自律规则，设置网下投资者的具体条件，并在发行公告中预先披露。主承销商应当对网下投资者是否符合预先披露的条件进行核查，对不符合条件的投资者，应当拒绝或剔除其报价。

2. 首次公开发行股票采用询价方式定价的，符合条件的网下机构和个人投资者可以自主决定是否报价，主承销商无正当理由不得拒绝。网下投资者应当遵循独立、客观、诚信的原则合理报价，不得协商报价或者故意压低、抬高价格。

网下投资者报价应当包含每股价格和该价格对应的拟申购股数，且只能有一个报价。非个人投资者应当以机构为单位进行报价。首次公开发行股票价格（或发行价格区间）确定后，提供有效报价的投资者方可参与申购。

3. 首次公开发行股票采用询价方式的，网下投资者报价后，发行人和主承销商应当剔除拟申购总量中报价最高的部分，剔除部分不得低于所有网下投资者拟申购总量的10%，然后根据剩余报价及拟申购数量协商确定发行价格。剔除部分不得参与网下申购。

公开发行股票数量在4亿股（含）以下的，有效报价投资者的数量不少于10家；公开发行股票数量在4亿股以上的，有效报价投资者的数量不少于20家。剔除最高报价部分后有效报价投资者数量不足的，应当中止发行。

首次公开发行股票采用询价方式的，公开发行后总股本在4亿股（含）以下的，网下初始发行比例不低于本次公开发行股票数量的60%；公开发行后总股本超过4亿股的，网下初始发行比例不低于本次公开发行股票数量的70%。其中，应当安排不低于本次网下发行股票数量的40%优先向通过公开募集方式设立的证券投资基金（以下简称公募基金）、全国社会保障基金（以下简称社保基金）和基本养老保险基金（以下简称养老金）配售，安排一定比例的股票向根据《企业年金基金管理办法》设立的企业年金基金和符合《保险资金运用管理暂行办法》等相关规定的保险资金（以下简称保险资金）配售。公募基金、社保基金、养老金、企业年金基金和保险资金有效申购不足安排数量的，发行人和主承销商可以向其他符合条件的网下投资者配售剩余部分。

对网下投资者进行分类配售的，同类投资者获得配售的比例应当相同。公募基金、社保基金、养老金、企业年金基金和保险资金的配售比例应当不低于其他投资者。

安排向战略投资者配售股票的，应当扣除向战略投资者配售部分后确定网下网上发行比例。

网下投资者可与发行人和主承销商自主约定网下配售股票的持有期限并公开披露。

首次公开发行股票网下投资者申购数量低于网下初始发行量的，发行人和主承销商不得将网下发行部分向网上回拨，应当中止发行。

三、发行人与主承销商自主协商直接定价方式

首次公开发行股票时，发行人和主承销商可以自主协商确定参与网下询价投资者的条件、有效报价条件、配售原则和配售方式，并按照事先确定的配售原则在有效申购的网下投资者中选择配售股票的对象。

1. 采用直接定价方式的，全部向网上投资者发行，不进行网下询价和配售。

2. 网上投资者有效申购倍数超过50倍、低于100倍（含）的，应当从网下向网上回拨，回拨比例为本次公开发行股票数量的20%；网上投资者有效申购倍数超过100倍的，回拨比例为本次公开发行股票数量的40%；网上投资者有效申购倍数超过150倍的，回拨后无锁定期网下发行比例不超过本次公开发行股票数量的10%。本款所指公开发行股票数量应按照扣除设定限售期的股票数量计算。

3. 网上投资者申购数量不足网上初始发行量的，可回拨给网下投资者。

4. 首次公开发行股票，持有一定数量非限售股份或存托凭证的投资者才能参与网上申购。网上投资者应当自主表达申购意向，不得全权委托证券公司进行新股申购。采用其他方式进行网上申购和配售的，应当符合证监会的有关规定。

5. 首次公开发行股票的网下发行应和网上发行同时进行，网下和网上投资者在申购时无须缴付申购资金。投资者应当自行选择参与网下或网上发行，不得同时参与。

发行人股东拟进行老股转让的，发行人和主承销商应于网下网上申购前协商确定发行价格、发行数量和老股转让数量。采用询价方式且无老股转让计划的，发行人和主承销商可以通过网下询价确定发行价格或发行价格区间。网上投资者申购时仅公告发行价格区间、未确定发行价格的，主承销商应当安排投资者按价格区间上限申购。

6. 网下和网上投资者申购新股、可转换公司债券、可交换公司债券获得配售后，应当按时足额缴付认购资金。网上投资者连续12个月内累计出现3次中签后未足额缴款的情形时，6个月内不得参与新股、可转换公司债券、可交换公司债券申购。

网下和网上投资者缴款认购的新股或可转换公司债券数量合计不足本次公开发行数量的70%时，可以中止发行。

除相关规定的中止发行情形外，发行人和主承销商还可以约定中止发行的其他具体情形并事先披露。中止发行后，在核准文件有效期内，经向证监会备案，可重新启动发行。

7. 首次公开发行股票数量在 4 亿股以上的，可以向战略投资者配售。发行人应当与战略投资者事先签署配售协议。

发行人和主承销商应当在发行公告中披露战略投资者的选择标准、向战略投资者配售的股票总量、占本次发行股票的比例以及持有期限等。

战略投资者不参与网下询价，且应当承诺获得本次配售的股票持有期限不少于 12 个月，持有期自本次公开发行的股票上市之日起计算。

根据《关于开展创新企业境内发行股票或存托凭证试点的若干意见》认定的试点企业在境内发行股票或存托凭证的，根据需要向战略投资者配售。

8. 首次公开发行股票数量在 4 亿股以上的，发行人和主承销商可以在发行方案中采用超额配售选择权。超额配售选择权的实施应当遵守证监会、证券交易所、证券登记结算机构和中国证券业协会的规定。

根据《关于开展创新企业境内发行股票或存托凭证试点的若干意见》认定的试点企业在境内发行股票或存托凭证的，根据需要采用超额配售选择权。

四、不得配售的对象

首次公开发行股票网下配售时，发行人和主承销商不得向下列对象配售股票。

1. 发行人及其股东、实际控制人、董事、监事、高级管理人员和其他员工；发行人及其股东、实际控制人、董事、监事、高级管理人员能够直接或间接实施控制、共同控制或施加重大影响的公司，以及该公司控股股东、控股子公司和控股股东控制的其他子公司。

2. 主承销商及其持股比例在 5% 以上的股东，主承销商的董事、监事、高级管理人员和其他员工；主承销商及其持股比例在 5% 以上的股东、董事、监事、高级管理人员能够直接或间接实施控制、共同控制或施加重大影响的公司，以及该公司控股股东、控股子公司和控股股东控制的其他子公司。

3. 承销商及其控股股东、董事、监事、高级管理人员和其他员工。

4. 以上3项所述人士的关系密切的家庭成员，包括配偶、子女及其配偶、父母及配偶的父母、兄弟姐妹及其配偶、配偶的兄弟姐妹、子女配偶的父母。

5. 过去6个月内与主承销商存在保荐、承销业务关系的公司及其持股5%以上的股东、实际控制人、董事、监事、高级管理人员，或已与主承销商签署保荐、承销业务合同或达成相关意向的公司及其持股5%以上的股东、实际控制人、董事、监事、高级管理人员。

6. 通过配售可能导致不当行为或不正当利益的其他自然人、法人和组织。本条第2项、第3项规定的禁止配售对象管理的公募基金不受前款规定的限制，但应符合证监会的有关规定。

五、规范性操作

1. 发行人和承销商及相关人员不得泄露询价和定价信息；不得以任何方式操纵发行定价；不得劝诱网下投资者抬高报价，不得干扰网下投资者正常报价和申购；不得以提供透支、回扣或者证监会认定的其他不正当手段诱使他人申购股票；不得以代持、信托持股等方式谋取不正当利益或向其他相关利益主体输送利益；不得直接或通过其利益相关方向参与认购的投资者提供财务资助或者补偿；不得以自有资金或者变相通过自有资金参与网下配售；不得与网下投资者互相串通，协商报价和配售；不得收取网下投资者回扣或其他相关利益。

2. 上市公司发行证券，存在利润分配方案、公积金转增股本方案尚未提交股东大会表决或者虽经股东大会表决通过但未实施的，应当在方案实施后发行。相关方案实施前，主承销商不得承销上市公司发行的证券。

3. 上市公司向原股东配售股票，应当向股权登记日登记在册的股东配售，且配售比例应当相同。

上市公司向不特定对象公开募集股份（以下简称增发）或者发行可转换公司债券，可以全部或者部分向原股东优先配售，优先配售比例应当在发行公告中披露。

4. 网上投资者在申购可转换公司债券时无须缴付申购资金。

5. 上市公司增发或者发行可转换公司债券，主承销商可以对参与网下配售的机构投资者进行分类，对不同类别的机构投资者设定不同的配售比例，对同一类别的机构投资者应当按相同的比例进行配售。主承销商应当在发行公告中明确机构投资者的分类标准。

主承销商未对机构投资者进行分类的，应当在网下配售和网上发行之间建立回拨机制，回拨后两者的获配比例应当一致。

6. 上市公司非公开发行证券的，发行对象及其数量的选择应当符合证监会关于上市公司证券发行的相关规定。

第三节　证券承销

一、发行及上市费用

1. 中介费用：发行人支付给中介机构的费用，如申报会计师、律师、评估费用、承销费用、审核费以及上网发行费用等。

发行费用中不应包括“财务顾问费”、“其他费用”项目。为本次发行而进行的财务咨询，将由主承销商承担。

2. 承销费用：通常根据股票发行规模而定。收取承销费用的标准是：包销商收取的包销佣金为包销股票总金额的1.5%～3%，代销佣金为实际售出股票金额的0.5%～1.5%。

3. 上网发行手续费：上网发行手续费的收取标准为募集金额总额的3.5%。发行人向参加发行的证券交易网点缴纳上网发行手续费，该费用由证券登记结算公司按比例从募集资金中扣除并划拨至各证券交易网点。

4. 股票上市初费按上市总面额的万分之三缴纳，最多不超过3万元；上市月费为上市总面额的十万分之一，最多不超过500元/月。

5. 人民币特种股票的上市初费按其发行总股本的千分之一计算，并按照人民币与美元的汇兑比率折合为美元，最高不超过5 000美元；上市月费为50美元/月。

二、发行人和主承销商应当签订承销协议

在承销协议中界定双方的权利义务关系，约定明确的承销基数。采用包销方式的，应当明确包销责任；采用代销方式的，应当约定发行失败后的处理措施。

（一）承销团承销

证券发行依照法律、行政法规的规定应由承销团承销的，组成承销团的承销商应当签订承销团协议，由主承销商负责组织承销工作。证券发行由两家以上证券公司联合主承销的，所有担任主承销商的证券公司应当共同承担主承销责任，履行相关义务。承销团由 3 家以上承销商组成的，可以设副主承销商，协助主承销商组织承销活动。

承销团成员应当按照承销团协议及承销协议的规定进行承销活动，不得进行虚假承销。

证券公司承销证券，应当依照《证券法》第 28 条的规定采用包销或者代销方式。

（二）股票发行采用代销方式

上市公司非公开发行股票未采用自行销售方式或者上市公司配股的，应当采用代销方式。

股票发行采用代销方式的，应当在发行公告（或认购邀请书）中披露发行失败后的处理措施。股票发行失败后，主承销商应当协助发行人按照发行价并加算银行同期存款利息返还股票认购人。

三、证券公司实施承销前，应当向证监会报送发行与承销方案

1. 上市公司发行证券期间相关证券的停复牌安排，应当遵守证券交易所的相关规则。主承销商应当按有关规定及时划付申购资金冻结利息。

2. 投资者申购缴款结束后，发行人和主承销商应当聘请具有证券、期货相关业务资格的会计师事务所对申购和募集资金进行验证，并出具验资报告；还应当聘请律师事务所对网下发行过程、配售行为、参与定价和配售的投资者资质条件及其与发行人和承销商的关联关系、资金划拨等事项进行见证，并出具专项法律意见书。

3. 证券上市后10日内，主承销商应当将验资报告、专项法律意见随同承销总结报告等文件一并报证监会。

第四节　有限售条件的股份上市

上市公司有限售条件的股份上市，应当在上市前5个交易日内以书面形式向证券交易所提出上市申请。

一、有限售条件的股份上市应当提交的文件

上市公司申请公开发行前已发行股份的上市，应当向证券交易所提交下列文件：

1. 上市申请书。
2. 有关股东的持股情况说明及托管情况。
3. 有关股东做出的限售承诺及其履行情况的说明（如有）。
4. 上市提示性公告。
5. 证券交易所要求的其他文件。

二、有限售条件的股份上市提示性公告的内容

经证券交易所同意后，上市公司应当在有关股份上市前3个交易日内披露上市提示性公告。上市提示性公告应当包括以下内容：

1. 上市时间和数量。
2. 有关股东所做出的限售承诺及其履行情况。

3. 证券交易所要求的其他内容。

三、配售的股份上市应当提交的文件

上市公司申请向证券投资基金、法人、战略投资者配售的股份上市，应当向证券交易所提交下列文件：

1. 上市申请书。
2. 配售结果的公告。
3. 配售股份的托管证明。
4. 关于向证券投资基金、法人、战略投资者配售股份的说明。
5. 上市提示性公告。
6. 证券交易所要求的其他文件。

四、配售的股份上市提示性公告的内容

经证券交易所同意后，上市公司应当在配售的股份上市前 3 个交易日内披露上市提示性公告。上市提示性公告应当包括以下内容：

1. 配售股份的上市时间。
2. 配售股份的上市数量。
3. 配售股份的发行价格。
4. 公司历次股份变动情况。

五、股份解除锁定应当提交的文件

上市公司申请对其有关股东以及（原）董事、监事和高级管理人员所持本公司股份解除锁定时，应当向证券交易所提交下列文件：

1. 持股解锁申请。
2. 全部或者部分解除锁定的理由和相关证明文件（如适用）。
3. 上市提示性公告。
4. 证券交易所要求的其他文件。

六、内部职工股上市应当提交的文件

上市公司申请其内部职工股上市时，应当向证券交易所提交下列文件：

1. 上市申请书。
2. 证监会关于内部职工股上市时间的批文。
3. 有关内部职工股持股情况的说明及其托管证明。
4. 董事、监事和高级管理人员持有内部职工股有关情况的说明。
5. 内部职工股上市提示性公告。
6. 证券交易所要求的其他文件。

七、内部职工股上市提示性公告的内容

经证券交易所同意后，上市公司应当在内部职工股上市前 3 个交易日内披露上市提示性公告。该上市提示性公告应当包括以下内容：

1. 上市日期。
2. 本次上市的股份数量以及董事、监事和高级管理人员持有的数量。
3. 发行价格。
4. 历次股份变动情况。
5. 持有内部职工股的人数。

上市公司向证券交易所申请其他有限售条件的股份上市流通，参照本部分相关规定执行。

第五节　监管和处罚

证监会对证券发行承销过程实施事中事后监管，发现涉嫌违法违规或者存在异常情形的，可责令发行人和承销商暂停或中止发行，对相关事项进行调查处理。

一、监管

中国证券业协会应当建立对承销商询价、定价、配售行为和网下投资者报价行为的日常监管制度，加强相关行为的监督检查，发现违规情形的，应当及时采取自律监管措施。中国证券业协会还应当建立对网下投资者和承销商的跟踪分析和评价体系，并根据评价结果采取奖惩措施。

二、处罚

发行人、证券公司、证券服务机构、投资者及其直接负责的主管人员和其他直接责任人员有失诚信、违反法律、行政法规或者其他相关规定的，证监会可以视情节轻重采取责令改正、监管谈话、出具警示函、责令公开说明、认定为不适当人选等监管措施，或者采取市场禁入措施，并记入诚信档案；依法应予行政处罚的，依照有关规定进行处罚；涉嫌犯罪的，依法移送司法机关，追究其刑事责任。

三、针对证券公司的处罚

证券公司承销未经核准擅自公开发行证券的，依照《证券法》第190条的规定处罚。

证券公司承销证券有前款所述情形的，证监会可以采取12~36个月暂不受理其证券承销业务有关文件的监管措施。

证券公司及其直接负责的主管人员和其他直接责任人员在承销证券过程中，有下列行为之一的，证监会按规定实施监管措施；情节比较严重的，还可以采取3~12个月暂不受理其证券承销业务有关文件的监管措施；依法应予行政处罚的，依照《证券法》第191条的规定予以处罚：

1. 夸大宣传，或以虚假广告等不正当手段诱导、误导投资者。

2. 以不正当竞争手段招揽承销业务。

3. 从事《证券发行与承销管理办法》第 17 条规定禁止的行为。

4. 向不符合《证券发行与承销管理办法》第 5 条规定的网下投资者配售股票，或按规定禁止配售的对象配售股票。

5. 未按《证券发行与承销管理办法》要求披露有关文件。

6. 未按照事先披露的原则和方式配售股票，或其他未依照披露文件实施的行为。

7. 向投资者提供除招股意向书等公开信息以外的发行人其他信息。

8. 未按照《证券发行与承销管理办法》要求保留推介、定价、配售等承销过程中相关资料。

9. 其他违反证券承销业务规定的行为。

四、针对发行人的处罚

发行人及其直接负责的主管人员和其他直接责任人员有下列行为之一的，证监会按规定的监管措施；构成违反《证券法》相关规定的，依法进行行政处罚：

1. 从事《证券发行与承销管理办法》第 17 条规定禁止的行为。

2. 夸大宣传，或以虚假广告等不正当手段诱导、误导投资者。

3. 向投资者提供除招股意向书等公开信息以外的发行人信息。

4. 证监会认定的其他情形。

本章要点

1. 准备上市申请文件。

2. 发行价格与配售方式。

3. 承销方式与规范操作。

4. 发行失败的风险控制。

思考题

1. 如何确定股票发行价格?
2. 向证券交易所递交申请股票上市文件包括哪些?
3. 企业应如何配合证券配售与承销工作?

第八章

上市前如何进行资本运作

企业上市前的资本运作方式有很多，企业应选择对自己适用的操作模式。本章重点介绍了企业通常采用的资本运作模式及案例，既保护股东利益，又不影响企业上市前途。

企业上市的目的之一便是融资，增强企业资本运作实力。企业资本运作的实质就是盘活存量，用好增量，加快产业升级，实现经济转型、企业财富放大效应。具体表现在把企业内部的存量资产进行整合和优化，与外部资本市场接轨，产生新的资本资源，对企业的资产进行剥离、置换、出售、转让等，通过企业资产证券化、企业改制或者对原有企业实行吸收合并、新设合并等方式，改善企业资本结构或债务结构。融资是企业资本运作的动力源之一，解决企业发展中的支付问题，但不是任何一家企业都会在资本运作中获得圆满成功，因为资本运作不是一种形式、一项慈善，它始终是在市场商业规则下进行的，只有在具备一定条件下，资本运作才可能达到目标。比如：甲方有项目资源，或有闲置存量资产，或有技术、人才等资源，就是缺资金，而乙方正握着资金找投向，恰好可以优势互补，资源优化配置；还有的是，一企业正在增资扩股改制上市，希望有战略投资者入股加盟进行股权重组，而另一企业也正有此意，双方一拍即合。

资本运作的方式是多种多样的，不能一概而论，必须根据企业具体情况趋利避害，选择其相应措施。比如发行股票、发行债券（包括可转换公司债券）、配股、增发新股、转让股权、派送红股、转增股本、股权回购（减少注册资本），企业的合并、托管、收购、兼并、分立以及风险投资等。

第一节　转增股本

企业上市前如果存有大量未分配利润或未转增的资本公积，为保护企业老股东的合法权益，或扩大公司股本规模，可采取送红股或转增股本的方式消化这部分留存未分配利润和资本公积。

转增股本是指公司将资本公积转化为股本向全体股东转增，扩大公司股本总规模，又不改变股东的权益。资本公积主要来源于：投资者（或股东）实际缴付的出资额超出其资本金的资本溢价和股票溢价；接受捐赠的资产；法定财产重估增值，即资产的评估确认价值或者合同、协议约定价值超过原账面净值的部分；资本汇率折算差额等。因为转增股本部分来自公司资本公积，它可以不受公司本年度可分配利润的多少及时间的限制，只要将公司账面上的资本公积金减少一些、增加相应的注册资本金即可。

一、转增股本的意义

（一）维护老股东合法权益

股东权益分为实收资本、资本公积、盈余公积及未分配利润 4 个部分，转增股本是公司将资本公积转化为股本向全体股东转增，维护股东权益。资本公积是由股东投入，但不能构成“股本”或“实收资本”的资金部分，它主要包括股本溢价、接受捐赠实物资产、投入资本汇兑损益、法定财产重估增值以及投资准备金等。

企业在取得年度利润以后，分配当年税后利润时，应当提取利润的10%列入公司法定公积金。根据《公司法》第37条的规定，股东大会有权审议批准公司的利润分配和弥补亏损方案、对公司增加或者减少注册资本做出决议；《公司法》第168条规定，公司的公积金用于弥补公司的亏损，扩大公司生产经营或者转为增加公司资本。股份有限公司经股东大会决议将公积金转为资本时，按照股东持有的股份比例分配。但法定公积金转为资本时，所留存的该项公积金不得少于转增前公司注册资本的25%。

（二）反映企业的股本扩张能力

用资本公积转增股本，不会增加企业负债率，由于转增股本后企业总股本规模扩大，有利于提高公司整体实力，所以，资本公积金在很大程度上反映了公司的股本扩张能力。

二、转增股本与送红股的异同

（一）送红股与转增股本

送红股是公司将当年的利润留在公司里，发放股票作为红利，从而将利润转为股本。送红股后，公司的资产、负债、股东权益的总额及结构并没有发生改变，但股本总额增大，同时每股净资产降低。

转增股本是指公司将资本公积金转为股本，这并没有改变股东的权益，却增加了股本规模，因而客观结果与送红股相似。

（二）两者异同

相同之处：送红股与转增股本都表现为扩大公司股本规模、股东不需要缴纳认购款项。

不同之处：送红股和转增股本的本质区别在于两者的来源不同，红股来自公司该年度税后利润，因此，只有在公司盈利的情况下，才能向股东送红股；而转增股本来源于资本公积金，它可以不受公司该年度可分配利润的多少及时间的限制，只是将公司账面上的资本公积金减低，并相应增加注册资本。而且，公积金除了来源于历年税后利润分配外，主要包括以超过股票票面金额的发行价格发行股份所得的溢价款，因此从严格意义上来说，转增股本并不是对股东的分红回报。

三、转增股本或分红股尚需考虑的情况

1. 公司盈亏状况及其盈利前景。公司当年没有盈利或往年存在亏损尚未弥补，则不可能做利润分配。如公司预期以后年度可能出现亏损，基于公积金具有弥补亏损的作用，公司也不会以公积金转增股本。

2. 公司的现金压力。在公司盈利的情况下，如现金压力较小，可能会以现金方式支付股利；如现金压力大，则分配红股既可达到分红的目的又不对公司正常的经营造成重大影响。

3. 公司在资本扩张上的战略。由于采取分配红股或公积金转增股本会造成公司的股本总额增大，相应的每股净资产、每股收益等财务指标也会下降。公司在做战略发展、拟在资本市场进行后续融资时，也会有所考虑。

4. 不论是转增股本还是送红股，都要按照《公司法》及《公司章程》规定履行内部管理及股东大会决议程序，并聘请审计机构办理验资手续出具验资报告，然后持有关文件到工商行政管理部门办理变更登记手续。

第二节　配股和增发

一、向老股东配股

企业上市前给老股东配股其实也是维护股东权益时的一种股本扩张。向原股东配售，股东按配股价格和配股数量缴纳配股款。原股东可以按配股比例掏钱认购新发行的股票，也可以放弃。股东数量没有增加，总股本增加，如果股东全体参与配售，则持股比例没有变动；如果部分股东放弃配售，则放弃配售股东持股比例下降，参与配售的股东持

股比例上升。企业上市前所配股是不能上市交易的，等企业上市后即按上市公司规定上市交易。配股分为有偿配股与无偿配股两种：

1. 有偿配股：公司办理现金增资，股东得按持股比例拿钱认购股票。此种配股除权，除的是“新股认购权”。

2. 无偿配股：公司经营好，赚了钱，依股东大会决议分配盈余。盈余分配有配息与配股二法，配息是股东依持股比例无偿领取现金，一般称为除息。而配股则是股东依持股比例无偿领取股票。既称无偿，则股东无须拿钱出来认购。此种配股除权，除的是“盈余分配权”。

二、增发

上市前企业定向增发是指非公开发行，即向特定投资者（机构）发行新股，实际上就是境外常见的私募。定向增发指向的是特定机构，其目的往往是为了引入该机构的特定能力，如管理、渠道等。定向增发的对象可以是老股东，也可以是新的投资者。总之，定向增发完成之后，公司的股权结构往往会发生较大变化，甚至发生控股权变更的情况。

定向增发是发行方和认购方协商的结果，认购人一般只限于少数有资金的机构或个人。

（一）定向增发的有利方面

1. 定向增发极有可能给上市公司的业绩增长带来立竿见影的效果，比如说鞍钢股份向鞍钢集团定向增发，然后再用募集来的资金反向收购集团公司的优质钢铁资产，可增加每股收益。据资料显示，鞍钢股份在定向增发后的每股收益有望达到 1.03 元，而 2005 年年报只不过为 0.702 元。

2. 定向增发有利于引进战略投资者，为公司的长期发展打下坚实的基础。

3. 企业上市前定向增发类似于“私募”，不是上市公司向全体社会公众发售股票，所以不会像上市公司增发新股一样对二级市场资金需求产生较大影响。

（二）定向增发与配股的关注点

1. 增发与配股都使公司资产增加，有利于公司的发展，但是股本扩大了，要保持每股收益率不变的话，就必须增强公司的盈利能力。增发可以向特定的非股东发行，即引入新的合作伙伴，他将可能改变企业的股权结构甚至控制权，而配股则多指向老股东，一般不会影响企业控制权。

2. 定向增发和配股都属于发行新股，是企业上市前的资本运作，所以，必须按照《公司法》及《公司章程》等相关法规履行审批及表决程序方可实施。

第三节　缩股、分立、换股

一、缩股

缩股是股本分割的一种方式。企业上市前为了降低股本泡沫，控股股东以一定价格回购本公司股份然后注销，这样总股本被缩小，每股收益及每股净资产等指标将得到提升，有利于正式发行后股价上行，而且也给企业上市后股本扩张提供了空间。

企业采取缩股的运作模式其原因是多方面的，这里简单介绍几个案例以窥见一斑。

（一）重组救急型

泰阳证券因资不抵债，不得不火线重组，方正集团成为最佳重组方。依据泰阳证券的资产质量以及严重的债务问题，泰阳证券老股东按1∶0.02比例缩股，公司股本由12.05亿元缩减为0.24亿元。方正集团出资6亿元，方正证券出资2.56亿元联合收购，合计占公司新注册股本的81.5%。原10家债权人债权转股权作价1.7亿元。泰阳证券存活下来了，但折股比例却是市场少见。

（二）投资获利型

兰生股份持有海通证券 2.926 亿股，在海通证券借壳都市股份的方案中，海通证券与都市股份的换股比例为 1∶0.347。那么兰生股份持有海通证券的股权就变成了 1.015322 亿股。兰生股份的总股本较小，只有 2.8 亿，那么买 1 股兰生股份就相当于买海通证券 0.362615 股。兰生股份因为海通证券上市而增加 20 亿元左右。

（三）名缩实扩型

在福星科技案例中，由于非流通股按 1∶0.63 缩股，流通股持股比例由股改前的 37.75% 上升为股改后的 49.04%，持股比例增幅为 30%，因此该方案相当于 10 送 3 的送股方式。而泰豪科技非流通股按 1∶0.7 缩股后，流通股持股比例由 30.06% 上升到 38.04%，增幅为 26.5%，因此相当于 10 送 2.65 股。

二、分立

公司分立指将一家公司分成两个以上具有相互独立的法律地位而互不具有股权联结关系的公司，公司进行分立的动因主要在于：经营不同业务的综合性公司分立成几家上市公司，可以提高财务报表的透明度，有利于资本市场对不同业务的分别估值。分立出去的公司的价值将被提高，这有助于新公司独立地从资本市场以更高的价格进行融资，更便捷地进行资本运作。

公司将其拥有的某一子公司的全部股份，按比例分配给母公司的股东，从而在法律和组织上将子公司的经营从母公司的经营中分离出去。通过这种资本运营方式，形成一个与母公司有着相同股东和股权结构的新公司。在分立过程中，不存在股权和控制权向第三方转移的情况，母公司的价值实际上没有改变，但子公司却有机会单独面对市场，有了自己的独立的价值判断。公司分立通常可分为标准式分立、换股式分立和解散式分立。

建设银行股份制改造中一个非常重要的环节，就是将建设银行分为两部分，其一为建设银行股份公司，其二为建设银行集团公司，创金融企业分立先河。分立后建设银行股份公司将承继建设银行现有商业银行业务和相关资产，除此以外的建设银行业务和资产则由建设银行集团公司承接。

长江证券改制分立，将非证券类资产通过公司存续分立的方式剥离出去。公司分立为两个公司后，一个是存续公司，将继续保留长江证券的名称，主要经营证券业务；另一个为新设的有限责任公司，主要经营公司现有的非证券资产和不良资产。分立后原股东在两个公司的持股比例和其在长江证券的持股比例一致。在适当时候，存续公司将整体变更为股份有限公司，申请公开发行股票及上市。

中粮集团将在港交所上市的中粮国际分拆成中国食品和中粮控股，成功完成分拆上市。

三、换股

换股是企业并购业务中比较简单的一种股权交换方式，它既节省并购目标的现金支出，同时达到借道上市的目的。常见的有以下方式。

（一）换股并购

并购公司将目标公司的股权按一定比例换成本公司的股权，目标公司被终止，或成为并购公司的子公司，视具体情况可分为增资换股、库存股换股、母子公司交叉换股等。换股并购对于目标公司股东而言，可以推迟收益时间，达到合理避税或延迟缴税的目标，亦可分享并购公司价值增值的好处。对并购方而言，即使其负有即付现金的压力，也不会挤占营运资金，比现金支付成本要小许多。

（二）换股与现金回购方式

以现A股公司股票按一定比例置换成拟整体上市的A股公司集团公司股票，或者拟上市的A股集团公司通过现金回购原A股上市公司股票，最后达到注销原A股公司股票、集团公司整体上市的目的。典型的案例是百联集团的整体上市。百联集团旗下的子公司（两家A股上市公司）第一百货和华联商厦就是通过换股方式退出A股市场，取而代之的是百联集团的上市。

已经采取“换股与现金回购”实施整体上市的是上港集团，上港股东以1股换4.5股上港集团股票或以16.5元/股接受上港集团的股票回购，注销G上港的股票，实现上港集团的整体上市。

但换股并购也存在着不少缺陷，比如“淡化”了原有股东的权益，每股盈余可能发生不利变化，改变了公司的资本结构，稀释了原有股东对公司的控制权等。

换股模式比较适合中央企业整合下属上市公司，中央企业旗下上市公司数量达200多家，因而有可能通过换股进行整合的公司不在少数。

比如中国铝业与包头铝业进行合并将采用换股吸收合并的方式，中国铝业为吸收方和存续方，包头铝业为被吸收合并方，包头铝业全体股东所持有的包头铝业股份，将全部按照1∶1.48的换股比例转换为中国铝业股份，即每股包头铝业将换取1.48股中国铝业。

此次换股吸收合并同时将向包头铝业的股东提供现金选择权，包头铝业的股东有权以其持有的包头铝业股份，按照21.67元/股的价格申报行使现金选择权。

（三）选择换股方式实现整体上市

选择何种路径实现整体上市，是由上市公司及其母公司的具体情况决定的。如果拟上市资产量远远超出上市公司总资产，那么换股的方式比较适用。首先，可以避免支付大量资产，解决以往与母公司之间关联方关系；其次，换股合并方式可以充分利用市场机制进行定价，反映了各参与主体的利益，这将是我国未来资本市场交易定价的基本形式。比较典型的例子如实施换股合并的上港集箱，换股吸收前的总市值为18.04亿元，而上港集团的总市值高达185.69亿元，是上港集箱的10倍以上。但是这一方式也有一些局限性，体现在换股模式要求母公司本身具备上市条件，比如已经完成股份制改造，而且资产状况及公司治理情况都比较好等。

虽然从长期看，无论走哪种途径，整体上市有助于减少关联交易、优化公司治理、产生协同效应，但两种模式形成的盈利机会短期内仍是有重要差别的。在定向增发中，大股东认股价格、注入资产相对于二级市场估值水平的折价率、拟进入资产与上市公司现有资产的比例这三项因素都与每股收益的增加幅度呈正相关的关系，投资者可以从这三方面对定向增发式整体上市进行评估。而对于采用换股吸收合并的方式的整体上市案例，换股比例、存续公司的IPO价格、存续公司的股本规模决定了换股收益情况。

第四节　通常采用的资本运作模式

企业上市前的资本运作目的很简单，一是通过并购重组方式扩大企业规模，获得行业竞争优势，提高产品市场占有率；二是通过对已上市公司的股权投资、股权置换等方式间接上市，当对已上市公司的控股比例达到一定的控制地位时，便举牌收购，成为正式的上市公司控制人。一般的资本运作模式有以下几种。

一、并购重组

并购重组是指企业通过兼并、收购、资产重组等手段，以现金、证券或其他形式有偿转让其他企业的产权，使其丧失法人资格或改变法人实体，并购方取得这些企业决策控制权后，把其纳入本企业或企业集团中，再经过资产重组或债务重组进行资源的重新配置，把剥离出来的有效资产进行资产证券化，产生新的资本源，获取新的经济效益和社会效益，或者达到借壳上市目的的资本运作过程。

现实中并购重组的案例在我国几乎每天都在发生，其动机不一，有产业融合，实现完全产业链的，如中粮集团；有跨行业并购重组，实现行业多元化经营或企业转型升级的，如宝武钢铁、上海汽车、南北船、万达集团、海航集团、阿里巴巴集团等；也有“曲线”上市的，如要约收购举牌、反向收购、整体上市、分拆上市，像平安拿下深发展、宇信易诚、酷6等都是反向收购“曲线”上市的教科书式的经典案例。随着“新三板+H”、新三板转科创板的推进，新三板市场并购越发活跃。它主要分为三大类：上市公司并购新三板企业（获取优质资源）、新三板企业之间主动并购（抱团取暖以自救）、非挂牌与非IPO企业并新三板企业（借道上市）。比如奇虎360创始人周鸿祎旗下就拥有多家新三板挂牌公司。

资本运作是资本市场永恒的话题，在中国上市前进行资本运作的高手不胜枚举，现任中化集团董事长、党组书记、“红色资本家”宁高宁，海航集团创始人陈峰，东方集团总裁张宏伟，阿里巴巴集团创始人马云等都堪称宝典级人物。

二、股权投资

股权投资指通过投资取得被投资单位的股份。企业（或者个人）购买其他企业（可以是准备上市、未上市公司）的股权或以货币资金、无形资产和其他实物资产直接投资于其他企业，最终目的是获得较大的经济利益，这种经济利益可以通过分得企业利润或股利获取，也可以通过其他方式取得。

投资方成为被投资方的股东，按所持股份比例享有权益并承担相应责任与风险。

股权投资分为以下4种类型：

1. 参股并控股，是指有权决定一个企业的财务和经营政策，并能据以从该企业的经营活动中获取利益。

2. 参股不控股，共同拥有，是指按合同约定对某项经济活动所共有的控制。

3. 重大影响，是指对一个企业的财务和经营政策有参与决策的权利，但并不决定这些政策。

4. 少量持股，无控制，无共同控制且无重大影响，表现为合作关系。

有股权投资就必然有股权融资，股权融资是指企业的股东愿意让出部分企业所有权，通过企业增资的方式引进新的股东的融资方式。股权融资所获得的资金，企业无须还本付息，但新股东将与老股东同样分享企业的盈利与增长。

股权融资按融资的渠道来划分，主要有两大类，公开市场发售和私募发售。

股权融资有如下特点：

1. 长期性。股权融资筹措的资金具有永久性，无到期日，不需归还。

2. 不可逆性。企业采用股权融资无须还本，投资人欲收回本金，需借助于流通市场。

3. 无负担性。股权融资没有固定的股利负担，股利的支付与否和支付多少视公司的经营需要而定。

三、吸收股份并购模式

被兼并企业的所有者将被兼并企业的净资产作为股金投入并购方，成为并购方的一个股东。并购后，目标企业的法人主体地位不复存在。

2013 年年底，万达集团并购湖北新航线国际旅行社后，将共同成立湖北万达新航线国际旅行社有限责任公司，由万达旅业投资公司控股，隶属万达文化产业集团，万达集团计划 5 年内进入旅行社行业前三名。自 2012 年以来，文化旅游作为万达集团未来 10 年发展的重要支柱产业，由董事长王健林亲自带队，在全国范围内开始了轰轰烈烈的“造城”运动。继哈尔滨、南昌万达城相继开工后，又以总投资 500 亿元的规模注入青岛东方影都影视产业园区，开始投建全球投资规模最大的影视产业项目。

随着万达旅游文化项目在全国范围内的相继落地，需要将各种与文化旅游相关的产业资源整合，未来可以充分利用旅行社掌控的渠道资源，为万达旗下各个文化旅游项目输送客源。目前及未来万达还将通过并购的方式着力打造四大支柱产业：

1. 商业地产：截至2013年9月30日，已在全国开业79座万达广场，持有物业面积规模全球第二。

2. 高级酒店：中国五星级酒店投资规模最大的企业。截至2013年9月30日，已开业45家五星级和超五星级酒店。

3. 文化旅游：涉及电影院线、连锁娱乐、主题公园、影视产业园、舞台演绎、报刊传媒、字画收藏等多个行业。

4. 连锁百货：截至2013年9月30日，万达百货公司在北京、上海、武汉、成都等地开业68家店。

该模式的优点：

1. 并购中，不涉及现金流动，避免了融资问题。

2. 常用于控股母公司将属下资产通过上市子公司“借壳上市”，规避了现行市场的额度管理。

四、资产置换式重组模式

资产置换将增强企业的造血功能，非上市公司、已上市公司均可运用，常见信息披露的资产置换是指上市公司的控股股东以优质资产或现金置换上市公司的呆滞资产，或以主营业务资产置换非主营业务资产等情况，包括整体资产置换和部分资产置换等形式。资产置换后，公司的产业结构将得以调整，资产状况将得以改善。

资产置换中应注意的问题如下：

1. 双方的公允价值和计税价值。

2. 换出资产的税后处理和换入资产进项税的处理。

3. 换出资产在换前的业务处理（如换出固定资产要先通过清理）。

4. 换入资产的入账价值。

5. 流转税和所得税。

6. 有关部门的文件。

企业根据未来发展战略，用对企业未来发展用处不大的资产来置换企业未来发展所需的资产，从而可能导致企业产权结构的实质性变化。

资产置换的优点有：

1. 并购企业间可以不出现现金流动，并购方无须或只需少量支付现金，大大降低了并购成本。

2. 可以有效地进行存量资产调整，将公司对整体收益效果不大的资产剔掉，将对方的优质资产或与自身产业关联度大的资产注入，可以更为直接地转变企业的经营方向和资产质量，且不涉及企业控制权的改变。

其主要不足在于，在信息交流不充分的条件下，难以寻找合适的置换对象。

五、以债权换股权模式

以债权换股权，是解决企业债务问题的一种方法，即并购企业将过去对并购企业负债无力偿还的企业的不良债权作为对该企业的投资转换为股权，如果需要，再进一步追加投资以达到控股目的。

中国首例以债权换股权案是中国信达资产管理公司与北京建材集团共同签订了北京水泥厂债转股协议书。北京水泥厂也由此成为中国首家债转股试点企业。北京水泥厂是日产2 000吨水泥的国有大型骨干企业，实施债权转股权是国务院决定的搞活国有大中型企业、实现三年国企脱困的重大举措。

在我国这样的案例并不鲜见，如义乌成功登记首家债权转股权企业。2013年12月19日，义乌市工商局成功受理义乌市曙光投资有限公司注册资本（实收资本）变更登记，并为其颁发了新的企业法人营业执照，标志着该市首家债权转股权企业诞生。这是工商部门帮助企业拓展出资方式，解决融资难题，服务企业发展的又一重大举措。

2012年光耀集团通过以债权换股权的方式掌握了壳资源，在当时壳资源尚有价值的情况下先掌握壳资源，等时机成熟，便择机注入房地产业务完成借壳上市。此前，润旺矿产欠下光耀集团人民币13 500万元。润旺矿产通过全资子公司瀚明投资间接持有新都酒店13.83%股份，是最大股东。润旺矿产同意以其持有的瀚明投资的100%的股权，抵偿润旺矿产拖欠光耀集团的债务。润旺矿产持有的瀚明投资的100%股权共折价人民币13 500万元作为抵债财产，用于抵偿光耀集团对润旺矿产

13 500 万元的债权。通过以债权换股权，光耀集团轻松控股新都酒店，掌握了一个上市公司的资源。详见图 8 – 1。

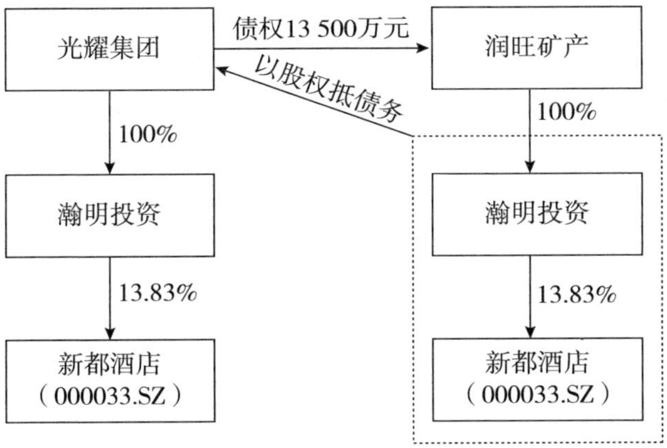

图 8 –1 以债权换股权掌握壳资源的股权结构

新都酒店是深圳“老字号”，也是深圳酒店业唯一的上市公司，有着 20 多年的酒店经营管理经验和精锐的管理团队。不排除光耀地产以此次股权转让为契机，借力新都酒店进军商务旅游领域的目的。

债权换股权的优点：

1. 可以解决国企由于投资体制缺陷造成的资本金匮乏、负债率过高的“先天不足”，适合中国国情。

2. 对并购方而言，也是变被动为主动的一种方式。

六、合资控股

合资控股又称注资入股，即由并购方和目标企业各自出资组建一个新的法人单位。目标企业以资产、土地及人员等出资，并购方以技术、资金、管理等出资，占控股地位。目标企业原有的债务仍由目标企业承担，以新建企业分红偿还。这种方式严格说来属于合资，但实质上出资者收购了目标企业的控股权，应该属于企业并购的一种特殊形式。

其优点如下：

1. 以少量资金控制多量资本，节约了控制成本。

2. 目标公司为国有企业时，让当地的原有股东享有一定的权益，同时合资企业仍向当地企业交纳税收，有助于获得当地政府的支持，从而突破区域限制等不利因素。

3. 将目标企业的经营性资产剥离出来与优势企业合资，规避了目标企业历史债务的积累以及隐性负债、潜亏等财务陷阱。

不足之处在于，此种只收购资产而不收购企业的操作易招来非议；同时如果目标企业身处异地，资产重组容易受到“条块分割”的阻碍。

七、在香港注册后再合资模式

在香港注册公司后，可将国内资产并入香港公司，为公司在香港或国外上市打下坚实基础。如果企业目前经营欠佳，需流动资金，或没钱更新设备，也难以从国内银行贷款，可以选择在香港注册公司，借助在香港的公司作为申请贷款或借款的单位，以国内资产（厂房、设备、楼房、股票、债券等）作为抵押品，向香港银行申请贷款，然后以投资形式注入合资公司，当机会成熟后可以申请境外上市。

该模式的优点在于：

1. 合资企业生产的产品，可以较易进入国内或国外市场，较易创造品牌，从而获得较大的市场份额。

2. 香港公司属于全球性经营公司，注册地址在境外，经营地点不限，可在国外或国内各地区开展商务，也可在各地设立办事处、商务处及分公司。

3. 香港公司无经营范围的限制，可进行进出口、转口、制造、投资、房地产、电子、化工、管理、经纪、信息、中介、代理、顾问等交易。

八、股权拆细

对于高科技企业而言，与其追求可望而不可即的上市集资，还不如通过拆细股权，以股权换资金的方式，获得发展壮大所必需的血液。实际上，西方国家类似的做法也是常见的，即使是美国微软公司，在刚开始的时候走的也是这条路——高科技企业寻找资金合伙人，然后推出产品或技术，取得现实的利润回报，这在成为上市公司之前几乎是必然过程。

九、杠杆收购

杠杆收购指收购公司利用目标公司资产的经营收入，来支付兼并价金或作为此种支付的担保。换言之，收购公司不必拥有巨额资金（用以支付收购过程中所必需的律师、会计师、资产评估师等费用），加上以目标公司的资产及营运所得作为融资担保、还款资金来源所贷得的金额，即可兼并任何规模的公司，由于此种收购方式在操作原理上类似杠杆，故而得名。杠杆收购在 20 世纪 60 年代出现于美国，之后迅速发展，80 年代已风行于欧美。具体说来，杠杆收购具有如下特征：

1. 收购公司用以收购的自有资金与收购总价金相比微不足道，前者所占的比例通常为 10% ~15% 。

2. 绝大部分收购资金系借贷而来，贷款方可能是金融机构、信托基金甚至可能是目标公司的股东（并购交易中的卖方允许买方分期给付并购资金）。

3. 用来偿付贷款的款项来自目标公司营运产生的资金，即从长远来讲，目标公司将支付它自己的售价。

4. 收购公司除投资非常有限的资金外，不负担进一步投资的义务，亦贷出绝大部分并购资金的债权人，只能向目标公司（被收购公司）求偿，无法向真正的贷款方——收购公司求偿。实际上，贷款方往往在被收购公司资产上设有保障，以确保优先受偿地位。

银河数码动力收购香港电信就是这种资本运营方式的经典手笔。由小超人李泽楷执掌的银河数码动力相对于在香港联交所上市的蓝筹股香港电信而言，只是一个小公司。李泽楷将被收购的香港电信资产作为抵押，向中国银行集团等几家大银行筹措了大笔资金，从而成功收购了香港电信，此后再以香港电信的运营收入作为还款来源。

十、战略联盟模式

战略联盟是指由两个或两个以上有着对等实力的企业，为达到共同拥有市场、共同使用资源等战略目标，通过各种契约而结成的优势相长、风险共担、要素双向或多向流动的松散型网络组织。根据构成联盟的合伙各方面相互学习转移、共同创造知识的程度不同，传统的战略联盟可以分为两种——产品联盟和知识联盟。

（一）产品联盟

在医药行业，我们可以看到产品联盟的典型。制药业务的两端（研究开发和经销）代表了格外高的固定成本，在这一行业，公司一般采取产品联盟的形式，即竞争对手或潜在竞争对手之间相互经销具有竞争特征的产品，以降低成本。在这种合作关系中，短期的经济利益是最大的出发点。产品联盟可以帮助公司抓住时机，保护自身，还可以通过与世界其他伙伴合作，快速、大量地卖掉产品，收回投资。

（二）知识联盟

知识联盟是以学习和创造知识作为联盟的中心目标，是企业发展核心能力的重要途径。知识联盟有助于一个公司学习另一个公司的专业能力，有助于两个公司的专业能力优势互补，创造新的交叉知识。与产业联盟相比，知识联盟具有以下 3 个特征：

1. 联盟各方合作更紧密。两个公司要学习、创造和加强专业能力，每个公司的员工必须在一起紧密合作。

2. 知识联盟的参与者的范围更为广泛。企业与经销商、供应商、大学实验室都可以形成知识联盟。

3. 知识联盟可以形成强大的战略潜能。知识联盟可以帮助一个公司扩展和改善它的基本能力，有助于从战略上更新核心能力或创建新的核心能力。

此外，在资本运营的实际操作中，除采用上面阐述的几种形式或其组合外，还可借鉴国外上市公司资产重组的经验，大胆探索各种有效的运作方法，进一步加大资本运营的广度和深度。

十一、投资控股收购重组模式

该模式是指上市公司对被并购公司进行投资，从而将其改组为上市公司子公司的并购行为。这种以现金和资产入股的形式进行相对控股或绝对控股，可以实现以少量资本控制其他企业并为我所有的目的。

杭州天目药业公司以资产入股的形式将临安最早的中外合资企业宝临印刷电路有限公司改组为公司控股69%的子公司，使两家公司实现了优势互补。1997年，该公司又进行跨地区的资本运作，出资1 530万元控股了黄山制药总厂，成立了黄山市天目药业有限责任公司，天目药业占51%的股份。

此并购方式的优点为，上市公司通过投资控股方式可以扩大资产规模，推动股本扩张，增加资金募集量，充分利用其“壳资源”，规避了初始的上市程序和企业“包装过程”，可以节约时间，提高效率。①

第五节　军民融合模式

军民融合是内涵很深的资本运作模式。对上市前、上市中、上市后的企业都适合，尤其对没有上市融资通道的民企来说，选择军民融合的产业模式进入资本市场，更利于资本运作。上市前的时机与节奏把握得好，可以分享政策红利，提速上市，赢得投资者的认可，实现产业与资本的有效结合，打造新型的硬科技产业品牌。

军民融合就是把国防和军队现代化建设深深融入经济社会发展体系之中，全面推进经济、科技、教育、人才等各个领域的军民融合，在更广范围、更高层次、更深程度上把国防和军队现代化建设与经济社会发

① 资料来源：《我国目前资本运营的主要运作方式》，李志强，《海脉经济报道》，2005年。

展结合起来，为实现国防和军队现代化提供丰厚的资源和可持续发展的后劲。

美国建立的国防科技工业体系即是“军民融合”的一个典型。美国国会的一份研究报告显示，军民融合给美国国防部每年节约300亿美元，相当于其采办费总额的20%以上。

2015年，我国首次提出把军民融合发展上升为中国国家战略。

2017年1月22日，中共中央政治局召开会议，决定设立中央军民融合发展委员会，由习近平任主任。中央军民融合发展委员会是中央层面军民融合发展重大问题的决策和议事协调机构，统一领导军民融合深度发展，向中央政治局、中央政治局常务委员会负责。

2018年11月15日上午，中央军民融合办举办军民融合发展总体情况第三方评估成果报告会，深入学习贯彻习近平总书记关于军民融合发展重要论述，传达学习中央军民融合发展委员会第二次会议精神和全国军民融合发展工作座谈会精神，研讨交流军民融合发展总体情况第三方评估成果。

一、军民融合关乎企业长远发展

政府在军民融合中扮演两种角色，一是直接干预军工企业的并购活动，参与有关军工企业改革、并购的重大决策；二是以社会管理者的身份，通过法律、经济等间接的方式影响军工企业。

从欧洲与美国来看，政府充分发挥“管理者”进行宏观调控的作用，在国防工业购并中采取发动、鼓励等间接手段，促进军民融合发展。而俄罗斯在军转民中，由于政府未担当起宏观调控人的角色，使得军工企业与民用企业生产相同的产品，造成企业间不必要的竞争。这就要求我国政府把军民融合作为国家战略，对军工企业的产业结构布局和调整进行长远规划，对“军转民”实施政策引导，使军工企业更好的适应市场经济环境。

2018年10月20日，世界上在研最大的水陆两栖飞机“鲲龙”AG600在湖北荆门漳河机场成功实现水上首飞起降。这是我国军、民两用飞机设计制造体系的完美协同和融合。2018年年初，高端察打一体无人机“翼龙-Ⅱ”刷新了“五发五中”的靶试新纪录，这也是“技术上军转民、产品上外促内、装备上民参军”军民融合之路的丰硕成果。2018年1月12日，中国战机第一股中航沈飞正式在上交所挂牌上市，这是军工企业证券化、混合所有制改革以及军民融合携手走向资本市场的典范。

二、军民融合产业模式

军民融合包括空天领域、海洋工程装备、智能化装备与无人系统、网络与信息安全、生命科学与生物技术等，这些产业领域既有广阔的民用应用价值，也有巨大的潜在军用价值。

军民融合涉及的范围很广，实现国防建设和经济建设深度融合的目标也非一朝一夕就可以实现，因此推进军民融合一定要坚持“先易后难、稳扎稳打、标本兼治”的原则。近期的政策突破点预计包括引入社会资本参与一般军工企业的混合所有制改革、军工科研院所的分类改革、军标与民标统一范围将进一步扩展、国防科研与装备生产招投标范围的进一步开放等。其发展趋势和产业链架构可见图8-2和图8-3。

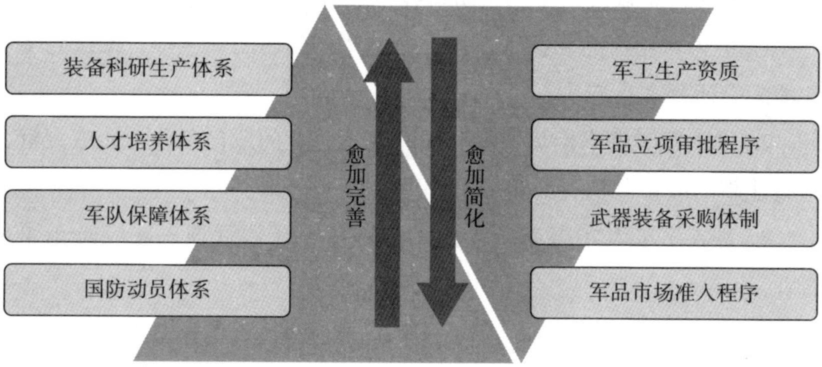

图8-2 军民融合的发展趋势

军民融合产业模式在操作上分为两个方面。

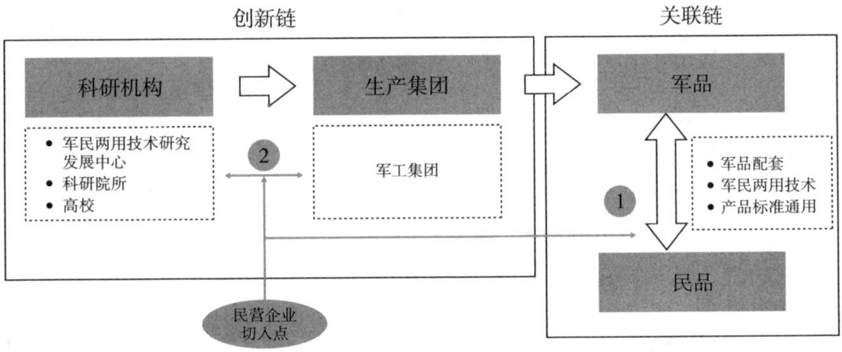

图 8-3 军民融合的产业链架构

(一)"军转民"

这是指把军事装备等军品的生产设备和人员向民用生产领域转移。军企主辅分离，进行混合所有制改革，军工技术及人才分流转向民企民品。

(二)"民参军"

中国的"民参军"尚处于起步阶段，兼具机制灵活、效费比高等诸多优点，未来拥有更为广阔的发展前景。"民参军"，即民营企业、民营资本，或者以民品为主的国资进入军工行业。

中国民营企业进入中国国防科技工业主要有 3 层含义：

1. 进入军用产品和技术市场，参与军品的研制和生产，或进行零部件的配套研制和生产。

2. 进入军工资本市场，参与国有军工企业的股份制改造，或合资合作组建新的股份制项目公司。

3. 进入军工人才市场，各类民营科技和经营管理人才应聘于军工企业。

据统计，截至 2016 年 3 月，中国已有 1 000 多家民营企业获得武器装备科研生产许可证，比"十一五"末期增加 127%，而在 2010 年中国参军的民用企业仅为 700 多家。

"民参军"的方式有：

1. 通过参加原总装备部、原总参谋部、原总后勤部、海军、空军等国家机关和十一大军工集团组织的项目招投标活动直接参与。

2. 与现有的军工企业合作研制或配套生产。

3. 收购或兼并现有的军工企业。

4. 参与军用高科技企业的股份制改造。

三、军民融合融资模式及其金融产品

创新投融资体系，探索多元化金融服务。从财政为主到多元化金融服务转型军民融合是军事能力与经济发展能力相融合，是国防战略和经济发展战略融为一体。主要表现为构建军民统一的科技基础、工业基础、人才基础、设施基础。其融资工具可多元化。

（一）提高军民融合产业发展基金规模

基金是股票和债券的组合，它可以广泛吸纳社会资金，并凭借其雄厚的资金，在法律允许的投资范围内，以科学的投资组合，按照政府指导、市场运作、专业管理的原则，进行多样化投资运作。通过设立基金，可以为军民融合企业提供强大的资金支持，有利于调整企业融资结构，提高融资能力，以及促进军民融合产业和金融资本深度结合。

在国务院国资委的指导下，中国航天科技集团公司委托航天投资控股有限公司，联合各军工集团及中央企业的投资平台和大型金融机构，于2016 年9 月5 日，创立了国华军民融合产业发展基金。该基金首期规模为302 亿元，项目储备预计投资额超过1 000 亿元，意为全面支撑各军工集团军民融合发展、资产证券化和国际化。

河北省于2016 年4 月成立军民融合产业股权投资基金，首期到位10.1 亿元，争取用3 年时间将基金规模做到百亿元。四川成都和绵阳是军民融合产业发展的重要基地，对军民融合企业的投融资问题非常重视，例如2016 年成都也积极成立了规模为20 亿元的军民融合产业投资基金，其中市本级出资5 亿元，其余部分吸收社会资本。该基金重点用于军民融合企业改组改制、军用技术转移转化、军民融合公共服务平台建设等领域。除了军民融合产业投资基金，还将设立军民融合产业专项扶持资金支持军民融合产业发展，通过补助、奖励、贴息等方式促进军民深度融合。

设立军民融合发展的专项基金，能够提高军工技术转化速度，扩大军工产业市场化规模，促进军工集团转型升级，进而推进军民融合深度发展。所以不仅要设立基金，还应适度扩大基金规模，以此拓宽军民融合企业融资渠道，最终达到军民融合纵深发展的目的。

（二）加大银行金融创新力度

银行贷款仍然是目前军民融合企业主要的融资方式，但是银行贷款的审批流程烦琐，成本较高。银行应在金融产品和流程上共同创新，加大对军民融合企业的金融服务力度。可以有针对性地设计并推出创新型金融产品，丰富金融服务军民融合企业的产品线。

比较成功的典型是四川省，中国工商银行在四川省绵阳市成立了“军民融合金融服务中心”。该中心服务的对象主要是绵阳市军民融合企业，为保障企业正常生产经营，通过设置专员专柜、建立信贷绿色通道、简化贷款审批流程，尽可能让企业在最短时间获得贷款资金。绵阳的其他银行也相继推出创新金融产品，比如中国农业银行在绵阳推出“科创税 E 贷”金融产品，目前已发放了 1 000 万元贷款，担保方式是根据企业的纳税情况确定的；绵阳市商业银行对军民融合企业推出了“科技宝”“勿等贷”“专利权质押贷”等科技型金融贷款产品。不仅如此，在国家政策和政府的积极倡导下，四川省银行业机构与政府、创投、保险公司合作，推出了各种军民融合的专项信贷产品，例如军工研发贷、项目贷、技改贷、订单贷、采购贷、补贴贷等。

其他省市可以参考借鉴四川省绵阳市银行的金融创新，这对中小型军民融合企业融资发展尤为重要。

（三）军民融合企业尝试 ABS 与 BT 相结合的融资模式

在我国军工企业的日常融资中，建议企业注重自身对资本的积累，适当扩大内源性融资，毕竟内源融资成本低、风险小。当然，如果仅依靠内源融资，一来企业价值难以大幅度上升，二来难以满足现在军工企业飞速发展的资金需求。这时，我们可以考虑通过债权市场进行融资。

资产抵押债券即ABS模式。ABS项目融资方式是通过在资本市场发行债券来募集资金。该证券化融资方式以项目所拥有的资产为基础，以项目资产可以带来的预期收益为保证。

通过发行债券筹集资金的ABS模式，可以在很大程度上弥补我国军工企业债券融资比例小的问题，我们可以利用这种模式来调整目前军工企业的融资结构和融资顺序，有选择性地减少股权融资，增加债券融资，降低融资风险。ABS模式的重点有三个：一是资产，二是债券，三是国际市场。这种模式既可以在企业日常的融资活动中使用，也可以在有重大项目需要融资时使用，前提是企业必须上市，并在国家的支持下，逐步打开国际市场。利用ABS的优势是将流动性较差的部分资产转变为流动性较强的债券，在国际范围内筹集资金，还不会损害到未抵押的资产，可以在企业融资模式中优先考虑。此外，在现阶段资本市场大力发展以及军民融合的大背景下，我国军工行业在利用ABS模式时，可以与其他行业联合进行资产证券化，通过SPV（特殊目的机构）实现风险的有效隔离。

BT模式是项目融资一种较为创新的方式，可以“超前消费，分期回购”。它是政府利用非政府资金，来进行基础非经营性设施建设项目的一种融资模式，将公共产品的使用功能与货币价值适度分离。该模式如果应用于军工企业的生产，可以有效缓解企业的资金压力，资金来源也更加多元化。同时，它为投资建设方提供了新的投资途径，提高了投资管理效率，二者利益共享，风险共担。

建议在军工企业有重大研制或生产项目时考虑使用BT模式，对于项目中一些比较重要、核心的部分，仍然可以采用ABS模式，因为ABS中的投资者不必参与到项目的具体实施之中。而对于一些可以对外公开的部分，则可以按照BT模式，挑选合适的项目公司，由它们组织实施后，一次性或者分期支付一定的报酬，减轻企业自身融资压力。

军民融合的深度发展需要强大的资金支持，利用金融市场稳定军民融合企业融资渠道，可以为企业的不断发展提供强有力的资金保障。因为金融的主要功能，就是积极调动社会和市场的资源流动，合理配置所有资源，减少资本流动过程中的信息交易成本。在资本的不断聚集下，促进高新科技的发展和经济的增长。所以通过金融手段，借力金融市场，依托国家信用，通过市场化运作，必将推动军民融合的深度发展。①

案例8－1　中关村军民融合产业园

位于北京市海淀区的中关村军民融合产业园是军民融合军地对接平台，军委联合参谋部、海军、空军、火箭军、战略支援部队等13家军队单位，在这里挂牌成立联络处。这在机制上是一个历史性突破。军地双方把军民融合发展纳入中关村国家自主创新示范区核心区建设，仅3年多时间，就靠速度与激情走出了一条独具特色的“海淀之路”。

2016年7月4日，中关村军民融合产业联盟迎来空军指挥学院空军团级指挥班后勤专业学员。双方围绕军民融合组织专场交流，拉开海淀区相关产业与军队兵种间专题对接的序幕。

作为军民融合核心园区，园区拿出4 300平方米的空间，为军民双方搭建起“五大服务平台”，其中包括：中小微军民融合企业创新创业平台；军民技术双向转化平台；军民科技创新战略协作平台；军民融合展示交流平台；军民融合综合服务保障平台。

设立产业基金，使实体经济发展与金融投资相互促进。由园区发起设立产业基金，通过银行、基金公司、券商、信托等金融投资机构，以及会计师事务所、律师事务所等中介机构为园区企业提供财务顾问、股权债权融资、并购咨询、股权激励、股份改制、公司治理等全面的金融增值和咨询服务，这些服务一方面为园区企业发展解决了投融资难的问题，助力园区企业发展，并为园区企业的并购整合和IPO提供直接支撑和快速通道；另一方面丰富了园区服务内容，促进招商工作，并能够从参与企业资本化运作中获利，增加园区收入渠道，提高了园区的盈利能力，并通过资本运作实现企业上市。

① 资料来源：《价值工程》，2017年第34期。

至2018年11月，中关村军民融合产业园从原来的800余家商户到现在的30多家驻园企业，从原来每天20 000人到现在每天4 000人的区域人流量，从原来每年5 600万元左右到现在每年预计高于原来几倍的经济效益，中关村军民融合产业园不但实现了提质增效，也在军民融合方面交出了自己的答卷。①

第六节　企业债

企业债是指从事生产、贸易、运输等经济活动的企业发行的债券。企业债券目前主要有地方企业债券、重点企业债券、附息票企业债券、利随本清的存单式企业债券、产品配额企业债券和企业短期融资券等。地方企业债券，是由全民所有制工商企业发行的债券；重点企业债券，是由电力、冶金、有色金属、石油、化工等部门国家重点企业向企业、事业单位发行的债券；附息票企业债券，是附有息票，期限为5年左右的中期债券；利随本清的存单式企业债券，是平价发行，期限为1~5年，到期一次还本付息的债券，各地企业发行的大多为这种债券；产品配额企业债券，是由发行企业以本企业产品等价支付利息，到期偿还本金的债券；企业短期融资券，是期限为3~9个月的短期债券，面向社会发行，以缓和由于银根抽紧而造成的企业流动资金短缺的情况。

一、企业债类型

1. 按照期限划分，企业债券有短期企业债券、中期企业债券和长期企业债券。

2. 按是否记名划分，企业债券可分为记名企业债券和不记名企业债券。

① 资料来源：科技日报，2018年11月26日。

3. 按债券有无担保划分，企业债券可分为信用债券和担保债券。

4. 按债券可否提前赎回划分，企业债券可分为可提前赎回债券和不可提前赎回债券。

5. 按债券票面利率是否变动，企业债券可分为固定利率债券、浮动利率债券和累进利率债券。

6. 按发行人是否给予投资者选择权分类，企业债券可分为附有选择权的企业债券和不附有选择权的企业债券。

7. 按发行方式分类，企业债券可分为公募债券和私募债券。

二、企业债发行条件

《企业债券管理条例》第三章第12条和第16条规定，企业债券发行条件为：

1. 企业规模达到国家规定的要求。
2. 企业财务会计制度符合国家规定。
3. 具有偿债能力。
4. 企业经济效益良好，发行企业债券前连续3年盈利。
5. 企业发行企业债券的总面额不得大于该企业的自有资产净值。
6. 所筹资金用途符合国家产业政策。

三、企业债券发行核准办理流程

企业债券发行核准办理流程如图8－4所示。

四、企业债券申请材料信息表

企业债券申请材料信息表如表8－1所示。

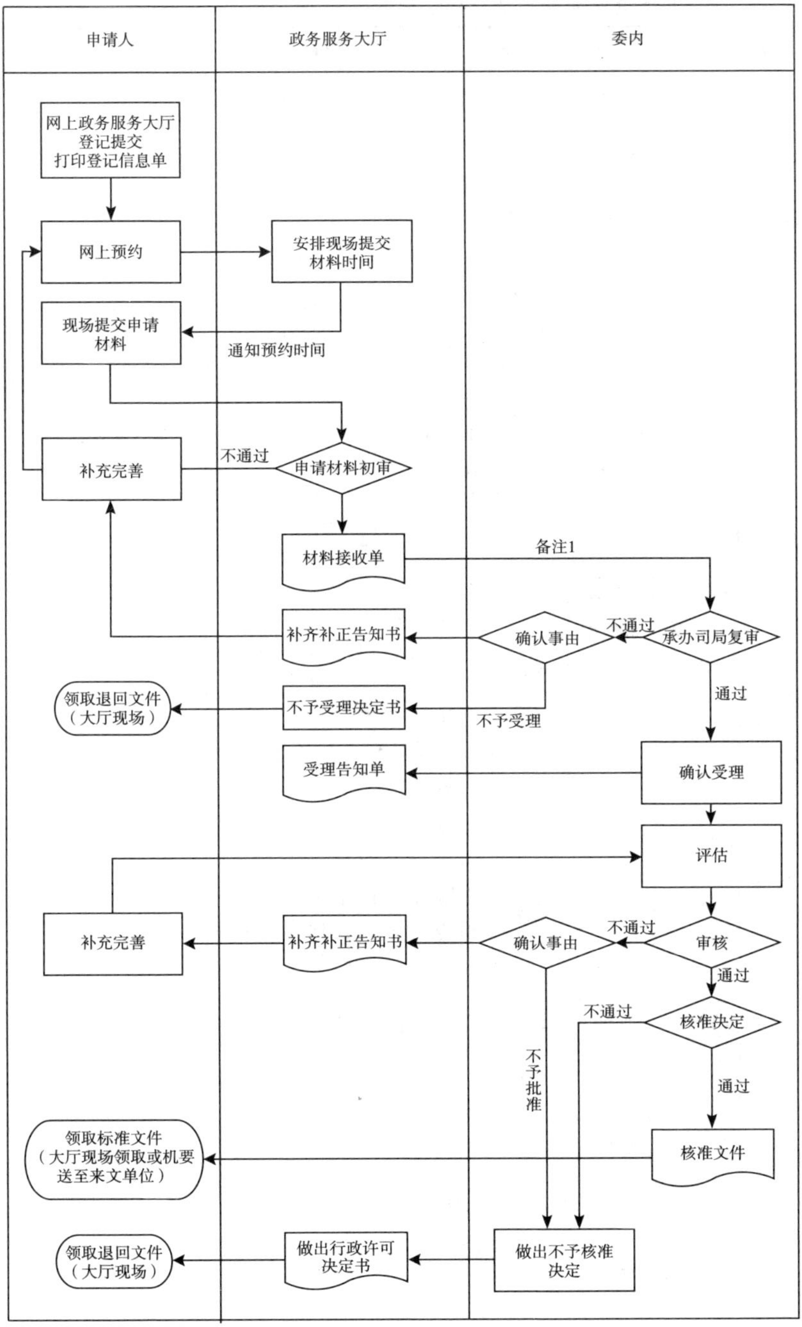

图8－4 企业债券发行核准办理流程

表8－1　20××年企业债券申请材料信息表

<table>
<tr><td>发行人</td><td colspan="4">×××××公司</td><td>规模</td><td></td><td>主承销商</td><td>××证券</td></tr>
<tr><td rowspan="2">主承销商主办人</td><td>姓名</td><td colspan="2">联系方式</td><td rowspan="2">项目评级</td><td colspan="2">评级机构</td><td>主体级别</td><td>债项级别</td></tr>
<tr><td>××</td><td colspan="2">××××××</td><td colspan="2"></td><td>AA－</td><td>AA</td></tr>
<tr><td>属地</td><td>安徽省</td><td>滁州市</td><td>定远县</td><td>债券期限及还本付息安排</td><td colspan="2"></td><td>债券类型</td><td></td></tr>
<tr><td rowspan="4">发行人资产情况</td><td>总资产</td><td>净资产</td><td>总负债</td><td>资产负债率</td><td colspan="2">非经营性资产</td><td colspan="2">对政府应收账款余额</td></tr>
<tr><td></td><td></td><td></td><td></td><td colspan="2"></td><td colspan="2">（占比）</td></tr>
<tr><td colspan="2">近3年主营业务收入</td><td colspan="2">近3年营业外收入</td><td colspan="2">近3年净利润</td><td colspan="2">近3年财政补贴占比</td></tr>
<tr><td colspan="2"></td><td colspan="2"></td><td colspan="2"></td><td colspan="2">%</td></tr>
<tr><td rowspan="2">所在地政府财力</td><td>财政一般预算收入</td><td>负债率</td><td rowspan="2">担保情况</td><td colspan="2" rowspan="2">××担保集团股份有限公司提供全额无条件不可撤销连带责任保证担保（AA＋）</td><td rowspan="2">历史发债情况</td><td colspan="2" rowspan="2"></td></tr>
<tr><td></td><td></td></tr>
<tr><td rowspan="2">所在地政府财力</td><td>财政一般预算收入</td><td>负债率</td><td rowspan="2">担保情况</td><td colspan="2" rowspan="2">××担保集团股份有限公司提供全额无条件不可撤销连带责任保证担保（AA＋）</td><td rowspan="2">历史发债情况</td><td colspan="2" rowspan="2"></td></tr>
<tr><td></td><td></td></tr>
<tr><td colspan="9">审核类型　□加快和简化审核类　□适当控制规模和节奏类　□从严审核类</td></tr>
<tr><td rowspan="4">募投项目</td><td colspan="5">名称</td><td>总投资</td><td>拟用募投资金</td><td>备注</td></tr>
<tr><td colspan="5">××××项目（分列）</td><td></td><td></td><td></td></tr>
<tr><td colspan="5">××××项目（分列）</td><td></td><td></td><td></td></tr>
<tr><td colspan="5">补充营运资金</td><td></td><td></td><td></td></tr>
<tr><td>偿债保障措施</td><td colspan="8"></td></tr>
</table>

第七节　私募基金

一、私募基金的含义

相对公募而言，私募又称不公开发行或内部发行，私募在我国多被称为定向发行，是指面向少数特定的投资人发行证券的方式。私募发行的对象大致有两类，一类是个人投资者，例如公司老股东或发行机构自己的员工；另一类是机构投资者，如大的金融机构或与发行人有密切往来关系的企业等。私募发行有确定的投资人，发行手续简单，可以节省发行时间和费用。私募发行的不足之处是投资者数量有限，流通性较差，而且也不利于提高发行人的社会信誉。

公募发行和私募发行各有优劣，一般来说，公募是证券发行中最基本、最常用的方式。然而在西方成熟的证券市场中，随着养老基金、共同基金和保险公司等机构投资者的迅速增长，私募发行近年来呈现出逐渐增长的趋势。我国境内上市外资股（B 股）的发行几乎全部采用私募方式进行。

私募基金，是指通过非公开方式，面向少数机构投资者募集资金而设立的基金。由于私募基金的销售和赎回都是通过基金管理人与投资者私下协商来进行的，因此它又被称为向特定对象募集的基金。

二、私募基金的优势

与封闭基金、开放式基金等公募基金相比，私募基金具有公募基金无法比拟的优势。

1. 私募基金通过非公开方式募集资金。在美国，共同基金和退休金基金等公募基金一般通过公开媒体做广告来招徕客户，而按有关规定，私募基金则不得利用任何传播媒体做广告宣传，其参加者主要通过获得的所谓“投资可靠消息”，或者直接认识基金管理者的形式加入。

2. 在募集对象上，私募基金的对象只是少数特定的投资者，圈子虽小门槛却不低。如在美国，对冲基金对参与者有非常严格的规定：若以个人名义参加，最近两年个人年收入至少在 20 万美元以上；若以家庭名义参加，家庭近两年的收入至少在 30 万美元以上；若以机构名义参加，其净资产至少在 100 万美元以上，而且对参与人数也有相应的限制。因此，私募基金具有针对性较强的投资目标，它更像为中产阶级投资者量身定做的投资服务产品。

3. 和公募基金严格的信息披露要求不同，私募基金这方面的要求低得多，加之政府监管也相对比较宽松，因此私募基金的投资更具隐蔽性，运作也更为灵活，相应获得高收益回报的机会也更大。

4. 私募基金一个显著的特点就是基金发起人、管理人必须以自有资金投入基金管理公司，基金运作的成功与否与他们的自身利益紧密相关。从国际目前通行的做法来看，基金管理者一般要持有基金 3% ~5% 的股份，一旦发生亏损，管理者拥有的股份将首先被用来支付参与者，因此，私募基金的发起人、管理人与基金是一个唇齿相依、荣辱与共的利益共同体，这也在一定程度上较好地解决了公募基金与生俱来的经理人利益约束弱化、激励机制不够等弊端。

三、私募基金的组织形式

（一）公司式

公司式私募基金有完整的公司架构，运作比较正式和规范。目前公司式私募基金在中国成立也是比较方便的，半开放式私募基金也可以用某种变通的方式进行运作，不必接受严格的审批和监管，投资策略也就可以更加灵活。比如：

1. 用“投资公司”的名头，其“投资公司”的业务范围含有价证券投资类。

2. “投资公司”的股东数目不要太多，出资额一般都比较大，这样既保证私募性质，又要有较大的资金规模。

3. “投资公司”的资金由资金管理人专门管理，按国际惯例，管理人收取资金管理费与效益激励费，并计入公司运营成本。

4. “投资公司”的注册资本每年在某个特定的时点重新登记一次，进行名义上的增资扩股或减资缩股，如有需要，出资人每年可在某一特定的时点将其出资赎回一次，在其他时间投资者之间可以进行股权协议转让或上柜交易，而该“投资公司”实质上就是一种随时扩募，但每年只赎回一次的公司式私募基金了。

当然，公司式私募基金也有不足的地方，即存在双重征税。解决的办法有：

1. 将私募基金注册于避税地，如中国香港、开曼群岛、百慕大等地。

2. 将公司式私募基金注册为高科技企业（可享受诸多优惠），并注册于税收比较优惠的地方。

3. 借壳，即在基金的设立运作中联合或收购一家可以享受税收优惠的企业（最好是非上市公司），并把它作为载体。

（二）契约式

契约式基金的组织结构比较简单。具体的做法可以是：

1. 证券公司作为基金的管理人，选取一家银行作为其托管人。

2. 募集到一定数额的金额后开始运作，每个月开放一次，向基金持有人公布一次基金净值，办理一次基金赎回。

3. 为了吸引基金投资者，应尽量降低手续费，证券公司作为基金管理人，根据业绩表现收取一定数量的管理费，其优点是可以避免双重征税，但要接受证券管理部门的审批和监管。

（三）虚拟式

虚拟式私募基金表面看来像委托理财，但它实际上是按基金方式进行运作。比如，虚拟式私募基金在设立和扩募时，表面上是与每个客户签订委托理财协议，但这些委托理财账户是合在一起进行基金式运作，在买入和赎回基金单元时，按基金净值进行结算。具体的做法可以是：

1. 每个基金持有人以其个人名义单独开立分账户。

2. 基金持有人共同出资组建一个主账户。

3. 证券公司作为基金的管理人，统一管理各账户，所有账户统一计算基金单位净值。

4. 证券公司尽量使每个账户的实际市值与根据基金单位的净值计算的市值相等，如果二者不相等，在赎回时由主账户与分账户的资金差额划转平衡。

虚拟式的特点是设立灵活，不需要证券管理部门对基金设立与运作方面的审批与监管，免了双重征税。按照委托理财的规则执行，在筹集资金方面需要法律规范，在资金运作方面证券管理部门要对券商进行监管，在资金规模扩张上有一定的规范要求。

（四）组合式

为了发挥上述3种组织形式的优越性，可以设立一个基金组合，将几种组织形式结合起来进行集合投资运作，从而形成以下4种组合式基金：

1. 公司式与虚拟式的组合。
2. 公司式与契约式的组合。
3. 契约式与虚拟式的组合。
4. 公司式、契约式与虚拟式的组合。

四、我国私募股权投资基金的发展

按照中国目前的法律框架，私募股权投资基金必须采取非公开募集的方式。其运营模式在于投资企业股权，并对企业进行内在改造从而获得企业增值，然后转让退出，实现基金盈利。操作上通过“募、投、管、退”4个环节完成。

中国已经成为仅次于美国的全球第二大私募股权投资市场，大中华区在全球私募股权投资基金的市场份额已经达到24%。

中基协统计数据显示，截至2019年1月底，中国证券投资基金业协会已登记私募基金管理人24 458家，已备案私募基金75 178只，私募基金管理人员工总人数24.43万人（见图8－5）。

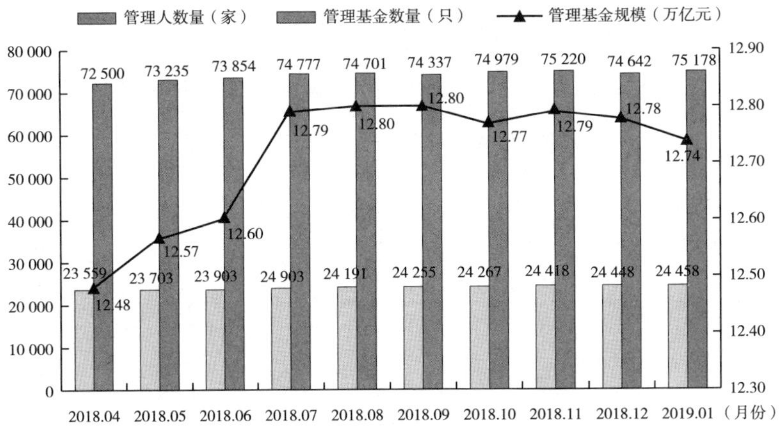

图 8－5　私募基金管理人登记月度趋势情况

截至 2019 年 1 月底，已登记私募证券投资基金管理人 8 997 家，私募股权、创业投资基金管理人 14 685 家，其他私募投资基金管理人 776 家（见图 8－6）。

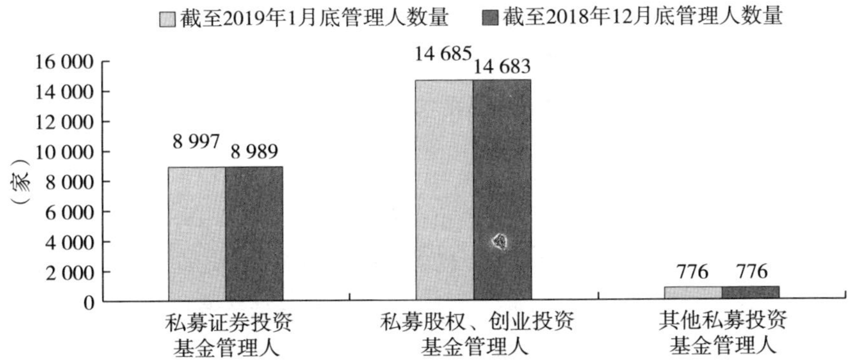

图 8－6　不同机构类型私募基金管理人登记情况

截至 2019 年 1 月底，已登记私募基金管理人管理基金规模在 100 亿元及以上的有 239 家，管理基金规模在 50 亿～100 亿元的有 270 家，管理基金规模在 20 亿～50 亿元的有 672 家，管理基金规模在 10 亿～20 亿元的有 830 家，管理基金规模在 5 亿～10 亿元的有 1 148 家，管理基金规模在 1 亿～5 亿元的有 4 306 家，管理基金规模在 0.5 亿～1 亿元的有 2 300 家。截至 2019 年 1 月底，已登记的私募基金管理人有管理规模的共 21 456 家，平均管理基金规模 5.94 亿元（见表 8－2 和图 8－7）。

表 8－2　不同类型私募基金管理人管理基金数量、规模及变化

基金类型	基金数量（只）	较上月变化（只）	基金规模（亿元）	较上月变化（亿元）
私募证券投资基金	35 843	155	21 258	－1 133
私募股权投资基金	27 468	292	78 427	1 314
创业投资基金	6 667	159	9 191	279
其他私募投资基金	5 200	－70	18 536	－830
合计	75 178	536	127 412	－371

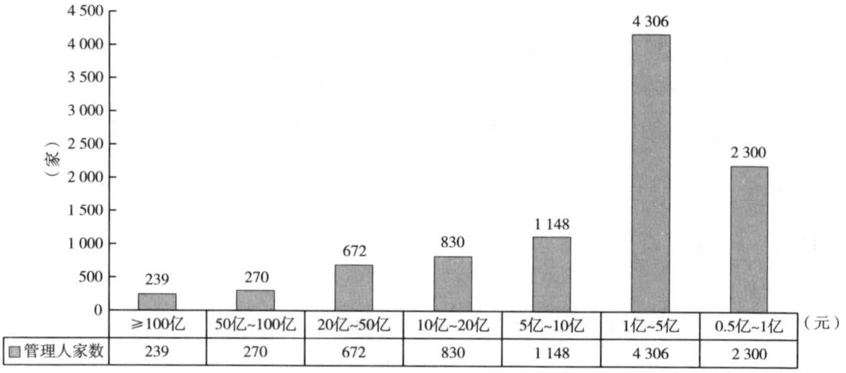

图 8－7　私募基金管理人管理基金规模分布情况

私募股权投资主要是根据企业不同成长阶段划分，包括并购基金、成长资本、重振资本、夹层资本、上市前融资资本、上市公司股权投资等。投资于企业种子期和萌芽期的创业投资叫天使基金，成长期注入的风险投资也属于私募股权投资的一种。私募股权投资基金的分类与所投企业成长阶段存在一定的对应关系，比如 PIPE 资本主要投资于已上市企业。私募股权投资基金与企业成长阶段大致的对应关系如图 8－8 所示。

当然，随着基金业务的不断发展，私募股权投资基金的类型与具体投资业务已经出现交叉混合的趋势，即使界限比较明确的风险投资和私募股权投资目前也存在业务重叠。

私募股权投资基金可以有效解决中小企业的融资困难问题。这也是私募股权投资基金问世的最初动机。目前中小企业的融资渠道主要还是间接融资，而银行出于盈利和安全动机，一般倾向于向大企业提供融资，尤其是国家产业政策、财政政策、货币政策扶持的行业、企业和项目。

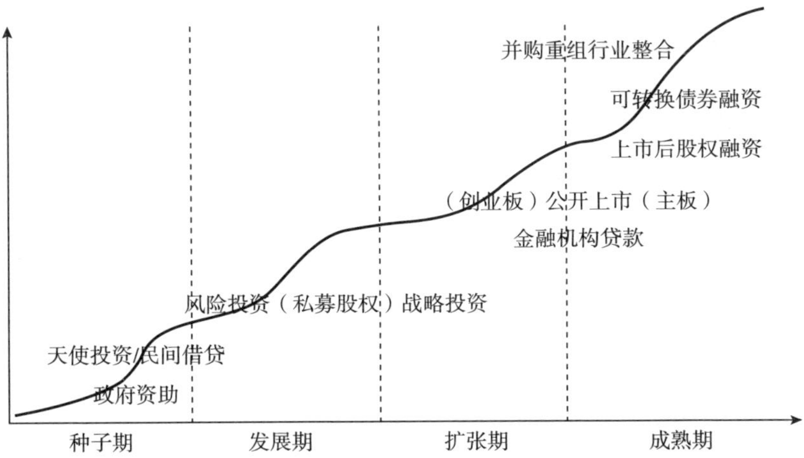

图8－8　私募股权投资基金与企业成长阶段的对应关系

随着科创板的推出，私募股权基金迎来了新的投资机遇，对所投项目的退出增加了一个前所未有的良性通道，如果所投企业质地优良，上市速度快，盈利有保障，投资人也能获得预期收益。当然，能否运作得好，也是对私募股权基金硬实力的考验。

本章要点

企业上市前的资本运作方式很多，要选择对企业适用的操作模式。本章重点介绍了企业通常采用的资本运作模式及案例，既保护股东利益，又不影响企业上市前途。发行企业债和私募股权投资基金是重要的融资手段，军民融合是从财政为主到多元化资本运作模式的典范。

思考题

1. 企业上市前的资本运作模式有哪些？
2. 军民融合融资模式有什么特点？
3. 发行企业债和私募基金的基本条件及操作程序是什么？

下篇

上市后的征程

第九章

信息披露

上市公司与非上市公司相比，最大的区别之一就是信息披露，因为有严格的信息披露规定，企业透明度提高，上市公司就不再神秘了。而且，董事长或总经理是实施信息披露事务管理制度的第一责任人，上市公司董事、监事、高级管理人员应当保证信息披露的内容真实、准确、完整，没有虚假记载、误导性陈述或者重大遗漏。不能保证公告内容真实、准确、完整的，应当在公告中做出相应声明并说明理由。

第一节　首次公开发行股票的信息披露

信息披露规则是指证券市场上的有关当事人在证券发行、上市和交易等一系列过程中，依照法律、法规、证券主管部门管理规章及证券交易场所等自律监管机构的有关规定，以一定方式向投资者和社会公众公开与证券相关的信息形成的一整套行为规范和活动准则。根据《证券法》和沪深《上市公司信息披露管理办法》及《上海证券交易所股票上市规则》、《深圳证券交易所股票上市规则》规定，股份有限公司公开发行股票并上市，就必须进行公开信息披露，公司向股东、实际控制人及其他第三方报送文件和传递涉及未公开重大信息时，应当及时向证券交易所报告并公平披露。如果同一家企业涉及 A 股 + H 股两地上市，要求两地同时报告、同步披露，报送材料及披露内容应保持一致。具体信息披露的事务管理办法及相关内容如下所示。

一、基本规定

信息披露管理制度由公司董事会负责实施，由公司董事长或总经理作为实施信息披露事务管理制度的第一责任人，由董事会秘书负责具体协调。公司监事会负责监督信息披露事务管理制度的规范性。

上市公司和相关信息披露义务人及其董事、监事、高级管理人员和其他知情人在信息披露前，应当将该信息的知情者控制在最小范围内，不得泄露公司内幕信息，不得进行内幕交易或者配合他人操纵公司股票及其衍生品种交易价格。

上市公司股东、实际控制人、收购人等相关信息披露义务人，应当按照有关规定履行信息披露义务，积极配合公司做好信息披露工作，及时告知公司已发生或者拟发生的重大事件，并严格履行所做出的承诺。

保荐人和证券服务机构为上市公司和相关信息披露义务人的证券业务活动制作、出具保荐书、审计报告、资产评估报告、财务顾问报告、资信评级报告、法律意见书等文件，应当勤勉尽责，对所依据文件资料内容的真实性、准确性、完整性进行核查和验证，所制作、出具的文件不得有虚假记载、误导性陈述或者重大遗漏。

上市公司拟披露的信息存在不确定性、属于临时性商业秘密或者证券交易所认可的其他情形，及时披露可能损害公司利益或者误导投资者，并且符合以下条件的，上市公司可以向证券交易所申请暂缓披露，说明暂缓披露的理由和期限：

1. 拟披露的信息尚未泄露。

2. 有关内幕人士已书面承诺保密。

3. 公司股票及其衍生品种的交易未发生异常波动。

经证券交易所同意，公司可以暂缓披露相关信息。暂缓披露的期限一般不超过两个月。

暂缓披露申请未获证券交易所同意，暂缓披露的原因已经消除或者暂缓披露的期限届满的，公司应当及时披露。

二、董事会秘书具体负责管理信息披露事务

上市公司应当设立董事会秘书，作为公司与证券交易所之间的指定联络人。公司应当设立由董事会秘书负责管理的信息披露事务部门，履行如下职责：

1. 负责公司信息对外公布，协调公司信息披露事务，组织制定公司信息披露事务管理制度，督促公司和相关信息披露义务人遵守信息披露的相关规定。

2. 负责投资者关系管理，协调公司与证券监管机构、投资者、证券服务机构、媒体等之间的信息沟通。

3. 组织筹备董事会会议和股东大会会议，参加股东大会会议、董事会会议、监事会会议及高级管理人员相关会议，负责董事会会议记录工作并签字。

4. 负责公司信息披露的保密工作，在未公开重大信息泄露时，及时向证券交易所报告并披露。

5. 关注媒体报道并主动求证报道的真实性，督促公司董事会及时回复证券交易所问询。

6. 组织公司董事、监事和高级管理人员进行相关法律、行政法规及相关规定的培训，协助前述人员了解各自在信息披露中的职责。

7. 知悉公司董事、监事和高级管理人员违反法律、行政法规、部门规章、其他规范性文件、证券交易所其他规定和公司章程时，或者公司做出或可能做出违反相关规定的决策时，应当提醒相关人员，并立即向证券交易所报告。

8. 负责公司股权管理事务，保管公司董事、监事、高级管理人员、

控股股东及其董事、监事、高级管理人员持有本公司股份的资料，并负责披露公司董事、监事、高级管理人员持股变动情况。

9.《公司法》、证监会和证券交易所要求履行的其他职责。

董事会秘书应当具备履行职责所必需的财务、管理、法律等专业知识，具有良好的职业道德和个人品质，并取得证券交易所颁发的董事会秘书培训合格证书。具有下列情形之一的人士不得担任董事会秘书：

1.《公司法》第146条规定的任何一种情形。

2. 最近3年受到过证监会的行政处罚。

3. 最近3年受到过证券交易所公开谴责或者3次以上通报批评。

4. 本公司现任监事。

5. 证券交易所认定不适合担任董事会秘书的其他情形。

董事会秘书为履行职责，有权了解公司的财务和经营情况，参加涉及信息披露的有关会议，查阅涉及信息披露的所有文件，并要求公司有关部门和人员及时提供相关资料和信息。

董事会秘书在履行职责的过程中受到不当妨碍或者严重阻挠时，可以直接向证券交易所报告。

三、首次公开发行股票的主要信息披露文件

首次公开发行股票的发行人应当于其股票上市前5个交易日内，在指定媒体或者证券交易所网站上披露下列文件：

1. 上市公告书。

2. 公司章程。

3. 上市保荐书。

4. 法律意见书。

5. 证券交易所要求的其他文件。

上述文件应当备置于公司住所，供公众查阅。

发行人在提出上市申请期间，未经证券交易所同意，不得擅自披露与上市有关的信息。

四、公开信息披露

公开信息披露，将分4个层次：

1. 内容与格式准则。
2. 编报规则。
3. 规范问答。
4. 个案与案例分析。

五、信息披露的方式

1. 依据规定程序公开刊登或送达。
2. 向有关部门履行注册备案手续。
3. 在指定的交易场所备置。

注意：如果是向境外投资者发行有价证券的信息披露还应当用英文表述，英文译本的字义和词义与中文文本有差异时，应当以中文文本为准。

六、信息披露原则

1. 真实性原则。
2. 完整性原则。
3. 准确性原则。

七、需及时披露的信息

（一）定期报告

1. 年度报告

每个会计年度结束之日起4个月内编制完成，并按照《公开发行股票公司信息披露的内容与格式准则第2号〈年度报告的内容与格式〉》的规定，经董事会批准后的2个工作日内呈报交易所上市部认可后，将年度报告摘要刊登在指定报刊上，同时在指定网站上披露其全文。

2. 中期报告

每个会计年度的上半年结束之日起2个月内编制完成，并按照《公开发行股票公司信息披露的内容与格式准则第3号〈中期报告的内容与格式〉》的规定，经董事会批准后的2个工作日内呈报交易所上市部认可后，将中期报告摘要刊登在指定报刊上，同时在指定网站上披露其全文。

3. 季度报告

季度报告应在每个会计年度前3个月、9个月结束后的30日内编制完成，并按照《公开发行证券的公司信息披露编报规则第13号〈季度报告的内容与格式〉》的规定，在指定网站上披露其全文。

（二）临时报告

目前主要分为董事会、监事会、股东大会决议公告，收购、出售资产事项公告，关联交易公告和其他重大事件公告等内容。

1. 董事会、监事会、股东大会决议，都应当在会议结束后2个工作日内将会议公告和其他有关文件报送证券交易所后刊登在指定的报刊上。

2. 股东大会因故延期，应当在原定股东大会召开日的5个工作日之前发布通知，并说明延期的具体原因，并公布延期后的召开日期。

3. 上市公司发生的收购、出售资产事项符合以下情况之一时，应在经董事会批准后2个工作日内报送证券交易所后刊登在指定的报刊上。

（1）按最近一期经审计的财务报告、评估报告或验资报告，收购、出售资产的资产总额占上市公司最近一期经审计的总资产的10%以上。

（2）被收购资产相关的净利润或亏损的绝对值（按上一年度经审计的财务报告）占上市公司经审计的上一年度净利润或亏损绝对值的10%以上，且绝对金额在100万元以上；收购企业所有者权益的，被收购企业的净利润或亏损值以与这部分产权相关的净利润或亏损值计算。

（3）被出售资产相关的净利润或亏损绝对值或该交易行为所产生的利润或亏损绝对额占上市公司经审计的上一年度净利润或亏损绝对值的10%以上，且绝对金额在100万元以上；出售企业所有者权益的，被出售企业的净利润或亏损值已与这部分相关的净利润或亏损值计算。

（4）收购、出售资产的交易金额（承担债务、费用等应当一并计算）占上市公司最近一期经审计的净资产总额10%以上；如果上市公司拟发生的交易金额未达到上述标准，但其是在12个月内连续对同一或相关资产分次进行收购、出售的，应以其在此期间交易的累计额确定是否公告。

（5）上市公司拟收购、出售资产按上述（1）、（2）项所述标准计算所得的相对数字占50%以上；或按上述（1）、（2）项所述标准所得的相关数字占50%以上，且收购、出售资产相关的净利润或亏损绝对金额在500万元以上的，除须经董事会批准，报告证券交易所并公告外，必须经上市股东大会批准。

4. 关于关联交易公告的披露。

5. 其他重要事项公告：

（1）预亏风险提示性公告。上市公司在会计年度结束时预计出现亏损的应当在会计年度结束后的30个工作日内发布首次风险提示公告。

（2）重大诉讼、仲裁事项公告。上市公司发生重大诉讼、仲裁事项涉及的金额或12个月内累计金额达公司最近经审计的净资产值10%以上的，上市公司应当在知悉该事件后及时报告证券交易所并公告。

（3）担保公告。上市公司发生重大担保事项，即为本公司股东、股东的控股子公司、股东的附属企业或个人债务、个人以外的法人提供担保，涉及的金额或连续12个月累计额占上市公司最近经审计的净资产值的10%以上的，应当及时报告证券交易所并公告。如被担保人于债务到期后15个工作日内未履行还款义务的，上市公司应当及时报告证券交易所并公告。如果被担保人出现破产、清算及其他可能严重影响其还款能力的事件，上市公司知悉后应当及时报告并公告。

（4）上市公司以下情况且涉及的数额达到上述收购、出售资产规定的披露标准的，应按上述规定及时披露：

①重要合同（借贷、委托经营、受托经营、委托理财、赠与、承包、租赁等）的订立、变更和终止。

②大额银行退票。

③重大经营性或非经营性亏损。

④遭受重大损失。

⑤重大投资行为。

⑥可能依法承担的赔偿责任。

⑦重大行政处罚（若不涉及具体数额，应当披露被查处的具体内容）。

⑧证券交易所认为需要披露的其他事项。

（5）上市公司出现下列情况时，应当自事实发生之日起2个工作日内报告证券交易所并公告：

①公司章程、注册资本、注册地址、名称的变更，其中公司章程发生变更的，还应当将新的公司章程在指定网站上披露。

②经营方针和经营范围的重大变化。

③订立的重要合同，可能对上市公司的资产、负责、权益和经营成果产生重大影响。

④发生重大债务或未清偿到期重大债务。

⑤变更募集资金投资项目。

⑥直接或间接持有另一上市公司发行在外的普通股5%以上。

⑦持有上市公司5%以上股份的股东，其持有股份增减变化达5%以上。

⑧上市公司第一大股东发生变化。

⑨上市公司董事长、1/3以上董事或经理发生变动。

⑩生产经营环境发生重要变化，包括全部或主要业务停顿、生产资料采购、产品销售方式或渠道发生重大变化。

⑪减资、合并、分立、解散或申请破产的决定。

⑫新的法律、法规、规章、政策可能对公司的经营产生显著影响。

⑬更换上市公司审计的会计师事务所。

⑭股东大会、董事会的决议被法院依法撤销。

⑮法院裁定禁止对上市公司有控制权的股东转让其所持上市公司的股份。

⑯持有上市公司5%以上股份的股东所持股份被质押。

⑰上市公司进入破产、清算状态。

⑱上市公司预计出现资不抵债。

⑲获悉主要债务人出现资不抵债或进入破产程序，上市公司对相应债权未提取足额坏账准备的。

⑳因涉嫌违反证券法规被证监会调查或正受到证监会处罚的（公司就违规事项公告时，应当事先报告证监会）。

㉑交易所认为需要披露的其他事项。

（6）董事会预计上市公司业绩与其披露过的盈利预测有重大差异，而且导致该差异的因素尚未披露的，应当及时公告并说明有关因素及其对业绩的影响。

（7）上市公司直接或间接持股比例超过 50% 的子公司出现所有上述情形的，也应一并执行。

6. 上市公司关于股票交易异常波动的披露：

（1）股票的价格连续 3 个交易日达到涨幅限制或跌幅限制。

（2）股票连续 5 个交易日列入“股票、基金公开信息”。

（3）股票价格的振幅连续 3 个交易日达到 15%。

（4）股票的日均成交金额连续 5 个交易日逐日增加 50%。

（5）当公共传播媒介或网站传播的消息可能对上市公司的股票交易产生影响时，应当向证券交易所报告并及时公告。

7. 关于公司合并、分立事项的披露：

（1）涉及上市公司股份变动的合并、分立方案应当先报证监会批准再抄报证券交易所。凡未经证监会批准的，证券交易所对有关的公告文稿不予审查，并报告证监会。

（2）上市公司合并、分立方案实施过程中涉及上市公司信息披露和股份变更登记等事项，按证监会和证券交易所的规定办理。

8. 临时报告的一般规定。

上市公司披露的除定期报告之外的其他公告为临时报告。临时报告的内容涉及《上海证券交易所股票上市规则》第八章、第九章、第十章和第十一章所述重大事项的，其披露要求和相关审议程序在满足临时报告的一般规定的同时，还应当符合以上各章的规定。

临时报告应当由董事会发布并加盖公司或者董事会公章（监事会决议公告可以加盖监事会公章）。

上市公司应当及时向证券交易所报送并披露临时报告。临时报告涉及的相关备查文件应当同时在交易所网站披露。

上市公司应当在以下任一时点最先发生时，及时披露相关重大事项：

（1）董事会或者监事会就该重大事项形成决议时。

（2）有关各方就该重大事项签署意向书或者协议（无论是否附加条件或期限）时。

（3）任何董事、监事或者高级管理人员知道或应当知道该重大事项时。

重大事项尚处于筹划阶段，但在前条所述有关时点发生之前出现下列情形之一的，上市公司应当及时披露相关筹划情况和既有事实：

（1）该重大事项难以保密。

（2）该重大事项已经泄露或者市场出现传闻。

（3）公司股票及其衍生品种的交易发生异常波动。

上市公司根据规定披露临时报告后，还应当按照下述规定持续披露重大事项的进展情况：

（1）董事会、监事会或者股东大会就该重大事项形成决议的，及时披露决议情况。

（2）公司就该重大事项与有关当事人签署意向书或者协议的，及时披露意向书或者协议的主要内容；上述意向书或者协议的内容或履行情况发生重大变化或者被解除、终止的，及时披露发生重大变化或者被解除、终止的情况和原因。

（3）该重大事项获得有关部门批准或者被否决的，及时披露批准或者否决的情况。

（4）该重大事项出现逾期付款情形的，及时披露逾期付款的原因和付款安排。

（5）该重大事项涉及的主要标的物尚未交付或者过户的，及时披露交付或者过户情况；超过约定交付或者过户期限 3 个月仍未完成交付或者过户的，及时披露未如期完成的原因、进展情况和预计完成的时间，并每隔 30 日公告一次进展情况，直至完成交付或者过户。

（6）该重大事项发生可能对公司股票及其衍生品种交易价格产生较大影响的其他进展或者变化的，及时披露进展或者变化情况。

上市公司在规定时间内报送的临时报告不符合相关规则要求的，可以先披露提示性公告，解释未能按要求披露的原因，并承诺在两个交易日内披露符合要求的公告。

上市公司控股子公司发生的《上海证券交易所股票上市规则》第九章、第十章和第十一章所述重大事项，视同上市公司发生的重大事项，适用前述各条款的规定。

上市公司参股公司发生《上海证券交易所股票上市规则》第九章和第十一章所述重大事项，或者与上市公司的关联人进行各类交易，可能对上市公司股票及其衍生品种交易价格产生较大影响的，上市公司应当参照上述各条款的规定，履行信息披露义务。

第二节　对未履行信息披露义务的处罚

一、轻度处罚

1. 上市公司若临时报告披露不够充分、完整或可能会误导公众，且拒不按照证券交易所的要求做出修改的，证券交易所可以对该公司股票及其衍生品种停牌，直至上市公司做出补充或更正公告的当日下午开市时复牌。

2. 证券交易所审核上市公司定期报告时，其要求上市公司就有关内容进行解释说明或补充公告，公司不按要求办理的，证券交易所可以视具体情况对其股票及其衍生品种停牌，直至公司做出解释说明或补充公告的当日下午开市时复牌。

3. 上市公司未在《证券法》规定的法定期限内披露定期报告的，证券交易所将对其股票及其衍生品种停牌，直至其定期报告披露的当日下午开市时复牌。

二、中度处罚

1. 上市公司在公司运作和信息披露方面涉嫌违反法律、法规、规章及证券交易所业务规则，情节严重的，在被有关部门调查期间，经证监会批准，证券交易所对上公司股票及其衍生品种停牌，待有关处理决定公告后，另行决定复牌时间。

2. 上市公司因某种原因使证券交易所失去对其有效信息来源时，证券交易所可以对该公司的股票及其衍生品种停牌，直至证券交易所恢复有效信息后复牌。

3. 上市公司不按规定公开其财政状况或者对财务会计报告做虚假记载的，证券交易所根据证监会的决定暂停其股票上市。

三、重度处罚

1. 上市公司因上述情形且经查实后果严重的，证券交易所根据证监会终止其上市的决定，终止该公司股票上市。

2. 连续 2 年亏损的上市公司，未能在《证券法》规定的法定期限内公布第 3 年年度报告的，自年度报告披露的法定期限到期之日起，证券交易所对其股票实施停牌，并在停牌后 5 个工作日内就其股票暂停上市做出决定。证券交易所做出暂停上市决定的，将通知该公司并公告，同时报证监会备案。

3. 上市公司有违反沪、深证券交易所《股票上市规则》（包括未履行信息信息披露义务）的，证券交易所视情节轻重给予以下三种处分：一责令改正，二内部通报批评，三在指定报纸网站上公开谴责，并要求上市公司有关责任人支付 3 万元以上 30 万元以下的惩罚性违约金。

第三节　应当重点披露的事项及提交的文件

一、“交易”包括的事项

1. 购买或者出售资产。

2. 向其他企业投资（含委托理财、委托贷款等）。

3. 提供财务资助。

4. 提供担保（不含主营业务）。

5. 租入或者租出资产。

6. 委托或者受托管理资产和业务。

7. 赠与或者受赠资产。

8. 债权、债务重组。

9. 签订许可使用协议。

10. 转让或者受让研究与开发项目。

11. 证券交易所认定的其他交易。

上述购买或者出售资产，不包括购买原材料、燃料和动力，以及出售产品、商品等与日常经营相关的资产购买或者出售行为，但资产置换中涉及的此类资产购买或者出售行为仍包括在内。

二、应当及时披露的交易信息

上市公司发生的交易（提供担保除外）达到下列标准之一的，应当及时披露。

1. 交易涉及的资产总额（同时存在账面值和评估值的，以高者为准）占上市公司最近一期经审计总资产的10%以上。

2. 交易的成交金额（包括承担的债务和费用）占上市公司最近一期经审计净资产的10%以上，且绝对金额在1 000万元以上。

3. 交易产生的利润占上市公司最近1个会计年度经审计净利润的10%以上，且绝对金额在100万元以上。

4. 交易标的（如股权）在最近1个会计年度相关的营业收入占上市公司最近一个会计年度经审计营业收入的10%以上，且绝对金额在1 000万元以上。

5. 交易标的（如股权）在最近1个会计年度相关的净利润占上市公司最近1个会计年度经审计净利润的10%以上，且绝对金额在100万元以上。

上述指标涉及的数据如为负值，取其绝对值计算。

三、应当提交股东大会审议的交易事项

上市公司发生的交易（提供担保、受赠现金资产除外）达到下列标准之一的，还应当提交股东大会审议。

1. 交易涉及的资产总额（同时存在账面值和评估值的，以高者为准）占上市公司最近一期经审计总资产的50%以上。

2. 交易的成交金额（包括承担的债务和费用）占上市公司最近一期经审计净资产的50%以上，且绝对金额在5 000万元以上。

3. 交易产生的利润占上市公司最近1个会计年度经审计净利润的50%以上，且绝对金额在500万元以上。

4. 交易标的（如股权）在最近1个会计年度相关的营业收入占上市公司最近1个会计年度经审计营业收入的50%以上，且绝对金额在5 000万元以上。

5. 交易标的（如股权）在最近1个会计年度相关的净利润占上市公司最近1个会计年度经审计净利润的50%以上，且绝对金额在500万元以上。

上述指标涉及的数据如为负值，取绝对值计算。

四、应当向证券交易所提交披露交易事项的文件

1. 公告文稿。
2. 与交易有关的协议或者意向书。
3. 董事会决议、决议公告文稿和独立董事的意见（如适用）。
4. 交易涉及的政府批文（如适用）。
5. 中介机构出具的专业报告（如适用）。
6. 证券交易所要求的其他文件。

五、关联交易的审议程序及信息披露

（一）审议程序

上市公司董事会审议关联交易事项时，关联董事应当回避表决，也不

得代理其他董事行使表决权。该董事会会议由过半数的非关联董事出席即可举行，董事会会议所做决议须经非关联董事过半数通过。出席董事会会议的非关联董事人数不足 3 人的，公司应当将交易提交股东大会审议。

上市公司与关联人发生的交易（上市公司提供担保、受赠现金资产除外）金额在 3 000 万元以上，且占上市公司最近一期经审计净资产绝对值 5% 以上的关联交易，除应当及时披露外，还应当比照“上市规则”的规定，聘请具有执行证券、期货相关业务资格的中介机构，对交易标的进行审计或者评估，并将该交易提交股东大会审议。

（二）关联交易信息披露

1. 上市公司与关联自然人发生的交易金额在 30 万元以上的关联交易（上市公司提供担保除外），应当及时披露。

2. 上市公司与关联法人发生的交易金额在 300 万元以上，且占公司最近一期经审计净资产绝对值 0.5% 以上的关联交易（上市公司提供担保除外），应当及时披露。

3. 上市公司为关联人提供担保的，不论数额大小，均应当在董事会审议通过后及时披露，并提交股东大会审议。

（三）应当向证券交易所提交披露关联交易的文件

1. 公告文稿。
2. 前四的第 2 项至第 5 项所列文件。
3. 独立董事事前认可该交易的书面文件。
4. 独立董事的意见。
5. 证券交易所要求的其他文件。

（四）关联交易公告的内容

1. 交易概述及交易标的的基本情况。
2. 独立董事的事前认可情况和发表的独立意见。
3. 董事会表决情况（如适用）。
4. 交易各方的关联关系和关联人基本情况。

5. 交易的定价政策及定价依据，成交价格与交易标的账面值或者评估值以及明确、公允的市场价格之间的关系，以及因交易标的的特殊性而需要说明的与定价有关的其他事项。

若成交价格与账面值、评估值或者市场价格差异较大的，应当说明原因；交易有失公允的，还应当披露本次关联交易所产生的利益的转移方向。

6. 交易协议其他方面的主要内容，包括交易成交价格及结算方式，关联人在交易中所占权益的性质和比重，协议生效条件、生效时间和履行期限等。

7. 交易目的及交易对上市公司的影响，包括进行此次关联交易的真实意图和必要性，对公司本期和未来财务状况及经营成果的影响等。

8. 从当年年初至披露日与该关联人累计已发生的各类关联交易的总金额。

9. “上市规则”中规定的其他内容。

10. 证监会和证券交易所要求的有助于说明交易真实情况的其他内容。

上市公司为关联人和持股5%以下的股东提供担保的，还应当披露“上市规则”中第9.14条规定的内容。

（五）免予披露情况

上市公司与关联人进行的下述交易，可以免予按照关联交易的方式进行审议和披露：

1. 一方以现金方式认购另一方公开发行的股票、公司债券或企业债券、可转换公司债券或者其他衍生品种。

2. 一方作为承销团成员承销另一方公开发行的股票、公司债券或企业债券、可转换公司债券或者其他衍生品种。

3. 一方依据另一方股东大会决议领取股息、红利或者报酬。

4. 证券交易所认定的其他交易。

六、重大诉讼、仲裁事项披露

上市公司披露重大诉讼、仲裁事项时，应当向证券交易所提交的文件及包括的内容如下所示。

（一）提交文件

1. 公告文稿。

2. 诉状或者仲裁申请书、受理（应诉）通知书。

3. 判决或者裁决书。

4. 证券交易所要求的其他材料。

（二）包括的内容

1. 案件受理情况和基本案情。

2. 案件对公司本期利润或者期后利润的影响。

3. 公司及控股子公司是否还存在尚未披露的其他诉讼、仲裁事项。

4. 证券交易所要求的其他内容。

七、其他风险警示

上市公司出现以下情形之一的，证券交易所将对其股票交易实行其他风险警示。

1. 被暂停上市的公司股票恢复上市后或者被终止上市的公司股票重新上市后，公司尚未发布首份年度报告。

2. 生产经营活动受到严重影响且预计在 3 个月内不能恢复正常。

3. 主要银行账号被冻结。

4. 董事会会议无法正常召开并形成决议。

5. 公司被控股股东及其关联方非经营性占用资金或违反规定决策程序对外提供担保，情形严重的。

6. 证监会或证券交易所认定的其他情形。

本章要点

根据“上市规则”的要求，信息披露工作是细致严格的，董事会秘书作为具体事务的承办人，重点把握的应是：

1. 哪些信息需要及时披露。
2. 关联交易的审议程序和披露。
3. 应当披露的交易事项有哪些。
4. 未履行信息披露义务会受到哪些处罚。

思考题

1. 董事会秘书在信息披露工作的职责是什么？
2. 首次公开发行股票的信息披露基本规定有哪些？
3. 关联交易公告应包括哪些主要内容？

第十章

上市公司治理

公司治理的实质就是对公司的各个参与者的责任、权利、义务三者关系的确认与权衡。我国的公司治理结构是采用“三权分立”制度，即决策权、经营管理权、监督权分属于股东大会、董事会或执行董事、监事会，引进独立董事制度，通过权力的制衡，使各机关各司其职，又相互制约，保证公司顺利运行。

上市公司治理最重要的是董事与管理阶层如何建立公司治理的实用模式，为其他公司参与者提供可以依据的价值参考，并且能够有效地定期评估它的有效程度及量化指标。尤其是，高级行政人员所表现出的优良品格，即诚实、有道德，在面对利益冲突及透露财务报表中敏感信息的时候，能够保持自律、规范、言辞严谨等工作习惯。

第一节　董事会及议事规则

一、制定依据

根据《公司法》、《证券法》、《上市公司治理准则》、沪深证券交易所股票上市规则等有关法律法规以及《公司章程》的规定制作，进一步规范董事会的议事方式和决策程序，促使董事和董事会有效地履行职责，提高董事会规范运作和科学决策水平。

二、专门委员会

上市公司董事会应当设立审计委员会，并可以根据需要设立战略、提名、薪酬与考核等相关专门委员会。专门委员会对董事会负责，依照公司章程和董事会授权履行职责，专门委员会的提案应当提交董事会审议决定。

专门委员会成员全部由董事组成，其中审计委员会、提名委员会、薪酬与考核委员会中独立董事应当占多数并担任召集人，审计委员会的召集人应当为会计专业人士。

（一）审计委员会的主要职责

1. 监督及评估外部审计工作，提议聘请或者更换外部审计机构。
2. 监督及评估内部审计工作，负责内部审计与外部审计的协调。
3. 审核公司的财务信息及其披露。
4. 监督及评估公司的内部控制。
5. 负责法律法规、公司章程和董事会授权的其他事项。

（二）战略委员会的主要职责

战略委员会的主要职责是对公司长期发展战略和重大投资决策进行研究并提出建议。

（三）提名委员会的主要职责

1. 研究董事、高级管理人员的选择标准和程序并提出建议。
2. 遴选合格的董事人选和高级管理人员人选。
3. 对董事人选和高级管理人员人选进行审核并提出建议。

（四）薪酬与考核委员会的主要职责

1. 研究董事与高级管理人员考核的标准，进行考核并提出建议。

2. 研究和审查董事、高级管理人员的薪酬政策与方案。

专门委员会可以聘请中介机构提供专业意见。专门委员会履行职责的有关费用由上市公司承担。

三、董事会的职责

1. 召集股东大会，并向股东大会报告工作。

2. 执行股东大会的决议。

3. 决定公司的经营计划和投资方案。

4. 制订公司的年度财务预算方案、决算方案。

5. 制订公司的利润分配方案和弥补亏损方案。

6. 制订公司增加或者减少注册资本、发行债券或其他证券及上市方案。

7. 拟订公司重大收购、收购本公司股票或者合并、分立、解散及变更公司形式的方案。

8. 在股东大会授权范围内，决定公司对外投资、收购出售资产、资产抵押、对外担保事项、委托理财、关联交易等事项。

9. 决定公司内部管理机构的设置。

10. 根据董事长的提名，聘任或者解聘公司总经理、董事会秘书；根据总经理的提名，聘任或者解聘公司副总经理、财务负责人等高级管理人员，并决定其报酬事项和奖惩事项。

11. 制定公司的基本管理制度。

12. 制订公司章程的修改方案。

13. 管理公司信息披露事项。

14. 向股东大会提请聘请或更换为公司审计的会计师事务所。

15. 听取公司经理的工作汇报并检查经理的工作。

16. 法律、行政法规、部门规章或公司章程授予的其他职权。

需要注意的是，公司股东大会可以授权公司董事会按照公司章程的约定向优先股股东支付股息。超过股东大会授权范围的事项，应当提交股东大会审议。

四、董事会下设董事会办公室，处理董事会日常事务

（一）董事会会议

董事会会议分为定期会议和临时会议。

定期会议是指年度、半年度会议，董事会每年应当至少在上下两个半年度各召开一次定期会议；临时会议是指除定期会议以外的会议，可多次召开。

（二）定期会议的提案

在发出召开董事会定期会议的通知前，董事会秘书处应当充分征求各董事的意见，初步形成会议提案后交董事长拟订。

董事长在拟订提案前，应当视需要征求总经理和其他高级管理人员的意见。

根据有关法律、法规及证监会、证券交易所的规定，须会前征得独立董事认可的议案，应于会前得到1/2以上独立董事认可后，方可提交董事会审议。

（三）临时会议

有下列情形之一的，董事会应当召开临时会议：

1. 代表1/10以上表决权的股东提议时。
2. 1/3以上董事联名提议时。
3. 监事会提议时。
4. 董事长认为必要时。
5. 1/2以上独立董事提议时。
6. 总经理提议时。
7. 证券监管部门要求召开时。
8. 《公司章程》规定的其他情形。

（四）临时会议的提议程序

按照相关规定提议召开董事会临时会议的，应当通过董事会办公室或者直接向董事长提交经提议人签（盖章）的书面提议。书面提议中应当载明下列事项：

1. 提议人的姓名或者名称。
2. 提议理由或者提议所基于的客观事由。
3. 提议会议召开的时间或者时限、地点和方式。
4. 明确和具体的提案。
5. 提议人的联系方式和提议日期等。

提案内容应当属于《公司章程》规定的董事会职权范围内的事项，与提案有关的材料应当一并提交。

董事会办公室在收到上述书面提议和有关材料后，应当于当日转交董事会秘书。董事会秘书认为提案内容不明确或者有关材料不充分的，可以要求提议人修改或者补充。

董事长自接到或者董事会秘书转交的提议或者证券监管部门的要求后认为无异议，应当于10日内，召集董事会会议并主持会议。

（五）会议的召集和主持

董事会会议由董事长召集和主持；董事长不能履行职务或者不履行职务的，由半数以上董事共同推举一名董事召集和主持。

（六）会议通知内容

书面会议通知包括以下内容，但不限于：

1. 会议日期和地点。
2. 会议期限。
3. 事由及议题。
4. 发出通知的日期。
5. 会议的召开方式。
6. 会议召集人和主持人、临时会议的提议人及其书面提议。

7. 董事表决所必需的会议材料。

8. 董事应当亲自出席或者委托其他董事代为出席会议的要求。

9. 联系人和联系方式。

口头会议通知至少应包括上述第 1、2、3 项内容，以及情况紧急需要尽快召开董事会临时会议的说明。

（七）会议的召开

董事会会议应当有过半数的董事出席方可举行。有关董事拒不出席或者怠于出席会议导致无法满足会议召开的最低人数要求时，董事长和董事会秘书应当及时向监管部门报告。

监事可以列席董事会会议；总经理和董事会秘书未兼任董事的，应当列席董事会会议。会议主持人认为有必要的，可以通知其他有关人员列席董事会会议。

（八）亲自出席和委托出席

董事原则上应当亲自出席董事会会议。因故不能出席会议的，应当事先审阅会议材料，形成明确的意见，书面委托其他董事代为出席。

委托书应当载明：

1. 委托人和受托人的姓名。

2. 委托人对每项提案的简要意见。

3. 委托人的授权范围、有效期限和对提案表决意向的指示。

4. 委托人的签字、日期等。

委托其他董事对定期报告代为签署书面确认意见的，应当在委托书中进行专门授权。

受托董事应当向董事会办公室提交书面委托书，在会议签到簿上说明受托出席的情况。

董事连续 2 次未能亲自出席，也不委托其他董事代为出席董事会会议的；独立董事连续 3 次未能亲自出席董事会会议的，均视为不能履行职责，董事会应当建议股东大会予以撤换。

（九）关于委托出席的限制

委托和受托出席董事会会议应当遵循以下原则：

1. 在审议关联交易事项时，非关联董事不得委托关联董事代为出席；关联董事也不得接受非关联董事的委托。

2. 独立董事不得委托非独立董事代为出席，非独立董事也不得接受独立董事的委托。

3. 1 名董事不得接受超过 2 名董事（不包括 2 名）的委托，董事也不得委托已经接受 2 名其他董事委托的董事代为出席。

（十）会议审议程序

会议主持人应按预定时间宣布开会，并报告出席会议人员情况和会议议题。

会议主持人应当提请出席董事会会议的董事对各项提案发表明确的意见。

对于根据规定需要独立董事事前认可的提案，会议主持人应当在讨论有关提案前，指定 1 名独立董事宣读独立董事达成的书面认可意见。

董事阻碍会议正常进行或者影响其他董事发言的，会议主持人应当及时制止。

对列入会议议程的内容，主持人根据实际情况，可以采取提案人集中报告，与会董事集中审议后逐项表决的方式；也可以采取提案人逐项报告，与会董事逐项审议、逐项表决的方式。每一项议案均应给予合理的讨论时间。

集中审议的议案，一项议案未审议完毕，不得审议下一项议案；逐项审议、表决的议案，一项议案未审议完毕，不得进入议案的表决。

除征得全体与会董事的一致同意外，董事会会议不得就未包括在会议通知中的提案进行表决。董事接受其他董事委托代为出席董事会会议的，不得代表其他董事对未包括在会议通知中的提案进行表决。

（十一）发表意见及会议表决

董事应当认真阅读有关会议材料，在充分了解情况的基础上独立、审慎地发表意见。

董事可以在会前向董事会办公室、会议召集人、总经理和其他高级管理人员、各专门委员会、会计师事务所和律师事务所等有关人员和机构了解决策所需要的信息，也可以在会议进行中向主持人建议请上述人员和机构代表与会解释有关情况。

每项提案经过充分讨论后，主持人应当适时提请与会董事进行表决。

会议表决实行一人一票，以投票方式进行。

董事会在做出决议之前，应当充分听取列席人员的意见。列席人员有发言权，但无表决权。

董事的表决意向分为同意、反对和弃权。与会董事应当从上述意向中选择其一，未做选择或者同时选择两个以上意向的，会议主持人应当要求有关董事重新选择，拒不选择的，视为弃权；中途离开会场不回而未做选择的，视为弃权。

董事会对通知中列明的事项原则上应当进行表决，但经全体董事的过半数同意，可以不进行表决。

列入董事会议程的议案，在交付表决前，提案人要求撤回的，对该议案的审议即行终止。

代为出席会议的董事应当在授权范围内行使董事的权利。董事未出席董事会会议，亦未委托代表出席的，视为放弃在该次会议上的表决权。

（十二）决议的形成

董事会审议通过会议提案并形成相关决议，必须有超过公司全体董事人数之半数的董事对该提案投赞成票。法律、行政法规和《公司章程》规定董事会形成决议应当取得更多董事同意的，从其规定。

不同决议在内容和含义上出现矛盾的，以形成时间在后的决议为准。

（十三）回避表决及暂缓表决

出现下述情形的，董事应当对有关提案回避表决：

1. “上市规则”规定董事应当回避的情形。

2.《公司章程》规定的因董事与会议提案所涉及的企业有关联关系而须回避的其他情形。

在董事回避表决的情况下，有关董事会会议由过半数的无关联关系董事出席即可举行，形成决议须经无关联关系董事过半数通过。出席会议的无关联关系董事人数不足 3 人的，不得对有关提案进行表决，而应当将该事项提交股东大会审议。

3. 1/2 以上的与会董事或 2 名以上独立董事认为提案不明确、不具体，或者因会议材料不充分等其他事由导致其无法对有关事项做出判断时，会议主持人应当要求会议对该议题进行暂缓表决。

提议暂缓表决的董事应当对提案再次提交审议应满足的条件提出明确要求。

列入董事会议程的议案，在审议过程中发现有重大问题需要进一步研究的，可以暂不表决，并组成专门工作组，或授权经营管理班子进一步考察，提出考察报告后提交下次董事会审议。

（十四）会议纪要和决议记录

除会议记录外，董事会秘书还可以视需要安排董事会办公室工作人员对会议召开情况作简明扼要的会议纪要，根据统计的表决结果就会议所形成的决议制作单独的决议记录。

与会董事应当代表其本人和委托其代为出席会议的董事对会议决议进行签字确认。

董事对会议记录或者决议记录有不同意见的，可以在签字时做出书面说明。必要时，应当及时向监管部门报告，也可以发表公开声明。

董事既不按前款规定进行签字确认，又不对其不同意见做出书面说明或者向监管部门报告、发表公开声明的，视为完全同意会议记录和决议记录的内容。

（十五）决议公告

董事会决议公告事宜，由董事会秘书根据“上市规则”的有关规定办理。在决议公告披露之前，与会董事和会议列席人员、记录和服务人员等负有对决议内容保密的义务。

董事会会议档案，包括会议通知和会议材料、会议签到簿、董事代为出席的授权委托书、会议录音资料、经与会董事签字确认的会议记录、会议纪要、决议记录、决议公告等，由董事会秘书负责保存。

董事会会议档案的保存期限不少于10年。

五、利润分配和资本公积金转增股本

上市公司应当在董事会审议通过利润分配或资本公积金转增股本方案后，及时披露方案的具体内容。

上市公司在实施方案前，应当向证券交易所提交下列文件：

1. 方案实施公告。

2. 股东大会决议。

3. 中国结算确认方案具体实施时间的文件。

4. 证券交易所要求的其他文件。

上市公司应当于实施方案的股权登记日前3～5个交易日内披露方案实施公告。

方案实施公告应当包括以下内容：

1. 通过方案的股东大会届次和日期。

2. 派发现金股利、股份股利、资本公积金转增股本的比例（以每10股表述）、股本基数（按实施前实际股本计算），以及是否含税和扣税情况等。

3. 股权登记日、除权（息）日、新增股份（未完成股权分置改革的上市公司为“新增可流通股份”）上市日。

4. 方案实施办法。

5. 股本结构变动表（按变动前总股本、本次派发红股数、本次转增股本数、变动后总股本、占总股本比例等项目列示）。

6. 派发股份股利、资本公积金转增股本后，按新股本摊薄计算的上年度每股收益或者本年半年度每股收益。

7. 有关咨询办法。

上市公司应当在股东大会审议通过方案后两个月内，完成利润分配及转增股本事宜。

六、独立董事发表意见

公司董事会应依据审计委员会提供的内控总结报告，对公司内部控制情况进行审议评估，形成内部控制自我评价报告。独立董事应对此报告发表意见。

自我评价报告至少应包括以下内容：

1. 说明公司内部控制制度是否建立健全和有效运行，是否存在缺陷。

2. 重点关注的控制活动的自查和评估情况。

3. 说明内部控制缺陷和异常事项的改进措施（如适用）。

4. 说明上一年度的内部控制缺陷及异常事项的改善进展情况（如适用）。

七、专项说明

注册会计师对公司内部控制有效性表示异议的，公司董事会应针对该审核意见涉及事项做出专项说明，专项说明至少应包括以下内容：

1. 异议事项的基本情况。

2. 该事项对公司内部控制有效性的影响程度。

3. 公司董事会对该事项的意见。

4. 消除该事项及其影响的可能性。

5. 消除该事项及其影响的具体措施。

八、附则

1. 本议事规则未尽事宜，依照国家有关法律、法规、《公司章程》及其他规范性文件的有关规定执行。

2. 本规则由董事会制定报股东大会批准后生效，修改时亦同。

3. 本议事规则自股东大会审议通过之日起生效执行。

4. 本规则由董事会解释。

第二节　股东大会及议事规则

一、制定依据

为完善公司法人治理结构，规范股东大会的运作程序，以充分发挥股东大会的决策作用，根据《公司法》、《证券法》和《上市公司股东大会规则》及《公司章程》的规定，制定公司股东大会议事示范规则。

二、股东大会行使的职责

股东大会是公司的权力机构，应当在《公司法》和公司章程规定的范围内依法行使下列职权：

1. 决定公司的经营方针和投资计划。

2. 选举和更换非由职工代表担任的董事、监事，决定有关董事、监事的报酬事项。

3. 审议批准董事会报告。

4. 审议批准监事会报告。

5. 审议批准公司的年度财务预算方案、决算方案。

6. 审议批准公司的利润分配方案和弥补亏损方案。

7. 对公司增加或者减少注册资本做出决议。

8. 对发行公司债券做出决议。

9. 对公司合并、分立、解散、清算或者变更公司形式做出决议。

10. 修改本章程。

11. 对公司聘用、解聘会计师事务所做出决议。

12. 审议批准《上市公司章程指引》第 41 条规定的担保事项。

13. 审议公司在 1 年内购买、出售重大资产超过公司最近一期经审计总资产 30% 的事项。

14. 审议批准变更募集资金用途事项。

15. 审议股权激励计划。

16. 审议法律、行政法规、部门规章或本章程规定应当由股东大会决定的其他事项。

上述股东大会的职权不得通过授权的形式由董事会或其他机构和个人代为行使。

三、股东大会的召开

股东大会分为年度股东大会和临时股东大会。年度股东大会每年召开 1 次，应当于上一会计年度结束后的 6 个月内举行。临时股东大会不定期召开，出现《公司法》第 100 条规定的应当召开临时股东大会的情形时，临时股东大会应当在 2 个月内召开。

上市公司在上述期限内不能召开股东大会的，应当报告公司所在地证监会派出机构和公司股票挂牌交易的证券交易所，说明原因并公告。

四、有权提议召开临时股东大会的机构

1. 独立董事有权向董事会提议召开临时股东大会。

对独立董事要求召开临时股东大会的提议，董事会应当根据法律、行政法规和公司章程的规定，在收到提议后 10 日内提出同意或不同意召开临时股东大会的书面反馈意见。

董事会同意召开临时股东大会的，应当在做出董事会决议后的 5 日内发出召开股东大会的通知；董事会不同意召开临时股东大会的，应当

说明理由并公告。

2. 监事会有权向董事会提议召开临时股东大会。

监事会向董事会提议召开临时股东大会，并应当以书面形式向董事会提出。董事会应当根据法律、行政法规和公司章程的规定，在收到提议后 10 日内提出同意或不同意召开临时股东大会的书面反馈意见。

董事会同意召开临时股东大会的，应当在做出董事会决议后的 5 日内发出召开股东大会的通知，通知中对原提议的变更，应当征得监事会的同意。

董事会不同意召开临时股东大会，或者在收到提议后 10 日内未做出书面反馈的，视为董事会不能履行或者不履行召集股东大会会议职责，监事会可以自行召集和主持。

3. 单独或者合计持有公司 10% 以上股份的股东有权向董事会请求召开临时股东大会。

单独或者合计持有公司 10% 以上股份的股东向董事会请求召开临时股东大会，并应当以书面形式向董事会提出。董事会应当根据法律、行政法规和公司章程的规定，在收到请求后 10 日内提出同意或不同意召开临时股东大会的书面反馈意见。

董事会同意召开临时股东大会的，应当在做出董事会决议后的 5 日内发出召开股东大会的通知，通知中对原请求的变更，应当征得相关股东的同意。

董事会不同意召开临时股东大会，或者在收到请求后 10 日内未做出反馈的，单独或者合计持有公司 10% 以上股份的股东有权向监事会提议召开临时股东大会，并应当以书面形式向监事会提出请求。

监事会同意召开临时股东大会的，应在收到请求 5 日内发出召开股东大会的通知，通知中对原请求的变更，应当征得相关股东的同意。

监事会未在规定期限内发出股东大会通知的，视为监事会不召集和主持股东大会，连续 90 日以上单独或者合计持有公司 10% 以上股份的股东可以自行召集和主持。

监事会或股东决定自行召集股东大会的，应当书面通知董事会，同时向公司所在地证监会派出机构和证券交易所备案。

在股东大会决议公告前，召集股东持股比例不得低于10%。

五、股东大会的主持

股东大会由董事长主持。董事长不能履行职务或不履行职务时，由副董事长主持；副董事长不能履行职务或者不履行职务时，由半数以上董事共同推举的一名董事主持。

监事会自行召集的股东大会，由监事会主席主持。监事会主席不能履行职务或不履行职务时，由监事会副主席主持；监事会副主席不能履行职务或者不履行职务时，由半数以上监事共同推举的一名监事主持。

股东自行召集的股东大会，由召集人推举代表主持。

召开股东大会时，会议主持人违反议事规则使股东大会无法继续进行的，经现场出席股东大会有表决权过半数的股东同意，股东大会可推举一人担任会议主持人，继续开会。

六、股东大会决议

股东会决议分为普通决议和特别决议。

股东会做出普通决议，应当由代表1/2以上表决权的股东通过。

股东会做出特别决议，应当由代表2/3以上表决权的股东通过。

下列事项由股东会以特别决议通过：

1. 公司增加或者减少注册资本。

2. 公司的分立、合并、解散和清算。

3. 本章程的修改。

4. 公司在1年内购买、出售重大资产或者担保金额超过公司最近一期经审计总资产30%的。

5. 股权激励计划。

6. 法律、行政法规或本章程规定的，以及股东大会以普通决议认定会对公司产生重大影响的、需要以特别决议通过的其他事项。

上述以外其他事项由股东大会以普通决议通过。

七、股东大会的法律意见

上市公司召开股东大会，应当聘请律师对以下问题出具法律意见并公告：

1. 会议的召集、召开程序是否符合法律、行政法规、《上市公司股东大会规则》和公司章程的规定。

2. 出席会议人员的资格、召集人资格是否合法有效。

3. 会议的表决程序、表决结果是否合法有效。

4. 应上市公司要求对其他有关问题出具的法律意见。

八、监管措施

上市公司无正当理由不召开股东大会的，证券交易所有权对该公司挂牌交易的股票及衍生品种予以停牌，并要求董事会做出解释并公告。

股东大会的召集、召开和相关信息披露不符合法律、行政法规、《上市公司股东大会规则》和公司章程要求的，证监会及其派出机构有权责令上市公司或相关责任人限期改正，并由证券交易所予以公开谴责。

董事、监事或董事会秘书违反法律、行政法规、《上市公司股东大会规则》和公司章程的规定，不切实履行职责的，证监会及其派出机构有权责令其改正，并由证券交易所予以公开谴责；对于情节严重或不予改正的，证监会可对相关人员实施证券市场禁入。

股东有权对董事长、董事、监事或总经理及其他高级管理人员提出质询，董事、监事、高级管理人员在股东大会上应就股东的质询做出解释和说明。

九、附则

《股东大会议事规则》应在证监会指定报刊上刊登有关信息披露内容。公告或通知篇幅较长的，上市公司可以选择在证监会指定报刊上对有关内容做摘要性披露，但全文应当同时在证监会指定的网站上公布。

股东大会补充通知应当在刊登会议通知的同一指定报刊上公告。

凡是与《公司法》、《证券法》和《上市公司股东大会规则》及公司章程相违背的地方，应以《公司法》、《证券法》和《上市公司股东大会规则》及公司章程规定为准。

《股东大会议事规则》由公司董事会负责解释。

第三节　监事会及议事规则

一、制定依据

根据《公司法》、《证券法》、《上市公司治理准则》、“上市规则”等有关法律法规以及公司章程的规定制作，进一步规范监事会的议事方式和决策程序，促使监事和监事会有效地履行职责，对股东大会负责，并向其报告工作，提高监事会规范运作和公司经营管理的监督职能。

二、监事会及监事的资格及任职

监事会由 3 名监事组成，其中 2 名监事由股东大会选举，1 名监事由公司的员工代表大会民主推举；监事会设主席 1 人，由全体监事过半数选举产生。

监事不得兼任董事、总经理、财务负责人及其他高级管理人员。

监事由股东代表和公司职工代表出任，股东代表出任的监事由股东大会选举和更换，职工代表出任的监事由公司职工民主选举产生或更换。公司职工代表出任的监事不少于监事人数的 1/3。公司监事为自然人，有下列情形之一的，不能担任公司的监事：

1. 无民事行为能力或者限制民事行为能力。

2. 因贪污、贿赂、侵占财产、挪用财产或者破坏社会主义市场经济秩序，被判处刑罚，执行期满未逾 5 年；或者因犯罪被剥夺政治权利，执行期满未逾 5 年。

3. 担任破产清算的公司、企业的董事或者厂长、经理，对该公司、企业的破产负有个人责任的，自该公司、企业破产清算完结之日起未逾3年。

4. 担任因违法被吊销营业执照、责令关闭的公司、企业的法定代表人，并负有个人责任的，自该公司、企业被吊销营业执照之日起未逾3年。

5. 个人所负数额较大的债务到期未清偿。

6. 被证监会处以证券市场禁入处罚，期限未满的。

7. 法律、行政法规或部门规章规定的其他内容。

违反规定选举、委派监事的，该选举、委派或者聘任无效。监事在任职期间出现上述情形的，公司解除其职务。

监事的任期每届为3年。监事任期届满，连选可以连任。

三、监事会职权与义务

（一）监事会的职权

1. 应当对董事会编制的公司定期报告进行审核并提出书面审核意见。

2. 检查公司财务。

3. 对董事、高级管理人员执行公司职务的行为进行监督，对违反法律、行政法规、公司章程或者股东大会决议的董事、高级管理人员提出罢免的建议。

4. 当董事、高级管理人员的行为损害公司的利益时，要求董事、高级管理人员予以纠正。

5. 提议召开临时股东大会，在董事会不履行《公司法》规定的召集和主持股东大会职责时召集和主持股东大会。

6. 向股东大会提出提案。

7. 依照《公司法》第151条的规定，对董事、高级管理人员提起诉讼。

8. 发现公司经营情况异常，可以进行调查；必要时，可以聘请会计师事务所、律师事务所等专业机构协助其工作，费用由公司承担。

（二）监事行使监督权利的方式

1. 向监事会报告，并形成监事会决议。

2. 委托注册会计师、审计师对监事会监督职权范围内的事项进行审查。

3. 根据审查结果决定是否有必要召开临时股东大会。

4. 建议召开临时股东大会。

四、监事会会议

监事会主席召集和主持监事会会议；监事会主席不能履行职务或者不履行职务的，由半数以上监事共同推举一名监事召集和主持监事会会议。

监事会每6个月至少召开一次会议。会议通知应当在会议召开10日以前书面送达全体监事。

监事会会议通知包括以下内容：

1. 举行会议的日期、地点和会议期限。

2. 事由及议题。

3. 发出通知的日期。

监事会应有2/3以上监事出席，方可进行。遇有公司章程规定的情况，可召开监事会临时会议。

监事会应由监事本人出席，监事因故不能出席，可以委托其他监事代为出席。授权委托书应当载明代理人的姓名、代理事项、权限和有效期限，并经委托人签名后有效。

监事会可要求公司董事、总经理和其他高级管理人员、内外部审计人员出席监事会，回答所关注的问题。

监事会行使职权时，必要时可以聘请律师事务所、会计师事务所等专业机构给予帮助，由此发生的费用由公司承担。

五、监事会决议和记录

1. 监事会决议采取举手表决方式。

每名监事有一票表决权。监事会决议仅可在获出席会议的过半数监事表决赞成后，方可通过。

监事对于会议的议项有利害关系而可能损害本公司利益时，不得参加表决。

出席会议的监事应本着认真负责的态度，对议案进行审议并充分表达个人意见；监事对其个人的投票承担责任。

2. 监事会会议应有记录，出席会议的监事和记录人应当在会议记录上签名。监事有权要求在记录上对其在会议上的发言做出某种说明性记载。

监事会会议记录和决议文本作为公司档案由董事会秘书保存，保存期为 15 年。

六、附则

本规则为公司章程的附件，自公司股东大会审议通过后执行。

本规则由公司监事会制定。

第四节　内部控制

内部控制是指上市公司为了保证公司战略目标的实现，而对公司战略制定和经营活动中存在的风险予以管理的相关制度安排。上市公司出现内部失控的现象，尤其表现在对控股子公司的失控和金融衍生品投资的失控，因此，上市公司内部控制风险受到市场的高度关注。

一、《上海证券交易所上市公司内部控制指引》

《上海证券交易所上市公司内部控制指引》（以下简称《指引》）详细规定了上市公司内部控制的原则以及董事会全体成员的责任，要求在上交所上市的公司应当按照法律、行政法规、部门规章以及上交所股票上市规则的规定建立健全内部控制制度，保证内控制度的完整性、合理性及实施的有效性，以提高公司经营的效果与效率，增强公司信息披露的可靠性，确保公司行为合法合规。上市公司年度报告应披露内部控制自我评估报告和会计师事务所对自我评估报告的核实评价意见。

上交所《指引》分为 6 章，共 35 条。从内容上看，上交所将主要通过信息披露监管来督促上市公司完善内部控制。首先，《指引》要求上市公司对内部控制进行检查监督，并指定专门的职能部门负责，要求建立相应的工作制度。该部门可直接向董事会报告，其负责人的任免可由董事会决定。其次，《指引》对上市公司内部控制的信息披露做出规定。上市公司应在定期报告中披露内部控制制度的实施情况，在发生重大的内部控制风险时，还应及时以临时公告形式披露。最后，《指引》要求公司在年度报告披露的同时披露内部控制制度自我评估报告，并要求外部审计进行核实评价。

二、《深圳证券交易所上市公司内部控制指引》

《深圳证券交易所上市公司内部控制指引》（以下简称《内控指引》），明确划分了上市公司高管人员、董事会和股东大会对关联交易的审批权限，由独立董事和监事至少每季度查阅公司与关联人之间的资金往来情况；独立董事应当对公司对外担保事项发表独立意见，并定期对公司对外担保情况进行调查。对董事会在审议关联交易事项时的董事委托出席问题做出了规范，要求在公司章程中明确股东大会、董事会审批对外担保的权限和违反审批权限及审议程序的责任追究制度，指派专人持续关注被担保人的情况。上市公司委托理财必须经董事会或股东大会审议批准，并指派专人跟踪委托理财资金的进展及安全状况。建立募集资金专户存储制度，严格按项目预算投入募集资金，内部稽核部门应跟踪募集资金使用情况并定期向董事会审计委员会报告。

《内控指引》共分 10 章 81 条，包括总则、基本要求、关联交易内部控制、对外担保内部控制、委托理财内部控制、募集资金内部控制、信息披露内部控制、对控股子公司的控制、对外承诺的内部控制和内部控制检查及披露 10 个部分。

三、“三权”和谐相处是上市公司内部控制体系有效性的基础

上市公司上市之初一般都是基础较好的企业，而且大多是按现代企业制度建立的管理模式运行。即便有些先天不足的企业，经过近几年不断改进完善，也基本能达到国家法律法规的要求。但是，却有一些原本不错的上市公司，在人们不知不觉中已面临摘牌退市的危险。走进上市公司，其境况各有不同，有的公司在形式上似乎都设立了很多风险防范机制和预警控制系统，但是没有发挥作用，没能让企业一路平安。当然，要说客观原因肯定不少，比如政策变化监督不力、市场供需调控、中介机构严重失职等，然而，最主要最直接的原因，还是上市公司缺乏完善而有效的内部控制体系。

上市公司内部控制体系就是如何面对与协调所有权、经营决策权和监督权三权的分立与制衡。即由全体股东组成的股东大会、由主要股东组成的董事会及其领导下的经理班子、由股东代表和适当比例的公司职工代表组成的监事会，“三权”分立，既各司其职，又相互制约。股东大会是最高权力机构，董事会对股东大会负责，监事会主要是检查公司账务，对董事会和经理层违反法规及公司章程的行为进行监督，总经理是上市公司的实际操作人。完善而有效的内部控制体系既解决公司的所有权（股东）与经营权（经理）分权制衡问题，也解决所有权之间（大股东与小股东）的利益关系问题。

四、内部控制的框架

公司内控制度应力求全面、完整，至少在以下 3 个层面做出安排：公司层面、公司下属部门及附属公司层面、公司各业务环节层面、在建立和实施内控制度时，应考虑以下基本要素：

1. 目标设定，指董事会和管理层根据公司的风险偏好设定战略目标。

2. 内部环境，指公司的组织文化以及其他影响员工风险意识的综

合因素，包括员工对风险的看法、管理层风险管理理念和风险偏好、职业道德规范和工作氛围、董事会和监事会对风险的关注和指导等。

3. 风险确认，指董事会和管理层确认影响公司目标实现的内部和外部风险因素。

4. 风险评估，指董事会和管理层根据风险因素发生的可能性和影响，确定管理风险的方法。

5. 风险管理策略选择，指董事会和管理层根据公司风险承受能力和风险偏好选择风险管理策略。

6. 控制活动，指为确保风险管理策略有效执行而制定的制度和程序，包括核准、授权、验证、调整、复核、定期盘点、记录核对、职能分工、资产保全、绩效考核等。

7. 信息沟通，指产生服务于规划、执行、监督等管理活动的信息并适时向使用者提供的过程。

8. 检查监督，指公司自行检查和监督内部控制运行情况的过程。

公司应在符合总体战略目标的基础上，针对各下属部门、附属公司以及各业务环节的特点，建立相应的内控制度。

五、上市公司相关各业务环节内部控制

公司内部控制通常应涵盖经营活动中所有业务环节，包括但不限于：

1. 销货及收款环节：包括订单处理、信用管理、运送货物、开出销货发票、确认收入及应收账款、收到现款及其记录等。

2. 采购及付款环节：包括采购申请、处理采购单、验收货物、填写验收报告或处理退货、记录应付账款、核准付款、支付现款及其记录等。

3. 生产环节：包括拟订生产计划、开出用料清单、储存原材料、投入生产、计算存货生产成本、计算销货成本、质量控制等。

4. 固定资产管理环节：包括固定资产的自建、购置、处置、维护、保管与记录等。

5. 货币资金管理环节：包括货币资金的入账、划出、记录、报告、出纳人员和财务人员的授权等。

6. 关联交易环节：包括关联方的界定，关联交易的定价、授权、执行、报告和记录等。

7. 担保与融资环节：包括借款、担保、承兑、租赁、发行新股、发行债券等的授权、执行与记录等。

8. 投资环节：包括投资有价证券、股权、不动产、经营性资产、金融衍生品及其他长短期投资，委托理财、募集资金使用的决策、执行、保管与记录等。

9. 研发环节：包括基础研究、产品设计、技术开发、产品测试、研发记录及文件保管等。

10. 人事管理环节：包括雇用、签订聘用合同、培训、请假、加班、离岗、辞退、退休、计时、计算薪金、计算个人所得税及各项代扣款、薪资记录、薪资支付、考勤及考核等。

公司在内控制度制定过程中，可以根据自身所处行业及生产经营特点对上述业务环节进行调整。

公司内控制度除涵盖对经营活动各环节的控制外，还包括贯穿于经营活动各环节之中的各项管理制度：印章使用管理、票据领用管理、预算管理、资产管理、质量管理、担保管理、职务授权及代理制度、定期沟通制度、信息披露管理制度及对附属公司的管理制度等。

六、使用计算机信息系统的，还应制定信息管理的内控制度

信息管理的内控制度至少应涵盖下列内容：

1. 信息处理部门与使用部门权责的划分。
2. 信息处理部门的功能及职责划分。
3. 系统开发及程序修改的控制。
4. 程序及资料的存取、数据处理的控制。
5. 档案、设备、信息的安全控制。
6. 在证券交易所网站或公司网站上进行公开信息披露活动的控制。

七、根据国家财政主管部门的有关规定，建立内部会计控制规范

1. 上市公司的组建及股本变动、募集资金使用情况。

根据招股、配股说明书检查历年来股本变动情况及资金使用情况，每年资金使用是否与配股募集资金公告或变更公告资金投向相符。新项目投产后，其产品产量质量、年利润、投资回收期等经济技术指标是否与募集资金公告相符，特别是对失败的项目要重点检查。

2. 上市公司与关联企业的关联交易情况与上市公司有关联交易的企业：

对其有控制关系的关联方——子公司、分公司等。

上市公司对其下属有控制关系的关联方——参股公司、联营公司、子公司等。

对关联企业的主要业务、交易类型（商品、劳务）、关联交易要素（定价原则、交易金额）、关联方往来账款、资金占用进行审查，评价有无相互让利和效益流失。

检查的主要内容包括：

（1）关联交易的有关合同协议。

（2）向子公司、分公司买入产品、交易价格、价格数量，接受检查维修劳务费用、社区文卫费用等。

（3）向其参股、联营公司、子公司卖出的产品数量、品种、价格等。

（4）各种动力和劳务费用定价依据和原则。

（5）有关产品、工厂成本，有关生产装置的投入产出率、加工损失率等。

八、专项风险的内部控制

（一）对控股子公司实行管理控制

1. 依法建立对控股子公司的控制架构，确定控股子公司章程的主

要条款，选任董事、监事、经理及财务负责人。

2. 根据公司的战略规划，协调控股子公司的经营策略和风险管理策略，督促控股子公司据以制定相关业务经营计划、风险管理程序。

3. 制定控股子公司的业绩考核与激励约束制度。

4. 制定母子公司业务竞争、关联交易等方面的政策及程序。

5. 制定控股子公司重大事项的内部报告制度。重大事项包括但不限于发展计划及预算、重大投资、收购出售资产、提供财务资助、为他人提供担保、从事证券及金融衍生品投资、签订重大合同、境外控股子公司的外汇风险管理等。

6. 定期取得控股子公司月度财务报告和管理报告，并根据相关规定，委托会计师事务所审计控股子公司的财务报告。

（二）对金融衍生品交易实行内部控制

1. 合理制定金融衍生品交易的目标、套期保值的策略。

2. 制定金融衍生品交易的执行制度，包括交易员的资质、考核、风险隔离、执行、止损、记录和报告等的政策和程序。

3. 制定金融衍生品交易的风险报告制度，包括授权、执行、或有资产、隐含风险、对冲策略及其他交易细节。

4. 制定金融衍生品交易风险管理制度，包括机构设置、职责、记录和报告的政策和程序。

九、内部控制的检查监督

董事会及管理层通过内控制度的检查监督，发现内控制度是否存在缺陷和实施中是否存在问题，并及时予以改进，确保内控制度的有效实施。

确定专门职能部门负责内部控制的日常检查监督工作，并根据相关规定以及公司的实际情况配备专门的内部控制检查监督人员。公司可根据自身组织架构和行业特点安排该职能部门的设置，该部门负责人的任免可由董事会决定。

公司应制定内部控制检查监督办法，该办法至少包括如下内容：

1. 董事会或相关机构对内部控制检查监督的授权。
2. 公司各部门及下属机构对内部控制检查监督的配合义务。
3. 内部控制检查监督的项目、时间、程序及方法。
4. 内部控制检查监督工作报告的方式。
5. 内部控制检查监督工作相关责任的划分。
6. 内部控制检查监督工作的激励制度。

十、内部控制的信息披露

董事会应根据内部控制检查监督工作报告及相关信息，评价公司内部控制的建立和实施情况，形成内部控制自我评估报告。公司董事会应在审议年度财务报告等事项的同时，对公司内部控制自我评估报告形成决议。

公司董事会下设审计委员会的，可由审计委员会编制内部控制自我评估报告草案并报董事会审议。

公司董事会在年度报告披露的同时，披露年度内部控制自我评估报告，并披露会计师事务所对内部控制自我评估报告的核实评价意见。

公司内部控制自我评估报告至少应包括如下内容：

1. 内控制度是否建立健全。
2. 内控制度是否有效实施。
3. 内部控制检查监督工作的情况。
4. 内控制度及其实施过程中出现的重大风险及其处理情况。
5. 对本年度内部控制检查监督工作计划完成情况的评价。
6. 完善内控制度的有关措施。
7. 下一年度内部控制有关工作计划。

会计师事务所应参照主管部门有关规定对公司内部控制自我评估报告进行核实评价。

第五节　独立董事

一、上市公司充分发挥独立董事的作用

（一）上市公司应当赋予独立董事的特别职权

1. 重大关联交易（指上市公司拟与关联人达成的总额高于300万元或高于上市公司最近经审计净资产值的5%的关联交易）应由独立董事认可后，提交董事会讨论；独立董事做出判断前，可以聘请中介机构出具独立财务顾问报告，作为其判断的依据。

2. 向董事会提议聘用或解聘会计师事务所。

3. 向董事会提请召开临时股东大会。

4. 提议召开董事会。

5. 独立聘请外部审计机构和咨询机构。

6. 可以在股东大会召开前公开向股东征集投票权。

独立董事行使上述职权应当取得全体独立董事的1/2以上同意。如上述提议未被采纳或上述职权不能正常行使，上市公司应将有关情况予以披露。

如果上市公司董事会下设薪酬、审计、提名等委员会的，独立董事应当在委员会成员中占有1/2以上的比例。

（二）独立董事应当对上市公司重大事项发表的独立意见

1. 提名、任免董事。

2. 聘任或解聘高级管理人员。

3. 公司董事、高级管理人员的薪酬。

4. 上市公司的股东、实际控制人及其关联企业对上市公司现有或新发生的总额高于300万元或高于上市公司最近经审计净资产值的5%的借款或其他资金往来，以及公司是否采取有效措施回收欠款。

5. 独立董事认为可能损害中小股东权益的事项。

6. 公司章程规定的其他事项。

独立董事应当就上述事项发表以下几类意见之一：同意、保留意见及其理由、反对意见及其理由、无法发表意见及其障碍。

如有关事项属于需要披露的事项，上市公司应当将独立董事的意见予以公告，独立董事出现意见分歧无法达成一致时，董事会应将各独立董事的意见分别披露。

（三）为了保证独立董事有效行使职权，上市公司应当为独立董事提供必要的条件

1. 上市公司应当保证独立董事享有与其他董事同等的知情权。

凡须经董事会决策的事项，上市公司必须按法定的时间提前通知独立董事并同时提供足够的资料，独立董事认为资料不充分的，可以要求补充。当2名或2名以上独立董事认为资料不充分或论证不明确时，可联名书面向董事会提出延期召开董事会会议或延期审议该事项，董事会应予以采纳。

上市公司向独立董事提供的资料，上市公司及独立董事本人应当至少保存5年。

2. 上市公司应提供独立董事履行职责所必需的工作条件。上市公司董事会秘书应积极为独立董事履行职责提供协助，如介绍情况、提供材料等。独立董事发表的独立意见、提案及书面说明应当公告的，董事会秘书应及时到证券交易所办理公告事宜。

3. 独立董事行使职权时，上市公司有关人员应当积极配合，不得拒绝、阻碍或隐瞒，不得干预其独立行使职权。

4. 独立董事聘请中介机构的费用及其他行使职权时所需的费用由上市公司承担。

5. 上市公司应当给予独立董事适当的津贴。津贴的标准应当由董事会制订预案，股东大会审议通过，并在公司年报中进行披露。

除上述津贴外，独立董事不应从该上市公司及其主要股东或有利害关系的机构和人员取得额外的、未予披露的其他利益。

6. 上市公司可以建立必要的独立董事责任保险制度，以降低独立董事正常履行职责可能引致的风险。

二、担任独立董事应当符合的基本条件

1. 根据法律、行政法规及其他有关规定，具备担任上市公司董事的资格。

2. 具有法规所要求的独立性。

3. 具备上市公司运作的基本知识，熟悉相关法律、行政法规、规章及规则。

4. 具有5年以上法律、经济或者其他履行独立董事职责所必需的工作经验。

5. 公司章程规定的其他条件。

三、不得担任独立董事的人员

1. 在上市公司或者其附属企业任职的人员及其直系亲属、主要社会关系（直系亲属是指配偶、父母、子女等；主要社会关系是指兄弟姐妹、岳父母、儿媳女婿、兄弟姐妹的配偶、配偶的兄弟姐妹等）。

2. 直接或间接持有上市公司已发行股份1%以上或者是上市公司前10名股东中的自然人股东及其直系亲属。

3. 在直接或间接持有上市公司已发行股份5%以上的股东单位或者在上市公司前5名股东单位任职的人员及其直系亲属。

4. 最近1年内曾经具有前3项所列举情形的人员。

5. 为上市公司或者其附属企业提供财务、法律、咨询等服务的人员。

6. 公司章程规定的其他人员。

7. 证监会认定的其他人员。

四、独立董事的提名、选举和更换应当依法、规范进行

1. 上市公司董事会、监事会、单独或者合并持有上市公司已发行股

份1%以上的股东可以提出独立董事候选人，并经股东大会选举决定。

2. 独立董事的提名人在提名前应当征得被提名人的同意。提名人应当充分了解被提名人职业、学历、职称、详细的工作经历、全部兼职等情况，并对其担任独立董事的资格和独立性发表意见，被提名人应当就其本人与上市公司之间不存在任何影响其独立客观判断的关系发表公开声明。

在选举独立董事的股东大会召开前，上市公司董事会应当按照规定公布上述内容。

3. 在选举独立董事的股东大会召开前，上市公司应将所有被提名人的有关材料同时报送证监会、公司所在地证监会派出机构和公司股票挂牌交易的证券交易所。上市公司董事会对被提名人的有关情况有异议的，应同时报送董事会的书面意见。证监会在15个工作日内对独立董事的任职资格和独立性进行审核。对证监会持有异议的被提名人，可作为公司董事候选人，但不作为独立董事候选人。在召开股东大会选举独立董事时，上市公司董事会应对独立董事候选人是否被证监会提出异议的情况进行说明。对于《关于在上市公司建立独立董事制度的指导意见》（以下简称《指导意见》）发布前已担任上市公司独立董事的人士，上市公司应将前述材料在《指导意见》发布实施起1个月内报送证监会、公司所在地证监会派出机构和公司股票挂牌交易的证券交易所。

4. 独立董事每届任期与该上市公司其他董事任期相同，任期届满，连选可以连任，但是连任时间不得超过6年。

5. 独立董事连续3次未亲自出席董事会会议的，由董事会提请股东大会予以撤换。除出现上述情况及《公司法》中规定的不得担任董事的情形外，独立董事任期届满前不得无故被免职。提前免职的，上市公司应将其作为特别披露事项予以披露，被免职的独立董事认为公司的免职理由不当的，可以做出公开的声明。

6. 独立董事在任期届满前可以提出辞职。独立董事辞职应向董事会提交书面辞职报告，对任何与其辞职有关或其认为有必要引起公司股东和债权人注意的情况进行说明。如因独立董事辞职导致公司董事会中独立董事所占的比例低于上述《指导意见》规定的最低要求时，该独立董事的辞职报告应当在下任独立董事填补其缺额后生效。

五、附件

附件一：独立董事提名人声明

证券代码　　　　　证券简称　　　　　编号

________股份有限公司独立董事提名人声明

提名人______现就提名__________为××××股份有限公司第____届董事会独立董事候选人发表公开声明，被提名人与××××股份有限公司之间不存在任何影响被提名人独立性的关系，具体声明如下：

本次提名是在充分了解被提名人职业、学历、职称、详细的工作经历、全部兼职等情况后做出的（被提名人详细履历表见附件），被提名人已书面同意出任××××股份有限公司第____届董事会独立董事候选人（附：独立董事候选人声明书），提名人认为被提名人：

一、根据法律、行政法规及其他有关规定，具备担任上市公司董事的资格。

二、符合××××股份有限公司章程规定的任职条件。

三、具备证监会《关于在上市公司建立独立董事制度的指导意见》所要求的独立性：

1. 被提名人及其直系亲属、主要社会关系均不在××××股份有限公司及其附属企业任职。

2. 被提名人及其直系亲属不是直接或间接持有该上市公司已发行股份1%的股东，也不是该上市公司前10名股东。

3. 被提名人及其直系亲属不在直接或间接持有该上市公司已发行股份5%以上的股东单位任职，也不在该上市公司前5名股东单位任职。

4. 被提名人在最近1年内不具有上述3项所列情形。

5. 被提名人不是为该上市公司及其附属企业提供财务、法律、管理咨询、技术咨询等服务的人员。

四、包括××××股份有限公司在内，被提名人兼任独立董事的上市公司数量不超过5家。

本提名人保证上述声明真实、完整和准确，不存在任何虚假陈述或误导成分，本提名人完全明白做出虚假声明可能导致的后果。

提名人：　　　　（签章）

××年××月××日于××（地名）

披露公告所需报备文件：

1. 提名人签署的声明。

2. 提名人的身份证明；董事会提名的，经与会董事和记录人签字的董事会会议记录决议。

3. 证交所要求的其他文件。

附件二：独立董事候选人声明

证券代码　　　　证券简称　　　　编号

________股份有限公司独立董事候选人声明

声明人________，作为××××股份有限公司第____届董事会独立董事候选人，现公开声明本人与××××股份有限公司之间在本人担任该公司独立董事期间保证不存在任何影响本人独立性的关系，具体声明如下：

一、本人及本人直系亲属、主要社会关系不在该公司或其附属企业任职。

二、本人及本人直系亲属没有直接或间接持有该公司已发行股份的1%或1%以上。

三、本人及本人直系亲属不是该公司前10名股东。

四、本人及本人直系亲属不在直接或间接持有该公司已发行股份5%或5%以上的股东单位任职。

五、本人及本人直系亲属不在该公司前5名股东单位任职。

六、本人在最近1年内不具有前5项所列举情形。

七、本人没有为该公司或其附属企业提供财务、法律、管理咨询、技术咨询等服务。

八、本人没有从该上市公司及其主要股东或有利害关系的机构和人员取得额外的、未予披露的其他利益。

九、本人符合该公司章程规定的任职条件。

另外，包括××××股份有限公司在内，本人兼任独立董事的上市公司数量不超过5家。

本人完全清楚独立董事的职责，保证上述声明真实、完整和准确，不存在任何虚假陈述或误导成分，本人完全明白做出虚假声明可能导致的后果。上海证券交易所可依据本声明确认本人的任职资格和独立性。本人在担任该公司独立董事期间，将遵守中国证监会发布的规章、规定、通知以及上海证券交易所业务规则的要求，接受上海证券交易所的监管，确保有足够的时间和精力履行职责，做出独立判断，不受公司主要股东、实际控制人或其他与公司存在利害关系的单位或个人的影响。

声明人：

××年×月×日于××（地名）

披露公告所需报备文件：

1. 本人填妥的《上市公司独立董事履历表》。

2. 本人签署的声明。

3. 证交所要求的其他文件。

附件三：独立董事候选人关于独立性的补充声明

__________股份有限公司独立董事候选人关于独立性的补充声明

一、基本情况

1. 本人姓名：__________________

2. 上市公司全称：__________________（以下简称“本公司”）

3. 其他情况：详见《独立董事履历表》和《独立董事候选人声明》

二、是否为国家公务员或在有行政管理职能的事业单位任职的人员？

是□　　否□

如是，请详细说明。

三、是否为在本公司实际控制人或者控股股东的子公司、分公司等下属单位任职的人员或其亲属？

是□　　否□

如是，请详细说明。

四、是否是在为本公司提供审计、咨询、评估、法律、承销等服务的机构任职的人员并参与了有关中介服务项目？是否为该机构的主要负责人或者合伙人？

是□　　否□

如是，请详细说明。

五、是否为在本公司贷款银行、供货商、经销商单位任职的人员？

是□　　否□

如是，请详细说明。

六、是否为中央管理的现职或者离（退）休干部？

是□　　否□

如是，请详细说明。

本人__________（正楷体签名）郑重声明：上述回答是真实、准确和完整的，保证不存在任何虚假记载、误导性陈述或者重大遗漏。本人完全明白做出虚假声明可能导致的后果。上海证券交易所可依据上述回答和所提供的其他资料，评估本人是否适合担任本公司的独立董事。

声明人：　　　（签字）

日　期：

本章要点

上市公司治理最重要的是董事与管理阶层如何建立公司治理的实用模式，为其他公司参与者提供可以依据的价值参考，并且能够有效地定期评估它的有效程度及量化指标；充分有效地发挥独立董事在上市公司的作用；加强上市公司内部控制是为了保证公司战略目标的实现，对公司战略制定和经营活动中存在的风险予以规避和管理，并在相关法规制度下实施公司计划。

思考题

1. 如何做好三会建设及规范议事规则？
2. 上市公司怎样建立内部控制体系才能有效运作？
3. 如何发挥独立董事的作用？

第十一章

股权激励与员工持股

股权激励是指上市公司以本公司股票为标的，对其董事、监事、高级管理人员及其他员工进行的长期性激励。股权激励是上市公司建立、健全激励与约束机制，加强公司治理的有效措施，其主要法律依据是《公司法》、《证券法》及《上市公司员工持股计划管理暂行办法》等相关法律、行政法规的规定。

第一节　股权激励的规定

一、股权激励的要素与概念

（一）激励对象

上市公司的董事、监事、高级管理人员、核心技术（业务）人员，以及公司认为应当激励的其他员工，但不应当包括独立董事。

持股5%以上的主要股东或实际控制人原则上不得成为激励对象。除非经股东大会表决通过，且股东大会对该事项进行投票表决时，关联股东须回避表决。

持股5%以上的主要股东或实际控制人的配偶及直系近亲属若符合

成为激励对象的条件，可以成为激励对象，但其所获授权益应关注是否与其所任职务相匹配。同时股东大会对该事项进行投票表决时，关联股东须回避表决。

（二）激励方式

股票、股票期权、认股权证。

（三）股票来源

公开发行新股预留股份、向激励对象发行股份。股东不得直接向激励对象赠与（或转让）股份。股东拟提供股份的，应当先将股份赠与（或转让）上市公司，并视为上市公司以零价格（或特定价格）向这部分股东定向回购股份。然后，按照经证监会备案无异议的股权激励计划，由上市公司将股份授予激励对象。上市公司对回购股份的授予应符合《公司法》第142条规定，即必须在1年内将回购股份授予激励对象。

（四）激励数额

总数不得超过公司股本总额的10%，任何一名激励对象通过股权激励计划获授的公司股票累计不得超过公司股本总额的1%。

（五）期权资金来源的限制

资金来源只能有激励基金一条途径，上市公司尤其不得提供贷款和贷款担保。

（六）期权行权价格的基准

期权行权价格的基准是以股权激励计划草案摘要公布前一日的公司股票收盘价或股权激励计划草案摘要公布前30个交易日内的公司股票平均收盘价来定的。

（七）期权有效期

从授权日计算不得超过10年。在有效期内，激励对象应分期按比例行权。

（八）认股权证行权价格的基准

以二级市场股票价格为依据，与期权行权价格的确定方法相同。

（九）认股权证数额

激励对象每年转让的认股权证数量不得超过其所持同种认股权证总数的25%。

二、股权激励计划发展趋势

2006年12月19日，宝钢股份有限公司公布了央企首家股权激励计划——《A股限制性股票激励计划的议案》。

激励计划规定："每期拟授予限制性股票数量的总和，加上公司其他有效的股权激励计划所涉及的股票总数，不得超过公司股本总额的10%；非经股东大会特别决议批准，任何一名激励对象通过全部有效的股权激励计划获授的公司股票累计不得超过公司股本总额的1%。计划首期实施时，拟授予的限制性股票数量总和不超过公司股本总额的1%。"

宝钢股份的总股本175亿元，按其股票12月20日的收盘价7.71元/股计，1%的总股本约为人民币13.5亿元。首期激励对象500人，平均每人获授股票数折合人民币20万元，将有1亿元的激励额度。按每股7.7元反折成股票数，仅1 300万股左右，3期累计，共3 900万股，相对于宝钢175亿股的总盘子而言，确是九牛一毛。

2016年8月《上市公司股权激励管理办法》正式推行的前后，上市公司公告股权激励计划的数量明显提升，市场规模也在放大，2018年公告规范类股权激励计划的上市公司有409家。

截至目前，上市公司规范类股权激励行业公告比例排名前10的行业中，软件和信息技术服务业排名第4，行业内公司公告股权激励占比近60%。公司市值也从首期公告日时的270亿元增长至8期公告日时的

808 亿元，增长 3.25 倍。

2018 年 11 月 9 日，证监会、财政部、国资委联合发布《关于支持上市公司回购股份的意见》，提示了以下内容：

1. 依法支持各类上市公司回购股份用于实施股权激励及员工持股计划。上市金融企业可以在合理确定回购实施价格、切实防范利益输送的基础上，依法回购股份用于实施股权激励或者员工持股计划，并按有关规定做好管理。其中，上市证券公司可以通过资管计划、信托计划等形式实施员工持股计划。

2. 鼓励运用其他市场工具为股份回购提供融资等支持。支持发行优先股、可转债等方式，支持以简便快捷方式进行再融资。股份回购后申请再融资的，在一定规模内取消再融资间隔期限制，审核中给予优先支持。上市公司以现金为对价，采用要约或集中竞价方式回购股份的，视同上市公司现金分红，纳入现金分红的相关比例计算。

3. 简化实施回购的程序。支持实施股份回购的上市公司依法以简便快捷方式进行再融资。

4. 引导完善公司治理安排。鼓励上市公司在章程中完善股份回购机制，引导董事会主动与股东沟通交流，充分发挥公司治理积极作用。

5. 2018 年新增回购型股权激励统计。2018 年共有 26 家上市公司通过回购公司股份作为股票来源实施了股权激励计划。

三、股权激励的一般规则

1. 上市公司具有下列情形之一的，不得实行股权激励计划：

（1）最近 1 个会计年度财务会计报告被注册会计师出具否定意见或者无法表示意见的审计报告。

（2）最近一个会计年度财务报告内部控制被注册会计师出具否定意见或无法表示意见的审计报告。

（3）上市后最近 36 个月内出现过未按法律法规、公司章程、公开承诺进行利润分配的情形。

（4）法律法规规定不得实行股权激励的。

（5）证监会认定的其他情形。

2. 下列人员不得成为激励对象：

（1）最近12个月内被证券交易所认定为不适当人选。

（2）最近12个月内被证监会及其派出机构认定为不适当人选。

（3）最近12个月内因重大违法违规行为被证监会及其派出机构行政处罚或者采取市场禁入措施。

（4）具有《公司法》规定的不得担任公司董事、高级管理人员情形的。

（5）法律法规规定不得参与上市公司股权激励的。

（6）证监会认定的其他情形。

另外，单独或合计持有上市公司5%以上股份的股东或实际控制人及其配偶、父母、子女，也不得成为激励对象。

激励对象可以包括上市公司的董事、高级管理人员、核心技术人员或者核心业务人员，以及公司认为应当激励的对公司经营业绩和未来发展有直接影响的其他员工，但不应当包括独立董事和监事。在境内工作的外籍员工任职上市公司董事、高级管理人员、核心技术人员或者核心业务人员的，可以成为激励对象。

3. 上市公司依照相关办法制订股权激励计划的，应当在股权激励计划中载明下列事项：

（1）股权激励的目的。

（2）激励对象的确定依据和范围。

（3）拟授出的权益数量，拟授出权益涉及的标的股票种类、来源、数量及占上市公司股本总额的百分比；分次授出的，每次拟授出的权益数量、涉及的标的股票数量及占股权激励计划涉及的标的股票总额的百分比、占上市公司股本总额的百分比；设置预留权益的，拟预留权益的数量、涉及标的股票数量及占股权激励计划的标的股票总额的百分比。

（4）激励对象为董事、高级管理人员的，其各自可获授的权益数量、占股权激励计划拟授出权益总量的百分比；其他激励对象（各自或者按适当分类）的姓名、职务、可获授的权益数量及占股权激励计划拟授出权益总量的百分比。

（5）股权激励计划的有效期，限制性股票的授予日、限售期和解除限售安排，股票期权的授权日、可行权日、行权有效期和行权安排。

（6）限制性股票的授予价格或者授予价格的确定方法，股票期权的行权价格或者行权价格的确定方法。

（7）激励对象获授权益、行使权益的条件。

（8）上市公司授出权益、激励对象行使权益的程序。

（9）调整权益数量、标的股票数量、授予价格或者行权价格的方法和程序。

（10）股权激励会计处理方法、限制性股票或股票期权公允价值的确定方法、涉及估值模型重要参数取值合理性、实施股权激励应当计提费用及对上市公司经营业绩的影响。

（11）股权激励计划的变更、终止。

（12）上市公司发生控制权变更、合并、分立以及激励对象发生职务变更、离职、死亡等事项时股权激励计划的执行。

（13）上市公司与激励对象之间相关纠纷或争端解决机制。

（14）上市公司与激励对象的其他权利义务。

4. 拟实行股权激励的上市公司，可以下列方式作为标的股票来源：

（1）向激励对象发行股份。

（2）回购本公司股份。

（3）法律、行政法规允许的其他方式。

5. 对激励对象的规定。

激励对象参与股权激励计划的资金来源应当合法合规，不得违反法律、行政法规及证监会的相关规定。

上市公司不得为激励对象依股权激励计划获取有关权益提供贷款以及其他任何形式的财务资助，包括为其贷款提供担保。

6. 上市公司依照相关办法制订股权激励计划的，应当在股权激励计划中载明下列事项：

（1）股权激励的目的。

（2）激励对象的确定依据和范围。

（3）拟授出的权益数量，拟授出权益涉及的标的股票种类、来源、数量及占上市公司股本总额的百分比；分次授出的，每次拟授出的权益数量、涉及的标的股票数量及占股权激励计划涉及的标的股票总额的百分比、占上市公司股本总额的百分比；设置预留权益的，拟预留权益的数量、涉及标的股票数量及占股权激励计划的标的股票总额的百分比。

（4）激励对象为董事、高级管理人员的，其各自可获授的权益数量、占股权激励计划拟授出权益总量的百分比；其他激励对象（各自或者按适当分类）的姓名、职务、可获授的权益数量及占股权激励计划拟授出权益总量的百分比。

（5）股权激励计划的有效期，限制性股票的授予日、限售期和解除限售安排，股票期权的授权日、可行权日、行权有效期和行权安排。

（6）限制性股票的授予价格或者授予价格的确定方法，股票期权的行权价格或者行权价格的确定方法。

（7）激励对象获授权益、行使权益的条件。

（8）上市公司授出权益、激励对象行使权益的程序。

（9）调整权益数量、标的股票数量、授予价格或者行权价格的方法和程序。

（10）股权激励会计处理方法、限制性股票或股票期权公允价值的确定方法、涉及估值模型重要参数取值合理性、实施股权激励应当计提费用及对上市公司经营业绩的影响。

（11）股权激励计划的变更、终止。

（12）上市公司发生控制权变更、合并、分立以及激励对象发生职务变更、离职、死亡等事项时股权激励计划的执行。

（13）上市公司与激励对象之间相关纠纷或争端解决机制。

（14）上市公司与激励对象的其他权利义务。

四、国有控股上市公司实施股权激励制度的有关规定

1. 严格股权激励的实施条件，加快完善公司法人治理结构。

上市公司在达到外部董事（包括独立董事）占董事会成员一半以上、薪酬委员会全部由外部董事组成的要求之后，要进一步优化董事会

的结构，健全通过股东大会选举和更换董事的制度，按专业化、职业化、市场化的原则确定董事会成员人选，逐步减少国有控股股东的负责人、高级管理人员及其他人员担任上市公司董事的数量，增加董事会中由国有资产出资人代表提名的、由公司控股股东以外人员任职的外部董事或独立董事数量，督促董事提高履职能力，恪守职业操守，使董事会真正成为各类股东利益的代表和重大决策的主体，董事会选聘、考核、激励高级管理人员的职能必须到位。

2. 完善股权激励业绩考核体系，科学设置业绩指标和水平。

业绩考核指标应包含反映股东回报和公司价值创造等综合性指标，如净资产收益率（ROE）、经济增加值（EVA）、每股收益等；反映公司营利能力及市场价值等成长性指标，如净利润增长率、主营业务收入增长率、公司总市值增长率等；反映企业收益质量的指标，如主营业务利润占利润总额比重、现金营运指数等。上述3类业绩考核指标原则上至少各选一个。相关业绩考核指标的计算应符合现行会计准则等相关要求。

上市公司授予激励对象股权时的业绩目标水平，应不低于公司近3年平均业绩水平及同行业（或选取的同行业境内、外对标企业，行业参照证券监管部门的行业分类标准确定，下同）平均业绩（或对标企业50分位值）水平。

上市公司激励对象行使权利时的业绩目标水平，应结合上市公司所处行业特点和自身战略发展定位，在授予时业绩水平的基础上有所提高，并不得低于公司同行业平均业绩（或对标企业75分位值）水平。凡低于同行业平均业绩（或对标企业75分位值）水平以下的不得行使。

对科技类上市公司实施股权激励的业绩指标，可以根据企业所处行业的特点及成长规律等实际情况，确定授予和行使的业绩指标及其目标水平。

对国有经济占控制地位的、关系国民经济命脉和国家安全的行业以及依法实行专营专卖的行业，相关企业的业绩指标，应通过设定经营难度系数等方式，剔除价格调整、宏观调控等政策因素对业绩的影响。

3. 合理控制股权激励收益水平，实行股权激励收益与业绩指标增长挂钩。

在达到实施股权激励业绩考核目标要求的基础上，以期初计划核定的股权激励预期收益为基础，按照股权行使时间限制表，综合上市公司业绩和股票价格增长情况，对股权激励收益增幅进行合理调控。具体方法如下：

（1）对股权激励收益在计划期初核定收益水平以内且达到考核标准的，可按计划予以行权。

（2）对行权有效期内股票价格偏高，致使股票期权（或股票增值权）的实际行权收益超出计划核定的预期收益水平的上市公司，根据业绩考核指标完成情况和股票价格增长情况合理控制股权激励实际收益水平。即在行权有效期内，激励对象股权激励收益占本期股票期权（或股票增值权）授予时薪酬总水平（含股权激励收益，下同）的最高比重，境内上市公司及境外H股公司原则上不得超过40%，境外红筹股公司原则上不得超过50%。股权激励实际收益超出上述比重的，尚未行权的股票期权（或股票增值权）不再行使或将行权收益上交公司。

4. 完善限制性股票授予方式，以业绩考核结果确定限制性股票的授予水平。

上市公司应以严格的业绩考核作为实施限制性股票激励计划的前提条件。上市公司授予限制性股票时的业绩目标应不低于下列业绩水平的高者：公司前3年平均业绩水平；公司上一年度实际业绩水平；公司同行业平均业绩（或对标企业50分位值）水平。

上市公司应强化对限制性股票激励对象的约束。限制性股票激励的重点应限于对公司未来发展有直接影响的高级管理人员。限制性股票的来源及价格的确定应符合证券监管部门的相关规定，且股权激励对象个人出资水平不得低于按证券监管规定确定的限制性股票价格的50%。

5. 限制性股票收益（不含个人出资部分的收益）的增长幅度不得高于业绩指标的增长幅度（以业绩目标为基础）。

上市公司股权激励的重点应是对公司经营业绩和未来发展有直接影响的高级管理人员和核心技术骨干，不得随意扩大范围。未在上市公司任职、不属于上市公司的人员（包括控股股东公司的员工）不得参与上市公司股权激励计划。境内、境外上市公司监事不得成为股权激励的对象。严格股权激励对象范围，规范股权激励对象离职、退休等行为的处理方法。

股权激励对象正常调动、退休、死亡、丧失民事行为能力时，授予的股权当年已达到可行使时间限制和业绩考核条件的，可行使的部分可在离职之日起的半年内行使，尚未达到可行使时间限制和业绩考核条件的不再行使。股权激励对象辞职、被解雇时，尚未行使的股权不再行使。

6. 规范上市公司配股、送股、分红后股权激励授予数量的处理。

上市公司因发行新股、转增股本、合并、分立、回购等原因导致总股本发生变动或其他原因需要调整股权授予数量或行权价格的，应重新报国有资产监管机构备案后由股东大会或授权董事会决定。对于其他原因调整股票期权（或股票增值权）授予数量、行权价格或其他条款的，应由董事会审议后经股东大会批准；同时，上市公司应聘请律师就上述调整是否符合国家相关法律法规、公司章程以及股权激励计划规定出具专业意见。

建立上市公司国有控股股东与国有资产监管机构沟通协调机制。上市公司国有控股股东在上市公司董事会审议其股权激励计划之前，应与国有资产监管机构进行沟通协调，并应在上市公司股东大会审议公司股权激励计划之前，将上市公司董事会审议通过的股权激励计划及相应的管理考核办法等材料报国有资产监管机构审核，经股东大会审议通过后实施。

第二节　股权激励种类

一、限制性股票

限制性股票是指激励对象按照股权激励计划规定的条件，从上市公司获得的一定数量的本公司股票。上市公司授予激励对象限制性股票，应当在股权激励计划中规定激励对象获授股票的业绩条件、禁售期限。

上市公司在授予激励对象限制性股票时，应当确定授予价格或授予价格的确定方法。授予价格不得低于股票票面金额，且原则上不得低于下列价格较高者：

1. 股权激励计划草案公布前 1 个交易日的公司股票交易均价的 50%。

2. 股权激励计划草案公布前 20 个交易日、60 个交易日或者 120 个交易日的公司股票交易均价之一的 50%。

上市公司采用其他方法确定限制性股票授予价格的，应当在股权激励计划中对定价依据及定价方式做出说明。

限制性股票授予日与首次解除限售日之间的间隔不得少于 12 个月。

在限制性股票有效期内，上市公司应当规定分期解除限售，每期时限不得少于 12 个月，各期解除限售的比例不得超过激励对象获授限制性股票总额的 50%。

当期解除限售的条件未成就的，限制性股票不得解除限售或递延至下期解除限售，应当按照相关规定处理。

二、股票期权

上市公司在授予激励对象股票期权时，应当确定行权价格或者行权价格的确定方法。行权价格不得低于股票票面金额，且原则上不得低于下列价格较高者：

1. 股权激励计划草案公布前 1 个交易日的公司股票交易均价。

2. 股权激励计划草案公布前 20 个交易日、60 个交易日或者 120 个交易日的公司股票交易均价之一。

上市公司采用其他方法确定行权价格的，应当在股权激励计划中对定价依据及定价方式做出说明。

股票期权授权日与获授股票期权首次可行权日之间的间隔不得少于 12 个月。

在股票期权有效期内，上市公司应当规定激励对象分期行权，每期时限不得少于12个月，后一行权期的起算日不得早于前一行权期的届满日。每期可行权的股票期权比例不得超过激励对象获授股票期权总额的50%。

当期行权条件未成就的，股票期权不得行权或递延至下期行权，并应当按照《上市公司股权激励管理办法》第32条第二款规定处理。

股票期权各行权期结束后，激励对象未行权的当期股票期权应当终止行权，上市公司应当及时注销。

出现《上市公司股权激励管理办法》第18条、第31条规定情形，或者其他终止实施股权激励计划的情形或激励对象不符合行权条件的，上市公司应当注销对应的股票期权。

三、行权规定

激励对象应当在上市公司定期报告公布后第2个交易日，至下一次定期报告公布前10个交易日内行权，但不得在下列期间内行权：

1. 重大交易或重大事项决定过程中至该事项公告后2个交易日。
2. 其他可能影响股价的重大事件发生之日起至公告后2个交易日。

上市公司在下列期间内不得向激励对象授予股票期权：

1. 定期报告公布前30日。
2. 重大交易或重大事项决定过程中至该事项公告后2个交易日。
3. 其他可能影响股价的重大事件发生之日起至公告后2个交易日。

第三节　上市公司员工持股计划

员工持股计划是指上市公司根据员工意愿，将应付员工工资、奖金等现金薪酬的一部分委托资产管理机构管理，通过二级市场购入本公司股票并长期持有，股份权益按约定分配给员工的制度安排。

上市公司实施员工持股计划，应当符合法律、行政法规和《上市公司员工持股计划管理暂行办法》（以下简称《暂行办法》）的规定。中国证券监督管理委员会对上市公司实施员工持股计划及其相关活动进行监督管理。

一、员工持股计划的一般规定

1. 参与对象：上市公司员工持股计划的参加对象为公司员工，包括管理层人员。

2. 资金来源：每年度用于实施员工持股计划的资金来源于最近12个月公司应付员工的工资、奖金等现金薪酬，且数额不得高于其现金薪酬总额的30%。员工用于参加员工持股计划的资金总额不得高于其家庭金融资产的1/3。应当如实向公司说明其家庭金融资产情况，公司应当向员工充分揭示风险，并根据员工资产情况核定其应获股份权益的具体数额上限。

3. 持股有效期：员工持股计划长期持续有效，在其存续期间可以约定按照年、季、月的时间间隔定期实施，也可以不定期实施。

每次实施员工持股计划，其所购股票的持股期限不得低于36个月，自上市公司公告本次股票购买完成时起算。

4. 持股总数：上市公司全部有效的员工持股计划所持有股票总数累计不得超过股本总额的10%，单个员工所获股份权益对应的股票总数累计不得超过公司股本总额的1%。

前款规定的股票总数单独计算，不包括员工在公司首发上市前获得的股份、通过二级市场自行购买的股份及通过股权激励获得的股份。股本总额是最近一次实施员工持股计划前公司的股本总额。

5. 监督机制：参加员工持股计划的员工可以通过员工持股计划持有人会议选出代表或设立相应机构，监督员工持股计划的日常管理，代表员工持股计划持有人行使股东权利或者授权资产管理机构行使股东权利。

二、员工持股计划应明确的事项

1. 员工持股计划的目的、原则。

2. 参加员工的范围和确定标准。

3. 用于员工持股计划资金的构成、数额或数额确定方式。

4. 员工持股计划拟购买的公司股票数量及占上市公司股本总额的比例。

5. 员工持股计划的存续期限。

6. 员工持股计划实施的程序和具体管理模式。

7. 公司发生控制权变更、合并、分立时，员工持股计划持有股票的处置办法。

8. 参加员工持股计划的员工离职、退休、死亡以及发生不再适合参加持股计划事由等情况时，其所持股份权益的处置办法。

9. 员工持股计划的变更、终止。

10. 员工持股计划期满后员工所持股份权益的处置办法。

11. 员工持股计划持有人代表或机构的选任。

12. 资产管理机构的选任、资产管理协议主要条款、资产管理费用的计提及支付方式。

13. 其他重要事项。

三、员工持股计划的管理

上市公司应当将员工持股计划委托给下列资产管理机构进行管理：

1. 信托公司。

2. 保险资产管理公司。

3. 证券公司。

4. 基金管理公司。

5. 其他符合条件的资产管理机构。

资产管理机构不得管理本公司及本公司控股的上市公司的员工持股

计划，也不得管理其控股股东、实际控制人及与其受同一控制下的公司的员工持股计划。

四、股东大会应当对员工持股计划中进行表决的内容

1. 员工持股计划拟购入股票的数量。
2. 参加员工的范围和确定标准。
3. 员工持股计划的存续期限。
4. 员工获授股份权益的条件。
5. 员工持股计划的变更、终止需要履行的程序。
6. 授权董事会办理员工持股计划的相关事宜。
7. 资产管理机构的选任及撤换程序。
8. 其他需要股东大会表决的事项。

公司股东大会就持股计划有关事项进行投票表决时，应当在提供现场投票方式的同时，提供网络投票方式；公司股东大会做出决议，应当经出席会议的股东所持表决权的半数以上通过。

五、法律意见书

上市公司应当聘请律师事务所对员工持股计划出具法律意见书，并在召开关于审议员工持股计划的股东大会前公告法律意见书。法律意见书应当发表如下意见：

1. 员工持股计划是否符合法律、行政法规及《暂行办法》的规定。
2. 员工持股计划的制订和提出是否履行了必要的法定程序。
3. 员工持股计划的范围和条件。
4. 员工持股计划是否损害上市公司及全体股东的利益。
5. 上市公司是否已经履行了充分的信息披露义务。
6. 员工持股计划的资产管理机构是否合格。
7. 资产管理协议是否符合有关规定。
8. 其他应当说明的事项。

六、员工持股计划草案

上市公司员工持股计划草案全文应当至少包括以下内容：

1. 员工持股计划的参加对象、确定标准。

2. 员工持股计划的资金、股票来源。

3. 员工持股计划的最低持股期限（锁定期）、存续期限和管理模式。

4. 员工持股计划持有人会议的召集及表决程序。

5. 员工持股计划持有人代表或机构的选任程序。

6. 员工持股计划管理机构的选任、管理协议的主要条款、管理费用的计提及支付方式（如有）。

7. 公司融资时员工持股计划的参与方式。

8. 员工持股计划变更和终止的情形及决策程序。

9. 员工出现不适合继续参加持股计划情形时，其所持股份权益的处置办法。

10. 员工持股计划期满后所持股份的处置办法。

11. 其他重要事项。

七、定期报告员工持股计划的实施情况

上市公司应当在定期报告中披露报告期内员工持股计划的实施情况：

1. 报告期内持股员工的范围、人数及其变更情况。

2. 实施员工持股计划的资金来源。

3. 报告期内员工持股计划持有的股票总额及占上市公司股本总额的比例。

4. 因员工持股计划持有人处分权利引起的股份权益变动情况。

5. 资产管理机构的选任及变更情况。

6. 其他应当披露的事项。

八、惩罚条款

1. 上市公司实施员工持股计划不符合《暂行办法》规定的，证监会责令其改正，对公司及相关责任人依法予以处罚。

2. 上市公司未按照《暂行办法》及其他相关规定披露员工持股计划相关信息或者所披露的信息有虚假记载、误导性陈述或者重大遗漏的，证监会责令其改正，对公司及相关责任人依法予以处罚。

3. 为上市公司员工持股计划出具专业意见的证券服务机构及从业人员未履行勤勉尽责义务，所发表的意见存在虚假记载、误导性陈述或者重大遗漏的，证监会依法予以处罚。

4. 利用员工持股计划进行虚假陈述、操纵证券市场、内幕交易等违法行为的，证监会依法予以处罚，并可依法对相关责任人员采取市场禁入等监管措施；涉嫌犯罪的，证监会移送司法机关处理。

第四节　股权激励实施程序和信息披露

一、股权激励实施程序

（一）董事会审议

上市公司董事会下设的薪酬与考核委员会负责拟订股权激励计划草案。薪酬与考核委员会应当建立完善的议事规则，其拟订的股权激励计划草案应当提交董事会审议。

（二）股东大会审议批准

除非得到股东大会明确授权，上市公司变更股权激励计划中下列事项的，应当提交股东大会审议批准：

1. 股权激励计划所涉及的权益数量、所涉及的标的股票种类、来源和数量。

2. 激励对象的确定依据和范围。

3. 股权激励计划中董事、监事各自被授予的权益数额或权益数额的确定方法；高级管理人员和其他激励对象（各自或按适当分类）被授予的权益数额或权益数额的确定方法。

4. 股权激励计划的有效期、标的股票禁售期。

5. 激励对象获授权益、行权的条件。

6. 限制性股票的授予价格或授予价格的确定方法，股票期权的行权价格或行权价格的确定方法。

7. 股权激励计划涉及的权益数量、标的股票数量、授予价格及行权价格的调整方法和程序。

8. 股权激励计划的变更、终止。

9. 对董事会办理有关股权激励计划相关事宜的授权。

10. 其他需要股东大会表决的事项。

股东大会就上述事项做出决议，必须经出席会议的股东所持表决权的2/3以上通过。

（三）独立董事意见

独立董事应当就股权激励计划是否有利于上市公司的持续发展，是否存在明显损害上市公司及全体股东利益发表独立意见。

独立董事应当就股权激励计划向所有的股东征集委托投票权。

（四）法律意见书

上市公司应当聘请律师对股权激励计划出具法律意见书，至少对以下事项发表专业意见：

1. 股权激励计划是否符合《暂行办法》的规定。

2. 股权激励计划是否已经履行了法定程序。

3. 上市公司是否已经履行了信息披露义务。

4. 股权激励计划是否存在明显损害上市公司及全体股东利益和违反有关法律、行政法规的情形。

5. 其他应当说明的事项。

（五）独立财务顾问发表专业意见

上市公司董事会下设的薪酬与考核委员会认为必要时，可以要求上市公司聘请独立财务顾问，对股权激励计划的可行性、是否有利于上市公司的持续发展、是否损害上市公司利益以及对股东利益的影响发表专业意见。

独立财务顾问应当出具独立财务顾问报告，至少对以下事项发表专业意见：

1. 股权激励计划是否符合《暂行办法》的规定。

2. 公司实行股权激励计划的可行性。

3. 对激励对象范围和资格的核查意见。

4. 对股权激励计划权益授出额度的核查意见。

5. 公司实施股权激励计划的财务测算。

6. 公司实施股权激励计划对上市公司持续经营能力、股东权益的影响。

7. 对上市公司是否为激励对象提供任何形式的财务资助的核查意见。

8. 股权激励计划是否存在明显损害上市公司及全体股东利益的情形。

9. 上市公司绩效考核体系和考核办法的合理性。

10. 其他应当说明的事项。

（六）股权激励计划备案材料

董事会审议通过股权激励计划后，上市公司应将有关材料报证监会备案，同时抄报证券交易所及公司所在地证监局。

上市公司股权激励计划备案材料应当包括以下文件：

1. 董事会决议。

2. 股权激励计划。

3. 法律意见书。

4. 聘请独立财务顾问的，独立财务顾问报告。

5. 上市公司实行股权激励计划依照规定需要取得有关部门批准的，有关批复文件。

6. 证监会要求报送的其他文件。

（七）证监会异议

证监会自收到完整的股权激励计划备案申请材料之日起20个工作日内未提出异议的，上市公司可以发出召开股东大会的通知，审议并实施股权激励计划。在上述期限内，证监会提出异议的，上市公司不得发出召开股东大会的通知审议及实施该计划。

（八）证券登记结算

激励对象的股票期权的行权申请以及限制性股票的锁定和解锁，经董事会或董事会授权的机构确认后，上市公司应当向证券交易所提出行权申请，经证券交易所确认后，由证券登记结算机构办理登记结算事宜。

已行权的股票期权应当及时注销。

（九）股票期权、股票锁定

上市公司应当按照证券登记结算机构的业务规则，在证券登记结算机构开设证券账户，用于股权激励计划的实施。

尚未行权的股票期权，以及不得转让的标的股票，应当予以锁定。

证券登记结算机构应当在其业务规则中明确股权激励计划所涉及的登记结算业务的办理要求。

二、信息披露

（一）董事会决议

上市公司应当在董事会审议通过股权激励计划草案后的2个交易日内，公告董事会决议、股权激励计划草案摘要、独立董事意见。

（二）股权激励计划草案摘要

股权激励计划草案摘要至少应当包括以下内容：

1. 股权激励计划的目的。

2. 激励对象的确定依据和范围。

3. 股权激励计划拟授予的权益数量、所涉及的标的股票种类、来源、数量及占上市公司股本总额的百分比；若分次实施的，每次拟授予的权益数量、所涉及的标的股票种类、来源、数量及占上市公司股本总额的百分比。

4. 激励对象为董事、监事、高级管理人员的，其各自可获授的权益数量、占股权激励计划拟授予权益总量的百分比；其他激励对象（各自或按适当分类）可获授的权益数量及占股权激励计划拟授予权益总量的百分比。

5. 股权激励计划的有效期、授权日、可行权日、标的股票的禁售期。

6. 限制性股票的授予价格或授予价格的确定方法，股票期权的行权价格或行权价格的确定方法。

7. 激励对象获授权益、行权的条件，如绩效考核体系和考核办法，以绩效考核指标为实施股权激励计划的条件。

8. 股权激励计划所涉及的权益数量、标的股票数量、授予价格或行权价格的调整方法和程序。

9. 股权激励计划的变更、终止。

（三）中介机构报告

上市公司在发出召开股东大会通知时，应当同时公告法律意见书；聘请独立财务顾问的，还应当同时公告独立财务顾问报告。

上市公司应当按照有关规定在财务报告中披露股权激励的会计处理。

（四）股权激励计划的实施情况公告

上市公司应在定期报告中披露报告期内股权激励计划的实施情况，

包括：

1. 报告期内激励对象的范围。

2. 报告期内授出、行使和失效的权益总额。

3. 至报告期末累计已授出但尚未行使的权益总额。

4. 报告期内权益价格、权益数量历次调整的情况以及经调整后的最新权益价格与权益数量。

5. 董事、高级管理人员各自的姓名、职务以及在报告期内历次获授、行使权益的情况和失效的权益数量。

6. 因激励对象行使权益所引起的股本变动情况。

7. 股权激励的会计处理方法及股权激励费用对公司业绩的影响。

8. 报告期内激励对象获授权益、行使权益的条件是否成就的说明。

9. 报告期内终止实施股权激励的情况及原因。

三、员工持股计划信息披露原则

员工因参加员工持股计划，其股份权益发生变动，依据《证券法》及《上市公司收购管理办法》应履行相关法定义务的，应当按照规定履行报告及披露义务；员工持股计划持有公司股票达到公司已发行股份总数的5%时，应当按照《证券法》的规定履行报告和信息披露义务。

上市公司应在定期报告中披露报告期内下列员工持股计划实施情况：

1. 报告期内持股员工的范围、人数。

2. 报告期内员工持股计划持有的股票总额及占上市公司股本总额的比例。

3. 因员工持股计划持有人处分权利引起的股份权益变动情况。

4. 资产管理机构的变更情况。

5. 其他应予披露的事项。

证券交易所应当在其业务规则中明确员工持股计划所涉及的信息披露要求。证券登记结算机构应当在其业务规则中明确员工持股计划所涉及的登记结算业务的办理要求。

四、股权激励违规处罚条款

1. 上市公司的财务会计文件有虚假记载的，负有责任的激励对象自该财务会计文件公告之日起12个月内由股权激励计划所获得的全部利益应当返还给公司。

2. 上市公司不符合《暂行办法》的规定实行股权激励计划的，证监会责令其改正，对公司及相关责任人依法予以处罚；在责令改正期间，证监会不受理该公司的申请文件。

3. 上市公司未按照《暂行办法》及其他相关规定披露股权激励计划相关信息或者所披露的信息有虚假记载、误导性陈述或者重大遗漏的，证监会责令其改正，对公司及相关责任人依法予以处罚。

4. 利用股权激励计划虚构业绩、操纵市场或者进行内幕交易，获取不正当利益的，证监会依法没收违法所得，对相关责任人员采取市场禁入等措施；构成犯罪的，移交司法机关依法查处。

5. 为上市公司股权激励计划出具意见的相关专业机构未履行勤勉尽责义务，所发表的专业意见存在虚假记载、误导性陈述或者重大遗漏的，证监会对相关专业机构及签字人员采取监管谈话、出具警示函、责令整改等措施，并移交相关专业机构主管部门处理；情节严重的，处以警告、罚款等处罚；构成证券违法行为的，依法追究法律责任。

案例11－1　山西汾酒2018年限制性股票激励计划（草案）

一、基本情况提示

1. 本计划依据《公司法》、《证券法》、《上市公司股权激励管理办法》、《国有控股上市公司（境内）实施股权激励试行办法》（175号文）、《关于规范国有控股上市公司实施股权激励制度有关问题的通知》（171号文）和山西杏花村汾酒厂股份有限公司《公司章程》以及其他有关法律、法规、规章和规范性文件的规定制定。

2. 公司不存在《上市公司股权激励管理办法》第七条规定的不得实施股权激励的情形。

3. 本计划激励对象不存在《上市公司股权激励管理办法》第八条规定的不得成为激励对象的情形。

4. 本计划拟向激励对象授予不超过650万股限制性股票，约占本计划提交股东大会审议之前公司股本总额86 584.83万股的0.75%。其中，首次授予590万股，占授予总量的90.77%，约占本计划提交股东大会审议之前公司股本总额的0.68%；预留60万股，占授予总量的9.23%，约占本计划提交股东大会审议之前公司股本总额的0.07%。

本计划中任何一名激励对象所获授限制性股票数量未超过本计划提交股东大会审议之前公司股本总额的1%。

5. 限制性股票的来源为公司向激励对象定向发行的山西汾酒A股普通股，首次授予的限制性股票的授予价格为19.28元/股，预留授予的限制性股票的授予价格在每次授予时按照本计划规定方式确定。

6. 本计划首次授予的激励对象为397人，包括公司高级管理人员、中层管理人员及核心技术（业务）人员，预留授予的激励对象参考首次授予的激励对象确定标准。

7. 在本计划公告当日至激励对象完成限制性股票登记期间，若公司发生资本公积转增股本、派发股票红利、股份拆细或缩股、配股等事宜，限制性股票的授予价格或授予数量将根据本计划予以相应的调整。

8. 本计划有效期自限制性股票首次授予登记完成之日起至激励对象获授的限制性股票全部解除限售或回购之日止，最长不超过72个月。

9. 限制性股票授予后的24个月为限售期，限售期满后的36个月为解除限售期。在限售期内，激励对象根据本计划获授的限制性股票予以锁定，不得以任何形式转让、不得用于担保或偿还债务。限售期满且业绩条件达标时，将在未来36个月内分3批解除限售，解除限售的比例分别为40%、30%、30%。

10. 本计划授予限制性股票的业绩条件为：2017年净资产收益率不低于18%，且不低于同行业对标企业50分位值水平；2017年营业收入较2016年增长率不低于30%，且不低于同行业对标企业50分位值水平；2017 年主营业务收入占营业收入的比例不低于 90%。

11. 本计划授予的限制性股票解除限售业绩考核目标如表 11－1 所示。

表 11－1　限制性股票解除限售的业绩考核目标

解除限售期	业绩考核目标
第一个解除限售期	2019 年净资产收益率不低于 22%，且不低于同行业对标企业 75 分位值水平；以 2017 年业绩为基数，2019 年营业收入增长率不低于 90%，且不低于同行业对标企业 75 分位值水平；2019 年主营业收入占营业收入的比例不低于 90%
第二个解除限售期	2020 年净资产收益率不低于 22%，且不低于同行业对标企业 75 分位值水平；以 2017 年业绩为基数，2020 年营业收入增长率不低于 120%，且不低于同行业对标企业 75 分位值水平；2020 年主营业务收入占营业收入的比例不低于 90%
第三个解除限售期	2021 年净资产收益率不低于 22%，且不低于同行业对标企业 75 分位值水平；以 2017 年业绩为基数，2021 年营业收入增长率不低于 150%，且不低于同行业对标企业 75 分位值水平；2021 年主营业务收入占营业收入的比例不低于 90%

注：上述授予及解除限售业绩中“净资产收益率”指扣除非经常性损益后的加权平均净资产收益率。在激励计划有效期内，因公司发生发行股份融资或发行股份收购资产的行为而新增加的净资产不列入发行股份当年及次年的考核计算范围，因公司发行股份收购的资产产生的营业收入及主营业务收入亦不计入发行股份当年及次年的考核计算范围，对标企业亦同。

12. 公司承诺不为激励对象依本计划获取有关限制性股票提供贷款、贷款担保以及其他任何形式的财务资助。

13. 本计划须经山西省国资委批准、山西汾酒股东大会审议通过后方可实施。公司股东大会在对本计划进行投票表决时，须在提供现场投票方式的同时，提供网络投票方式。独立董事就股东大会审议本计划将向所有股东征集委托投票权。

14. 自公司股东大会审议通过本计划且授予条件成就之日起 60 日内，公司将按相关规定召开董事会对激励对象进行授予，并完成登记、公告等相关程序。公司未能在 60 日内完成上述工作的，终止实施本计划，未授予的限制性股票失效。

15. 本计划的实施不会导致股权分布不具备上市条件。

二、激励对象的确定依据

1. 激励对象确定的法律依据。本计划激励对象根据《公司法》、《证券法》、《上市公司股权激励管理办法》等有关法律及其他有关法律、法规、规范性文件和《公司章程》的相关规定，结合公司实际情况而确定。

2. 激励对象确定的职务依据。本计划的激励对象为实施本计划时在任的公司高级管理人员、中层管理人员及核心技术（业务）人员。本计划激励对象不包括监事、独立董事以及由上市公司控股公司以外的人员担任的外部董事。

三、激励对象的范围

本计划首次授予的激励对象为397人，具体包括公司高级管理人员、中层管理人员及核心技术（业务）人员。预留授予的激励对象参考首次授予的激励对象确定标准。所有激励对象必须与公司或公司的子公司具有雇佣关系或者在公司或公司的子公司担任职务。

所有参与本计划的激励对象不能同时参加其他任何上市公司股权激励计划，已经参与其他上市公司激励计划的，不得参与本计划。

四、激励对象的核实

1. 在召开股东大会前，公司应在内部公示激励对象名单，且公示期不少于10天。

2. 由公司对内幕信息知情人在本计划草案公告前6个月内买卖公司股票的情况进行自查，说明是否存在内幕交易行为。知悉内幕信息而买卖公司股票的，不得成为激励对象，法律、行政法规及相关司法解释规定不属于内幕交易的情形除外。泄露内幕信息而导致内幕交易发生的，不得成为激励对象。

3. 监事会应当对激励对象名单进行审核，充分听取公示意见，并在股东大会审议本计划前5日披露监事会对激励对象名单审核及公示情况的说明。

五、本计划的解除限售期

本计划授予的限制性股票解除限售安排如表11－2所示。

表11－2　限制性股票解除限售的安排

解除限售安排	解除限售时间	可解除限售数量占获授权益数量比例（%）
第一个解除限售期	自授予登记完成之日起24个月后的首个交易日起授予登记完成之日起36个月内的最后一个交易日当日止	40
第二个解除限售期	自授予登记完成之日起36个月后的首个交易日起授予登记完成之日起48个月内的最后一个交易日当日止	30
第三个解除限售期	自授予登记完成之日起48个月后的首个交易日起授予登记完成之日起60个月内的最后一个交易日当日止	30

六、授予价格的确定方法

限制性股票的授予价格的定价基准日为本计划公布日。授予价格不得低于股票票面金额，且不得低于下列价格中的较高者：

1. 本计划公布前1个交易日的公司股票交易均价的50%，为19.27元/股。

2. 本计划公布前20个交易日的公司股票交易均价的50%，为18.13元/股。

预留授予的限制性股票在授予前，须召开董事会审议通过相关议案，授予价格不得低于股票票面金额，且不得低于下列价格中的较高者：

1. 预留限制性股票授予董事会决议公布前1个交易日的公司股票交易均价的50%。

2. 预留限制性股票授予董事会决议公布前20个交易日、60个交易日或者120个交易日的公司股票交易均价之一的50%。

七、授予价格

根据本计划授予价格的确定方法，首次授予的限制性股票的授予价格为每股19.28元。即满足授予条件后，激励对象可以按每股19.28元的价格购买公司增发的限制性股票。

激励对象获授限制性股票所需资金以自筹方式解决，公司不得为激励对象提供贷款以及其他任何形式的财务资助。

八、公司出现下列情形之一时，本计划即行终止

1. 最近一个会计年度财务会计报告被注册会计师出具否定意见或者无法表示意见的审计报告。

2. 最近一个会计年度财务报告内部控制被注册会计师出具否定意见或者无法表示意见的审计报告。

3. 上市后最近36个月内出现过未按法律法规、公司章程、公开承诺进行利润分配的情形。

4. 法律法规规定不得实行股权激励的情形。

5. 证监会认定的其他需要终止股权激励计划的情形。

当公司出现终止本计划的上述情形时，激励对象已获授但尚未解除限售的限制性股票由公司按照本计划相关规定，以授予价格进行回购。

九、公司出现下列情形之一时，本计划不做变更，按本计划的规定继续执行

1. 公司控制权发生变更。

2. 公司出现合并、分立等情形。

十、回购与追偿

公司因信息披露文件有虚假记载、误导性陈述或者重大遗漏，导致不符合限制性股票授出条件或解除限售安排的，未解除限售的限制性股票由公司统一回购处理。激励对象获授限制性股票已解除限售的，所有激励对象应当返还已获授权益。对上述事宜不负有责任的激励对象因返

还权益而遭受损失的，可按照本计划相关安排，向公司或负有责任的激励对象进行追偿。

董事会应当按照前款规定和本计划相关安排收回激励对象所得收益。

本章要点

股权激励的对象是上市公司董事、监事、高级管理人员、核心技术（业务）人员，以及公司认为应当激励的其他员工。本章重点就是股权激励实施程序和信息披露，借鉴案例参考。

思考题

1. 股权激励的实施过程主要包括哪些环节？

2. 持股计划如何制订？

3. 股权激动政策对上市公司的规范运作与持续发展产生哪些方面的深远影响？

第十二章

企业并购重组

并购重组的实质就是公司通过收购其他企业部分或全部股份，取得对这家企业的控制权，并对企业进行重新整合的产权交易行为。要推动中国经济转型与产业升级，离开并购重组资本运作是不行的。通过并购重组的手段实现资产证券化，就可以“盘活存量，用好增量”，改变企业的生存模式。

企业由内部增长型的有机成长模式向外延式扩张的无机成长模式转换，进入跨越式发展阶段的过程中，常常通过兼并、收购、资产重组的手段进行资本运作，从而实现企业做大做强的目标。一般来说，企业并购的法律形式分以下情况。

1. 按照并购双方的产业特征划分：

（1）横向并购。

（2）纵向并购。

（3）混合并购。

2. 按照并购价款的支付方式划分：

（1）现金支付型。

（2）换股并购型。

（3）零成本收购型。

（4）划拨型。

（5）债权支付型。

3. 按照并购后的法律状态划分：

（1）新设法人型。

（2）吸收合并型。

（3）控股型。

4. 按照并购双方是否友好协商划分：

（1）善意并购。

（2）敌意并购。

5. 按照是否通过证券交易所划分：

（1）要约并购。

（2）协议并购。

6. 从并购行为的角度划分：

（1）直接并购。

（2）间接并购。

7. 其他主要的并购类型：

（1）杠杆收购（LBO）。

（2）管理层收购（MBO）。

我国国有企业并购重组的主要形式有如下情况：

1. 通过协议收购上市公司非流通股直接控股上市公司。

2. 通过收购上市公司流通股直接控股上市公司。

3. 上市公司向外资定向增发 B 股以使其达到并购目的。

4. 通过换股的方式直接并购上市公司。

5. 上市公司向外资发行定向可转换债券以达到收购目的。

6. 外资通过收购上市公司的核心资产实现并购目的。

7. 利用债转股市场并购国有企业。

那么，我国近年来并购市场发展趋势如何呢？

中国的并购市场自 2014 年以来快速发展，交易数量于 2016 年达到近 10 年峰值，交易规模则于 2017 年再创新高，超过 1.89 万亿元，已成为继美国之后全球第二大并购投资地域。在中国并购市场已初具规模的情况下，2018 年有所回调亦属正常规律。随着企业并购交易经验的不断丰富，企业对并购实施的考量也更加审慎和全面，注重将并购策略与企业长期发展战略相结合。2018 年国内并购交易规模最大的一笔即阿里巴巴集团以 95 亿美元收购饿了么 100% 的股权，而奇虎 360 从美股私有化后以 504.16 亿元借壳江南嘉捷、北汽新能源以 288.5 亿元借壳 SST 前锋两起交易则紧随其后。

从交易类型来看，我国并购市场仍以国内并购为主。2018 年，国内并购共发生 2 357 起，同比下降 9.6%；披露金额的交易规模 10 048.88 亿元，同比下降 19.6%；平均交易金额 5.11 亿元。

跨境并购共完成交易 227 起，同比上升 10.7%；披露金额的交易规模 2 604.72 亿元，同比下降 59.4%；平均交易金额 14.97 亿元。金额最大的一起跨境并购是中远海运控股股份有限公司以 435.82 亿港元收购东方境外（国际）有限公司 88.5% 的股份。

从境外并购来看，2018 年中国香港地区交易数量和交易金额均位居第一。对中国香港地区企业的收购集中在金融、物流运输等传统行业，并购方主要基于同类业务的地理扩张目的。交易数量排名第二的是德国，行业以机械制造类为主。此外，法国、瑞士、英国等地并购交易也保持着较高活跃度。虽然欧洲各国对中企收购审核趋严，但中企通过境外并购吸收先进技术的意愿仍十分强烈。

按并购案例数来看，2018 年排名前 5 的行业为 IT、生物技术/医疗健康、机械制造、金融、电子及光电设备，合计占市场总份额的 43.2%。从并购规模来看，2018 年并购交易资金主要集中在房地产、金融、电信及增值业务、能源及矿产、化工原料及加工等行业，涉及的并购交易总额合计占比达到 40.5%。①

① 资料来源：清科研究中心。

第一节　企业兼并、收购、资产重组

一、兼并

兼并通常是指一家企业以现金、证券或其他形式购买取得其他企业的产权，使其他企业丧失法人资格或改变法人实体，并取得对这些企业决策控制权的经济行为。

兼并是合并的形式之一，等同于我国《公司法》中的吸收合并，指一个公司吸收其他公司而存续，被吸收公司解散。常见兼并形态如图12－1所示。

<table>
<tr><td rowspan="2">兼并</td><td>吸收合并</td><td>A 公司续存，B 公司解散，A + B = A
B 公司续存，A 公司解散，A + B = B</td></tr>
<tr><td></td><td>A 公司、B 公司都解散，新设一家新公司
A + B = C</td></tr>
</table>

图 12－1　兼并形态

兼并主要有 3 种类型：

1. 横向兼并：两个在同一行业，并在生产经营上处于同一阶段的企业的兼并。例如上海汽车制造公司与南汽的兼并。

2. 纵向兼并：两个在同一行业，但是在生产经营上处于不同阶段的企业的兼并。例如汽车制造厂商和汽车配件厂商的兼并。

3. 混合兼并：不同行业中两个厂商的兼并。

兼并交易须遵循的原则有以下几个。

（一）合法性原则

在涉及所有权、使用权、经营权、抵押权、质权和其他物权、专利、商标、著作权、发明权、发现权、其他科技成果权等知识产权，以及购销、租赁、承包、借贷、运输、委托、雇佣、技术、保险等各种债权的设立、变更和终止时，毫无疑问的是，只有合法，才能得到法律的保护，才能避免无数来自国家的、部门的、地方的、他人的法律风险。

（二）合理性原则

在合理的范畴中首先是合理的目标——效益性。股东利润最大化是所有经营方式包括并购的终极目标。在组合各种资产、人员等要素的过程中效益始终是第一位的。其次是合理的前提——稳定性。在“稳定是第一位的”这句话后面是对中国人民文化和心态的深刻了解，只有稳定衔接的基础上才能出效益。再次是合理的操作——诚信原则。只有诚信履行兼并协议，才能让重新组合的各个股东和雇员对新的环境树立信心，对任何企业来说，“人气”都是十分重要的。最后是结构合理——互补性。注意各个要素的有机组合，达到互补的效果。一句话，做得公平合理，事情才做得好。

（三）可操作性原则

所有的步骤和程序当然是在一定条件下可以操作的，或者操作所需的条件是在一定的时间内可创造的，不存在不可逾越的法律和事实障碍。同时，整合的程序和结果应是便于股东了解、理解并控制的。

（四）全面性原则

要切实处理好中国企业的九大关系——党、政、群、人、财、物、产、供、销，才能不留后遗症，否则，后患无穷。进行兼并整合首先需要的是一个整合班子。其中，兼并财务经营顾问、兼并律师和注册会计师是其中的核心人物。当然，所有的兼并整合策略都应在上述兼并整合的原则下操作。

（五）产业政策导向原则

企业兼并要以产业政策与经济发展战略为指导，以提高经济效益、社会效益为目标。企业兼并行为是否合理，其衡量标准主要看其资产存量是否向需要发展的重点产业、新兴产业和生产短线产品的企业流动，是否提高企业的整体素质和社会经济效益。

（六）自愿互利原则

企业兼并是市场竞争优胜劣汰的结果，既不能一厢情愿，也不能强迫包办，只能在双方自愿的情况下才能成交。而这种自愿又是建立在互利基础之上的，买卖行为的确立应当有利于双方利益的实现，即一方寻求出路和生存，另一方获得扩张和发展。对于产权出卖者来说，产权出卖后，其资产由实物形态转化为货币形态，不仅可以甩掉原来的亏损“包袱”，减少经营不善带来的损失，还可以存入银行保值，免去种种风险，也可以用于其他投资，使资产在另一种存在形态上获得更大收益。对于产权的购买者或兼并者来说，通过兼并其他企业，可以使生产和资本迅速集中，从而在更大规模上获得收益。

（七）有偿转让原则

企业兼并要通过买卖关系有偿进行。因为在市场经济条件下，企业兼并实际上是将企业作为商品推向市场，其产权在不同的所有者之间发生转移，他们之间完全是一种商品买卖关系，这就要求资产转让具有有偿性。即使兼并发生在全民所有制企业之间，由于属于不同利益的主体，它们之间的兼并也仍然必须支付相应的资产转让费。只有这样，才能较好地处理中央与地方、地方与地方的关系。特别是在“两权分离”后，在同一财政隶属关系的全民所有制之间的兼并，也同样存在产权（包括占有权、支配权、使用权）转移的问题。企业之间的产权转让，既可以是全部产权的转让，也可以是部分产权的转让。但无论哪种转让形式，都必须遵循资产有偿转让的原则。这是企业兼并与“关停并转”的重要区别。

（八）市场竞争原则

企业兼并离不开竞争，因为它本身就是一种市场竞争行为。它与行政性合并的本质区别就在于它是“以优吞劣”而不是对等合并。正是这种优胜劣汰的竞争性，使它成为实现社会资源重新优化配置的有效机制。而企业兼并的竞争性又与市场环境分不开。兼并需要市场为其提供各种信息，提供众多的选择机会，提供产权交易的场所。离开了市场环境，兼并可供选择的范围必然十分狭小，其竞争性将受到抑制，重新配置社会资源的合理程度将十分有限。

企业兼并的案例在我国几乎每天都在发生，近来比较有代表性的如阿里巴巴收购饿了么、美团点评收购摩拜单车、联想控股收购卢森堡国际银行等案例就颇具代表性。

二、收购

收购是指一个公司通过产权交易取得其他公司一定程度的控制权，以实现一定经济目标的经济行为。收购是企业资本经营的一种形式，既有经济意义，又有法律意义。收购的经济意义是指一家企业的经营控制权易手，原来的投资者丧失了对该企业的经营控制权，实质是取得控制权。

案例 12-1　阿里巴巴收购饿了么

一、收购动机

阿里巴巴为何要收购饿了么？

1. 巨大的外卖市场吸引力

中国巨大的外卖市场潜力可以从图 12-2 和图 12-3 中见得一斑。

中国的在线外卖市场在 2017 年市场规模已经达到了 2 000 亿元左右，增长率仍然维持在 23%，2018 年达到了 2 500 亿元左右的水平。同时，在线订餐用户规模在 2018 年达到 3 亿人，尽管增速下降，但仍以 18% 的增速发展。这表明 2018 年外卖仍是餐饮人值得投入的巨大市场。

2. 阿里巴巴的新零售布局

阿里巴巴方面表示，收购完成后，一方面将以餐饮作为本地生活服

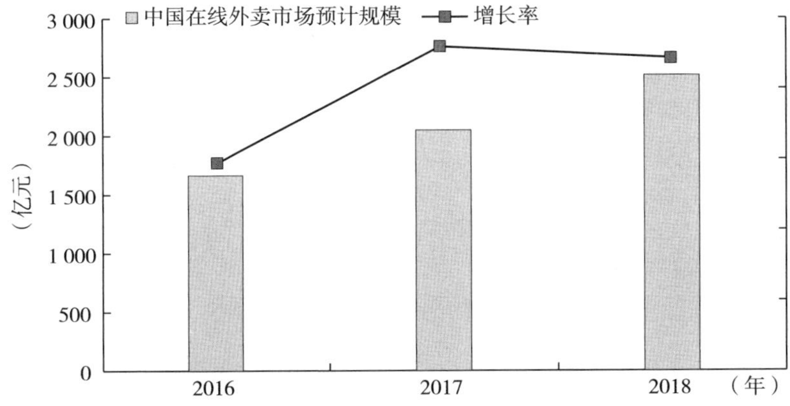

图 12 -2　中国在线外卖市场预计规模和增长率

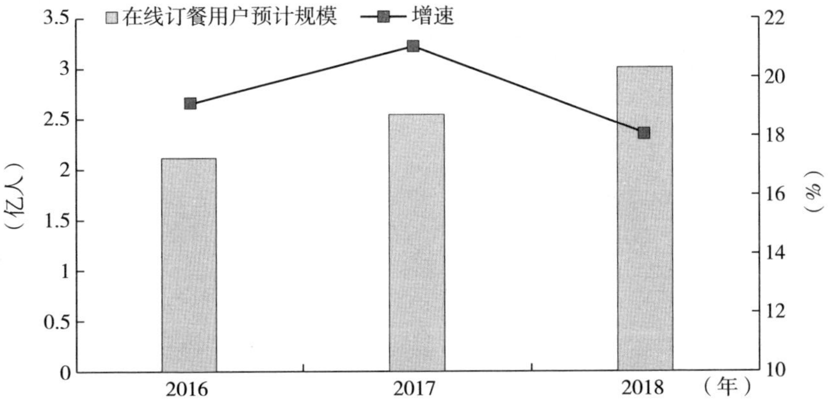

图 12 -3　中国在线订餐用户预计规模及增速

资料来源：中华网。

务的切入点，饿了么的外卖服务将与口碑的到店服务协同，形成对本地生活服务的拓展。另一方面，饿了么本地即时配送网络将成为阿里巴巴新零售“三公里理想生活圈”的物流基础设施。

中国新零售的擂台，在过去一年被阿里巴巴、腾讯两巨头的投入，迅速割裂成了两个阵营，而且各自的阵营越来越大。阿里巴巴收购饿了么之后，新零售业务连同外卖业务势必能产生 1 +1 >2 的效果。而这次的全资收购饿了么，显然也是阿里巴巴为了巩固自己在新零售和外卖领域的地位。

除了餐饮领域之外，饿了么或许也将为阿里巴巴的新零售体系提供更多的配送选项。

二、收购类型和模式

1. 善意收购

阿里巴巴收购饿了么，双方是经过谈判协商最终达成一致意愿的，故属于善意收购。

2. 股权投资收购

阿里巴巴为了实现饿了么与口碑更好地融合，必须掌控公司的控制权，因而采取的方式是股权投资。

3. 纵向并购

从行业隶属关系看，双方同属于网络行业，但业务重点不同，阿里巴巴从事电子商务，饿了么的业务重点是网上订餐，所以这次并购属于一种纵向并购。

4. 现金收购

本案例还有一个很大的特点，就是其被称为中国互联网最大全现金收购案例。而如此巨大金额的现金收购也有几方面的原因，包括：阿里看好饿了么的未来溢价，不愿与饿了么共享股权；阿里巴巴资金充足以及被收购方的要求等。

三、估值定价

从此前阿里巴巴及其旗下的蚂蚁金服向饿了么投资至少10亿美元来看，饿了么估值为55亿~60亿美元；再加上2017年8月，百度外卖和饿了么合并，前者估值大概在5亿美元，两者合计约60亿~65亿美元，低于本次的收购价格95亿美元，存在30亿~35亿美元的溢价。

而至于阿里巴巴为什么会做“亏本的买卖”，我们认为是由于并购当中存在这样一个铁律：收购方收益=协同效益-溢价。也就是说，阿里巴巴认为收购能够为其带来的协同效益是大于35亿美元的收购溢价的。这里的协同效益主要包括以下几个方面。

1. 饿了么的庞大的用户资源及大数据

从10年前到现在，饿了么聚集3亿用户、200万商家和300万名配送员。如此大体量的用户群可以为阿里大数据云平台所用，因此被认为是阿里巴巴不惜代价拿下饿了么的重要原因之一。

2. 服务于阿里巴巴的新商业模式

在此次收购的背后，是新零售、新消费同步升级。可以将这次收购看作对传统外卖行业的一次拓展：公众对于外卖的理解较多停留在餐饮外卖，其实外卖的外延可以从餐饮延伸到其他消费品以及新零售相关的外送上。这正符合阿里巴巴新零售布局，此次收购是阿里巴巴为其未来发展所需的新商业模式铺路。

3. 饿了么全国配送网的物流价值高

目前市场的一个明显趋势是，随着线下门店催生配送需求，拥有全国配送网的服务商也迎来价值重估，饿了么95亿美元的身价也体现了这一点。

美团外卖要给海澜之家送货；屈臣氏接入菜鸟网络，给周边3公里用户送货；大润发上线App（手机应用软件）送生鲜和快消品给周边3公里的用户。

这种现象不是中国的个案。因此在未来，那些在全国密集开设了线下门店的独立品牌商（比如服装连锁、化妆品、母婴用品等）将会陆续接入配送平台，延伸销售半径。如果把饿了么的基础设施价值放到整个生活服务新零售大盘中看，95亿美元的价格就更好理解了。

四、交易架构分步推进

2016年4月，饿了么获得来自阿里巴巴12.5亿美元的投资。

2017年4月，阿里巴巴和蚂蚁金服又进一步增持饿了么股份，此次投资金额为4亿美元。

2017年6月，饿了么获得10亿美元的战略投资，领投的仍是阿里巴巴。至此，阿里系持有饿了么股权总额达到32.94%，成为第一大股东。

2018年4月，阿里巴巴正式全资收购饿了么，已签订排他协议，将在3个月内支付95亿美元现金收购饿了么全部股份。参见图12-4。

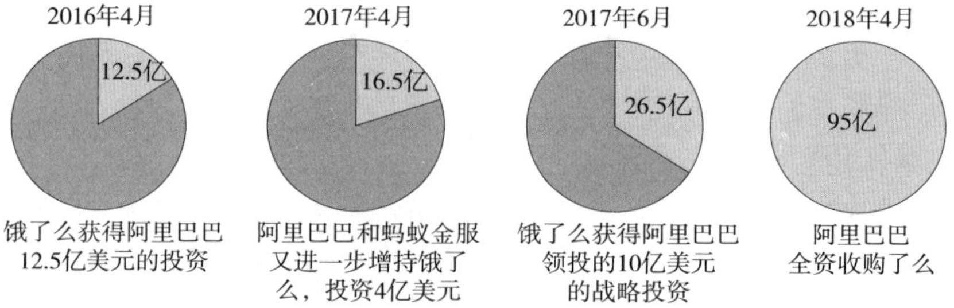

图12-4　阿里巴巴收购饿了么的步骤

五、现实意义与未来发展

对于饿了么而言，通过本次收购，饿了么获得了以下好处。

1. 资金保障

阿里巴巴的强大资金保障可以促进饿了么的后续发展。

2. 市场资源的再扩大

此次并购，饿了么获得手机淘宝和支付宝的引流，日新增客户量已超过整个新美大集团。

3. 竞争优势

饿了么依托阿里巴巴所能建立的竞争壁垒将更为坚固。饿了么被全资收购以后，整个阿里体系内的商户和用户之间的联系将更为紧密。对餐饮店来说，"实体店+饿了么店+口碑店"三店一体的模式将成为标配，这种协同性、高效性将提升商家和用户的满意度，也能让饿了么在未来的竞争中获得更大的话语权。

而对于阿里巴巴而言，本次收购同样会为其带来效益的增加，具体体现在以下几方面。

1. 补足集团即时配送短板，发挥协同效应

阿里巴巴获得饿了么的核心能力之一——蜂鸟配送，保障"最后一公里"配送。通过收购，阿里巴巴完善了其配套物流体系，提高了服务效率。此外，饿了么将协同阿里巴巴新零售实现"三公里理想生活圈"，与其他众多外送服务一起，成为支撑各种新零售场景的物流基础设施。

2. 完善阿里巴巴服务生态，与百度、腾讯抗衡

在进行了大规模投资并购后，阿里巴巴逐步形成了互联网大生态圈，范围涉及包括社交、文化、金融、物流等多个领域。目前饿了么已宣布NOW无人货架项目已在上海实现营利，由此可见，饿了么作为一员大将，将在此领域为阿里巴巴打头阵，依托阿里巴巴，进行商业模式的探索。①

由于收购动机的不同，可分为不同收购的类型，如协议收购、要约收购、善意收购、恶意收购、反向收购等。而反向收购上市（又叫买壳上市）是指非上市公司股东通过收购一家壳公司（上市公司）的股份控制该公司，再由该公司反向收购非上市公司的资产和业务，使之成为上市公司的子公司，原非上市公司的股东一般可以获得大部分上市公司的控股权，从而达到间接上市的目的。直接上市与反向收购的比较如表12－1所示。

表12－1　直接上市与反向收购的比较

	首次公开发行（IPO）	反向收购（Reverse Merger）
费用	约120万美元以上	不超过100万美元
时间	1年以上	3～9个月
成功率	没有成功保证	有成功保证
融资	立即融到资金，但上市机会低	可二次发行融资私募，并购方便

当年宇信易诚、酷6等都是通过反向收购曲线上市的。

三、资产重组

资产重组是指企业资产的拥有者、控制者与企业外部的经济主体进

① 本案例来源于对外经济贸易大学本科生课程“投资银行理论与实务”第五组的课堂展示案例，同学们探讨分析了阿里巴巴收购饿了么事件，现将案例转载分享。

行的，对企业资产的分布状态进行重新组合、调整、配置的过程，或对设在企业资产上的权利进行重新配置的过程。主要有以下类型：

1. 资产的重新组合。

2. 业务整合。

3. 资源配置。

4. 产权的理顺。

中国近几年金额最大的上市公司并购案之一发生在汽车行业，交易金额达到291亿元。如上海汽车向上汽集团及工业有限公司发行股份购买其持有的从事独立零部件业务、服务贸易业务、新能源汽车业务相关公司股权及其他资产，其发行价格为16.53元/股。重组后，上海汽车母公司上汽集团持有上海汽车的股份将从以前的72.95%增至77.21%，上汽集团由此成为上海率先实现整体上市的大型国企。

2019年，央地企业联合重组工作联合领导小组将成立具体负责中车产投混改引资及上市公司重大资产重组工作。

四川长虹与海信、PPTV三大激光电视品牌携手苏宁，达成战略合作，并现场签订2019年全年苏宁渠道10万台的销售大单，期望共同推动激光电视在高端市场的全面普及。

在资本层面，“长虹系”也在加快重大重组。

第二节　企业并购重组的操作过程

在并购重组的实务操作过程中，首先要选择适合的并购标的，经过专业论证后初步立项，再聘请第三方中介机构或自有的专业团队进行审慎尽职调查得出结论，做出并购决策，给出一个合理的交易价格，在律师的见证下完成相关的法务事项，具体操作流程如图12－5所示。

对于并购方而言，要把握好以下几项：

1. 公司发展战略制定。

（1）加强型战略——优势互补，强强联合模式。

（2）扩强型战略——希望达到垄断地位。

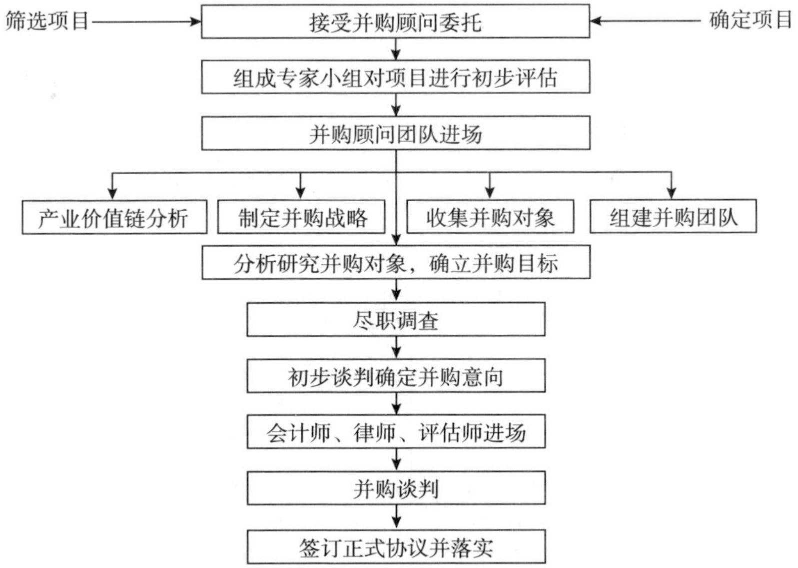

图 12－5 并购重组操作流程

（3）防御型战略——增加内部实力及团队的稳定性。

2. 并购战略原则。

（1）并购动机与目的。

（2）并购的基本要求与计划。

（3）并购的准则及操作实施方案。

3. 并购流程。

（1）并购目标的选择。

（2）并购目标的调查、评估。

（3）沟通、协商、谈判。

（4）并购协议的签订。

（5）协议的实施。

4. 尽职调查。

（1）为何要进行尽职调查？

解决信息不对称，处理好业务/市场、资产、负债、财务、税务、经营、战略、法律等方方面面的问题。需要注意的事项是：选择有实力的中介机构进场调查；除报表分析外，还要关注报表之外的信息，特别是可能存在的陷阱。

（2）尽职调查流程，详见图 12－6。

（3）尽职调查的目的是发现、规避风险，实现企业价值。调查原则为全面调查，突出重点。

（4）重点调查对并购项目起决定性影响的财务指标，如图 12－7 所示。

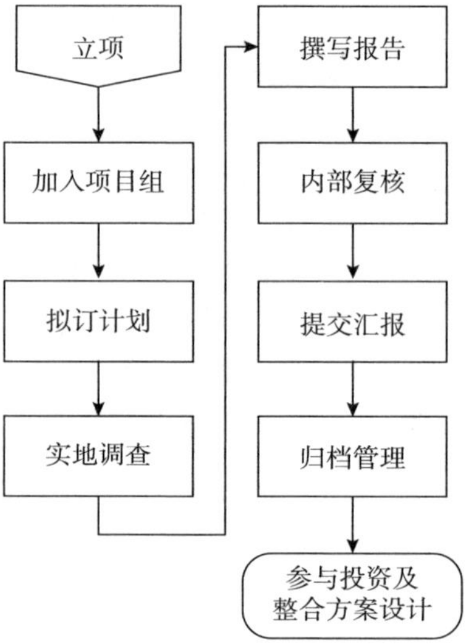

图 12－6　尽职调查流程

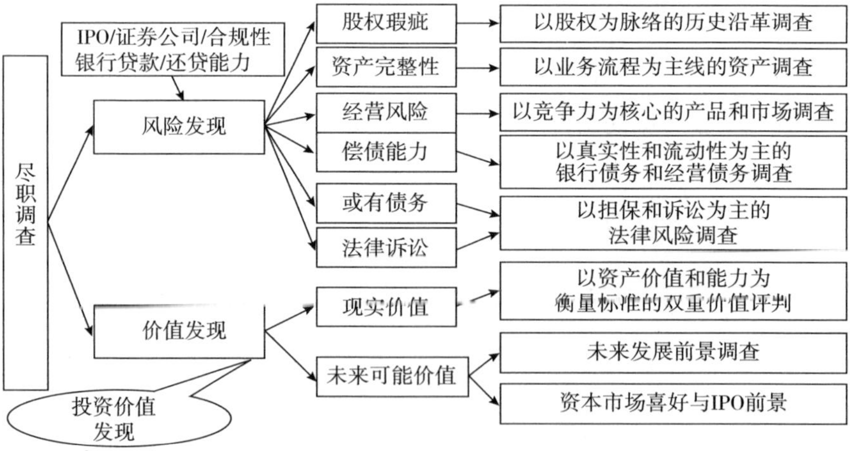

图 12－7　尽职调查相关财务指标

财务调查要点：

①会计报表项目或财务指标异常或发生重大波动。

②主营业务不突出，或非经常性收益所占比重非常大。

③与同业相比，获利能力过高，增长速度过快。

④账面利润增长，但经营活动净现金流为负。

⑤财务状况和盈利能力突然好转。

⑥以毛利率、存货周转率、应收账款周转率为指标，对市场情况以及市场地位进行调查。

⑦以利润率为指标，对成本进行分解调查。

⑧经营现金流分析。

⑨行业比较分析。

⑩会计政策对利润核算有重大影响，应该了解。

第三节　上市公司重大资产重组

上市公司的董事、监事和高级管理人员在重大资产重组活动中，应当诚实守信、勤勉尽责，维护公司资产的安全，保护公司和全体股东的合法权益。

为重大资产重组提供服务的证券服务机构和人员，应当遵守法律、行政法规和证监会的有关规定，遵循本行业公认的业务标准和道德规范，严格履行职责，不得谋取不正当利益，并应当对其所制作、出具文件的真实性、准确性和完整性承担责任。

任何单位和个人对所知悉的重大资产重组信息在依法披露前负有保密义务。禁止任何单位和个人利用重大资产重组信息从事内幕交易、操纵证券市场等违法活动。

证监会依法对上市公司重大资产重组行为进行监管，在发行审核委员会中设立上市公司并购重组审核委员，以投票方式对提交其审议的重大资产重组申请进行表决，提出审核意见。

一、上市公司实施重大资产重组应当符合的要求

1. 符合国家产业政策和有关环境保护、土地管理、反垄断等法律和行政法规的规定。

2. 不会导致上市公司不符合股票上市条件。

3. 重大资产重组所涉及的资产定价公允，不存在损害上市公司和股东合法权益的情形。

4. 重大资产重组所涉及的资产权属清晰，资产过户或者转移不存在法律障碍，相关债权债务处理合法。

5. 有利于上市公司增强持续经营能力，不存在可能导致上市公司重组后主要资产为现金或者无具体经营业务的情形。

6. 有利于上市公司在业务、资产、财务、人员、机构等方面与实际控制人及其关联人保持独立，符合证监会关于上市公司独立性的相关规定。

7. 有利于上市公司形成或者保持健全有效的法人治理结构。

二、重大资产重组的鉴定

上市公司及其控股或者控制的公司购买、出售资产，达到下列标准之一的，构成重大资产重组：

1. 购买、出售的资产总额占上市公司最近 1 个会计年度经审计的合并财务会计报告期末资产总额的比例达到 50% 以上。

2. 购买、出售的资产在最近 1 个会计年度所产生的营业收入占上市公司同期经审计的合并财务会计报告营业收入的比例达到 50% 以上。

3. 购买、出售的资产净额占上市公司最近 1 个会计年度经审计的合并财务会计报告期末净资产额的比例达到 50% 以上，且超过 5 000 万元人民币。

购买、出售资产未达到前款规定标准，但证监会发现存在可能损害上市公司或者投资者合法权益的重大问题的，可以根据审慎监管原则责

令上市公司按照相关规定补充披露相关信息、暂停交易并报送申请文件。

三、控制权发生变更后构成重大资产重组的情形

上市公司自控制权发生变更之日起60个月内，向收购人及其关联人购买资产，导致上市公司发生以下根本变化情形之一的，构成重大资产重组，应当按照《上市公司重大资产重组管理办法》的规定报经证监会核准：

1. 购买的资产总额占上市公司控制权发生变更的前一个会计年度经审计的合并财务会计报告期末资产总额的比例达到100%以上。

2. 购买的资产在最近一个会计年度所产生的营业收入占上市公司控制权发生变更的前一个会计年度经审计的合并财务会计报告营业收入的比例达到100%以上。

3. 购买的资产在最近一个会计年度所产生的净利润占上市公司控制权发生变更的前一个会计年度经审计的合并财务会计报告净利润的比例达到100%以上。

4. 购买的资产净额占上市公司控制权发生变更的前一个会计年度经审计的合并财务会计报告期末净资产额的比例达到100%以上。

5. 为购买资产发行的股份占上市公司首次向收购人及其关联人购买资产的董事会决议前一个交易日的股份的比例达到100%以上。

6. 上市公司向收购人及其关联人购买资产虽未达到本款第1项至第5项标准，但可能导致上市公司主营业务发生根本变化。

7. 证监会认定的可能导致上市公司发生根本变化的其他情形。

四、重大变化的资产交易行为界定

上市公司及其控股或者控制的公司在日常经营活动之外购买、出售资产或者通过其他方式进行资产交易达到规定的比例，导致上市公司的主营业务、资产、收入发生重大变化的资产交易行为，包括：

1. 与他人新设企业、对已设立的企业增资或者减资。

2. 受托经营、租赁其他企业资产或者将经营性资产委托他人经营、租赁。

3. 接受附义务的资产赠与或者对外捐赠资产。

4. 证监会根据审慎监管原则认定的其他情形。

上述资产交易实质上构成购买、出售资产，且按照《上市公司重大资产重组管理办法》规定的标准计算的相关比例达到50%以上的，应当按照该办法的规定履行信息披露等相关义务并报送申请文件。

五、重大资产重组计算的原则和标准

根据《上市公司重大资产重组管理办法》计算重大资产重组的原则和标准按第12条、第13条规定的比例时，应当遵守下列规定：

1. 购买的资产为股权的，其资产总额以被投资企业的资产总额与该项投资所占股权比例的乘积和成交金额二者中的较高者为准，营业收入以被投资企业的营业收入与该项投资所占股权比例的乘积为准，资产净额以被投资企业的净资产额与该项投资所占股权比例的乘积和成交金额二者中的较高者为准；出售的资产为股权的，其资产总额、营业收入以及资产净额分别以被投资企业的资产总额、营业收入以及净资产额与该项投资所占股权比例的乘积为准。

购买股权导致上市公司取得被投资企业控股权的，其资产总额以被投资企业的资产总额和成交金额二者中的较高者为准，营业收入以被投资企业的营业收入为准，净利润以被投资企业扣除非经常性损益前后的净利润的较高者为准，资产净额以被投资企业的净资产额和成交金额二者中的较高者为准；出售股权导致上市公司丧失被投资企业控股权的，其资产总额、营业收入以及资产净额分别以被投资企业的资产总额、营业收入以及净资产额为准。

2. 购买的资产为非股权资产的，其资产总额以该资产的账面值和成交金额二者中的较高者为准，资产净额以相关资产与负债的账面值差额和成交金额二者中的较高者为准；出售的资产为非股权资产的，其资产总额、资产净额分别以该资产的账面值、相关资产与负债账面值的差额为准；该非股权资产不涉及负债的，不适用《上市公司重大资产重组管理办法》第 12 条第一款第（三）项规定的资产净额标准。

3. 上市公司同时购买、出售资产的，应当分别计算购买、出售资产的相关比例，并以二者中比例较高者为准。

4. 上市公司在 12 个月内连续对同一或者相关资产进行购买、出售的，以其累计数分别计算相应数额。已按照《上市公司重大资产重组管理办法》的规定编制并披露重大资产重组报告书的资产交易行为，无须纳入累计计算的范围。证监会对《上市公司重大资产重组管理办法》第 13 条第一款规定的重大资产重组的累计期限和范围另有规定的，从其规定。

交易标的资产属于同一交易方所有或者控制，或者属于相同或者相近的业务范围，或者证监会认定的其他情形下，可以认定为同一或者相关资产。

六、对创业板上市公司的限定

创业板上市公司自控制权发生变更之日起，向收购人及其关联人购买资产，不得导致“购买的资产总额占上市公司控制权发生变更的前一个会计年度经审计的合并财务会计报告期末资产总额的比例达到 100% 以上”规定的情形。

上市公司自控制权发生变更之日起，向收购人及其关联人购买的资产属于金融、创业投资等特定行业的，由证监会另行规定。

七、上市公司应当披露的文件及股东大会的决议内容

上市公司应当在董事会做出重大资产重组决议后的次一工作日至少披露下列文件。

1. 董事会决议及独立董事的意见。

2. 上市公司重大资产重组预案。本次重组的重大资产重组报告书、

独立财务顾问报告、法律意见书以及重组涉及的审计报告、资产评估报告或者估值报告至迟应当与召开股东大会的通知同时公告。上市公司自愿披露盈利预测报告的，该报告应当经具有相关证券业务资格的会计师事务所审核，与重大资产重组报告书同时公告。

上市公司应当在至少一种证监会指定的报刊公告董事会决议、独立董事的意见，并应当在证券交易所网站全文披露重大资产重组报告书及其摘要、相关证券服务机构的报告或者意见。

上市公司股东大会就重大资产重组做出的决议，至少应当包括下列事项：

1. 本次重大资产重组的方式、交易标的和交易对方。
2. 交易价格或者价格区间。
3. 定价方式或者定价依据。
4. 相关资产自定价基准日至交割日期间损益的归属。
5. 相关资产办理权属转移的合同义务和违约责任。
6. 决议的有效期。
7. 对董事会办理本次重大资产重组事宜的具体授权。
8. 其他需要明确的事项。

上市公司股东大会就重大资产重组事项做出决议，必须经出席会议的股东所持表决权的2/3以上通过。

上市公司重大资产重组事宜与本公司股东或者其关联人存在关联关系的，股东大会就重大资产重组事项进行表决时，关联股东应当回避表决。

第四节　中介机构的作用

上市公司应当聘请独立财务顾问、律师事务所以及具有相关证券业务资格的会计师事务所等证券服务机构，就重大资产重组出具意见。

独立财务顾问和律师事务所应当审慎核查重大资产重组是否构成关联交易，并依据核查确认的相关事实发表明确意见。重大资产重组涉及关联交易的，独立财务顾问应当就本次重组对上市公司非关联股东的影响发表明确意见。

资产交易定价以资产评估结果为依据的，上市公司应当聘请具有相关证券业务资格的资产评估机构出具资产评估报告。

证券服务机构在其出具的意见中采用其他证券服务机构或者人员的专业意见的，仍然应当进行尽职调查，审慎核查其采用的专业意见的内容，并对利用其他证券服务机构或者人员的专业意见所形成的结论负责。

1. 上市公司重大资产重组发生下列情形的，独立财务顾问应当及时出具核查意见，向证监会及其派出机构报告，并予以公告：

（1）证监会做出核准决定前，上市公司对交易对象、交易标的、交易价格等做出变更，构成对原重组方案重大调整的。

（2）证监会做出核准决定后，上市公司在实施重组过程中发生重大事项，导致原重组方案发生实质性变动的。

2. 独立财务顾问应当按照证监会的相关规定，对实施重大资产重组的上市公司履行持续督导职责。持续督导的期限自证监会核准本次重大资产重组之日起，应当不少于 1 个会计年度。实施《上市公司重大资产重组管理办法》第 12 条规定的重大资产重组，持续督导的期限自证监会核准本次重大资产重组之日起，应当不少于 3 个会计年度。

3. 独立财务顾问应当结合上市公司重大资产重组当年和实施完毕后的第一个会计年度的年报，自年报披露之日起 15 日内，对重大资产重组实施的下列事项出具持续督导意见，向派出机构报告，并予以公告：

（1）交易资产的交付或者过户情况。

（2）交易各方当事人承诺的履行情况。

（3）盈利预测的实现情况。

（4）管理层讨论与分析部分提及的各项业务的发展现状。

（5）公司治理结构与运行情况。

（6）与已公布的重组方案存在差异的其他事项。

独立财务顾问还应当结合《上市公司重大资产重组管理办法》第 12 条规定的重大资产重组实施完毕后的第 2、第 3 个会计年度的年报，自年报披露之日起15日内，对前款2～6项事项出具持续督导意见，向派出机构报告，并予以公告。

4. 上市公司聘请的独立财务顾问和律师事务所应当对重大资产重组的实施过程、资产过户事宜和相关后续事项的合规性及风险进行核查，发表明确的结论性意见。独立财务顾问和律师事务所出具的意见应当与实施情况报告书同时报告、公告。

第五节　申请发行新股或债券

一、发行新股或公司债券

经证监会审核后获得核准的重大资产重组实施完毕后，上市公司申请公开发行新股或者公司债券，同时符合下列条件的，本次重大资产重组前的业绩在审核时可以模拟计算：

1. 进入上市公司的资产是完整经营实体。

2. 本次重大资产重组实施完毕后，重组方的承诺事项已经如期履行，上市公司经营稳定、运行良好。

3. 本次重大资产重组实施完毕后，上市公司和相关资产实现的利润达到盈利预测水平。

上市公司在本次重大资产重组前不符合证监会规定的公开发行证券条件，或者本次重组导致上市公司实际控制人发生变化的，上市公司申请公开发行新股或者公司债券，距本次重组交易完成的时间应当不少于1个完整会计年度。

4. 完整经营实体，应当符合下列条件：

（1）经营业务和经营资产独立、完整，且在最近2年未发生重大变化。

（2）在进入上市公司前已在同一实际控制人之下持续经营2年以上。

（3）在进入上市公司之前实行独立核算，或者虽未独立核算，但与其经营业务相关的收入、费用在会计核算上能够清晰划分。

（4）上市公司与该经营实体的主要高级管理人员签订聘用合同或者采取其他方式，就该经营实体在交易完成后的持续经营和管理做出恰当安排。

二、发行股份购买资产

上市公司发行股份购买资产，应当符合下列规定：

1. 充分说明并披露本次交易有利于提高上市公司资产质量、改善公司财务状况和增强持续盈利能力；有利于上市公司减少关联交易和避免同业竞争，增强独立性。

2. 上市公司最近 1 年及 1 期财务会计报告被注册会计师出具无保留意见审计报告；被出具保留意见、否定意见或者无法表示意见的审计报告的，须经注册会计师专项核查确认，该保留意见、否定意见或者无法表示意见所涉及事项的重大影响已经消除或者将通过本次交易予以消除。

3. 上市公司及其现任董事、高级管理人员不存在因涉嫌犯罪正被司法机关立案侦查或涉嫌违法违规正被证监会立案调查的情形，但是，涉嫌犯罪或违法违规的行为已经终止满 3 年，交易方案有助于消除该行为可能造成的不良后果，且不影响对相关行为人追究责任的除外。

4. 充分说明并披露上市公司发行股份所购买的资产为权属清晰的经营性资产，并能在约定期限内办理完毕权属转移手续。

5. 证监会规定的其他条件。

上市公司为促进行业的整合、转型升级，在其控制权不发生变更的情况下，可以向控股股东、实际控制人或者其控制的关联人之外的特定对象发行股份购买资产。所购买资产与现有主营业务没有显著协同效应的，应当充分说明并披露本次交易后的经营发展战略和业务管理模式，以及业务转型升级可能面临的风险和应对措施。

特定对象以现金或者资产认购上市公司非公开发行的股份后，上市公司用同一次非公开发行所募集的资金向该特定对象购买资产的，视同上市公司发行股份购买资产。

上市公司发行股份购买资产的，除属于《上市公司重大资产重组管理办法》第13条第一款规定的交易情形外，可以同时募集部分配套资金，其定价方式按照现行相关规定办理。

上市公司发行股份购买资产应当遵守《上市公司重大资产重组管理办法》关于重大资产重组的规定，编制发行股份购买资产预案、发行股份购买资产报告书，并向证监会提出申请。

上市公司发行股份的价格不得低于市场参考价的90%。市场参考价为本次发行股份购买资产的董事会决议公告日前20个交易日、60个交易日或者120个交易日的公司股票交易均价之一。此次发行股份购买资产的董事会决议应当说明市场参考价的选择依据，前款所称交易均价的计算公式为：

董事会决议公告日前若干个交易日公司股票交易均价＝决议公告日前若干个交易日公司股票交易总额/决议公告日前若干个交易日公司股票交易总量

此次发行股份购买资产的董事会决议可以明确，在证监会核准前，上市公司的股票价格相比最初确定的发行价格发生重大变化的，董事会可以按照已经设定的调整方案对发行价格进行一次调整。

前款规定的发行价格调整方案应当明确、具体、可操作，详细说明是否相应调整拟购买资产的定价、发行股份数量及其理由，在首次董事会决议公告时充分披露，并按照规定提交股东大会审议。股东大会做出决议后，董事会按照已经设定的方案调整发行价格的，上市公司无须按照《上市公司重大资产重组管理办法》第28条的规定向证监会重新提出申请。

特定对象以资产认购而取得的上市公司股份，自股份发行结束之日起12个月内不得转让；属于下列情形之一的，36个月内不得转让：

1. 特定对象为上市公司控股股东、实际控制人或者其控制的关联人。

2. 特定对象通过认购本次发行的股份取得上市公司的实际控制权。

3. 特定对象取得本次发行的股份时，对其用于认购股份的资产持续拥有权益的时间不足12个月。

属于《上市公司重大资产重组管理办法》第13条第一款规定的交易情形的，上市公司原控股股东、原实际控制人及其控制的关联人，以及在交易过程中从该等主体直接或间接受让该上市公司股份的特定对象应当公开承诺，在本次交易完成后36个月内不转让其在该上市公司中拥有权益的股份；除收购人及其关联人以外的特定对象应当公开承诺，其以资产认购而取得的上市公司股份自股份发行结束之日起24个月内不得转让。

上市公司申请发行股份购买资产，应当提交并购重组委审核。

上市公司发行股份购买资产导致特定对象持有或者控制的股份达到法定比例的，应当按照《上市公司收购管理办法》的规定履行相关义务。

上市公司向控股股东、实际控制人或者其控制的关联人发行股份购买资产，或者发行股份购买资产将导致上市公司实际控制权发生变更的，认购股份的特定对象应当在发行股份购买资产报告书中公开承诺：本次交易完成后6个月内如上市公司股票连续20个交易日的收盘价低于发行价，或者交易完成后6个月期末收盘价低于发行价的，其持有公司股票的锁定期自动延长至少6个月。

前款规定的特定对象还应当在发行股份购买资产报告书中公开承诺：如此次交易因涉嫌所提供或披露的信息存在虚假记载、误导性陈述或者重大遗漏，被司法机关立案侦查或者被证监会立案调查的，在案件调查结论明确以前，不转让其在该上市公司拥有权益的股份。

证监会核准上市公司发行股份购买资产的申请后，上市公司应当及时实施。向特定对象购买的相关资产过户至上市公司后，上市公司聘请的独立财务顾问和律师事务所应当对资产过户事宜和相关后续事项的合规性及风险进行核查，并发表明确意见。上市公司应当在相关资产过户完成后3个工作日内就过户情况做出公告，公告中应当包括独立财务顾问和律师事务所的结论性意见。

上市公司完成前款规定的公告后，可以到证券交易所、证券登记结算公司为认购股份的特定对象申请办理证券登记手续。

换股吸收合并涉及上市公司的，上市公司的股份定价及发行按照相关规定执行。

上市公司发行优先股用于购买资产或者与其他公司合并，证监会另有规定的，从其规定。

上市公司可以向特定对象发行可转换为股票的公司债券、定向权证，用于购买资产或者与其他公司合并。

第六节　重大资产重组的信息管理

一、信息管理

上市公司筹划、实施重大资产重组，相关信息披露义务人应当公平地向所有投资者披露可能对上市公司股票交易价格产生较大影响的相关信息（以下简称股价敏感信息），不得有选择性地向特定对象提前泄露。

上市公司的股东、实际控制人以及参与重大资产重组筹划、论证、决策等环节的其他相关机构和人员，应当及时、准确地向上市公司通报有关信息，并配合上市公司及时、准确、完整地进行披露。上市公司获悉股价敏感信息的，应当及时向证券交易所申请停牌并披露。

上市公司及其董事、监事、高级管理人员，重大资产重组的交易对方及其关联方，交易对方及其关联方的董事、监事、高级管理人员或者主要负责人，交易各方聘请的证券服务机构及其从业人员，参与重大资产重组筹划、论证、决策、审批等环节的相关机构和人员，以及因直系亲属关系、提供服务和业务往来等知悉或者可能知悉股价敏感信息的其他相关机构和人员，在重大资产重组的股价敏感信息依法披露前负有保密义务，禁止利用该信息进行内幕交易。

上市公司筹划重大资产重组事项，应当详细记载筹划过程中每一具体环节的进展情况，包括商议相关方案、形成相关意向、签署相关协议或者意向书的具体时间、地点、参与机构和人员、商议和决议内容等，制作书面的交易进程备忘录并予以妥当保存。参与每一具体环节的所有人员应当及时在备忘录上签名确认。

上市公司预计筹划中的重大资产重组事项难以保密或者已经泄露的，应当及时向证券交易所申请停牌，直至真实、准确、完整地披露相关信息。停牌期间，上市公司应当至少每周发布一次事件进展情况公告。

上市公司股票交易价格因重大资产重组的市场传闻发生异常波动时，上市公司应当及时向证券交易所申请停牌，核实有无影响上市公司股票交易价格的重组事项并予以澄清，不得以相关事项存在不确定性为由不履行信息披露义务。

二、监督管理和法律责任

上市公司或者其他信息披露义务人未依照《上市公司重大资产重组管理办法》的规定履行相关义务或者程序，擅自实施重大资产重组的，由证监会责令改正，并可以采取监管谈话、出具警示函等监管措施；情节严重的，可以责令暂停或者终止重组活动，处以警告、罚款，并可以对有关责任人员采取市场禁入的措施。

上市公司或者其他信息披露义务人未经证监会核准擅自实施《上市公司重大资产重组管理办法》第 13 条第一款规定的重大资产重组，交易尚未完成的，证监会责令上市公司补充披露相关信息、暂停交易并按照《上市公司重大资产重组管理办法》第 13 条的规定报送申请文件；交易已经完成的，可以处以警告、罚款，并对有关责任人员采取市场禁入的措施；涉嫌犯罪的，依法移送司法机关追究刑事责任。

上市公司重大资产重组因定价显失公允、不正当利益输送等问题损害上市公司、投资者合法权益的，由证监会责令改正，并可以采取监管谈话、出具警示函等监管措施；情节严重的，可以责令暂停或者终止重组活动，处以警告、罚款，并可以对有关责任人员采取市场禁入的措施。

上市公司或者其他信息披露义务人未按照《上市公司重大资产重组管理办法》规定报送重大资产重组有关报告，或者报送的报告有虚假记载、误导性陈述或者重大遗漏的，由证监会责令改正，依照《证券法》第193条予以处罚；情节严重的，可以责令暂停或者终止重组活动，并可以对有关责任人员采取市场禁入的措施；涉嫌犯罪的，依法移送司法机关追究刑事责任。

上市公司或者其他信息披露义务人未按照规定披露重大资产重组信息，或者所披露的信息存在虚假记载、误导性陈述或者重大遗漏的，由证监会责令改正，依照《证券法》第193条规定予以处罚；情节严重的，可以责令暂停或终止重组活动，并可以对有关责任人员采取市场禁入的措施；涉嫌犯罪的，依法移送司法机关追究刑事责任。

重大资产重组或者发行股份购买资产的交易对方未及时向上市公司或者其他信息披露义务人提供信息，或者提供的信息有虚假记载、误导性陈述或者重大遗漏的，按照前款规定执行。

上市公司董事、监事和高级管理人员在重大资产重组中，未履行诚实守信、勤勉尽责义务，或者上市公司的股东、实际控制人及其有关负责人员未按照本办法的规定履行相关义务，导致重组方案损害上市公司利益的，由证监会责令改正，并可采取监管谈话、出具警示函等监管措施；情节严重的，处以警告、罚款，并可以对有关人员采取认定为不适当人选、市场禁入的措施；涉嫌犯罪的，依法移送司法机关追究刑事责任。

为重大资产重组出具财务顾问报告、审计报告、法律意见、资产评估报告及其他专业文件的证券服务机构及其从业人员未履行诚实守信、勤勉尽责义务，违反行业规范、业务规则，或者未依法履行报告和公告义务、持续督导义务的，由证监会责令改正，并可采取监管谈话、出具警示函责令公开说明、责令参加培训、责令定期报告、认定为不适当人选等监管措施；情节严重的，依照《证券法》第226条予以处罚。

前款规定的证券服务机构及其从业人员所制作、出具的文件存在虚假记载、误导性陈述或者重大遗漏的，由证监会责令改正，依照《证券法》第223条予以处罚；情节严重的，可以采取市场禁入的措施；涉嫌犯罪的，依法移送司法机关追究刑事责任。

本章要点

并购重组的实质就是对企业资源的重新配置与优化、达到有效控制成本、降低负债、保护所有者权益、规避财务风险等，这些具体工作是可以通过多种方式与资本运作的手段来进行的。本章要点有：

1. 重大资产重组的鉴定标准。

2. 上市公司进行重大资产重组，应当由董事会依法做出决议，并提交股东大会批准；独立董事应当对重大资产重组及评估机构结论单独发表意见。

3. 重大资产重组的程序和信息披露原则。

思考题

1. 上市公司在重大资产重组工作中应规避哪些风险？

2. 国有股东与上市公司进行资产重组的有关规定有哪些？

3. 试举出你所熟悉的上市公司并购案例，并分析成功的关键点及决策细节。

第十三章

上市公司再融资

上市公司再融资是企业上市的第一要务，企业想做大做强，打造成为行业龙头，或在国际竞争中谋得霸主地位，没有充足的资金支持是不行的。没上市的企业想上市，其目的之一便是获取持续稳定的融资渠道。而已上市公司再扩张需要钱怎么办？募股项目资金的最佳手段当然是在资本市场正常融资，这也是上市公司具有的不二优势。

上市公司对再融资的类型及融资方式具有相对宽松的选择权，根据资金用途，核算融资成本、融资时间周期、评估融资风险，不论是发行新股还是发行债券等，都要考虑其是否具备可操作性，每一项融资计划都要按规定履行审批程序，完成信息披露义务。这样才能顺理成章地打造多条资金渠道，实现良性循环。

近年再融资市场定增仍旧是核心品种，2018 年定增融资 3 150 亿元，配股融资 185. 9 亿元，公开发行可转债融资 793. 2 亿元。2019 年再融资政策可能会再次放松，定增市场能否加速回暖，定向可转债是否可以快速崛起，尚无定论。据证监会官网公布，赛腾股份发行可转换债券、股份及支付现金购买资产获无条件通过，这也是首例定向可转债并购案例。其从受理到过会，用时 40 天。

截至2019年2月27日，2019年共发布了64起定增预案，除去7起没有公布募资金额，预计总募资2 430.88亿元，而2018年同期仅31起定增预案，预计总募资仅325.13亿元，2019年预计募资金额同比暴增647.66%。

本章重点介绍了上市公司发行新股、可转换公司债券、公司债等内容。

第一节　融资类型与比较

一、内部融资与外部融资

内部融资是来源于公司内部的融资，即公司将自己的未分配利润和折旧转化为投资的融资方式；而外部融资来源于公司外部的融资，即公司吸收其他经济主体的资金，使之转化为自己的投资的融资方式，包括发行股票、债券、银行贷款、商业信用、融资租赁等。

内部融资自主性强，只要经公司董事会、股东大会批准即可；成本低，主要是资金的机会成本，不是直接的财务成本，资金的财务风险小。不足之处是融资规模有限，往往受企业盈利能力的影响。而外部融资的最大优势是它比企业靠自身原始积累来得快、效率高，资金规模可以达到预期要求。但外部融资企业必须支付规定的借贷利息或高昂的发行费用，这就意味着企业要承担不确定的融资风险。

二、股权融资与债务融资

股权融资是指企业的股东愿意让出部分企业所有权，通过企业增资的方式引进新的股东的融资方式。股权融资所获得的资金，企业无须还本付息，但新股东将与老股东同样分享企业的盈利与增长。股权融资按融资的渠道来划分，主要有两大类，公开市场发售和私募发售。具体包括配股、增发新股等。

债务融资是指企业通过银行或非银行金融机构贷款或发行债券等方式融入资金。债务融资需支付本金和利息，能够带来杠杆收益，但同时也提高了企业的负债率。一般来说，债务融资需要融资方提供抵押物或担保条件。

股权融资有如下特点：

1. 长期性。股权融资筹措的资金具有永久性，无到期日，不需归还。

2. 不可逆性。企业采用股权融资无须还本，投资人欲收回本金，需借助于流通市场。

3. 无负担性。股权融资没有固定的股利负担，股利的支付与否和支付多少视公司的经营需要而定。

债务融资有如下特点：

1. 短期性。债务融资筹集的资金具有使用上的时间性，需到期偿还。

2. 可逆性。企业采用债务融资方式获取资金，负有到期还本付息的义务。

3. 负担性。企业采用债务融资方式获取资金，需支付债务利息，从而形成企业的固定负担。

4. 流通性。债券可以在流通市场上自由转让。

三、直接融资与间接融资

直接融资就是资金持有者与资金需求者之间的一种转移或交换过程，如发行股票、公司债券、国债等方式；而间接融资是指资金持有者与资金需求者之间是通过第三方有条件达成的资金流动方式。

有条件的企业当然首选直接融资的方式为主，间接融资为辅。

四、短期融资与长期融资

所有者权益类的项目主要是长期融资，企业负责期限在 1 年以上的为长期融资，资金占用期为 1 年以内的有短期借款、短期融资券、短期应付及1年内到期的长期负债和其他流动负债等。

第二节　上市公司发行新股

一、上市公司发行新股的条件

（一）必须具备的条件

根据《证券法》的规定，公司公开发行新股应当符合下列条件：

1. 具备健全且运行良好的组织机构。

2. 具有持续盈利能力，财务状况良好。

3. 最近3年内财务会计文件无虚假记载，无其他重大违法行为。

4. 经国务院批准的国务院证券监督管理机构规定的其他条件。

上市公司非公开发行新股，应当符合经国务院批准的国务院证券监督管理机构规定的条件，并报国务院证券监督管理机构核准。

5. 公司对公开发行股票所募集资金，必须按照招股说明书所列资金用途使用。改变招股说明书所列资金用途，必须经股东大会做出决议。擅自改变用途而未做纠正的，或者未经股东大会认可的，不得公开发行新股，上市公司也不得非公开发行新股。

6. 监管机构规定的其他条件。

（二）应当符合的要求

根据证监会2006年5月6日发布的《上市公司证券发行管理办法》规定，上市公司申请发行新股，还应当符合以下要求：

1. 上市公司的组织机构健全、运行良好。

2. 上市公司的盈利能力具有可持续性。

3. 上市公司的财务状况良好。

4. 上市公司最近36个月内财务会计文件无虚假记载，且不存在下列重大违法行为。

5. 上市公司募集资金的数额和使用应当符合规定。

（三）不得公开发行证券的情形

上市公司存在下列情形之一的，不得公开发行证券：

1. 本次发行申请文件有虚假记载、误导性陈述或重大遗漏。

2. 擅自改变前次公开发行证券募集资金的用途而未做纠正。

3. 上市公司最近12个月内受到过证券交易所的公开谴责。

4. 上市公司及其控股股东或实际控制人最近12个月内存在未履行向投资者做出的公开承诺的行为。

5. 上市公司或其现任董事、高级管理人员因涉嫌犯罪被司法机关立案侦查或涉嫌违法违规被证监会立案调查。

6. 严重损害投资者的合法权益和社会公共利益的其他情形。

二、上市公司增发新股

（一）具体规定

上市公司非定向公开募集新股，除符合以上必须具备的条件和要求外，还应遵守以下具体规定：

1. 最近3个会计年度加权平均净资产收益率平均不低于6%。扣除非经常性损益后的净利润与扣除前的净利润相比，以低者作为加权平均净资产收益率的计算依据。

2. 除金融类企业外，最近一期末不存在持有金额较大的交易性金融资产和可供出售的金融资产、借予他人款项、委托理财等财务性投资的情形。

3. 发行价格应不低于公告招股意向书前20个交易日公司股票均价或前一个交易日的均价。

（二）增发新股的发行方式

网上定价发行与网下配售相结合，即网下按机构投资者累计投标询价结果定价配售，网上对公众投资者定价发行。

网上网下同时累计投标询价，即网下对机构投资者累计投标询价与网上对公众投资者累计询价同步进行，通过累计计算对应不同价格的公众投资者和机构投资者的申购数量之和，按总申购量超过发行量的一定数，来确定发行价格以及配售与公开发行的数量。

（三）信息披露

发行人在指定媒体上刊登招股意向书，向社会公众发布有关新股发行、定价以及上市情况的各项公告等。

三、上市公司配股

（一）配股的具体条件

向原股东配售股份，除符合以上必须条件和要求外，还应当符合以下具体规定：

1. 拟配售股份数量不超过本次配售股份前股本总额的 30%。
2. 控股股东应当在股东大会召开前公开承诺认配股份的数量。
3. 采用证券法规定的代销方式发行。

控股股东不履行认配股份的承诺，或者代销期限届满，原股东认购股票的数量未达到拟配售数量 70% 的，发行人应当按照发行价并加算银行同期存款利息返还已经认购的股东。

（二）配股的发行方式

一般采用网上定价发行的方式。配股价格的确定是在一定的价格区间由主承销商和发行人协商确定。价格区间通常以股权登记日前 20 或 30 个交易日该股二级市场价格的平均值为上限，下限为上限的一定折扣。

信息披露的内容如下：

1. 董事会决议公告：提交股东大会审议后通过。
2. 股东大会决议公告：报有关主管部门出具意见、审核。
3. 董事会提示性公告：接到证监会复审意见书后 2 个工作日内公告。
4. 配股说明书：详文刊登配股内容。
5. 配股提示性公告：配股说明书后至少刊登一次。

6. 股份变动公告：缴款结束后20个工作日内登记、验资后刊登；报告中公布配股上市日。

投资者在认缴配股款的过程中，应注意留意上述几个公告。

第三节　上市公司发行可转换公司债券

可转换公司债券（简称可转债）是债券持有人可按照发行时约定的价格将债券转换成公司的普通股票的债券。如果债券持有人不想转换，则可以继续持有债券，直到偿还期满时收取本金和利息，或者在流通市场出售变现。如果持有人看好发债公司股票增值潜力，在宽限期之后可以行使转换权，按照预定转换价格将债券转换成为股票，发债公司不得拒绝。该债券利率一般低于普通公司的债券利率，企业发行可转债可以降低筹资成本。可转债持有人还享有在一定条件下将债券回售给发行人的权利，发行人在一定条件下拥有强制赎回债券的权利。

一、业务涉及主要公告及操作流程

可转债业务涉及的主要公告及操作流程如表13－1和图13－1所示。

表13－1　可转债业务公告

业务事项	公告序号	公告类别	业务申请表
可转债发行	1922	可转债发行	可转债发行申请表
可转债网上中签率及网下配售结果	1923	可转债网上中签率及网下配售结果	可转债配售数量申请表
可转债中签结果	1924	可转债发行结果	—
可转债发行结果	1925	可转债发行结果	可转债网上网下发行及放弃认购数量申请表
可转债中止发行	1926	可转债中止发行	可转债发行失败申请表
可转债上市	1901	可转债上市	可转债上市申请表

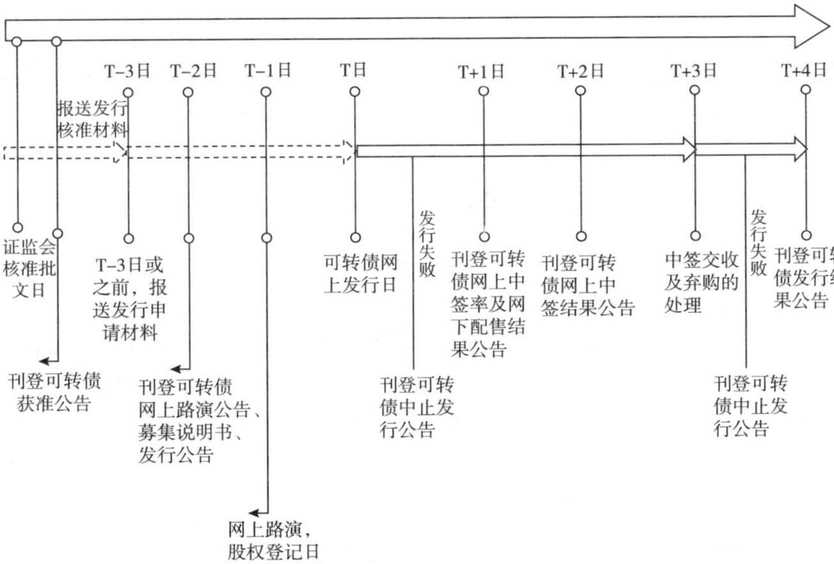

图 13－1　可转债发行申请、发行准备及发行流程示意（通常情况下）

二、可转债发行工作流程

1. 可转债发行申请获得证监会发行核准批文后，发行人及其保荐机构、主承销商应及时披露《可转债获准公告》，并提交发行计划与发行方案。

需要注意的是，发行人在取得证监会核准批文后，如果申请下一交易日披露《可转债发行公告》和《可转债募集说明书》，则可以免于披露《可转债获准公告》。此种情形下，发行人及其保荐机构、主承销商应提前与证券交易所进行充分沟通，做好相关准备工作，直接进入可转债发行上市阶段。

2. 提交可转债发行申请前，发行人及其保荐机构、主承销商应及时联系证券交易所上市公司监管一部获取证券代码与证券交易简称，并沟通发行证券与上市申请相关事项。

如上市公司 A 股代码前三位为“600”的，其可转债交易代码为“110 × × ×”。如上市公司 A 股代码前三位为“601”或“603”的，其可转债交易代码为“113 × × ×”，其中 113000 ~ 113499 用于“601”上市公司发行的可转债，113500～113999 用于“603”上市公司发行的可转债。可转债交易代码应按顺序分配，分配之前应在系统中预先核查是否存在重复。具体参见表 13－2。

表 13－2　可转债正股代码与交易代码、转股代码的对应关系

正股代码	可转债交易代码	可转债转股代码	业务定义
600×××	110000～110999	190000～190999	可转债转股（后 3 位与可转债交易代码相同）
601×××	113000～113499	191000～191499	可转债转股（后 3 位与可转债交易代码相同）
603×××	113500～113999	191500～191999	可转债转股（后 3 位与可转债交易代码相同）

另外，可转债相关业务正股代码与辅助代码对应关系如表 13－3 所示。

表 13－3　可转债正股代码与辅助代码的对应关系

正股代码	业务定义	辅助代码	业务定义
600×××	A 股证券	733×××	可转债申购（对应 600×××，后 3 位与股票代码后 3 位相同）
		744×××	可转债配号（对应 600×××，后 3 位与股票代码后 3 位相同）
		704×××	流通股配售（对应 600×××，后 3 位与股票代码后 3 位相同）
601×××	A 股证券	783×××	可转债申购（对应 601×××，后 3 位与股票代码后 3 位相同）
		794×××	可转债配号（对应 601×××，后 3 位与股票代码后 3 位相同）
		764×××	流通股配售（对应 601×××，后 3 位与股票代码后 3 位相同）

续表

正股代码	业务定义	辅助代码	业务定义
603×××	A股证券	754×××	可转债申购（对应603×××，后3位与股票代码后三位相同）
		756×××	可转债配号（对应603×××，后3位与股票代码后3位相同）
		753×××	流通股配售（对应603×××，后3位与股票代码后3位相同）

3. 可转债发行申请及受理流程如下所示。

（1）T-3日：发行人及其保荐机构、主承销商通过公司业务管理系统向证券交易所上市公司监管一部提交发行申请材料及相关公告；同时向证券交易所债券业务中心提交关于债券申请上市后作质押券参与债券质押式回购业务的申请。

发行人及其保荐机构、主承销商需提交的发行申请材料及公告包括：

① 证监会“证监发字”核准批文。

② 关于通过上海证券交易所交易系统上网发行可转换公司债券的申请。

③ 可转债发行表格。

④《可转债发行公告》。

⑤《可转债募集说明书》摘要及全文。

⑥《可转债路演公告》。

《可转债发行公告》中应明确可转债的承销方式、中止发行等情况的安排，同时明确可转债的网下发行由发行人与主承销商自行组织。

上市公司通过公司业务管理系统创建《可转债发行公告》时，应根据相关业务数据，在线填写并提交“可转债发行申请表”。

在递交申请材料至发行结束期间，主承销商应确保其填报的主承销商自营账号指定在其席位上，证券账号正常可用，确保不改变指定交易。因证券账号状态不正常或指定交易变更引起的后果，主承销商应自行承担责任。

(2) T－2 日:《可转债发行公告》《可转债募集说明书》《可转债路演公告》在指定媒体上刊登。

(3) T－1 日:股权登记日。发行人及其保荐机构、主承销商提交《可转债发行提示性公告》。

(4) T 日:可转债网上发行日。

①《可转债发行提示性公告》在指定媒体上刊登。

② 当日 15:30 左右,发行人及其保荐机构、主承销商向交易所上市公司监管一部申请查询网上发行申购数据(733×××/783×××/754×××)、原股东优先配售申购数量(704×××/764×××/753×××),确定原股东优先配售数量、网上网下最终发行数量及中签率。

4. 当上市公司已有可转债在证券交易所上市且已进入转股期,如准备发行新可转债,在刊登发行公告前,实施以下程序:

(1) T－7 日:上市公司向证券交易所上市公司监管一部提交《原可转债转股停牌的提示公告》,公告中说明原可转债转股停复牌的具体时间安排,即"T－2 日将刊登新可转债发行公告,T－3 日至 T－1 日(新可转债发行的股权登记日)期间原可转债转股代码将停止交易,原可转债持有人可在 T－4 日之前进行转股"。上市公司通过公司业务管理系统创建该公告时,应在线填写并提交"停复牌业务申请表",原可转债转股代码停牌起始日期为 T－3 日(即上市公司新可转债发行公告的提交日),停牌终止日期为 T－1 日(即上市公司新可转债发行的股权登记日)。

(2) T－6 日:《原可转债转股停牌的提示公告》在指定媒体上刊登。

(3) T－3 日:原可转债转股代码开始停止交易。上市公司提交《原可转债转股复牌的提示公告》及《新可转债发行公告》。

(4) T－2 日:《原可转债转股复牌的提示公告》和《新可转债发行公告》在指定媒体上刊登。

三、上市

1. 可转债发行结束后,发行人及主承销商应在 2 个交易日内向中国结算上海分公司申请办理可转债登记，登记业务办理完成后2个交易日内向证券交易所申请可转债上市。

2. 发行人及其保荐机构、主承销商应通过公司业务管理系统向证券交易所上市公司监管一部提交可转债上市申请文件，主要包括：

（1）《可转债上市公告》。

（2）可转债上市申请书。

（3）批准回购业务的书面文件（如获得批准）。

（4）关于同意申请上市的董事会和股东大会决议。

（5）经证监会审核的全套发行申报材料。

（6）保荐机构出具的上市保荐书和保荐协议。

（7）保荐代表人的证明文件，保荐机构向保荐代表人出具的由董事长或总经理签名的授权书，以及与上市推荐工作有关的其他文件。

（8）具有执业证券、期货相关业务资格的会计师事务所出具的募集资金到位情况验资报告。

（9）登记公司出具的可转换公司债券托管情况证明。

（10）登记公司出具的前十大债券持有人名册。

（11）可转换公司债券上市表格。

（12）证券交易所要求的其他文件。

根据上市公司提交的上市申请材料，证券交易所对公司可转债上市申请做出同意或不予同意的决定。

案例13－1　青岛海尔可转换公司债券上市公告书

证券代码：600690　证券简称：青岛海尔　公告编号：临2019－004

保荐机构（牵头主承销商）：中国国际金融股份有限公司（北京市朝阳区建国门外大街1号国贸大厦2座27层及28层）

联席主承销商：高盛高华证券有限责任公司（北京市西城区金融大街7号北京英蓝国际金融中心18层1807～1819室）

一、概览

1. 可转换公司债券简称：海尔转债。

2. 可转换公司债券代码：110049。

3. 可转换公司债券发行量：300 749 万元（30 074 900 张）。

4. 可转换公司债券上市量：300 749 万元（30 074 900 张）。

5. 可转换公司债券上市地点：上海证券交易所。

6. 可转换公司债券上市时间：2019 年 1 月 18 日。

7. 可转换公司债券存续的起止日期：2018 年 12 月 18 日～2024 年 12 月 17 日。

8. 可转换公司债券转股期的起止日期：2019 年 6 月 25 日～2024 年 12 月 17 日。

9. 可转换公司债券付息日：每年的付息日为自本次可转债发行首日起每满一年的当日，即每年的 12 月 18 日。如该日为法定节假日或休息日，则顺延至下一个交易日，顺延期间不另付息。每相邻的两个付息日之间为一个计息年度。

每年的付息债权登记日为每年付息日的前一交易日，公司将在每年付息日之后的 5 个交易日内支付当年利息。在付息债权登记日前（包括付息债权登记日）申请转换成公司股票的本次可转债，公司不再向其持有人支付本计息年度及以后计息年度的利息。本次可转债持有人所获得利息收入的应付税项由持有人承担。

10. 可转换公司债券登记机构：中国证券登记结算有限责任公司上海分公司。

11. 保荐机构（牵头主承销商）：中国国际金融股份有限公司。

12. 联席主承销商：高盛高华证券有限责任公司。

13. 可转换公司债券的担保情况：本次可转换公司债券未提供担保。

14. 可转换公司债券信用级别：本次可转换公司债券经联合信用评级有限公司评级，根据联合信用评级有限公司出具的《青岛海尔股份有限公司公开发行 A 股可转换公司债券信用评级报告》，公司主体信用评级为 AAA，本次可转换公司债券信用评级为 AAA，评级展望为稳定。

二、发行情况

1. 发行数量：人民币300 749万元（30 074 900张）。

2. 向原A股股东发行的数量和配售比例：原A股股东优先配售海尔转债1 807 447手，占本次发行总量的60.10%。

3. 发行价格：按票面金额平价发行。

4. 可转换公司债券的面值：100元/张。

5. 募集资金总额：300 749万元。

6. 发行方式：本次发行的可转债向发行人在股权登记日收市后中国结算上海分公司登记在册的原A股股东优先配售，原A股股东优先配售后余额（含原A股股东放弃优先配售部分）采用网下对机构投资者配售和网上通过上交所交易系统向社会公众投资者发售的方式进行，认购金额不足300 749万元的部分由牵头主承销商和联席主承销商包销。

7. 配售比例：原A股股东优先配售海尔转债1 807 447手，占本次可转债发行总量的60.10%，原A股股东优先配售后余额部分（含原A股股东放弃优先配售部分）采用网下对机构投资者配售和网上通过上交所交易系统向社会公众投资者发售的方式进行。其中，网上最终缴款认购47 762手，占本次可转债发行总量的1.59%；网下最终缴款认购1 129 680手，占本次可转债发行总量的37.56%。网上网下投资者放弃认购的部分由牵头主承销商和联席主承销商包销，包销数量为22 601手，占本次可转债发行总量的0.75%。

8. 前10名可转换公司债券持有人及其持有量如表13－4所示。

表13－4　前10名可转债持有人及持有量

名次	持有人名称	持有数量（张）	占总发行量比例（%）
1	海尔电器国际股份有限公司	6 205 320.00	20.63
2	海尔集团公司	5 287 970.00	17.58
3	GIC PRIVATE LIMITED	1 298 720.00	4.32
4	青岛海尔创业投资咨询有限公司	849 210.00	2.82
5	广发证券股份有限公司	590 500.00	1.96
6	招商证券股份有限公司	584 100.00	1.94

续表

名次	持有人名称	持有数量（张）	占总发行量比例（%）
7	全国社保基金一零四组合	513 650.00	1.71
8	华泰证券股份有限公司	413 000.00	1.37
9	兴业证券股份有限公司	382 980.00	1.27
10	平安证券股份有限公司	354 000.00	1.18
10	渤海证券股份有限公司	354 000.00	1.18
10	安信证券股份有限公司	354 000.00	1.18

三、可转债转股的有关约定

本次发行的可转债转股期自本次可转债发行结束之日（2018年12月24日，T+4日）满6个月后的第一个交易日（2019年6月25日）起，至可转债到期日（2024年12月17日）止。

1. 转股价格的确定及其调整。

（1）初始转股价格的确定依据。本次可转债的初始转股价格为14.55元/股，不低于募集说明书公告日前20个交易日公司A股股票交易均价（若在该20个交易日内发生过因除权、除息等引起股价调整的情形，则对调整前交易日的交易价格按经过相应除权、除息调整后的价格计算）和前1个交易日公司A股股票交易均价。前20个交易日公司A股股票交易均价=前20个交易日公司A股股票交易总额/该20个交易日公司A股股票交易总量；前一交易日公司A股股票交易均价=前1个交易日公司A股股票交易总额/该日公司A股股票交易总量。

（2）转股价格的调整方式及计算公式。在本次可转债发行之后，当公司因派送股票股利、转增股本、增发新股（不包括因本次可转债转股而增加的股本）、配股、派送现金股利等情况使公司股份发生变化时，将按下述公式进行转股价格的调整（保留小数点后两位，最后一位四舍五入）：

派送股票股利或转增股本：$P1=P0/(1+n)$。

增发新股或配股：$P1=(P0+A\times k)/(1+k)$。

上述两项同时进行：$P1=(P0+A\times k)/(1+n+k)$。

派送现金股利：P1 = P0 - D。

上述三项同时进行：P1 = (P0 - D + A × k) / (1 + n + k)。

其中：P0为调整前转股价，n为送股或转增股本率，k为增发新股或配股率，A为增发新股价或配股价，D为每股派送现金股利，P1为调整后转股价。

当公司出现上述股份或股东权益变化情况时，将依次进行转股价格调整，并在证监会指定的上市公司信息披露媒体上刊登董事会决议公告，并于公告中载明转股价格调整日、调整办法及暂停转股期间（如需）。当转股价格调整日为本次可转债持有人转股申请日或之后、转换股票登记日之前，则该持有人的转股申请按公司调整后的转股价格执行。

当公司可能发生股份回购、合并、分立或任何其他情形，使公司股份类别、数量或股东权益发生变化，从而可能影响本次可转债持有人的债权利益或转股衍生权益时，公司将视具体情况，按照公平、公正、公允的原则以及充分保护本次可转债持有人权益的原则调整转股价格。有关转股价格调整内容及操作办法将依据当时国家有关法律法规及证券监管部门的相关规定来制定。

2. 转股价格向下修正条款。

(1) 修正权限与修正幅度。在本次可转债存续期间，当公司A股股票在任意连续30个交易日中有15个交易日的收盘价低于当期转股价格的80%时，公司董事会有权提出转股价格向下修正方案并提交公司股东大会审议表决。若在前述30个交易日内发生过转股价格调整的情形，则在转股价格调整日前的交易日按调整前的转股价格和收盘价计算，在转股价格调整日及之后的交易日按调整后的转股价格和收盘价计算。

上述方案须经参加表决的全体股东所持表决权的2/3以上通过方可实施。股东进行表决时，持有本次可转债的股东应当回避。修正后的转股价格应不低于前项规定的股东大会召开日前20个交易日公司A股股票交易均价和前1个交易日公司A股股票交易均价。

(2) 修正程序。如公司股东大会审议通过向下修正转股价格，公司将在证监会指定的上市公司信息披露媒体上刊登股东大会决议公告，公告修正幅度和股权登记日及暂停转股期间（如需）。从股权登记日后的第1个交易日（即转股价格修正日）起，开始恢复转股申请并执行修正后的转股价格。若转股价格修正日为转股申请日或之后，转换股份登记日之前，该类转股申请应按修正后的转股价格执行。

3. 转股股数确定方式。

本次可转债持有人在转股期内申请转股时，转股数量的计算方式为：Q = V/P，并以去尾法取一股的整数倍。

其中，V指可转债持有人申请转股的可转债票面总金额，P指申请转股当日有效的转股价格。

本次可转债持有人申请转换成的股份须是整数股。转股时不足转换为一股的本次可转债余额，公司将按照上海证券交易所、证券登记机构等部门的有关规定，在本次可转债持有人转股当日后的5个交易日内以现金兑付该不足转换为一股的本次可转债余额。该不足转换为一股的本次可转债余额对应的当期应计利息（当期应计利息的计算方式参见赎回条款的相关内容）的支付将根据证券登记机构等部门的有关规定办理。

四、担保事项

本次可转债不提供担保。

五、偿债措施

本次可转换公司债券经联合信用评级有限公司评级，根据联合信用评级有限公司出具的《青岛海尔股份有限公司公开发行A股可转换公司债券信用评级报告》，发行人主体信用评级为AAA，本次可转换公司债券信用评级为AAA，评级展望为稳定。公司本次发行的可转换公司债券上市后，联合信用评级有限公司将每年至少进行一次跟踪评级。

最近3年及一期，公司偿债能力主要财务指标如表13－5所示。

六、公司商业信誉情况

公司最近3年及一期与公司主要客户发生业务往来时不存在严重的违约现象。

表 13-5　公司的相关财务指标

项目	2018 年 9 月 30 日	2017 年 12 月 31 日	2016 年 12 月 31 日	2015 年 12 月 31 日
流动比率	1.13	1.15	0.95	1.38
速动比率	0.89	0.87	0.74	1.16
资产负债率（%）	69.30	69.13	71.34	57.29
息税折旧推销利润（万元）	1 053 077.66	1 453 472.66	1 140 139.30	815 358.82
利息保障信数（倍）	10.17	9.68	11.38	59.54

七、会计师事务所对本行最近 3 个会计年度的财务报告出具的审计意见

山东和信会计师事务所（特殊普通合伙）依据中国注册会计师审计准则对发行人截至 2015 年 12 月 31 日止、截至 2016 年 12 月 31 日止和截至 2017 年 12 月 31 日止 3 个会计年度的财务报表进行了审计，分别出具了文号为和信审字（2016）第 000366 号、和信审字（2017）第 000096 号和和信审字（2018）第 000267 号的标准无保留意见的审计报告。发行人 2018 年 1 ~ 9 月财务报告未经审计。

八、董事会上市承诺

发行人董事会承诺严格遵守《公司法》、《证券法》、《上市公司证券发行管理办法》等法律、法规和证监会的有关规定，并自可转换公司债券上市之日起做到：

1. 承诺真实、准确、完整、公平和及时地公布定期报告，披露所有对投资者有重大影响的信息，并接受证监会、证券交易所的监督管理。

2. 承诺发行人在知悉可能对可转债价格产生误导性影响的任何公共传播媒体出现的消息后，将及时予以公开澄清。

3. 发行人董事、监事及高级管理人员将认真听取社会公众的意见和批评，不利用已获得的内幕消息和其他不正当手段直接或间接从事发行人可转换公司债券的买卖活动。

4. 发行人没有无记录的负债。

九、上市推荐人及其意见

1. 保荐机构相关情况：中国国际金融股份有限公司。

2. 上市保荐机构的推荐意见。中国国际金融股份有限公司认为：青岛海尔申请本次发行的可转换公司债券上市符合《公司法》、《证券法》、《上市公司证券发行管理办法》及《上海证券交易所股票上市规则》等法律、法规的有关规定，青岛海尔本次发行的可转债具备在上交所上市的条件。中国国际金融股份有限公司同意保荐青岛海尔本次发行的可转换公司债券在上交所上市交易，并承担相关保荐责任。

十、信息披露

投资者欲了解本公司的详细财务资料，敬请查阅本公司财务报告。投资者可在《中国证券报》、《上海证券报》、《证券时报》、《证券日报》及上海证券交易所网站（www. sse. com. cn）查阅上述财务报告。

第四节　公司债券的发行

根据《证券法》、《公司法》规定，公司债券是指公司依照法定程序发行、约定在一定期限还本付息的有价证券。公司债券可以公开发行，也可以非公开发行。

一、一般规定

发行公司债券，发行人应当依照《公司法》或者公司章程相关规定，对以下事项做出决议：

1. 发行债券的数量。

2. 发行方式。

3. 债券期限。

4. 募集资金的用途。

5. 决议的有效期。

6. 其他按照法律法规及公司章程规定需要明确的事项。

发行公司债券，如果对增信机制、偿债保障措施做出安排的，也应当在决议事项中载明。

二、附认股权

上市公司、股票公开转让的非上市公众公司发行的公司债券，可以附认股权、可转换成相关股票等条款。上市公司、股票公开转让的非上市公众公司股东可以发行附可交换成上市公司或非上市公众公司股票条款的公司债券。商业银行等金融机构可以按照有关规定发行附减记条款的公司债券。

上市公司发行附认股权、可转换成股票条款的公司债券，应当符合《上市公司证券发行管理办法》、《创业板上市公司证券发行管理暂行办法》的相关规定。

股票公开转让的非上市公众公司发行附认股权、可转换成股票条款的公司债券，由证监会另行规定。

三、合格投资者

合格投资者应当具备相应的风险识别和承担能力，知悉并自行承担公司债券的投资风险，并符合下列资质条件：

1. 经有关金融监管部门批准设立的金融机构，包括证券公司、基金管理公司及其子公司、期货公司、商业银行、保险公司和信托公司等，以及经中国证券投资基金业协会（以下简称基金业协会）登记的私募基金管理人。

2. 上述金融机构面向投资者发行的理财产品，包括但不限于证券公司资产管理产品、基金及基金子公司产品、期货公司资产管理产品、银行理财产品、保险产品、信托产品以及经基金业协会备案的私募基金。

3. 净资产不低于1 000万元的企事业单位法人、合伙企业。

4. 合格境外机构投资者（QFII）、人民币合格境外机构投资者（RQFII）。

5. 社会保障基金、企业年金等养老基金，慈善基金等社会公益基金。

6. 名下金融资产不低于300万元的个人投资者。

7. 经证监会认可的其他合格投资者。

前款所称金融资产包括银行存款、股票、债券、基金份额、资产管理计划、银行理财产品、信托计划、保险产品、期货权益等；理财产品、合伙企业拟将主要资产投向单一债券，需要穿透核查最终投资者是否为合格投资者并合并计算投资者人数，具体标准由基金业协会规定。

证券自律组织可以在相关办法规定的基础上，设定更为严格的合格投资者资质条件。

四、不得公开发行公司债券的情形

1. 最近36个月内公司财务会计文件存在虚假记载，或公司存在其他重大违法行为。

2. 本次发行申请文件存在虚假记载、误导性陈述或者重大遗漏。

3. 对已发行的公司债券或者其他债务有违约或者迟延支付本息的事实，仍处于继续状态。

4. 严重损害投资者合法权益和社会公共利益的其他情形。

五、资信状况

资信状况符合以下标准的公司债券可以向公众投资者公开发行，也可以自主选择仅面向合格投资者公开发行：

1. 发行人最近3年无债务违约或者迟延支付本息的事实。

2. 发行人最近3个会计年度实现的年均可分配利润不少于债券一年利息的1.5倍。

3. 债券信用评级达到 AAA 级。

4. 证监会根据投资者保护的需要规定的其他条件。

未达到前款规定标准的公司债券公开发行应当面向合格投资者；仅面向合格投资者公开发行的，证监会简化核准程序。

六、委托人

公开发行公司债券，应当委托具有从事证券服务业务资格的资信评级机构进行信用评级。

七、证监会受理与核审

证监会受理申请文件后，依法审核公开发行公司债券的申请，自受理发行申请文件之日起 3 个月内，做出是否核准的决定，并出具相关文件。

发行申请核准后，公司债券发行结束前，发行人发生重大事项，导致可能不再符合发行条件的，应当暂缓或者暂停发行，并及时报告证监会。影响发行条件的，应当重新履行核准程序。

承销机构应当勤勉履行核查义务，发现发行人存在前款规定情形的，应当立即停止承销，并督促发行人及时履行报告义务。

公开发行公司债券，可以申请一次核准，分期发行。自证监会核准发行之日起，发行人应当在 12 个月内完成首期发行，剩余数量应当在 24 个月内发行完毕。

公开发行公司债券的募集说明书自最后签署之日起 6 个月内有效。采用分期发行方式的，发行人应当在后续发行中及时披露更新后的债券募集说明书，并在每期发行完成后 5 个工作日内报证监会备案。

八、评估投资者

非公开发行的公司债券应当向合格投资者发行，不得采用广告、公开劝诱和变相公开方式，每次发行对象不得超过 200 人。

发行人、承销机构应当按照证监会、证券自律组织规定的投资者适当性制度，了解和评估投资者对非公开发行公司债券的风险识别和承担能力，确认参与非公开发行公司债券认购的投资者为合格投资者，并充分揭示风险。非公开发行公司债券是否进行信用评级由发行人确定，并在债券募集说明书中披露。

九、发行与承销

发行公司债券应当由具有证券承销业务资格的证券公司承销。取得证券承销业务资格的证券公司、中国证券金融股份有限公司及证监会认可的其他机构非公开发行公司债券可以自行销售。

1. 承销机构承销公司债券，应当依据相关办法以及证监会、中国证券业协会有关尽职调查、风险控制和内部控制等相关规定，制定严格的风险管理制度和内部控制制度，加强定价和配售过程管理。

2. 承销机构承销公司债券，应当依照《证券法》相关规定采用包销或者代销方式。

3. 发行人和主承销商应当签订承销协议，在承销协议中界定双方的权利义务关系，约定明确的承销基数。采用包销方式的，应当明确包销责任。

4. 公开发行公司债券的，发行人和主承销商应当聘请律师事务所对发行过程、配售行为、参与认购的投资者资质条件、资金划拨等事项进行见证，并出具专项法律意见书。公开发行的公司债券上市后 10 个工作日内，主承销商应当将专项法律意见随同承销总结报告等文件一并报证监会。

十、信息披露

公开发行公司债券的发行人应当及时披露债券存续期内发生可能影响其偿债能力或债券价格的重大事项。重大事项包括：

1. 发行人经营方针、经营范围或生产经营外部条件等发生重大变化。

2. 债券信用评级发生变化。

3. 发行人主要资产被查封、扣押、冻结。

4. 发行人发生未能清偿到期债务的违约情况。

5. 发行人当年累计新增借款或对外提供担保超过上年末净资产的20%。

6. 发行人放弃债权或财产，超过上年末净资产的10%。

7. 发行人发生超过上年末净资产10%的重大损失。

8. 发行人做出减资、合并、分立、解散及申请破产的决定。

9. 发行人涉及重大诉讼、仲裁事项或受到重大行政处罚。

10. 保证人、担保物或者其他偿债保障措施发生重大变化。

11. 发行人情况发生重大变化导致可能不符合公司债券上市条件。

12. 发行人涉嫌犯罪被司法机关立案调查，发行人董事、监事、高级管理人员涉嫌犯罪被司法机关采取强制措施。

13. 其他对投资者做出投资决策有重大影响的事项。

资信评级机构为公开发行公司债券进行信用评级，应当符合以下规定：

1. 按照规定或约定将评级信息告知发行人，并及时向市场公布首次评级报告、定期和不定期跟踪评级报告。

2. 在债券有效存续期间，应当每年至少向市场公布一次定期跟踪评级报告。

3. 应充分关注可能影响评级对象信用等级的所有重大因素，及时向市场公布信用等级调整及其他与评级相关的信息变动情况，并向证券交易所或其他证券交易场所报告。

十一、债券持有人权益保护

发行公司债券的，发行人应当为债券持有人聘请债券受托管理人，并订立债券受托管理协议；在债券存续期限内，由债券受托管理人按照规定或协议的约定维护债券持有人的利益。

发行人应当在债券募集说明书中约定，投资者认购或持有本期公司债券视作同意债券受托管理协议、债券持有人会议规则及债券募集说明书中其他有关发行人、债券持有人权利义务的相关约定。

公开发行公司债券的受托管理人应当履行下列职责：

1. 持续关注发行人和保证人的资信状况、担保物状况、增信措施及偿债保障措施的实施情况，出现可能影响债券持有人重大权益的事项时，召集债券持有人会议。

2. 在债券存续期内监督发行人募集资金的使用情况。

3. 对发行人的偿债能力和增信措施的有效性进行全面调查和持续关注，并至少每年向市场公告一次受托管理事务报告。

4. 在债券存续期内持续督导发行人履行信息披露义务。

5. 预计发行人不能偿还债务时，要求发行人追加担保，并可以依法申请法定机关采取财产保全措施。

6. 在债券存续期内勤勉处理债券持有人与发行人之间的谈判或者诉讼事务。

7. 发行人为债券设定担保的，债券受托管理协议可以约定担保财产为信托财产，债券受托管理人应在债券发行前或债券募集说明书约定的时间内取得担保的权利证明或其他有关文件，并在担保期间妥善保管。

8. 发行人不能偿还债务时，可以接受全部或部分债券持有人的委托，以自己名义代表债券持有人提起民事诉讼、参与重组或者破产的法律程序。

存在下列情形的，债券受托管理人应当召集债券持有人会议：

1. 拟变更债券募集说明书的约定。

2. 拟修改债券持有人会议规则。

3. 拟变更债券受托管理人或受托管理协议的主要内容。

4. 发行人不能按期支付本息。

5. 发行人减资、合并、分立、解散或者申请破产。

6. 保证人、担保物或者其他偿债保障措施发生重大变化。

7. 发行人、单独或合计持有本期债券总额 10% 以上的债券持有人书面提议召开。

8. 发行人管理层不能正常履行职责，导致发行人债务清偿能力面临严重不确定性，需要依法采取行动的。

9. 发行人提出债务重组方案的。

10. 发生其他对债券持有人权益有重大影响的事项。

在债券受托管理人应当召集而未召集债券持有人会议时，单独或合计持有本期债券总额 10% 以上的债券持有人有权自行召集债券持有人会议。

十二、内外部增信机制

发行人可采取内外部增信机制、偿债保障措施，提高偿债能力，控制公司债券风险。

内外部增信机制、偿债保障措施包括但不限于下列方式：

1. 第三方担保。
2. 商业保险。
3. 资产抵押、质押担保。
4. 限制发行人债务及对外担保规模。
5. 限制发行人对外投资规模。
6. 限制发行人向第三方出售或抵押主要资产。
7. 设置债券回售条款。

公司债券增信机构可以成为中国证券业协会会员。

发行人应当在债券募集说明书中约定构成债券违约的情形、违约责任及其承担方式以及公司债券发生违约后的诉讼、仲裁或其他争议解决机制。

第五节　金融债券的发行

金融债券是由银行和非银行金融机构发行的债券。在英、美等欧美国家，金融机构发行的债券归类于公司债券。在我国及日本等国家，金融机构发行的债券称为金融债券。

国家开发银行的金融债券发行量占整个政策性金融债券发行量的90%以上，其余主要为中国进出口银行发行。

银行等金融机构的资金主要来自吸收存款、向其他机构借款和发行金融债券，能够比较有效地解决银行等金融机构的资金来源不足和期限不匹配的矛盾。

根据《全国银行间债券市场金融债券发行管理办法》规定，发行金融债券的申请与核准程序如下所示。

一、发行条件

（一）商业银行发行金融债券应具备的条件

1. 具有良好的公司治理机制。
2. 核心资本充足率不低于4%。
3. 最近3年连续盈利。
4. 贷款损失准备计提充足。
5. 风险监管指标符合监管机构的有关规定。
6. 最近3年没有重大违法、违规行为。
7. 中国人民银行要求的其他条件。

根据商业银行的申请，中国人民银行可以豁免前款所规定的个别条件。

（二）企业集团财务公司发行金融债券应具备的条件

1. 具有良好的公司治理机制。
2. 资本充足率不低于10%。
3. 风险监管指标符合监管机构的有关规定。
4. 最近3年没有重大违法、违规行为。
5. 中国人民银行要求的其他条件。

二、应向中国人民银行报送的文件

（一）金融机构（不包括政策性银行）应报送的文件

1. 金融债券发行申请报告。
2. 发行人公司章程或章程性文件规定的权力机构的书面同意文件。
3. 监管机构同意金融债券发行的文件。
4. 发行人近3年经审计的财务报告及审计报告。
5. 募集说明书。
6. 发行公告或发行章程。
7. 承销协议。
8. 发行人关于本期债券偿债计划及保障措施的专项报告。
9. 信用评级机构出具的金融债券信用评级报告及有关持续跟踪评级安排的说明。
10. 发行人律师出具的法律意见书。
11. 中国人民银行要求的其他文件。

采用担保方式发行金融债券的，还应提供担保协议及担保人资信情况说明。

如有必要，中国人民银行可商请其监管机构出具相关监管意见。

（二）政策性银行发行金融债券应报送的文件

1. 金融债券发行申请报告。
2. 发行人近3年经审计的财务报告及审计报告。
3. 金融债券发行办法。
4. 承销协议。
5. 中国人民银行要求的其他文件。

中国人民银行核准金融债券发行申请的期限，适用《中国人民银行行政许可实施办法》的有关规定。

三、发行与承销

金融债券可在全国银行间债券市场公开发行或定向发行。

发行金融债券的承销可采用协议承销、招标承销等方式。承销人应为金融机构，并须具备下列条件：

1. 注册资本不低于2亿元人民币。

2. 具有较强的债券分销能力。

3. 具有合格的从事债券市场业务的专业人员和债券分销渠道。

4. 最近2年内没有重大违法、违规行为。

5. 中国人民银行要求的其他条件。

以招标承销方式发行金融债券，发行人应向承销人发布下列信息：

1. 招标前，至少提前3个工作日向承销人公布招标具体时间、招标方式、招标标的、中标确定方式和应急招投标方案等内容。

2. 招标开始时，向承销人发出招标书。

3. 招标结束后，发行人应立即向承销人公布中标结果，并不迟于次一工作日发布金融债券招标结果公告。承销人中标后应履行相应的认购义务。

四、登记、托管与兑付

1. 中央国债登记结算有限责任公司（以下简称“中央结算公司”）为金融债券的登记、托管机构。

2. 金融债券发行结束后，发行人应及时向中央结算公司确认债权债务关系，由中央结算公司及时办理债券登记工作。

3. 金融债券付息或兑付日前（含当日），发行人应将相应资金划入债券持有人指定资金账户。

五、信息披露

1. 发行人应在金融债券发行前和存续期间履行信息披露义务。信息披露应通过中国货币网、中国债券信息网进行。

发行人应保证信息披露真实、准确、完整、及时，不得有虚假记载、误导性陈述和重大遗漏。

发行人及相关知情人在信息披露前不得泄露其内容。

2. 对影响发行人履行债务的重大事件，发行人应在第一时间向中国人民银行报告，并按照中国人民银行指定的方式披露。

3. 经中国人民银行核准发行金融债券的，发行人应于每期金融债券发行前 3 个工作日披露募集说明书和发行公告。

发行人应在募集说明书与发行公告中说明金融债券的清偿顺序和投资风险，并在显著位置提示投资者：“投资者购买本期债券，应当认真阅读本文件及有关的信息披露文件，进行独立的投资判断。主管部门对本期债券发行的核准，并不表明对本期债券的投资价值做出了任何评价，也不表明对本期债券的投资风险做出了任何判断。”

4. 金融债券存续期间，发行人应于每年 4 月 30 日前向投资者披露年度报告，年度报告应包括发行人上一年度的经营情况说明、经注册会计师审计的财务报告以及涉及的重大诉讼事项等内容。

采用担保方式发行金融债券的，发行人还应在其年度报告中披露担保人上一年度的经营情况说明、经审计的财务报告以及涉及的重大诉讼事项等内容。

5. 发行人应于金融债券每次付息日前 2 个工作日公布付息公告，最后一次付息暨兑付日前 5 个工作日公布兑付公告。

金融债券存续期间，发行人应于每年 7 月 31 日前披露债券跟踪信用评级报告。

6. 信息披露涉及的财务报告，应经注册会计师审计，并出具审计报告；信息披露涉及的法律意见书和信用评级报告，应分别由执业律师和具有债券评级能力的信用评级机构出具。上述注册会计师、律师和信用评级机构所出具的有关报告文件不得含有虚假记载、误导性陈述或重大遗漏。

7. 发行人应将相关信息披露文件分别送全国银行间同业拆借中心（以下简称“同业拆借中心”）和中央结算公司，由同业拆借中心和中央结算公司分别通过中国货币网和中国债券信息网披露。

同业拆借中心和中央结算公司应为金融债券信息披露提供服务，及时将违反信息披露规定的行为向中国人民银行报告并公告。

8. 金融债券定向发行的，其信息披露的内容与形式应在发行章程与募集说明书中约定；信息披露的对象限于其认购人。

六、责任与处罚

（一）发行人

发行人有下列行为之一的，由中国人民银行按照《中华人民共和国中国人民银行法》的相关规定予以处罚。

1. 未经中国人民银行核准擅自发行金融债券。

2. 超规模发行金融债券。

3. 以不正当手段操纵市场价格、误导投资者。

4. 未按规定报送文件或披露信息。

5. 其他违反本办法的行为。

（二）承销人

承销人有下列行为之一的，由中国人民银行按照《中华人民共和国中国人民银行法》的相关规定予以处罚。

1. 以不正当竞争手段招揽承销业务。

2. 发布虚假信息或泄露非公开信息。

3. 其他违反本办法的行为。

（三）托管机构

托管机构有下列行为之一的，由中国人民银行按照《中华人民共和国中国人民银行法》的相关规定予以处罚：

1. 挪用托管客户金融债券。

2. 债券登记错误或遗失。

3. 发布虚假信息或泄露非公开信息。

4. 其他违反本办法的行为。

（四）中介机构

注册会计师、律师、信用评级机构等相关机构和人员所出具的文件含有虚假记载、误导性陈述或重大遗漏的，由中国人民银行按照《中华人民共和国中国人民银行法》的相关规定予以处罚。其行为给他人造成损失的，应当就其负有责任的部分依法承担民事责任。

第六节　企业短期融资券的发行

短期融资券是指中华人民共和国境内具有法人资格的非金融企业，依照《短期融资券管理办法》规定的条件和程序，在银行间债券市场发行并约定在一定期限内还本付息的有价证券。

一、企业申请发行融资券的条件

1. 是在中华人民共和国境内依法设立的企业法人。
2. 具有稳定的偿债资金来源，最近 1 个会计年度盈利。
3. 流动性良好，具有较强的到期偿债能力。
4. 发行融资券募集的资金用于本企业生产经营。
5. 近 3 年没有违法和重大违规行为。
6. 近 3 年发行的融资券没有延迟支付本息的情形。
7. 具有健全的内部管理体系和募集资金的使用偿付管理制度。
8. 中国人民银行规定的其他条件。

二、发行方式

目前发行短期融资券的企业都选择了簿记建档方式发行短期融资券。簿记建档是国际上比较成熟的证券发行方式，簿记建档作为一种系统化、市场化的发行定价方式，其具体流程首先由簿记建档人（也就是主承销商）进行预路演，根据反馈信息并参照市场状况，簿记建档人和发行人共同确定申购价格区间；然后进行路演，与投资人进行一对一的沟通；最后开始簿记建档工作，由权威的公证机关全程监督。簿记建档人将每一个价位上的累计申购金额录入电子系统，形成价格需求曲线，并与发行人最终确定发行价格。

三、申请备案材料

企业申请发行融资券应当通过主承销商向中国人民银行提交下列备案材料：

1. 发行融资券的备案报告。

2. 董事会同意发行融资券的决议或具有相同法律效力的文件。

3. 主承销商推荐函（附尽职调查报告）。

4. 融资券募集说明书（附发行方案）。

5. 信用评级报告全文及跟踪评级安排的说明。

6. 经注册会计师审计的企业近3个会计年度的资产负债表、利润表、现金流量表及审计意见全文。

7. 律师出具的法律意见书（附律师工作报告）。

8. 偿债计划及保障措施的专项报告。

9. 关于支付融资券本息的现金流分析报告。

10. 承销协议及承销团协议。

11. 《企业法人营业执照》（副本）复印件。

12. 中国人民银行要求提供的其他文件。

四、信息披露

1. 发行人应按有关规定向银行间债券市场披露信息。

发行人的董事或法定代表人应当保证所披露的信息真实、准确、完整。

2. 发行人应当在融资券存续期间按要求定期披露财务信息。

同业拆借中心应将发行人披露的信息电子版妥善保存，并向融资券投资人提供信息查询服务。

3. 在融资券存续期内，发行人发生可能影响融资券投资人实现其债权的重大事项时，发行人应当及时向市场公开披露。

下列情况为前款所称重大事项：

（1）发行人的经营方针和经营范围的重大变化。

（2）发行人发生未能清偿到期债务的违约情况。

（3）发行人发生超过净资产 10% 以上的重大损失。

（4）发行人做出减资、合并、分立、解散及申请破产的决定。

（5）涉及发行人的重大诉讼。

（6）法律、行政法规规定的其他事项。

第七节　证券公司债券发行

一、发行基本条件

1. 发行人为综合类证券公司。

2. 最近一期期末经审计的净资产不低于 10 亿元。

3. 最近 1 年盈利。

4. 最近 2 年内未发生重大违法违规行为。

5. 具有健全的股东会、董事会运作机制及有效的内部管理制度，具备适当的业务隔离和内部控制技术支持系统。

6. 资产未被具有实际控制权的自然人、法人或其他组织及其关联人占用。

7. 各项风险监控指标符合证监会的有关规定。

二、向证监会报送的文件

1. 发行人申请报告。

2. 董事会、股东会决议。

3. 主承销商推荐函（附尽职调查报告）。
4. 募集说明书（附发行方案）。
5. 法律意见书（附律师工作报告）。
6. 经审计的最近 3 年及最近 1 期的财务会计报告。
7. 信用评级报告及跟踪评级安排的说明。
8. 偿债计划及保障措施的专项报告。
9. 关于支付本期债券本息的现金流分析报告。
10. 担保协议及相关文件。
11. 债权代理协议。
12. 发行人章程和营业执照复印件。
13. 与债券发行相关的其他重要合同。
14. 证监会要求报送的其他文件。

三、证券公司发行债券其保证人应提供担保

公开发行债券的证券公司其担保人担保金额应不少于债券本息的总额。定向发行债券的担保金额原则上不少于债券本息的 50%，担保金额不足 50% 或者未提供担保定向发行债券的，应当在发行和转让时向投资者做特别风险提示，并由投资者签字。值得一提的是，为债券的发行提供保证的，保证人应当具有代为清偿债务的能力，保证应当是连带责任保证；为债券的发行提供抵押或质押的，抵押或质押的财产应当由具备资格的资产评估机构进行评估。

四、证券公司定向发行债券

定向发行的条件，除满足基本条件外，还必须达到最近一期期末经审计的净资产不低于 5 亿元。

证券公司定向发行的债券只能向合格投资者发行。合格投资者是指自行判断具备投资债券的独立分析能力和风险承受能力，且符合下列条件的投资者：

1. 依法设立的法人或投资组织。

2. 按照规定和章程可从事债券投资。

3. 注册资本在1 000万元以上或者经审计的净资产在2 000万元以上。

五、发行规模

其累计发行的债券总额不得超过公司净资产额的40%，在此限定规模内，具体的发行规模由发行人根据其资金使用计划和财务状况自行确定。

六、期限、利率及付息规定

企业债券的利率不得高于银行相同期限居民储蓄定期存款利率的40%。

第八节　资产支持证券

一、资产支持证券

资产支持证券是指由银行业金融机构作为发起机构，将信贷资产信托给受托机构，由受托机构发行的、以该财产所产生的现金支付其收益的受益证券，即资产支持证券就是由特定目的信托受托机构发行的、代表特定目的信托的信托受益权份额，其实就是一种融资手段。

二、发起机构所具备的条件

1. 信贷资产证券化发起机构是指通过设立特定目的信托转让信托资产的金融机构。

2. 银行业金融机构作为信贷资产证券化发起机构，通过设立特定目的信托转让信贷资产，应具备以下条件：

（1）具有良好的社会信誉和经营业绩，最近3年内没有重大违法、违规行为。

（2）具有良好的公司治理、风险管理体系和内部控制。

（3）对开办信贷资产证券业务具有合理的目标定位和明确的战略规划，并且符合其总体经营目标和发展战略。

（4）具有适当的特定目的信托受托机构选任标准和程序。

（5）具有开办信贷资产证券化业务所需要的专业人员、业务处理系统、会计核算系统，管理信息系统以及风险管理和内部控制制度。

（6）最近3年内没有从事信贷资产证券化业务的不良记录。

（7）银监会规定的其他审慎性条件。

3. 信贷资产证券化发起机构拟证券公司的信贷资产应当符合以下条件：

（1）具有较高的同质性。

（2）能够产生可预测的现金流收入。

（3）符合法律、行政法规以及银监会等监督管理机构的有关规定。

三、信贷资产证券化业务的受托机构所具备的条件

1. 特定目的信托受托机构是指信贷资产证券化过程中，因承诺信托而负责管理特定目的信托财产并发行资产支持证券的机构。受托机构由依法设立的信托投资公司或者银监会批准的其他机构担任。

2. 信托投资公司担任特定目的信托受托机构，应具备以下条件：

（1）根据有关规定完成重新登记3年以上。

（2）注册资本不低于5亿元人民币，并且最近3年年末的净资产不低于5亿元人民币。

（3）自营业务资产状况和流动性良好，符合有关监管要求。

（4）原有存款性负债业务全部清理完毕，没有发生新的存款性负债或者以信托等业务名义办理的变相负债业务。

（5）具有良好的社会信誉和经营业绩，到期信托项目全部按合同约

定顺利完成，没有挪用信托财产的不良记录，并且最近3年内没有重大违法、违规行为。

（6）具有良好的公司治理、信托业务操作流程、风险管理体系和内部控制、会计核算系统、管理信息系统以及风险管理和内部控制制度。

（7）已按照规定披露公司年度报告。

（8）银监会规定的其他审慎性条件。

3. 受托机构依照信托合同约定履行下列职责：

（1）发行资产支持证券。

（2）管理信托财产。

（3）持续披露信托财产和资产支持证券信息。

（4）依照信托合同约定分配信托利益。

（5）信托合同约定的其他职责。

4. 在信托合同有效期内，受托机构若发现作为信托财产的信托资产在入库起算时不符合信托合同约定的范围、种类、标准和状况，应当要求发起机构赎回或置换。

5. 受托机构必须委托商业银行或其他专业机构担任信托财产资金保管机构，依照信托合约约定分别委托其他有业务资格的机构履行贷款服务、交易管理等其他职责。

6. 有下列情形之一的，受托机构职责终止：

（1）被依法取消受托机构资格。

（2）被资产支持证券持有人大会解任。

（3）依法解散、被依法撤销或者被依法宣告破产。

（4）受托机构辞任。

（5）法律、行政法规规定的或信托合同约定的其他情形。

7. 受托机构被依法取消受托机构资格、依法解散、被依法撤销或者被依法宣告破产的，在新受托机构产生的，由中国银监会指定临时受托机构。

受托机构职责终止的，应当妥善保管资料，及时办理移交手续；新受托机构或者临时受托机构应及时接收。

四、信贷资产证券化业务的信用增级机构应具备的条件

1. 信用增级是指在信贷资产化交易结构中通过合同安排所提供的信用保护。信用增级机构根据在相关法律文件中所承诺的义务和责任，向信贷资产证券化交易的其他参与机构提供一定程度的信用保护，并为此承担信贷资产证券化业务活动中的相应风险。

2. 信用增级可经采取内部信用增级或外部信用增级的方式。内部信用增级包括但不限于超额抵押、资产支持证券分层结构、现金抵押账户和利差账户等方式，外部信用增级包括但不限于备用信用证、担保和保险等方式。

本章要点

上市公司再融资的目的是想做大做强企业，打造成为行业龙头，或在国际竞争中谋得霸主地位。

作为上市公司董事长或企业高管，在策划再融资时，首先要弄清楚的是募集资金用途、融资理由的可证性、融资方案的可操作性，把握好企业的产业方向、产品结构、市场调查数据等。如果不懂融资规则，盲目扩张、现金为王，以为能融资就是成功，没有明确的资金使用计划及可行性论证，贪大求全，多元发展，四面开花，导致资产收益低下，盈利能力不高，投资损益大，最后的结果必将损害企业根本利益。

思考题

1. 上市公司再融资的目的及规则是什么？
2. 公司债券发行的基本条件及程序有哪些？
3. 请具体说明配股、增发新股的基本条件及操作过程。

第十四章

停牌、复牌、终止上市、重新上市、风险警示

为保证信息披露的及时与公平，证券交易所可以根据实际情况、证监会的要求、上市公司申请，决定上市公司股票及其衍生品种的停牌与复牌事宜。

上市公司出现财务状况异常或者其他异常情况，导致其股票存在被终止上市的风险，或者投资者难以判断公司前景，投资者权益可能受到损害，存在其他重大风险的，证券交易所对该公司股票实施风险警示。

第一节　停牌与复牌

1. 上市公司预计应披露的重大信息在披露前已难以保密或者已经泄露，可能或者已经对公司股票及其衍生品种的交易价格产生较大影响的，应当立即向证券交易所申请对其股票及其衍生品种停牌。

2. 上市公司进行重大资产重组，根据证监会和证券交易所相关规定向证券交易所申请停牌的，公司股票及其衍生品种应当按照相关规定

停牌与复牌。

3. 公共传媒中出现上市公司尚未披露的重大信息，可能或者已经对公司股票及其衍生品种的交易价格产生较大影响的，证券交易所可以在交易时间对公司股票及其衍生品种实施停牌，直至公司披露相关公告的当日开市时复牌。公告披露日为非交易日的，则在公告披露后的第一个交易日开市时复牌。

4. 上市公司未在证监会和相关规定的期限内披露季度报告，公司股票及其衍生品种应当于报告披露期限届满的下一交易日停牌一天。

公司未在法定期限和相关规定的期限内披露年度报告或者中期报告，公司股票及其衍生品种应当停牌，直至公司披露相关定期报告的当日开市时复牌。公告披露日为非交易日的，则在公告披露后的第一个交易日开市时复牌。公司因未披露年度报告或者中期报告的停牌期限不超过两个月。停牌期间，公司应当至少发布 3 次风险提示公告。

公司未披露季度报告的同时存在未披露年度报告或者中期报告情形的，公司股票及其衍生品种应当按照前款和风险警示的有关规定停牌与复牌。

5. 上市公司财务会计报告因存在重大会计差错或者虚假记载，被证监会责令改正但未在规定期限内改正的，公司股票及其衍生品种应当停牌，直至公司披露改正后的财务会计报告当日开市时复牌。公告披露日为非交易日的，则在公告披露后的第一个交易日开市时复牌。

公司因未按要求改正财务会计报告的停牌期限不超过两个月。停牌期间，公司应当至少发布 3 次风险提示公告。

6. 上市公司的定期报告或者临时报告披露不够充分、完整或者可能误导投资者，但拒不按要求就有关内容进行解释或者补充披露的，证券交易所可以对公司股票及其衍生品种实施停牌，直至公司披露相关公告的当日开市时复牌。公告披露日为非交易日的，则在公告披露后的第一个交易日开市时复牌。

7. 上市公司在公司运作和信息披露方面涉嫌违反法律、行政法规、部门规章、其他规范性文件、规则或证券交易所其他有关规定，情节严重而被有关部门调查的，证券交易所在调查期间视情况决定公司股票及其衍生品种的停牌和复牌。

8. 上市公司严重违反相关规则且在规定期限内拒不按要求改正的，证券交易所对公司股票及其衍生品种实施停牌，并视情况决定复牌。

9. 上市公司因某种原因使证券交易所失去关于公司的有效信息来源，证券交易所可以对公司股票及其衍生品种实施停牌，直至上述情况消除后复牌。

10. 上市公司因股权分布发生变化导致连续20个交易日不具备上市条件的，证券交易所将于前述交易日届满的下一交易日起对公司股票及其衍生品种实施停牌。公司在停牌后一个月内向证券交易所提交解决股权分布问题的方案。证券交易所同意其实施解决股权分布问题的方案的，公司应当公告证券交易所决定并提示相关风险。自公告披露日的下一交易日起，公司股票及其衍生品种复牌并被证券交易所实施退市风险警示。

11. 上市公司因收购人履行要约收购义务，或收购人以终止上市公司上市地位为目的而发出全面要约的，要约收购期满至要约收购结果公告前，公司股票及其衍生品种应当停牌。

根据收购结果，被收购上市公司股权分布具备上市条件的，公司股票及其衍生品种应当于要约结果公告日开市时复牌；股权分布不具备上市条件的，且收购人以终止上市公司上市地位为目的的，公司股票及其衍生品种应当于要约结果公告日继续停牌，直至证券交易所终止其股票及其衍生品种上市；股权分布不具备上市条件，但收购人不以终止上市公司上市地位为目的的，可以在5个交易日内向证券交易所提交解决股权分布问题的方案，并参照第12条和第13条规定处理。

12. 上市公司在股票及其衍生品种被实施停牌期间，应当每5个交易日披露一次未能复牌的原因（另有规定的除外）。

上市公司股票被证券交易所实行风险警示的，公司股票及其衍生品种还应当按照本风险警示的有关规定停牌和复牌。

13. 发行可转换公司债券的上市公司涉及下列事项时，应当向证券交易所申请暂停可转换公司债券的转股：

（1）主动向下修正转股价格。

（2）实施利润分配或者资本公积金转增股本方案。

（3）证监会和证券交易所认为应当停牌或者暂停转股的其他事项。

14. 可转换公司债券出现下列情形之一的，证券交易所按照下列规定停止可转换公司债券的交易：

（1）可转换公司债券流通面值总额少于3 000万元，且上市公司发布相关公告3个交易日后；公司行使赎回权期间发生前述情形的，可转换公司债券不停止交易。

（2）可转换公司债券自转换期结束之前的第10个交易日起。

（3）证监会和证券交易所认为必须停止交易的其他情况。

第二节　终止上市与重新上市

一、强制终止上市

上市公司出现下列情形之一的，由证券交易所决定终止其股票上市：

1. 因净利润、净资产、营业收入或者审计意见类型触及暂停其股票上市标准的，其股票被暂停上市后，公司披露的最近一个会计年度经审计的财务会计报告存在扣除非经常性损益前后的净利润孰低者为负值、期末净资产为负值、营业收入低于1 000万元或者被会计师事务所出具保留意见、无法表示意见、否定意见的审计报告等几种情形之一。

2. 因净利润、净资产、营业收入或者审计意见类型触及暂停其股票上市标准的，其股票被暂停上市后，公司未能在法定期限内披露最近一年的年度报告。

3. 因未在规定期限内按要求改正财务会计报告中的重大差错或者虚假记载触及暂停其股票上市标准的，其股票被暂停上市后，公司在两个月内仍未按要求改正财务会计报告。

4. 因未在规定期限内披露年度报告或者中期报告触及暂停其股票上市标准的，其股票被暂停上市后，公司在两个月内仍未按要求披露相关定期报告。

5. 在证券交易所仅发行 A 股股票的上市公司，通过证券交易所交易系统连续 120 个交易日（不包含公司股票停牌日）实现的累计股票成交量低于 500 万股，或者连续 20 个交易日（不包含公司股票停牌日）的每日股票收盘价均低于股票面值。

6. 在证券交易所仅发行 B 股股票的上市公司，通过证券交易所交易系统连续 120 个交易日（不包含公司股票停牌日）实现的累计股票成交量低于 100 万股，或者连续 20 个交易日（不包含公司股票停牌日）的每日股票收盘价均低于股票面值。

7. 在证券交易所既发行 A 股股票又发行 B 股股票的上市公司，其 A、B 股股票的成交量或者收盘价同时触及本条第 5 项和第 6 项规定的标准。

8. 上市公司股东数量连续 20 个交易日（不含公司首次公开发行股票上市之日起的 20 个交易日和公司股票停牌日）每日均低于 2 000 人。

9. 公司股本总额发生变化不再具备上市条件，在证券交易所规定的期限内仍不能达到上市条件。

10. 因股权分布发生变化不具备上市条件触及暂停其股票上市标准的，其股票被暂停上市后，公司在暂停上市 6 个月内股权分布仍不具备上市条件。

11. 公司被依法强制解散。

12. 公司被法院宣告破产。

13. 因出现暂停其股票上市规定的重大违法强制退市情形，其股票被暂停上市届满 6 个月。

14. 因净利润、净资产、营业收入、审计意见类型触及暂停其股票上市标准的，其股票被暂停上市后，公司在法定期限内披露了最近一年年度报告，但未在其后的 5 个交易日内提出恢复上市申请。

15. 因未在规定期限内按要求改正财务会计报告中的重大差错或者虚假记载触及暂停其股票上市标准的，其股票被暂停上市后，公司在两个月内披露了按要求改正的财务会计报告，但未在其后的 5 个交易日内提出恢复上市申请。

16. 因未在规定期限内披露年度报告或者中期报告触及暂停其股票上市标准的，其股票被暂停上市后，公司在两个月内披露了相关定期报告，但未在其后的5个交易日内提出恢复上市申请。

17. 因股本总额发生变化不再具备上市条件或者股权分布发生变化不具备上市条件触及暂停其股票上市标准的，其股票被暂停上市后，公司股本总额在规定的期限内或者股权分布在6个月内重新具备上市条件，但未在其后的5个交易日内提出恢复上市申请。

18. 符合可以申请恢复上市情形，但未在其后的20个交易日内提出恢复上市申请。

19. 恢复上市申请未被受理。

20. 恢复上市申请未获同意。

21. 证券交易所认定的其他情形。

上市公司因多项情形触及暂停上市的，证券交易所按照最先触及终止上市的时间决定终止其股票上市。

上市公司董事会预计其股票可能出现终止上市情形的，应当及时提出化解相关风险的应对预案并对外披露。

上市公司股票被暂停上市后，预计可能出现终止其股票上市情形的，董事会应当在最近一个会计年度结束后的10个交易日内，发布公司股票可能被终止上市的风险提示公告。

上市公司出现终止其股票上市情形的，应当自董事会审议通过年度报告后及时向证券交易所报告并披露年度报告，同时发布公司股票可能被终止上市的风险提示公告。

证券交易所在公司披露年度报告之日后的15个交易日内，做出是否终止其股票上市的决定。

上市公司出现终止其股票上市情形的，证券交易所在法定披露期限或证券交易所规定的披露期限届满后的15个交易日内，做出是否终止其股票上市的决定。

在证券交易所仅发行A股股票的上市公司，出现连续90个交易日（不包含公司股票停牌日）通过证券交易所交易系统实现的累计股票成交量低于375万股的，应在下一交易日发布公司股票可能被终止上市的风险提示公告，其后每个交易日披露一次，直至自上述起算时点起连续120个交易日（不包含公司股票停牌日）内通过证券交易所交易系统实现的累计成交量高于500万股或者证券交易所做出公司股票终止上市的决定之日止（以先达到的日期为准）。

在证券交易所仅发行B股股票的上市公司，出现连续90个交易日（不包含公司股票停牌日）通过证券交易所交易系统实现的累计股票成交量低于75万股的，应在下一交易日发布公司股票可能被终止上市的风险提示公告，其后每个交易日披露一次，直至自上述起算时点起连续120个交易日（不包含公司股票停牌日）内通过证券交易所交易系统实现的累计成交量高于100万股或者证券交易所做出公司股票终止上市的决定之日止（以先达到的日期为准）。

在证券交易所既发行A股股票又发行B股股票的上市公司，其A、B股股票的成交量同时触及前两款规定的标准的，应在下一交易日发布公司股票可能被终止上市的风险提示公告，其后每个交易日披露一次，直至自上述起算时点起连续120个交易日（不包含公司股票停牌日）内A、B股股票通过证券交易所交易系统实现的累计成交量分别高于500万股和100万股或者证券交易所做出公司股票终止上市的决定之日止（以先达到的日期为准）。

证券交易所可根据实际情况，对上述风险提示标准进行调整。

在证券交易所仅发行A股股票或者B股股票的上市公司，出现连续10个交易日（不包含公司股票停牌日）每日股票收盘价均低于股票面值的，应当在下一交易日发布公司股票可能被终止上市的风险提示公告，其后每个交易日披露一次，直至收盘价低于股票面值的情形消除或者证券交易所做出公司股票终止上市的决定之日（以先达到的日期为准）。

在证券交易所既发行A股股票又发行B股股票的上市公司，其A、B股股票的收盘价同时触及前款规定的标准的，应当在下一交易日发布公司股票可能被终止上市的风险提示公告，其后每个交易日披露一次，直至收盘价同时低于股票面值的情形消除或者证券交易所做出公司股票终止上市的决定之日（以先达到的日期为准）。

证券交易所可根据实际情况，对上述风险提示标准进行调整。

上市公司股东数量连续10个交易日（不含公司首次公开发行股票上市之日起的20个交易日和公司股票停牌日）每日均低于2 000人的，应当在下一交易日发布公司股票可能被终止上市的风险提示公告，其后每个交易日披露一次，直至公司股东数量低于2 000人的情形消除或者证券交易所做出公司股票终止上市的决定之日（以先达到的日期为准）。

证券交易所可根据实际情况，对上述风险提示标准进行调整。

证券交易所在做出终止股票上市的决定之日后两个交易日内，通知公司并发布相关公告，同时报证监会备案。

公司应当在收到证券交易所关于终止其股票上市的决定后及时披露股票终止上市公告。股票终止上市公告应当包括以下内容：

1. 终止上市的股票种类、简称、证券代码以及终止上市的日期。
2. 终止上市决定的主要内容。
3. 终止上市后公司股票登记、转让和管理事宜。
4. 终止上市后公司的联系人、联系地址、电话和其他通信方式。
5. 证监会和证券交易所要求的其他内容。

自证券交易所公告对上市公司股票做出终止上市的决定之日后的5个交易日届满的下一交易日起，公司股票进入退市整理期。

退市整理期的交易期限为30个交易日。在退市整理期间，公司股票进入证券交易所风险警示板交易。

公司股票进入退市整理期的，上市公司及其相关信息披露义务人仍应当遵守法律、行政法规、部门规章、其他规范性文件、相关规则及证券交易所其他规定，并履行相关义务。

公司股票在退市整理期内全天停牌的，停牌期间不计入退市整理期。

公司股票根据规定在证券交易所风险警示板进行交易的，上市公司应当于其股票在风险警示板交易的第一天，发布公司股票已被证券交易所做出终止上市决定的风险提示公告，说明公司股票在风险警示板交易的起始日和终止日等事项。

公司股票根据规定在证券交易所风险警示板进行交易的，上市公司应当在前25个交易日内每5个交易日发布一次股票将被终止上市的风险提示公告，在最后5个交易日内每日发布一次股票将被终止上市的风险提示公告。

公司股票进入退市整理期交易的，证券交易所在退市整理期届满后5个交易日内对其予以摘牌，公司股票终止上市。

公司股票未进入退市整理期交易的，证券交易所在公告公司股票终止上市决定之日起5个交易日内对其予以摘牌，公司股票终止上市。

证券交易所对退市整理期的相关事宜另有规定的，从其规定。

上市公司股票因规定情形被终止上市后，应当转入全国中小企业股份转让系统挂牌转让。

公司将其股票转入全国中小企业股份转让系统挂牌转让，应当聘请具有主办券商业务资格的证券公司并与其签订相关协议。公司未聘请或无代办机构接受其聘请的，证券交易所在做出终止其股票上市的决定后，可以为其临时指定代办机构，通知公司和代办机构，并于两个交易日内就上述事项发布相关公告（公司不再具备法人资格的情形除外）。

上市公司股票被终止上市后，公司应当在证券交易所做出终止其股票上市决定后立即安排股票转入全国中小企业股份转让系统挂牌转让的相关事宜，保证公司股票在摘牌之日起45个交易日内可以挂牌转让。

上市公司按照《上海证券交易所股票上市规则》第十四章第一节暂停上市规定，出现暂停其可转换公司债券上市所列情形之一的，证券交易所终止其可转换公司债券上市。

二、主动终止上市

上市公司出现下列情形之一的，可以向证券交易所申请主动终止上市：

1. 上市公司股东大会决议主动撤回其股票在证券交易所的交易，并决定不再在交易所交易。

2. 上市公司股东大会决议主动撤回其股票在证券交易所的交易，并转而申请在其他交易场所交易或转让。

3. 上市公司向所有股东发出回购全部股份或部分股份的要约，导致公司股本总额、股权分布等发生变化不再具备上市条件。

4. 上市公司股东向所有其他股东发出收购全部股份或部分股份的要约，导致公司股本总额、股权分布等发生变化不再具备上市条件。

5. 除上市公司股东外的其他收购人向所有股东发出收购全部股份或部分股份的要约，导致公司股本总额、股权分布等发生变化不再具备上市条件。

6. 上市公司因新设合并或者吸收合并，不再具有独立主体资格并被注销。

7. 上市公司股东大会决议公司解散。

8. 证监会和证券交易所认可的其他主动终止上市情形。

已在证券交易所发行A股和B股股票的上市公司，根据前款规定申请主动终止上市的，应当申请其A、B股股票同时终止上市，但存在特殊情况的除外。

根据规定的股东大会决议事项，除须经出席会议的全体股东所持有效表决权的2/3以上通过外，还须经出席会议的除下列股东以外的其他股东所持有效表决权的2/3以上通过：

1. 上市公司的董事、监事、高级管理人员。

2. 单独或者合计持有上市公司5%以上股份的股东。

上市公司应当在规定的股东大会召开通知发布之前，充分披露主动终止上市方案、退市原因及退市后的发展战略，包括并购重组安排、经营发展计划、重新上市安排、异议股东保护的专项说明等。

独立董事应当就上述事项是否有利于公司长远发展和全体股东利益充分征询中小股东意见，在此基础上发表独立意见，独立董事意见应当与股东大会召开通知一并公告。

上市公司应当聘请财务顾问和律师为主动终止上市提供专业服务，发表专业意见并与股东大会召开通知一并公告。

股东大会对主动终止上市事项进行审议后，上市公司应当及时披露股东大会决议公告，说明议案的审议及通过情况。

上市公司回购、收购、公司合并以及自愿解散等情形引发主动终止上市的，应当遵守《公司法》《证券法》《上市公司收购管理办法》《上市公司重大资产重组管理办法》等有关规定及证券交易所的相关自律性规范文件，严格履行决策、实施程序和信息披露义务，并及时向证券交易所申请公司股票及其衍生品种停牌或复牌。

上市公司以自愿解散形式申请主动终止上市的，除遵守法律法规等有关规定外，还应遵守相关规定执行。

上市公司向证券交易所提出主动终止上市申请的，至少应当提交以下文件：

1. 主动终止上市申请书。
2. 董事会决议及独立董事意见（如适用）。
3. 股东大会决议（如适用）。
4. 主动终止上市的方案。
5. 主动终止上市后去向安排的说明。
6. 异议股东保护的专项说明。
7. 财务顾问出具的关于公司主动终止上市的专项意见。
8. 律师出具的关于公司主动终止上市的专项法律意见。
9. 证券交易所要求的其他材料。

上市公司主动终止上市事项未获股东大会审议通过的，公司应当及时向证券交易所申请其股票及其衍生品种自股东大会决议公告之日起复牌。

证券交易所在收到上市公司提交的主动终止上市申请文件之日后5个交易日内，做出是否受理的决定并通知公司。公司应当在收到决定后及时披露决定的有关内容，并发布其股票是否可能终止上市的风险提示公告。

证券交易所在受理上市公司主动终止上市申请之日后的15个交易日内，做出是否同意其股票终止上市的决定。在此期间，证券交易所要求公司提供补充材料的，公司提供补充材料期间不计入上述做出有关决定的期限，但累计不得超过30个交易日。

因全面要约收购上市公司股份、实施以上市公司为对象的公司合并、上市公司全面回购股份，导致公司股票退出市场交易的，除另有规定外，证券交易所在公司公告回购或者收购结果、完成合并交易之日起

15个交易日内，做出是否终止其股票上市的决定。

证券交易所上市委员会对上市公司股票主动终止上市事宜进行审议，重点从保护投资者特别是中小投资者权益的角度，在审查上市公司决策程序合规性的基础上，做出独立的专业判断并形成审核意见。

证券交易所根据上市委员会的审核意见，做出是否终止股票上市的决定。

证券交易所在做出终止股票上市的决定之日后两个交易日内通知公司并发布相关公告。

公司应当在收到证券交易所关于终止其股票上市的决定后，按照规定及时披露股票终止上市公告。

主动终止上市公司股票不进入退市整理期交易，证券交易所在公告公司股票终止上市决定之日起5个交易日内对其予以摘牌，公司股票终止上市。

上市公司因出现规定的情形，证券交易所对其股票终止上市的，公司及相关各方应当对公司股票退市后的转让或者交易、异议股东保护措施等做出妥善安排，保护投资者特别是中小投资者的合法权益。

主动终止上市公司可以选择在证券交易场所交易或转让其股票，或者依法做出其他安排。

证券交易所在做出同意或者不同意上市公司主动终止上市决定之日起15个交易日内，以及上市公司退出市场交易之日起15个交易日内，将上市公司主动终止上市的情况报告证监会。

三、暂停上市

上市公司出现下列情形之一的，由证券交易所决定暂停其股票上市：

1. 因最近两个会计年度的净利润触及其股票实施退市风险警示标准之第1项规定的，其股票被实施退市风险警示后，公司披露的最近一个会计年度经审计的净利润继续为负值。

2. 因最近一个会计年度的净资产触及其股票实施退市风险警示标

准之第 2 项规定的，其股票被实施退市风险警示后，公司披露的最近一个会计年度经审计的期末净资产继续为负值。

3. 因最近一个会计年度的营业收入触及其股票实施退市风险警示标准之第 3 项规定的，其股票被实施退市风险警示后，公司披露的最近一个会计年度经审计的营业收入继续低于 1 000 万元。

4. 因最近一个会计年度的审计意见类型触及其股票实施退市风险警示标准之第 4 项规定的，其股票被实施退市风险警示后，公司披露的最近一个会计年度的财务会计报告被会计师事务所出具无法表示意见或者否定意见的审计报告。

5. 因未在规定期限内改正财务会计报告中的重大差错或者虚假记载触及其股票实施退市风险警示标准之第 5 项规定的，其股票被实施退市风险警示后，公司在两个月内仍未按要求改正财务会计报告。

6. 因未在法定期限内披露年度报告或者中期报告触及其股票实施退市风险警示标准之第 6 项规定的，其股票被实施退市风险警示后，公司在两个月内仍未披露应披露的年度报告或者中期报告。

7. 公司股本总额发生变化不具备上市条件。

8. 因股权分布发生变化不具备上市条件，其股票被实施停牌后，未在停牌后一个月内向证券交易所提交解决股权分布问题的方案，或者提交了方案但未获证券交易所同意，或者因股权分布发生变化不具备上市条件触及其股票实施退市风险警示标准之第 7 项规定的，其股票被实施退市风险警示后，公司在 6 个月内其股权分布仍不具备上市条件。

9. 因出现其股票实施退市风险警示标准之第 8 项规定的重大违法强制退市情形，其股票被实施退市风险警示后交易满 30 个交易日。

10. 证券交易所认定的其他情形。

上市公司出现两项以上暂停上市情形的，证券交易所对其股票分别做出相应暂停上市决定。

上市公司因净利润、净资产、营业收入或者审计意见类型触及其股票实施退市风险警示标准之第 1 项 ~ 第 4 项规定的，其股票被实施退市风险警示的，应当在其股票被实施退市风险警示当年的会计年度结束后一个月内，发布股票可能被暂停上市的风险提示公告，并在披露该年年度报告前至少再发布两次风险提示公告。

证券交易所在公司股票停牌起始日后的15个交易日内做出是否暂停其股票上市的决定。

证券交易所上市委员会对股票暂停上市事宜进行审议，做出独立的专业判断并形成审核意见。

证券交易所根据上市委员会的审核意见，做出是否暂停股票上市的决定。

上市公司出现其股票实施退市风险警示标准第9项情形的，证券交易所上市委员会可不再进行审议，由证券交易所根据上市委员会对公司股票实施重大违法强制退市的审核意见，直接做出公司股票暂停上市的决定。

证券交易所在做出暂停其股票上市的决定之日后两个交易日内通知上市公司并发布公告，同时报证监会备案。

上市公司应当在收到证券交易所暂停其股票上市的决定后及时披露股票暂停上市公告。股票暂停上市公告应当包括以下内容：

1. 暂停上市的股票种类、简称、证券代码以及暂停上市起始日。
2. 股票暂停上市决定的主要内容。
3. 董事会关于争取恢复股票上市的意见及具体措施。
4. 股票可能被终止上市的风险提示。
5. 暂停上市期间公司接受投资者咨询的主要方式。
6. 证监会和证券交易所要求的其他内容。

股票暂停上市期间，公司应当继续履行上市公司的有关义务，并及时披露为恢复其股票上市所采取的措施及有关工作的进展情况。

上市公司出现下列情形之一的，由证券交易所决定暂停其可转换公司债券上市：

1. 公司有重大违法行为。
2. 公司情况发生重大变化不符合可转换公司债券上市条件。
3. 发行可转换公司债券所募集的资金不按照核准的用途使用。
4. 未按照可转换公司债券募集办法履行义务。
5. 公司最近两年连续亏损。

6. 因公司存在其股票实施退市风险警示情形的其股票被证券交易所暂停上市。

7. 证券交易所认为应当暂停其可转换公司债券上市的其他情形。

上市公司股票被暂停上市后，证券交易所可以对公司实施差异化的上市年费标准。

四、恢复上市

上市公司因净利润、净资产、营业收入或者审计意见类型触及暂停其股票上市的第1项～第4项规定的，其股票被暂停上市后，向证券交易所提出恢复上市申请的，应当同时符合下列条件：

1. 在法定期限内披露了最近一年年度报告。

2. 最近一个会计年度经审计的扣除非经常性损益前后的净利润均为正值。

3. 最近一个会计年度经审计的营业收入不低于1 000万元。

4. 最近一个会计年度经审计的期末净资产为正值。

5. 最近一个会计年度的财务会计报告未被会计师事务所出具保留意见、无法表示意见或者否定意见的审计报告。

6. 保荐机构经核查后发表明确意见，认为公司具备持续经营能力。

7. 保荐机构经核查后发表明确意见，认为公司具备健全的公司治理结构、运作规范、无重大内控缺陷。

8. 不存在相关规则规定的其他暂停上市或者终止上市情形。

9. 证券交易所认为需具备的其他条件。

符合前款规定条件的上市公司可以在最近一年年度报告披露后的5个交易日内，以书面形式向证券交易所提出恢复上市的申请。

上市公司出现两项以上暂停上市情形，公司应当满足全部暂停上市情形对应的恢复上市条件，方可提出恢复上市申请。

上市公司因未在规定期限内改正财务会计报告中的重大差错或者虚假记载触及暂停其股票上市第5项规定的，或者因未在规定期限内披露年度报告或者中期报告触及暂停其股票上市第6项规定的标准，其股票被暂停上市的，在暂停上市后两个月内披露了改正后的财务会计报告或相关定期报告，可以在披露之日后的5个交易日内，以书面形式向证券交易所提出恢复上市的申请。

上市公司因出现暂停其股票上市第7项规定的股本总额发生变化不具备上市条件情形，其股票被暂停上市，在证券交易所规定的期限内上述情形已消除的，可以在事实发生之日后的5个交易日内，以书面形式向证券交易所提出恢复上市的申请。

上市公司因股权分布发生变化不具备上市条件触及暂停其股票上市第8项规定的标准，其股票被暂停上市的，在暂停上市后6个月内，其股权分布重新具备上市条件的，可以在事实发生之日后的5个交易日内，以书面形式向证券交易所提出恢复上市的申请。

上市公司因暂停其股票上市第9项情形，其股票被暂停上市后，在证券交易所对其股票做出终止上市决定前，作为上市公司重大违法强制退市认定依据的行政处罚决定、司法裁判被依法撤销、确认无效或被依法变更的，上市公司应当于知悉上述情况当日披露有关内容。上市公司未按规定披露的，证券交易所可以向市场公告。

上市公司可以在披露或者证券交易所向市场公告相关行政机关相关决定或者人民法院生效司法裁判后的10个交易日内，向证券交易所提出撤销对上市公司股票实施重大违法强制退市决定的申请。证券交易所于收到上市公司申请后的15个交易日内，召开上市委员会，根据相关行政机关相关决定或者人民法院生效司法裁判，对是否撤销对上市公司股票实施重大违法强制退市的决定进行审议，形成审核意见。

证券交易所根据上市委员会出具的审核意见，做出是否撤销对上市公司股票实施重大违法强制退市的决定。证券交易所做出撤销决定的，同时撤销对公司股票做出的暂停上市决定。

上市公司申请恢复上市，应当聘请具有主办券商业务资格的保荐人保荐。

保荐人应当对公司恢复上市申请材料的真实性、准确性和完整性进行核查，在确信公司具备恢复上市条件后出具恢复上市保荐书，并保证承担连带责任。

保荐人应当在规定期限内如实回复证券交易所就公司恢复上市事项提出的问询，并提供相应补充文件。

保荐人在核查过程中，应当至少从以下 3 个方面对上市公司的有关情况予以充分关注和尽职核查，并出具核查报告。

1. 规范运作：包括但不限于人员、资产、财务的独立性，关联交易是否公允，重大出售或者收购资产的行为是否规范，重组后的业务方向以及经营状况是否发生实质性变化，与实际控制人之间是否存在同业竞争等。

2. 财务会计：包括但不限于收入确认、非经常性损益的确认是否合规，会计师事务所出具的非标准审计意见所涉及事项对公司是否构成重大影响，公司对明显违反会计准则、制度及相关信息披露规范规定的事项进行纠正和调整的情况等。

3. 或有风险：包括但不限于资产出售、抵押、置换、委托经营、重大对外担保、重大诉讼和仲裁事项（适用本规则有关累计计算的规定），以及上述事项对公司生产经营所产生的影响等。

对于公司存在的各种不规范行为，保荐人应当要求公司改正。公司未按要求改正的，保荐人应当拒绝为其出具恢复上市保荐书。

保荐人对申请恢复上市的公司进行尽职核查时，除前条要求外，还应当对上市公司内部控制制度是否健全有效，是否存在重大缺陷予以关注，并在核查报告中做出说明。

保荐人对申请恢复上市的公司进行尽职核查时，应当对公司提出的股本总额问题、股权分布问题解决方案是否合法合规、导致公司被暂停上市的情形是否已完全消除等情况予以充分关注，并在核查报告中做出说明。

保荐人出具的恢复上市保荐书应当包括以下内容：

1. 公司的基本情况。

2. 公司存在的主要风险及原有风险是否已经消除的说明。

3. 对公司发展前景的评价。

4. 核查报告的主要内容。

5. 公司是否完全符合恢复上市条件及其依据的说明。

6. 无保留且表述明确的保荐意见及其理由。

7. 保荐人和相关保荐代表人具备相应保荐资格以及保荐人内部审核程序的说明。

8. 保荐人是否存在可能影响其公正履行保荐职责的情形的说明。

9. 保荐人比照有关规定做出的承诺。

10. 对公司持续督导期间的工作安排。

11. 保荐人和相关保荐代表人的联系地址、电话和其他通信方式。

12. 保荐人认为应当说明的其他事项。

13. 证监会和证券交易所要求的其他内容。

恢复上市保荐书应当由保荐人的法定代表人（或者授权代表）和相关保荐代表人签字，注明日期并加盖保荐人公章。

上市公司申请其股票恢复上市的，应当聘请律师对恢复上市申请的合法性、合规性以及相关申请材料的真实性、准确性和完整性进行核查验证，就公司是否具备恢复上市条件出具法律意见书，并承担相应的法律责任。

前条所述法律意见书应当包括以下内容及相关结论性意见：

1. 公司的主体资格。

2. 公司是否符合恢复上市的实质条件。

3. 公司的业务及发展目标。

4. 公司治理结构和规范运作情况。

5. 关联交易和同业竞争。

6. 公司的主要财产。

7. 重大债权、债务。

8. 重大资产变化和收购兼并情况。

9. 公司纳税情况。

10. 重大诉讼、仲裁。

11. 公司受到的行政处罚。

12. 律师认为需要说明的其他问题。

律师就上述事项发表的有关结论性意见，应当包括是否合法合规、是否真实有效、是否存在纠纷或者潜在风险等。

上市公司提出恢复上市申请时，应当向证券交易所提交下列文件：

1. 恢复上市申请书。

2. 董事会关于公司符合恢复上市条件，同意申请恢复上市的决议。

3. 董事会关于公司在暂停上市期间为恢复上市所做主要工作的报告。

4. 管理层从公司主营业务、经营活动、财务状况、或有事项、期后事项和其他重大事项等角度，对公司所实现的盈利情况、公司经营能力和营利能力的持续性、稳定性做出的分析报告。

5. 关于公司重大资产重组方案的说明，包括重大资产重组的内部决策程序、资产交接、相关收益的确认、实施结果及相关证明文件等。

6. 关于公司最近一个会计年度的重大关联交易事项的说明，包括相关内部决策程序、协议主要内容、履行情况和实施结果以及相关证明文件等。

7. 关于公司最近一个会计年度纳税情况的说明。

8. 年度报告和审计报告原件。

9. 保荐人出具的恢复上市保荐书和保荐协议。

10. 法律意见书。

11. 董事会对非标准审计意见涉及事项的说明（如适用）。

12. 会计师事务所和注册会计师关于出具非标准审计意见的说明（如适用）。

13. 证券交易所要求的其他文件。

公司应当在向证券交易所提出恢复上市申请后下一交易日发布相关公告。

证券交易所在收到上市公司提交的恢复上市申请文件之日后5个交易日内，做出是否受理的决定并通知公司。

公司提交的申请文件不符合前条要求，或者虽提交申请文件但明显不符合相关规定的恢复上市申请条件的，证券交易所不受理其申请，并在做出不予受理决定之日后的15个交易日内，做出终止其股票上市的决定。

公司应当在收到证券交易所是否受理其申请的决定后及时披露决定

的有关内容，并发布其股票可能被终止上市的风险提示公告。

证券交易所在受理上市公司恢复上市申请之日后的30个交易日内，做出是否同意其股票恢复上市的决定。

在此期间，证券交易所要求公司提供补充材料的，公司提供补充材料的期间不计入上述证券交易所做出有关决定的期限。

公司提供补充材料的期限累计不得超过30个交易日。公司未按证券交易所要求在前述期限内提交补充材料的，证券交易所在该期限届满后继续对其所提申请进行审核，并根据相关规则做出是否同意其股票恢复上市的决定。

证券交易所受理上市公司股票恢复上市申请后，可以自行或委托相关机构就公司申请恢复上市有关情况进行调查核实。调查核实期间不计入相关规定的证券交易所做出有关决定的期限。

证券交易所上市委员会对上市公司恢复上市申请进行审议，做出独立的专业判断并形成审核意见。

证券交易所根据上市委员会的审核意见，做出是否同意公司股票恢复上市的决定。证券交易所在决定不同意公司股票恢复上市申请的同时，做出终止其股票上市的决定。

证券交易所在做出同意其股票恢复上市的决定后两个交易日内通知上市公司，并报证监会备案。

经证券交易所同意恢复上市的，上市公司应当在收到有关决定后及时披露股票恢复上市公告。股票恢复上市公告应当包括以下内容：

1. 恢复上市的股票种类、简称、证券代码。

2. 股票恢复上市决定的主要内容。

3. 董事会关于恢复上市措施的具体说明。

4. 相关风险因素分析。

5. 证监会和证券交易所要求的其他内容。

上市公司披露股票恢复上市公告后的5个交易日内，其股票恢复上市。

公司股票恢复上市后，应当在证券交易所风险警示板至少交易至其披露恢复上市后的首份年度报告，但根据条例恢复上市的公司股票不适用本款规定。

在可转换公司债券暂停上市期间，上市公司符合条件的，可以书面形式向证券交易所提出恢复其可转换公司债券上市的申请。

五、重新上市

证券交易所上市公司的股票被终止上市后，其终止上市情形已消除，且同时符合下列条件的，可以向证券交易所申请重新上市：

1. 公司股本总额不少于人民币 5 000 万元。

2. 社会公众股持有的股份占公司股份总数的比例为 25% 以上；公司股本总额超过人民币 4 亿元的，社会公众股持有的股份占公司股份总数的比例为 10% 以上。

3. 公司及董事、监事、高级管理人员最近 3 年无重大违法行为，财务会计报告无虚假记载。

4. 最近 3 个会计年度净利润均为正数且累计超过人民币 3 000 万元，净利润以扣除非经常性损益前后较低者为计算依据。

5. 最近 3 个会计年度经营活动产生的现金流量净额累计超过人民币 5 000 万元；或者最近 3 个会计年度营业收入累计超过人民币 3 亿元。

6. 最近一个会计年度经审计的期末净资产为正值。

7. 最近 3 个会计年度的财务会计报告均被会计师事务所出具标准无保留意见的审计报告。

8. 最近 3 年主营业务没有发生重大变化，董事、高级管理人员没有发生重大变化，实际控制人没有发生变更。

9. 保荐机构经核查后发表明确意见，认为公司具备持续经营能力。

10. 保荐机构经核查后发表明确意见，认为公司具备健全的公司治理结构、运作规范、无重大内控缺陷。

11. 证券交易所规定的其他条件。

公司股票被强制终止上市后，公司不配合退市相关工作的，证券交易所自其股票进入全国中小企业股份转让系统挂牌转让之日起 36 个月内不受理其重新上市的申请。

上市公司其股票被终止上市后，作为上市公司重大违法强制退市认定依据的行政处罚决定、司法裁判被依法撤销、确认无效或被依法变更的，公司可以在知悉相关行政机关相关决定或者人民法院生效司法裁判后的10个交易日内，向证券交易所提出撤销对公司股票实施重大违法强制退市决定的申请。证券交易所于收到公司申请后的15个交易日内，召开上市委员会，根据相关行政机关相关决定或者人民法院生效司法裁判，对是否撤销对公司股票实施重大违法强制退市的决定进行审议，形成审核意见。

证券交易所根据上市委员会出具的审核意见，做出是否撤销对公司股票实施重大违法强制退市的决定。证券交易所做出撤销决定的，同时撤销对公司股票做出的终止上市决定。公司可以在证券交易所决定撤销对公司做出的终止上市决定之日起20个交易日内，向证券交易所申请其股票重新上市。

前述公司同时触及相关规则规定的重大违法强制退市情形之外的风险警示、暂停上市或者终止上市情形的，证券交易所对其股票相应予以实施风险警示、暂停上市或者终止上市。

上市公司因欺诈发行被实施重大违法强制退市，其股票被终止上市后，除规定的情形外，不得向证券交易所申请重新上市。

上市公司因欺诈发行之外的其他违法行为被实施重大违法强制退市，其股票被终止上市后，进入全国中小企业股份转让系统挂牌转让之日起满5个完整会计年度，可以向证券交易所申请重新上市。公司未同时符合下列条件的，证券交易所不受理其重新上市申请。

1. 已全面纠正重大违法行为并符合下列要求：

（1）公司已就重大信息披露违法行为所涉事项披露补充或更正公告。

（2）对重大违法行为的责任追究已处理完毕。

（3）公司已就重大违法行为所涉事项补充履行相关决策程序。

（4）公司控股股东、实际控制人等相关责任主体对公司因重大违法行为发生的损失已做出补偿。

（5）重大违法行为可能引发的与公司相关的风险因素已消除。

2. 已撤换下列与重大违法行为有关的责任人员：

（1）被人民法院判决有罪的有关人员。

（2）被相关行政机关行政处罚的有关人员。

（3）被相关行政机关依法移送公安机关立案调查的有关人员。

（4）证监会、证券交易所认定的与重大违法行为有关的其他责任人员。

3. 已对相关民事赔偿承担做出妥善安排并符合下列要求：

（1）相关赔偿事项已由人民法院做出判决的，该判决已执行完毕。

（2）相关赔偿事项未由人民法院做出判决，但已达成和解的，该和解协议已执行完毕。

（3）相关赔偿事项未由人民法院做出判决，且也未达成和解的，公司及相关责任主体已按预计最高索赔金额计提赔偿基金，并将足额资金划入专项账户，且公司的控股股东和实际控制人已承诺：若赔偿基金不足赔付，其将予以补足。

4. 公司聘请的重新上市保荐机构、律师已对前述3项条件所述情况进行核查验证，并出具专项核查意见，明确认定公司已完全符合前述3项条件。

证券交易所上市委员会对股票重新上市申请进行审议，做出独立的专业判断并形成审核意见。

证券交易所根据上市委员会的审核意见，做出是否同意公司股票重新上市的决定。

公司股票重新上市后，应当在证券交易所风险警示板至少交易至其披露重新上市后的首份年度报告。

六、申请复核

发行人、上市公司或者申请股票重新上市的公司对证券交易所做出的不予上市、暂停上市、终止上市决定不服的，可以在收到证券交易所有关决定或证券交易所公告有关决定之日后的5个交易日内，向证券交易所申请复核。

申请人应当在向证券交易所提出复核申请之日后的下一交易日披露有关内容。

申请人根据前条规定向证券交易所申请复核，应当提交下列文件：

1. 复核申请书。

2. 保荐人就申请复核事项出具的意见书。

3. 律师事务所就申请复核事项出具的法律意见书。

4. 证券交易所要求的其他文件。

证券交易所在收到申请人提交的复核申请文件之日后的5个交易日内，做出是否受理的决定并通知申请人。

未能按照前条规定提交复核申请文件的，证券交易所不受理其复核申请。

申请人应当在收到证券交易所是否受理其复核申请的决定后，及时披露决定的有关内容并提示相关风险。

证券交易所设立复核委员会，对申请人的复核申请进行审议。

证券交易所在受理复核申请之日后的30个交易日内，依据复核委员会的审核意见做出是否维持不予上市、暂停上市、终止上市的决定。该决定为终局决定。

在此期间，证券交易所要求申请人提供补充材料的，申请人应当按要求予以提供。申请人提供补充材料期间不计入证券交易所做出有关决定的期限内。

申请人提供补充材料的期限累计不得超过30个交易日。申请人未按证券交易所要求在前述期限内提交补充材料的，证券交易所在该期限届满后继续对其所提申请进行审核，并根据相关规则对其做出是否维持不予上市、暂停上市或者终止上市的决定。

申请人应当在收到证券交易所的复核决定后，及时披露决定的有关内容。

第三节　风险警示

一、一般规定

上市公司出现财务状况异常情况或者其他异常情况，导致其股票存在被终止上市的风险，或者投资者难以判断公司前景，投资者权益可能受到损害，存在其他重大风险的，证券交易所对该公司股票实施风险警示。

风险警示分为警示存在终止上市风险的风险警示和警示存在其他重大风险的其他风险警示。

证券交易所设立风险警示板，上市公司股票被实施风险警示或者处于退市整理期的，进入该板进行交易。

风险警示板的具体事项，由证券交易所另行规定。

上市公司股票被实施退市风险警示的，在公司股票简称前冠以“＊ST”字样，以区别于其他股票。

上市公司股票被实施其他风险警示的，在公司股票简称前冠以“ST”字样，以区别于其他股票，但证券交易所另有规定的除外。

上市公司股票同时被实施退市风险警示和其他风险警示的，在公司股票简称前冠以“＊ST”字样。

上市公司股票被实施风险警示后，证券交易所可以对公司实施差异化的上市年费标准。

上市公司出现两项以上风险警示情形的，按照先触及先适用的原则实施风险警示，并按从严原则须满足全部所触及的风险警示撤销条件，方可申请撤销其风险警示。

二、退市风险警示的实施

上市公司出现以下情形之一的，证券交易所对其股票实施退市风险警示：

1. 最近两个会计年度经审计的净利润连续为负值或者被追溯重述后连续为负值。

2. 最近一个会计年度经审计的期末净资产为负值或者被追溯重述后为负值。

3. 最近一个会计年度经审计的营业收入低于1 000 万元或者被追溯重述后低于1 000 万元。

4. 最近一个会计年度的财务会计报告被会计师事务所出具无法表

示意见或者否定意见的审计报告。

5. 因财务会计报告存在重大会计差错或者虚假记载，被证监会责令改正但未在规定期限内改正，且公司股票已停牌两个月。

6. 未在法定期限内披露年度报告或者中期报告，且公司股票已停牌两个月。

7. 因股权分布不具备上市条件，公司在规定的一个月内向证券交易所提交解决股权分布问题的方案，并获得证券交易所同意。

8. 因欺诈发行、重大信息披露违法或者其他涉及国家安全、公共安全、生态安全、生产安全和公众健康安全等领域的重大违法行为，证券交易所对其股票做出实施重大违法强制退市决定的。

9. 公司可能被依法强制解散。

10. 法院依法受理公司重整、和解或者破产清算申请。

11. 证券交易所认定的其他情形。

证券交易所对重大违法强制退市实施标准和程序另有规定的，从其规定。

上市公司股票被实施退市风险警示的，应当及时发布公告。公告应当包括以下内容：

1. 股票的种类、简称、证券代码以及实施退市风险警示的起始日。

2. 实施退市风险警示的原因。

3. 公司董事会关于争取撤销退市风险警示的意见及具体措施。

4. 股票可能被暂停或者终止上市的风险提示。

5. 实施退市风险警示期间公司接受投资者咨询的主要方式。

6. 证监会和证券交易所要求的其他内容。

公司股票及其衍生品种自公告披露满一个交易日后的下一交易日起复牌。自复牌之日起，证券交易所对公司股票实施退市风险警示。

在股票被实施退市风险警示期间，公司应当每5个交易日发布一次风险提示公告。

公司股票及其衍生品种自公告披露日的下一交易日起复牌。自复牌之日起，证券交易所对公司股票实施退市风险警示。

上市公司可能触及相关规定情形的，应当于知悉相关行政机关行政处罚事先告知书或者人民法院做出司法裁判当日立即向证券交易所申请公司股票及其衍生品种停牌，及时披露有关内容，并就其股票可能被实施重大违法强制退市进行特别风险提示。公司股票及其衍生品种于相关事项披露日起开始停牌，披露日为非交易日的，于下一交易日起开始停牌。

公司未及时向证券交易所报告前款事项的，证券交易所可以在获悉相关情况后对公司股票及其衍生品种实施停牌，并向市场公告。

上市公司在前款规定的停牌期间，收到相关行政机关相应行政处罚决定或人民法院相应生效司法裁判，可能触及相关规则规定的重大违法强制退市情形的，应当及时披露有关内容，并就其股票可能被实施重大违法强制退市进行特别风险提示。

上市公司股票根据相关规定停牌后，收到相关行政机关相应行政处罚决定或人民法院相应生效司法裁判，未触及相关办法规定的重大违法强制退市情形的，公司应当申请股票复牌。

证券交易所做出不对公司股票实施重大违法强制退市决定的，公司应当在收到相应决定当日披露并申请股票复牌。

证券交易所做出对上市公司股票实施重大违法强制退市决定的，将对其实施退市风险警示。公司应按照证券交易所要求在其股票被实施退市风险警示前及时发布公告。公司股票及其衍生品种自公告披露满一个交易日后的下一交易日起复牌。自复牌之日起，证券交易所对公司股票实施退市风险警示。

公司股票全天停牌的，停牌期间不计入前款规定的交易期间，但停牌期间累计不得超过 5 个交易日。

上市公司股票及其衍生品种因法院依法受理公司重整、和解或者破产清算申请被停牌的，法院裁定批准公司重整计划、和解协议，或终止重整、和解程序的，公司应当及时披露法院裁定书的内容，并根据实际情况向证券交易所申请复牌。

三、退市风险警示的撤销

上市公司最近一个会计年度审计结果表明股票实施退市风险警示情

形已经消除的，公司应当在董事会审议通过年度报告后及时向证券交易所报告并披露年度报告，同时可以向证券交易所申请撤销对其股票实施的退市风险警示。

上市公司股票因被实施退市风险警示后两个月内上述情形消除的，公司可以向证券交易所申请撤销对其股票实施的退市风险警示。

上市公司股票因被证券交易所实施退市风险警示的，在6个月内完成解决股权分布问题的方案且其股权分布具备上市条件的，可以向证券交易所申请撤销对其股票实施的退市风险警示。

证券交易所做出对上市公司股票实施重大违法强制退市决定后，在证券交易所对其股票做出暂停上市决定前，作为上市公司重大违法强制退市认定依据的行政处罚决定、司法裁判被依法撤销、确认无效或被依法变更的，上市公司应当于知悉上述情况当日，向证券交易所申请公司股票及其衍生品种停牌，并及时披露有关内容。上市公司未按规定申请停牌并披露的，证券交易所可以对公司股票及其衍生品种实施停牌，并向市场公告。

上市公司可以在披露或者证券交易所向市场公告相关行政机关相关决定或者人民法院生效司法裁判后的10个交易日内，向证券交易所提出撤销对上市公司股票实施重大违法强制退市决定的申请。证券交易所于收到上市公司申请后的15个交易日内，召开上市委员会，根据相关行政机关相关决定或者人民法院生效司法裁判，对是否撤销对上市公司股票实施重大违法强制退市的决定进行审议，形成审核意见。

证券交易所根据上市委员会出具的审核意见，做出是否撤销对上市公司股票实施重大违法强制退市的决定。证券交易所做出撤销决定的，同时撤销对公司股票实施的退市风险警示。

上市公司股票因被实施退市风险警示后，出现以下情形之一的，公司可以向证券交易所申请撤销对其股票实施的退市风险警示：

1. 重整计划执行完毕。

2. 和解协议执行完毕。

3. 法院受理破产申请后至破产宣告前，依据《企业破产法》做出驳回破产申请的裁定，且申请人在法定期限内未提起上诉。

4. 法院受理破产申请后至破产宣告前，依据《企业破产法》做出终结破产程序的裁定。

公司因上述第 1 项和第 2 项情形向证券交易所申请撤销对其股票实施的退市风险警示，应当提交法院指定管理人出具的监督报告、律师事务所出具的对公司重整计划或和解协议执行情况的法律意见书，以及证券交易所要求的其他说明文件。

证券交易所于收到上市公司申请之日后的 5 个交易日内，根据实际情况，决定是否撤销对其股票实施的退市风险警示。

证券交易所决定撤销退市风险警示的，上市公司应当按照证券交易所要求在撤销退市风险警示之前一个交易日做出公告。

公司股票及其衍生品种在公告披露日停牌一天，证券交易所自复牌之日起撤销对公司股票实施的退市风险警示。

证券交易所决定不予撤销退市风险警示的，上市公司应当在收到证券交易所有关书面通知的下一交易日做出公告。公司未按规定公告的，证券交易所可以交易所公告的形式予以公告。

四、其他风险警示

上市公司出现以下情形之一的，证券交易所对其股票实施其他风险警示：

1. 被暂停上市的公司股票恢复上市后或者被终止上市的公司股票重新上市后，公司尚未发布首份年度报告。

2. 生产经营活动受到严重影响且预计在 3 个月内不能恢复正常。

3. 主要银行账号被冻结。

4. 董事会会议无法正常召开并形成决议。

5. 公司被控股股东及其关联方非经营性占用资金或违反规定决策程序对外提供担保，情形严重的。

6. 证监会或证券交易所认定的其他情形。

上市公司出现被暂停上市的公司股票恢复上市后或者被终止上市的公司股票重新上市后，公司尚未发布首份年度报告情形的，证券交易所自公司股票恢复上市或者重新上市之日起，对其实施其他风险警示。

上市公司出现对其股票实施其他风险警示第2项~第6项情形之一的，应当在事实发生之日及时向证券交易所报告，提交董事会的书面意见，并申请其股票及其衍生品种于事实发生下一交易日起开始停牌。证券交易所在收到公司报告之日后的5个交易日内，根据实际情况，对公司股票实施其他风险警示。

上市公司应当按照证券交易所要求在其股票被实施其他风险警示的前一个交易日做出公告，公告内容参照相关规定执行。

公司股票及其衍生品种自公告披露日的下一交易日起复牌，证券交易所自复牌之日起对公司股票实施其他风险警示。

上市公司股票因对其股票实施其他风险警示第5项被实施其他风险警示后，会计师事务所出具的专项审核报告和独立董事发表的独立意见显示资金占用事项已消除的，或者公司董事会决议说明违规担保事项已解除或相应审议程序已追认的，公司可以向证券交易所申请撤销对其股票实施的其他风险警示。

上市公司股票因被实施退市风险警示或者其他风险警示的，在风险警示期间，公司根据证监会相关规定进行重大资产重组且同时满足以下条件的，可以向证券交易所申请撤销对其股票实施的退市风险警示或者其他风险警示：

1. 根据证监会有关上市公司重大资产重组规定，出售全部经营性资产和负债，同时购买其他资产且已实施完毕。

2. 通过购买进入公司的资产是一个完整经营主体，该经营主体在进入公司前已在同一管理层之下持续经营3年以上。

3. 本次购入的资产最近一个会计年度经审计净利润为正值。

4. 经会计师事务所审核的盈利预测显示，公司完成本次重组后营利能力增强，经营业绩明显改善。

5. 证券交易所规定的其他条件。

上市公司向证券交易所提交撤销对其股票实施的其他风险警示的申请后，应当在下一交易日做出公告。

证券交易所于收到上市公司申请后的5个交易日内，根据实际情况，决定是否撤销对其股票实施的其他风险警示。

证券交易所决定撤销其他风险警示的，上市公司应当按照证券交易所要求在撤销其他风险警示的前一个交易日做出公告。

公司股票及其衍生品种在公告披露日停牌一天。证券交易所自复牌之日起撤销对公司股票实施的其他风险警示。

证券交易所决定不予撤销其他风险警示的，上市公司应当在收到证券交易所有关书面通知后的下一交易日做出公告。公司未按规定公告的，证券交易所可以交易所公告的形式予以公告。

本章要点

停牌、复牌是上市公司的常规管理。如果公司股票已经被暂停上市且有可能终止上市，能选择的道路只有两条：一条是积极努力，在法定期限内改变公司状况，达到恢复上市标准，申请恢复上市；另一条是放弃，积重难返，终止上市。

董事会秘书在此工作期间，除了满足股东的知情权，及时披露信息外，还要尽最大努力，在董事会的领导下，促使董事会及公司高管为挽救公司生命积极纠错，同时得到监管部门及中介机构的支持，采取有效措施扭转局势。

工作重点就是及时发出风险警示，保护投资者利益，规避退市风险，并在规定期限内消除退市风险隐患，促使企业恢复正常经营活动，让公司转危为安，重新上市。

思考题

1. 停牌、复牌的一般规定有哪些？
2. 如何规避退市风险？
3. 重新上市需具备哪些条件？

第十五章

年报解读与编制

《公司法》、《证券法》规定，在中华人民共和国境内公开发行股票并在证券交易所上市的股份有限公司应当按照规范要求编制和披露年度报告。

《公开发行证券的公司信息披露内容与格式准则第 2 号——年度报告的内容与格式要求》，规定了对公司年度报告信息披露的最低要求；而对投资者投资决策有重大影响的信息，不论相关准则是否有明确规定，公司均应当披露。

同时鼓励公司结合自身特点，以简明易懂的方式披露对投资者特别是中小投资者决策有用的信息，但披露的信息应当保持持续性，不得选择性披露。

由于国家秘密、商业秘密等特殊原因导致相关准则规定的某些信息确实不便披露的，公司可以不予披露，但应当在相关章节详细说明未按相关准则要求进行披露的原因。证监会认为需要披露的，公司应当披露。公司在编制和披露年度报告时应当严格遵守国家有关保密的法律法规，不得泄露国家保密信息。

第一节 年报的基本内容与披露规则

上市公司年报是上市公司年度报告的简称，是上市公司一年一度对其报告期内的生产经营概况、财务状况等信息进行披露的综合报告，是上市公司信息披露制度的核心内容之一。

除金融业等特殊行业的上市公司在年报披露时要按有别于其他上市公司的专门财务披露外，一般上市公司年报所披露的内容基本相同，其制作标准及格式是按《公开发行证券的公司信息披露内容与格式准则第2号——年度报告的内容与格式》统一规定执行。

公司在编制年度报告时应当遵循如下一般要求：

1. 年度报告中引用的数字应当采用阿拉伯数字，货币金额除特别说明外，通常指人民币金额，并以元、千元、万元、百万元或亿元为单位。

2. 公司可以根据有关规定或其他需求，编制年度报告外文译本，同时应当保证中外文文本的一致性，并在外文文本上注明："本报告分别以中、英（或日、法、俄）文编制，在对中外文文本的理解上发生歧义时，以中文文本为准。"

3. 年度报告封面应当载明公司的中文名称、"年度报告"字样、报告期年份，也可以载明公司的外文名称、徽章、图案等。年度报告的目录应当编排在显著位置。

4. 公司可以在年度报告正文前刊载宣传本公司的照片、图表或致投资者信，但不得刊登任何祝贺性、恭维性或推荐性的词句、题字或照片，不得含有夸大、欺诈、误导或内容不准确、不客观的词句。

5. 公司编制年度报告时可以图文并茂，采用柱状图、饼状图等统计图表，以及必要的产品、服务和业务活动图片进行辅助说明，提高报告的可读性。

6. 公司编制年度报告应当遵循证监会上市公司行业分类的有关规定，公司可以增加披露所使用的其他的行业分类数据、资料作为参考。

一、年报披露的基本内容

根据我国现行的年报披露要求，上市公司年报及其摘要的主要内容包括：

（一）重要提示

1. 年度报告摘要

公司应当在年度报告摘要显要位置刊登如下（但不限于）重要提示：

“本年度报告摘要来自年度报告全文，为全面了解本公司的经营成果、财务状况及未来发展规划，投资者应当到证监会指定媒体仔细阅读年度报告全文。”

如有个别董事、监事、高级管理人员对年度报告内容的真实性、准确性、完整性无法保证或存在异议的，应当声明：“××董事、监事、高级管理人员无法保证本报告内容的真实性、准确性和完整性，理由是：××，请投资者特别关注。”如有董事未出席董事会，应当单独列示其姓名。

如果执行审计的会计师事务所对公司出具了非标准审计报告，重要提示中应当增加以下陈述：“××会计师事务所为本公司出具了带强调事项段的无保留意见（或保留意见、否定意见、无法表示意见）的审计报告，本公司董事会、监事会对相关事项亦有详细说明，请投资者注意阅读。”公司应当提示董事会决议通过的本报告期普通股及优先股利润分配预案。

2. 新增内容

（1）精准扶贫。鼓励公司结合自身生产经营情况、战略发展规划、人才与资源优势等开展各项精准扶贫工期内履行扶贫社会责任的具体情况。

① 精准扶贫规划。公司精准扶贫工作的基本方略、总体目标、主要任务和保障措施。

② 年度精准扶贫概要。报告期内扶贫计划的总体完成情况、取得的效果等。如扶贫计划未完成的，应说明未按期完成的原因，以及后续改进措施。

③ 精准扶贫成效。分别披露公司报告期内在产业发展扶脱贫、转移就业脱贫、易地搬迁脱贫、教育扶贫、健康扶贫、生态保护扶贫、兜底保障、社会扶贫等方面取得的工作成果。

④ 后续精准扶贫计划。根据公司长期经营战略与扶贫规划，披露下一年度开展精准扶贫工作的计划，以及保障计划实现的主要措施等。

（2）环境保护。属于环境保护部门公布的重点排污单位的公司或其重要子公司，应当根据法律、法规及部门规章的规定披露以下主要环境信息。

① 排污信息。包括但不限于主要污染物及特征污染物的名称、排放方式、排放口数量和分布情况、排放浓度和总量、超标排放情况、执行的污染物排放标准、核定的排放总量。

② 防治污染设施的建设和运行情况。

③ 建设项目环境影响评价及其他环境保护行政许可情况。

④ 突发环境事件应急预案。

⑤ 环境自行监测方案。

⑥ 其他应当公开的环境信息。

公司在报告期内以临时报告的形式披露环境信息内容的，应当说明后续进展或变化情况。如相关事项已在临时报告披露且后续实施无进展或变化的，仅需披露该事项概述，并提供临时报告披露网站的相关查询索引。

重点排污单位之外的公司可以参照上述要求披露其环境信息，若不披露的，应当充分说明原因。

鼓励公司自愿披露有利于保护生态、防治污染、履行环境责任的相关信息。环境信息核查机构、鉴证机构、评价机构、指数公司等第三方机构对公司环境信息存在核查、鉴定、评价的，鼓励公司披露相关信息。

（二）公司基本情况简介

公司应当以简易图表形式披露如下内容：

1. 公司股票简称、股票代码、股票上市交易所（若报告期初至报告披露日期间公司股票简称发生变更，还应当同时披露变更前的股票简称）。

2. 公司董事会秘书及证券事务代表的姓名、办公地址、电话、电子邮箱。

3. 公司应当对报告期公司从事的主要业务进行简要介绍，包括报告期公司所从事的主要业务和主要产品简介、行业发展变化、市场竞争格局以及公司行业地位等内容。

4. 公司应当采用数据列表方式，提供截至报告期末公司近3年的主要会计数据和财务指标，包括但不限于：总资产、营业收入、归属于上市公司股东的净利润、归属于上市公司股东的扣除非经常性损益的净利润、归属于上市公司股东的净资产、经营活动产生的现金流量净额、净资产收益率、每股收益。

公司应当采用数据列表方式，分季度提供营业收入、归属于上市公司股东的净利润、归属于上市公司股东的扣除非经常性损益的净利润、经营活动产生的现金流量净额。如上述财务指标或其加总数与公司已披露季度报告、半年度报告相关财务指标存在重大差异的，应当说明主要原因。

表格中金额和股本的计量单位可采用万、亿（元、股）等，减少数据位数；基本原则是小数点前最多保留5位，小数点后保留两位。

5. 公司应当披露报告期末及年报披露前一个月末公司普通股股东总数和表决权恢复的优先股股东总数、前10名股东情况、以方框图形式披露公司与实际控制人之间的产权及控制关系。

公司在计算上述持股比例时，仅计算普通股和表决权恢复的优先股股数。

6. 公司应当披露报告期末公司优先股股东总数及前10名股东情况。

7. 公司应当披露所有公开发行并在证券交易所上市，且在年度报告批准报出日未到期或到期未能全额兑付的公司债券情况，包括简称、代码、到期日、债券余额、利率，报告期内公司债券的付息兑付情况，资信评级机构对公司及公司债券做出的最新跟踪评级及评级变化情况，并采用数据列表方式，披露截至报告期末公司近两年的会计数据和财务指标，包括但不限于：资产负债率、EBITDA 全部债务比（息税折旧摊销前利润/全部债务）、利息保障倍数〔息税前利润/（计入财务费用的利息支出+资本化的利息支出）〕。

（三）主要会计数据和财务指标

公司应当采用数据列表方式，提供截至报告期末公司近 3 年的主要会计数据和财务指标，包括但不限于：总资产、营业收入、归属于上市公司股东的净利润、归属于上市公司股东的扣除非经常性损益的净利润、归属于上市公司股东的净资产、经营活动产生的现金流量净额、净资产收益率、每股收益。

同时发行人民币普通股及境内上市外资股或（和）境外上市外资股的公司，若按不同会计准则计算的净利润和归属于上市公司股东的净资产存在重大差异的，应当列表披露差异情况并说明主要原因。

公司在披露“归属于上市公司股东的扣除非经常性损益后的净利润”时，应当同时说明报告期内非经常性损益的项目及金额。

公司主要会计数据和财务指标的计算和披露应当遵循如下要求：

1. 因会计政策变更及会计差错更正等追溯调整或重述以前年度会计数据的，应当同时披露调整前后的数据。

2. 对非经常性损益、净资产收益率和每股收益的确定和计算，证监会另有规定的，应当遵照执行。

3. 编制合并财务报表的公司应当以合并财务报表数据填列或计算以上数据和指标。

4. 如公司成立未满 3 年，应当披露公司成立后完整会计年度的上述会计数据和财务指标。

5. 财务数据按照时间顺序自左至右排列，左起为报告期的数据，向右依次列示前一期的数据。

（四）董事会报告

公司董事会报告中应当对财务报告的数据和其他必要的统计数据，以及报告期内发生和未来发生的重大事项进行讨论、分析，可以采用逐年比较、数据列表或其他方式对相关事项进行列示，便于投资者了解其财务状况、经营成果及未来变化情况。公司披露董事会报告应当遵守以下原则：

1. 披露内容应当可靠，引用数据、资料应当依据充分。如引用第三方的数据、资料，应当关注其权威性，并注明来源。

2. 披露内容应当具有充分的决策相关性，着重关注重大投资项目、并购重组、在建工程、研发项目、人才建设等在报告期内的执行情况和未来计划，有利于投资者充分了解公司未来变化趋势。

3. 披露内容应当具有充分关联性，结合公司的外部环境（如宏观环境、行业政策、行业地位或区域市场地位等）和内部条件（如业务规模、经营区域、技术、人员、经营权等）对公司的经营成果和财务状况进行针对性的讨论、分析，保持内在逻辑的一致性。

4. 鼓励公司披露对业绩敏感度较高的关键业绩指标，分析指标的假定条件、计算方法、选取依据，以及变化原因和趋势。

5. 讨论、分析不应简单重复财务报告的内容，而应当侧重分析重要的经营指标和财务指标，重点披露实质性内容、已知的重要趋势和不确定性。

6. 语言表述平实，清晰易懂，力戒空洞、模板化。

董事会报告应当重点分析公司在报告期内的业务、产品、技术、行业有关的外部环境，以及公司的财务状况和经营成果。公司可以根据实际情况和重要性原则对本条中设定的原则性比例做适当下调。如本规定披露的部分内容与财务报表附注相同的，公司可以建立相关查询索引，避免重复。

公司应当披露已对报告期产生重要影响以及未对报告期产生影响但对未来具有重要影响的事项，内容包括：

1. 主营业务分析。列示公司营业收入、成本、费用、研发投入、现金流等项目的同比变动情况及原因。若公司利润构成或利润来源发生重大变动，公司应当详细说明情况。公司招股说明书、募集说明书和资产重组报告书等公开披露文件中披露的未来发展与规划延续至报告期内的，公司应当对规划目标的实施进度进行分析；实施进度与规划不符的，应当详细说明原因。

公司应当回顾总结前期披露的发展战略和经营计划在报告期内的进展，并对未达到计划目标的情况进行解释。若公司实际经营业绩较曾公开披露过的本年度盈利预测低于或高于20%以上的，应当分析造成差异的原因。

（1）收入。公司应当说明驱动业务收入变化的产销量、订单或劳务的结算比例等因素。

（2）成本。公司应当按行业或产品披露本年度成本的主要构成项目（如原材料、人工工资、折旧、能源等）占总成本的比例情况，并提供上年同口径可比数据；如无法取得可比数据，公司应当说明原因。

（3）费用。若报告期内公司销售费用、管理费用、财务费用、所得税等财务数据同比变动30%以上的，应当说明变化原因。

（4）研发支出。公司应当说明报告期内研发项目的目的、进展和拟达到的目标，预计对未来发展的影响。公司应当说明本年度研发支出总额分别占公司最近一期经审计净资产、营业收入的比例，如相关数据同比变化达30%以上，应当说明变化原因。

（5）现金流。结合公司现金流量表相关数据，说明公司经营活动、投资活动和筹资活动产生的现金流量的构成情况。

2. 按照行业、产品或地区经营情况分析。公司应当根据自身实际情况，分别按行业、产品或地区说明报告期内公司主营业务收入、主营业务利润的构成情况。对于占公司营业收入总额或营业利润总额10%以上的业务经营活动及其所属行业、主要产品或地区，应当分项列示其营业收入、营业成本、毛利率，并分析其变动情况。公司应当保持业务数据统计口径一致；如确需调整，应当提供调整后的最近1年数据。

3. 资产、负债状况分析。若报告期内公司主要资产、负债项目（包括货币资金、应收款项、存货、投资性房地产、长期股权投资、固定资产、在建工程、短期借款、长期借款等）占总资产的比例，同比变动达30%以上的，应当说明变化原因。

4. 核心竞争力分析。公司应当披露报告期内核心竞争力（包括设备、专利、非专利技术、特许经营权、土地使用权、水面养殖权、探矿权、采矿权、独特经营方式和盈利模式、允许他人使用自己所有的资源要素或作为被许可方使用他人资源要素等）的重要变化及对公司所产生的影响。

5. 投资状况分析。公司应当分析本年度投资情况，包括：

（1）对外股权投资的情况。公司应当披露报告期内对外股权投资额与上年同比的变动数及变动幅度，被投资的公司名称、主要业务以及占被投资公司的权益比例。

公司应当对持有其他上市公司股权，持有商业银行、证券公司、保险公司、信托公司和期货公司等金融企业股权进行重点披露，包括最初投资成本、期初持股数量和比例、期末持股数量和比例、期末账面值、本期收益、会计核算科目、股份来源等情况。

公司应当披露报告期内用于买卖其他上市公司股份的资金数量、股份数量及产生的投资收益。

（2）非金融类公司委托理财及衍生品投资的情况。公司应当披露资金来源、合作方、投资份额、投资期限、产品类型、预计收益、投资盈亏、是否涉诉等。如公司有委托贷款事项，应当披露委托贷款借款人、借款用途、抵押物或担保人，以及展期、逾期或诉讼事项及风险应对措施。

（3）报告期内募集资金或报告期之前募集资金的使用延续到报告期内的，公司应当列表说明募集资金时承诺投资项目及进度与实际投资项目及进度的差异。对于尚未使用的募集资金，应当说明未来资金用途。

如实际投资项目无变更，公司应当披露项目资金本年度和累计实际投入情况、项目的进度及预计收益。若项目已产生收益，应当说明收益情况；未达到计划进度和收益的，应当说明原因。

如实际投资项目发生变更，公司应当披露项目变更原因、变更程序及其披露情况，项目资金的投入情况，项目的进度及预计收益。若项目已产生收益，应当说明收益情况；未达到计划进度和收益的，应当说明原因，并说明原项目的预计收益情况。

（4）主要子公司、参股公司分析。公司应当详细说明主要子公司所处行业、主要产品或服务、注册资本、总资产、净资产、净利润，本年度取得和处置子公司的情况，包括取得和处置的目的、方式以及对公司整体生产经营和业绩的影响。

（5）公司应当列表披露项目投资总额超过公司上年度末经审计净资产10%的非募集资金投资的重大项目投资总额、本年度和累计实际投入金额、项目进度及收益情况。

6. 公司控制的特殊目的主体情况。公司存在控制下的特殊目的主体时，应当披露公司对其控制权方式和控制权内容，并说明公司从中可以获取的利益和对其所承担的风险。公司应当披露特殊目的主体对其提供融资、商品或劳务以支持自身主要经营活动的相关情况。

公司控制的特殊目的主体的定义遵照《企业会计准则第33号——合并财务报表》应用指南的规定执行。

公司应当对未来发展进行展望，就行业竞争格局和发展趋势、未来发展战略、下一年度经营计划以及未来面对的风险等因素进行分析，包括：

1. 行业竞争格局和发展趋势。公司应当结合业务规模、经营区域、产品类别以及竞争对手的情况，分析与公司业务关联的宏观环境或行业环境的发展趋势，以及公司的行业地位或区域市场地位的变动趋势。

2. 公司发展战略。公司应当从行业壁垒、核心技术替代或扩散、产业链整合、价格竞争、成本波动等方面向投资者提示未来公司发展机遇和挑战，披露公司发展战略，以及拟开展的新业务、拟开发的新产品、拟投资的新项目等。如公司存在多种业务的，还应当说明各项业务的发展规划。分析和讨论应当有数据支持，并说明数据来源。

3. 经营计划。公司应当披露新年度的经营计划，包括收入、费用、成本计划，新年度的经营目标，如销售额的提升、市场份额的扩大、成本变化、研发计划等，以及为达到上述经营目标拟采取的策略和行动。

4. 因维持当前业务并完成在建投资项目公司所需的资金需求，包括资金来源、资金成本及使用情况进行简要说明。公司应当区分债务融资、表外融资、股权融资、衍生品融资等项目对未来资金来源进行披露。公司应当披露未来重大的资本支出计划，包括未来已知的资本支出承诺、合同安排、时间安排等。

5. 可能面对的风险。公司应当针对自身特点，遵循关联性原则和重要性原则披露可能对公司未来发展战略和经营目标产生不利影响的重大风险因素（包括政策性风险、行业风险、业务模式风险、经营风险、环保风险、汇率风险、利率风险、技术风险、产品价格风险、原材料价格及供应风险、财务风险、单一客户依赖风险、核心技术人员变动风险等），披露内容应当充分、准确，采取图表结合数据的形式，简要分析各风险因素对公司当期及未来经营业绩的影响，并说明已经或计划采取的应对措施。

（五）股本变动及股东情况

公司应当按以下要求披露报告期内的股份变动情况：

1. 公司股份变动情况，按照证监会对公司股份变动报告规定的内容与格式进行编制。

2. 证券发行与上市情况：

（1）截至报告期末近3年历次证券发行情况，包括股票、可转换公司债券、分离交易的可转换公司债券、公司债券及其他衍生证券的种类、发行日期、发行价格（或利率）、发行数量、上市日期、获准上市交易数量、交易终止日期等。

（2）对报告期内因送股、转增股本、配股、增发新股、非公开发行股票、权证行权、实施股权激励计划、企业合并、可转换公司债券转股、减资、内部职工股上市、债券发行或其他原因引起公司股份总数及股东结构的变动、公司资产和负债结构的变动，应当予以说明。

（3）现存的内部职工股的发行日期、发行价格、发行数量等。

公司应当按照以下要求披露股东和实际控制人情况：

1. 公司股东数量及持股情况，按照证监会对公司股份变动报告规定的格式进行编制，应当披露以下内容：

（1）截至报告期末以及年度报告披露日前第5个交易日末的股东总数。

（2）截至报告期末持有本公司5%以上股份的股东的名称、报告期内股份增减变动的情况、报告期末持股数量、所持股份类别及所持股份质押或冻结的情况。如持股5%以上的股东少于10人，则应当列出至少前10名股东的持股情况。如所持股份中包括无限售条件股份（或已上市流通股份）、有限售条件股份（或未上市流通股份），应当分别披露其数量。

如前10名股东之间存在关联关系或属于《上市公司收购管理办法》规定的一致行动人的，应当予以说明。

如有战略投资者或一般法人因配售新股成为前10名股东的，应当予以注明，并披露约定持股期间的起止日期。

以上列出的股东情况中应当注明代表国家持有股份的单位和外资股东。

2. 公司控股股东情况。若控股股东为法人的，应当披露名称、单位负责人或法定代表人、成立日期、组织机构代码、注册资本、主要经营业务、经营成果、财务状况、现金流和未来发展战略等；若控股股东为自然人的，应当披露其姓名、国籍、是否取得其他国家或地区居留权、最近5年内的职业及职务。如报告期内控股股东发生变更，应当列明披露相关信息的指定网站查询索引及日期。

公司应当披露控股股东报告期内控股和参股的其他境内外上市公司的股权情况。对控股股东为自然人的，应当披露其过去10年曾控股的境内外上市公司情况。

如不存在控股股东，公司应当予以特别说明。

3. 公司实际控制人情况。公司应当比照上述有关控股股东披露的要求，披露公司实际控制人的情况，并以方框图及文字的形式披露公司与实际控制人之间的产权和控制关系。实际控制人应当披露到自然人、国有资产管理部门，或者股东之间达成某种协议或安排的其他机构或自然人，包括以信托方式形成实际控制的情况。

如实际控制人通过信托或其他资产管理方式控制公司，应当披露信托合同或者其他资产管理安排的主要内容，包括信托或其他资产管理的具体方式，信托管理权限（包括公司股份表决权的行使等），涉及的股份数量及占公司已发行股份的比例，信托或资产管理费用，信托资产处理安排，合同签订的时间、期限及变更、终止的条件，以及其他特别条款等。

如公司最终控制层面存在多位自然人或自然人控制的法人共同持股的情形，且其中没有一人的持股比例（直接或间接持有下一级控制层面公司的股份比例）超过 50%，各自的持股比例比较接近，公司无法确定实际控制人的，应当披露最终控制层面持股比例在 10% 以上的股东情况；如公司没有持股 10% 以上的股东，则应当披露持股比例 5% 以上的股东情况。

如不存在实际控制人的情况，公司应当予以特别说明。

4. 其他持股在 10% 以上的法人股东，应当披露其名称、单位负责人或法定代表人、成立日期、组织机构代码、注册资本、主要经营业务或管理活动等情况。

5. 公司前 10 名无限售流通股股东的名称全称、年末持有无限售流通股的数量和种类（A、B、H 股或其他）。公司股票为融资融券标的证券的，股东持股数量应当按照其通过普通证券账户、信用证券账户持有的股票及其权益数量合并计算。

如前 10 名无限售流通股股东之间，以及前 10 名无限售流通股股东和前 10 名股东之间存在关联关系或属于《上市公司收购管理办法》规定的一致行动人的，应当予以说明。

6. 报告期末完成股权分置改革的公司应当按照证监会对公司股份变动报告规定的格式披露前 10 名股东中原非流通股股东持有股份的限售条件。

（六）董事、监事、高级管理人员和员工情况

公司应当披露董事、监事和高级管理人员的情况，包括：

1. 基本情况。现任及报告期内离任董事、监事、高级管理人员的姓名、性别、年龄、任期起止日期、年初和年末持有本公司股份、股票期

权、被授予的限制性股票数量、年度内股份增减变动量及增减变动的原因。如为独立董事，需单独注明。

2. 现任董事、监事、高级管理人员最近5年的主要工作经历。董事、监事、高级管理人员如在股东单位任职，应当说明其职务及任职期间，以及在除股东单位外的其他单位的任职或兼职情况。

3. 年度报酬情况。董事、监事和高级管理人员报酬的决策程序、报酬确定依据以及应付报酬情况。报告期末每位现任及报告期内离任董事、监事和高级管理人员在报告期内分别从公司及其股东单位获得的应付报酬总额。报告期末全体董事、监事和高级管理人员实际获得的报酬合计。

对于董事、监事和高级管理人员获得的股权激励，公司应当按照已解锁股份、未解锁股份、可行权股份、已行权股份、行权价以及报告期末市价单独列示。

4. 在报告期内被选举或离任的董事和监事、聘任或解聘的高级管理人员姓名，以及董事、监事离任和高级管理人员解聘原因。

公司应当披露报告期内核心技术团队或关键技术人员（非董事、监事、高级管理人员）等对公司核心竞争力有重大影响的人员的变动情况，并说明变动对公司经营的影响及公司采取的应对措施。

公司应当披露母公司和主要子公司的员工情况，包括在职员工的数量、专业构成（如生产人员、销售人员、技术人员、财务人员、行政人员）、教育程度、员工薪酬政策、培训计划以及需公司承担费用的离退休职工人数。其中，专业构成和教育程度须以柱状图或饼状图等统计图表列示。

对于劳务外包数量较大的，公司应当披露劳务外包的工时总数和支付的报酬总额。

（七）公司治理

公司应当披露公司治理的基本状况，列示公司报告期内建立的各项公司治理制度，说明公司治理与《公司法》和证监会相关规定的要求是否存在差异；如有差异，应当说明原因。

公司治理专项活动开展情况以及内幕信息知情人登记管理制度的制定、实施情况已通过临时公告或专项报告披露的，公司应当提供指定披露网站的相关查询索引。

公司应当披露报告期内召开的年度股东大会和临时股东大会的有关情况，包括：会议届次、召开日期、会议议案名称、决议情况及会议决议刊登的指定网站的查询索引及披露日期。

公司应当披露报告期内每位独立董事履行职责的情况，包括但不限于：独立董事的姓名，独立董事出席董事会的次数、方式，独立董事曾提出异议的有关事项及异议的内容，出席股东大会的次数，独立董事对公司有关建议是否被采纳的说明。

公司应当披露董事会下设专门委员会在报告期内履行职责时所提出的重要意见和建议。

监事会在报告期内的监督活动中发现公司存在风险的，公司应当披露监事会就有关风险的简要意见、监事会会议召开时间、会议届次、参会监事以及指定披露网站的查询索引及披露日期等信息；否则，公司应当披露监事会对报告期内的监督事项无异议。

公司应当就其与控股股东在业务、人员、资产、机构、财务等方面存在的不能保证独立性、不能保持自主经营能力的情况进行说明。

因股份化改造、行业特点、国家政策、收购兼并等原因存在同业竞争的，公司应当披露相应的解决措施、工作进度及后续工作计划。公司、控股股东和实际控制人对此做出承诺的，应当在重大事项中予以说明。

公司应当披露报告期内对高级管理人员的考评机制，以及激励机制的建立、实施情况。

（八）内部控制

公司应当披露董事会关于内部控制责任的声明，并披露建立财务报告内部控制的依据以及内部控制制度建设情况。

主板（不含中小企业板）上市公司应当按照规定的实施范围披露董事会审议通过的内部控制自我评价报告，披露报告期内发现的内部控制重大缺陷的具体情况，包括缺陷发生的时间、对缺陷的具体描述、缺陷对财务报告的潜在影响，已实施或拟实施的整改措施、整改时间、整改责任人及整改效果。

鼓励中小企业板上市公司披露董事会审议通过的内部控制自我评价报告。

按照规定要求对内部控制进行审计的公司，应当披露会计师事务所出具的内部控制审计报告。若会计师事务所出具非标准意见的内部控制审计报告或者内部控制审计报告与董事会的自我评价报告意见不一致的，公司应当解释原因。

公司应当披露年度报告重大差错责任追究制度的建立与执行情况，披露董事会对有关责任人采取的问责措施及处理结果。

（九）监事会报告

监事会报告具体包括报告期内监事会的工作情况，包括召开会议的次数、各次会议的议题等。监事会报告反映了监事会是否履行了监事会各项职权和义务，是否充分行使了对公司董事及高级管理人员的监督职能，是否维护了股东的合法权益。监事会应对公司依法运作情况等发表独立意见。

监事会报告包括报告期内：

1. 监事会的工作情况。

报告期内监事会会议的重要决议刊登的信息披露报纸及披露日期。

2. 监事会对公司依法运作情况的独立意见。

公司依法运作情况。公司决策程序是否合法，是否建立完善的内部控制制度，公司董事、经理执行公司职务时有无违反法律、法规、公司章程或损害公司利益的行为。

3. 监事会对检查公司财务情况的独立意见。

检查公司财务的情况。监事会应对会计师事务所出具的审计意见及所涉及事项做出评价，明确说明报告是否真实反映公司的财务状况和经营成果。

如果会计师事务所出具了有解释性说明、保留意见、拒绝表示意见或否定意见的审计报告的，或者公司报告期利润实现数较利润预测数低10%以上或较利润预测数高20%以上的，监事会应就董事会对上述事项的说明明确表示意见。

4. 监事会对公司最近一次募集资金实际投入情况的独立意见。

公司最近一次募集资金实际投入项目是否和承诺投入项目一致，实际投资项目如有变更，变更程序是否合法。

5. 监事会对公司收购出售资产情况的独立意见。

公司收购、出售资产交易价格是否合理，有无发现内幕交易，有无损害部分股东的权益或造成公司资产流失。

6. 监事会对公司关联交易情况的独立意见。

关联交易是否公平，有无损害上市公司利益。

（十）重大事项

公司管理层应向每位独立董事全面汇报公司在报告期内的生产经营情况和重大事项的进展情况，同时，公司应安排每位独立董事进行实地考察，对重大事项应有书面记录，必要的文件应有当事人签字。

上市公司年报中的重要事项主要包括：

1. 重大诉讼、仲裁事项。

重大诉讼、仲裁事项关乎公司业务和财务状况，是公司风险的重要来源。这部分内容包括发生在编制本年度中期报告之后的涉及公司的重大诉讼、仲裁事项，及该事项的基本情况、涉及金额，以及已在本年度中期报告中披露，但尚未结案的重大诉讼、仲裁事项，应陈述其进展情况或审理结果及影响。如报告期内公司无重大诉讼、仲裁事项，上市公司将说明本年度公司无重大诉讼、仲裁事项。

2. 资产交易事项。

报告期内公司收购及出售资产、吸收合并事项的情况。反映公司收购及出售资产、吸收合并事项的简要情况及进程，以及上述事项对公司财务状况和经营成果的影响，所涉及的金额及其占利润总额的比例。

3. 报告期内公司重大关联交易事项。

这是投资者关心的话题，了解关联交易方、交易内容、定价原则、资产的账面价值、评估价值、转让价格、结算方式及获得的转让收益、转让价格与账面价值或评估价值差异较大的原因等。其中，转让价格是其中的核心内容，特别是资产的账面价值与评估价值之间的差异等。

4. 托管、承包、租赁情况。

若上市公司发生托管、承包、租赁其他公司资产或其他公司托管、承包、租赁上市公司资产的事项，且该事项为上市公司带来的利润达到上市公司当年利润的10%以上（含10%）时，上市公司应详细披露有关合同的主要内容，如有关资产的情况、涉及的金额和期限、收益及其确定依据等。

5. 担保其他重大合同（含担保等）及其履行情况。

重大合同或担保等行为关系到上市公司每一个股东的切身利益，应在报告中详细说明。

6. 委托理财情况。

主要指委托证券公司进行有价证券的委托理财。

7. 承诺事项履行情况。

新规则明确了承诺事项的具体内容，包括：股改承诺、收购报告书或权益变动报告书中所做承诺、资产置换时所做承诺、发行时所做承诺和其他对公司中小股东所做承诺等。

8. 聘任、解聘会计师事务所情况。

监管部门要公司披露这一项，是为了维护市场的公平、公开和公正。因为投资者所依赖的报表都有赖于注册会计师的审计。所以，注册会计师进行公允的审计就成为保护投资者的一面盾牌。一些连年亏损的公司，可能会更换会计师事务所，聘用新的会计师事务所，以达到审计意见有利于企业需要，公司在年报中要对更换会计师事务所进行说明。投资者可以从该说明的合理性中判断，该公司的报表是否可靠、真实。

证监会将在年报披露工作结束后开展现场检查，报告期内存在解聘会计师事务所、实施股权激励方案以及完成重大资产重组情况的上市公司，将被列为首批必检公司。

9. 上市公司及其董事、监事、高级管理人员、公司股东、实际控制人处罚及整改情况。

该项是评价公司是否规范经营的重大信息。

10. 其他重大事项及其影响和解决方案的分析说明。

上市公司如果在报告期内发生董事、监事、高级管理人员、持股5%以上的股东违反相关规定买卖公司股票，或发生其他涉嫌违规买卖公司股票且公司已披露将收回涉嫌违规所得收益的，应当在本次年报全文的“重要事项”中披露董事会收回其所得收益的时间、金额。

11. 公司应当披露报告期内现金分红政策的制定及执行情况，并对下列事项进行专项说明：

（1）是否符合公司章程的规定或者股东大会决议的要求。

（2）分红标准和比例是否明确和清晰。

（3）相关的决策程序和机制是否完备。

（4）独立董事是否履职尽责并发挥了应有的作用。

（5）中小股东是否有充分表达意见和诉求的机会，中小股东的合法权益是否得到了充分保护等。

对现金分红政策进行调整或变更的，还应当对调整或变更的条件及程序是否合规和透明等进行详细说明。

对于报告期内营利且母公司可供普通股股东分配利润为正但未提出普通股现金利润分配方案预案的公司，应当详细说明原因，同时说明公司未分配利润的用途和使用计划。

优先股股息分配政策及分配情况按相关要求进行披露。

12. 信息披露索引。

主要指上市公司在指定媒体上公开披露的信息。

（十一）财务会计报告

包括审计报告、财务报表及财务报表附注。

（十二）备查文件目录

1. 载有公司负责人、主管会计工作负责人、会计机构负责人（会计主管人员）签名并盖章的财务报表。

2. 载有会计师事务所盖章、注册会计师签名并盖章的审计报告原件。

3. 报告期内在证监会指定网站上公开披露过的所有公司文件的正本及公告的原稿。

4. 在其他证券市场公布的年度报告。

公司应当在办公场所置备上述文件的原件。证监会及其派出机构、证券交易所要求提供时，或股东依据法律、法规或公司章程要求查阅时，公司应当及时提供。

二、年报披露时间与披露规则

根据证监会的规定，上市公司应当在每个会计年度结束后 4 个月内编制完成年度报告，并将年度报告登载于证监会指定的国际互联网网站上。同时，公司应将年度报告摘要刊登在至少一种由证监会指定的全国性报纸上。

上交所上市公司指定披露的网址为：http://www.sse.com.cn；深交所上市公司指定披露的网址为：http://www.cninfo.com.cn。

在年报具体披露日期的确定上，交易所出于均衡披露上市公司年报的考虑，一般会事先与上市公司协调并确定一个相对固定的披露日期，以保证年报披露有序进行。披露日期一旦确定，如果没有特殊原因，一般不做变更。证监会的有关通知要求："按照均衡分布披露的原则，在年度报告摘要披露的规定时间内，上交所每日最多安排 45 家上市公司在指定报刊上公布年度报告摘要，深交所原则上每日最多安排 25 家主板上市公司披露年报。"

上市公司的年报需要多长时间可以编制出来？注册会计师需要多长时间出具审计报告呢？上市公司应当在每个会计年度结束后 4 个月内编制完成年度报告，一般而言，投资关系比较简单的公司一般 20 天左右就可编制完成，但长期投资单位比较多的上市公司要取得投资对象的数据资料后才能进行合并报表，所需时间较长。因此，会有一些公司要到 4 月底才能公布年报。证券交易所依法对上市公司披露信息进行监督，督促上市公司依法及时、准确地披露信息。根据证券交易所的上市规则，交易所可以在规定期限内安排各上市公司披露的时间顺序。凡在2019年12月31日之前上市的公司，应当于2020年4月30日前完成本次年报的编制、报送和披露工作，且披露时间不晚于2020年第一季度报告的披露时间。在2020年1月1日至4月30日期间新上市的公司，如在上市公告书中未披露经审计的2019年度财务会计资料的，也应当于2020年4月30日前披露2019年度报告。

交易所鼓励上市公司在其网站上公布年度报告，但披露时间不得早于交易所网站的披露时间。上市公司预计不能在2020年4月30日前完成2019年度报告披露工作的，应当在2020年4月15日之前向证券交易所提交书面报告，并公告不能按期披露的原因、解决方案及延期披露的最后期限。交易所将自2020年5月第一个交易日起对该公司股票及其衍生品种实施停牌，并根据《上海证券交易所纪律处分和监管措施实施办法》的有关规定，对上市公司及相关责任人予以公开谴责。

三、年报披露中财务会计报告的主要内容

公司应当披露审计报告正文和经审计的财务报表。

财务报表包括公司近2年的比较式资产负债表、比较式利润表和比较式现金流量表，以及比较式所有者权益（股东权益）变动表和财务报表附注。编制合并财务报表的公司，除提供合并财务报表外，还应当提供母公司财务报表。

财务报表附注应当按照证监会制定的有关财务报告的规定编制。

公司应当以列表方式披露截至报告期末公司近3年主要会计数据和财务指标，包括但不限于：总资产、营业收入、归属于上市公司股东的净利润、归属于上市公司股东的扣除非经常性损益的净利润、归属于上市公司股东的净资产、经营活动产生的现金流量净额、净资产收益率、每股收益。

如与上一年度报告相比，公司会计政策、会计估计以及财务报表合并范围发生变化，或因报告期内重大会计差错更正而追溯重述的，公司应当予以披露，并分析其原因及影响。

如年度财务报告被会计师事务所出具带有强调事项段或其他事项段的无保留意见、保留意见、否定意见或无法表示意见的审计报告，公司董事会和监事会应当就所涉及事项做出说明。

上市公司应当在会计师事务所出具审计报告后2个工作日内完成年度报告的编制工作，并且在董事会审议通过年度报告后2个工作日内，向交易所报送以下文件：

1. 公司出具的文件：

（1）经公司现任法定代表人签字和公司盖章的2018年度报告全文和摘要。

（2）董事会决议公告。

（3）内部控制自我评价报告（如适用）。

（4）社会责任报告（如适用）。

（5）董事会对非标准无保留审计意见涉及事项的专项说明（如适用）。

（6）董事会关于年度募集资金存放与使用情况的专项报告（如适用）。

（7）董事会关于会计政策或会计估计变更、重大会计差错更正的说明（如适用）。

（8）独立董事对公司对外担保情况的专项说明。

（9）独立董事对非标准无保留审计意见涉及事项的意见（如适用）。

（10）独立董事年度述职报告。

（11）监事会决议公告。

（12）监事会对董事会关于非标准无保留审计意见涉及事项的专项说明的意见（如适用）。

（13）监事会关于会计政策或会计估计变更、重大会计差错更正的说明（如适用）。

（14）审计委员会年度履职情况报告。

（15）证监会和证券交易所规定的其他文件。

2. 会计师事务所出具的文件：

（1）会计师事务所出具的公司2018年度经审计的财务报告。

（2）会计师事务所对公司控股股东及其关联方占用资金情况的专项说明。

（3）会计师事务所对非标准无保留审计意见涉及事项出具的专项说明（如适用）。

（4）会计师事务所出具的对公司募集资金存放与使用的专项审核报告（如适用）。

（5）会计师事务所出具的关于会计政策或会计估计变更、重大会计差错更正的说明（如适用）。

（6）会计师事务所对重大资产重组盈利预测实现情况的专项审核报告（如适用）。

（7）会计师事务所出具的对财务报告内部控制审计报告（如适用）。

（8）证监会和证券交易所规定的其他文件。

3. 保荐机构出具的关于公司募集资金存放与实际使用情况的专项核查报告（如适用）。

4. 报备文件：

（1）董事会决议，公司董事、高级管理人员签署的对公司2018年度报告的书面确认意见，经独立董事签字的独立意见。

（2）监事会决议，以监事会决议的形式提出的对本次年度报告的书面审核意见。

（3）2018年度报告XBRL实例文档。

上市公司应当根据证券交易所相关工作备忘录的要求，在上市公司信息披露标准化报送系统中完整、准确地填报。XBRL实例文档经上市公司提交后，将直接在交易所网站披露。交易所将对XBRL实例文档实施事后校验，对上市公司填报的XBRL信息采集部分进行评价。

第二节　财务报表

年报所披露的财务报表一般有资产负债表、利润表、现金流量表、股东权益变动表等，阅读财务报表时，首先要了解会计报表中的会计要素，“会计要素”是对会计所核算的经济内容进行的基本分类。会计要素有6个，即资产、负债、股东权益、收益、费用与利润。

资产是上市公司用于过去的经济活动所形成的，目前拥有或控制，能以货币计算，并能为公司带来经济利益的经济资源。

负债是上市公司的“债务”，是公司承担的，由于过去的经济活动所形成的，能以货币计量的一种经济义务。

股东权益是公司股东对公司净资产的所有权。公司净资产是指全部资产减全部负债后的净额。

收益是指会计期间经济利益的增加，收益包括收入和利得两部分。

费用就是一定时期内，公司为达到一定的经营目标的支出，是一种经济利益的减少。费用包括营业费用与损失。

利润是公司在一定时期内（比如一年或一个月），经营活动的成果。简单地说，公司获得了收益，为收益支付了成本，剩下的就是公司的利润了。它反映公司经营成果的最终要素，也是投资者最为关心的内容。

资产、负债、股东权益是静态的会计要素反映在某一时点上公司的规模。而收入、费用、利润是动态的会计要素，是与公司的生产经营直接联系的，反映了公司的财务状况与经营成果。静态会计要素之间、动态会计要素之间，以及静态与动态会计要素之间的关系刻意用会计等式来表示。会计等式主要有以下几个：

等式1：资产 = 负债 + 股东权益

等式2：利润 = 收益 - 费用

等式3：资产 = 负债 + 股东权益 + （收益 - 费用）

一、资产负债表

资产负债表是总括反映公司在一定日期全部资产、负债和股东权益的会计报表。该表反映了公司在特定日期的财务状况，因而又称为财务状况表。它表明公司在某一特定日期所拥有的经济资源、所承担的经济义务和公司所有者对净资产的要求权。资产负债表就像给公司拍摄的一张“照片”，基本反映了公司在某一特定日期的财产分布景象，可以清楚看到公司拥有的各种资产、负债以及公司所有者能够拥有的权益。

（一）资产

资产是公司拥有或控制的、能以货币计量的经济资源。资产的本质是一种经济资源，它包括财产、债权、其他权利等。资产表现的形式有多种：货币资金、应收账款、存货、固定资产等。资产是一种能够以货币计量的经济资源。因为货币计量是会计核算的前提条件，所以，凡不能用货币量化的经济资源，就不能列入公司的资产，如人力资源等。资产又是一种公司拥有或控制的经济资源“拥有”的经济资源，是指公司对资产具有产权，而“控制”的经济资源，主要是指融资租赁取得的资产。

（二）流动资产

流动资产是指现金及预期能在一年或者超过一年的一个经营周期内变现或者运用的资产。流动资产包括 5 个部分：货币资金、短期投资、应收款项、存货、待摊费用等。

（三）货币资金

在资产负债表中，“货币资金”被列为第一项，因为这是随时可以用以支付、任何人都会马上接受而且不打任何折扣的资产，其流动性最强。货币资金包括库存现金、备用金、各种银行存款和在途资金等，以货币的金额列示。银行支票、即期汇票之类的现金等价物或流动性较强的项目也属于货币资金。但是，货币资金不包括远期支票存款、临时借条、银行退票、停止银行中存款、已指定用途的货币资金和有价证券。

一般而言，决定公司货币资金规模的因素有以下几个方面：

1. 上市公司的资产规模、业务规模。上市公司资产总额越大，相应的货币资金规模也越大；业务越频繁，货币资产也会越多。

2. 公司筹集资金能力。公司信誉好，向银行借款或发行股票、债券都会比较顺利。公司就可以适当减少持有的货币资金数量。

3. 公司对货币资金的运用能力。货币资金的运用也存在“效率”与“效益”的问题。上市公司运用货币资金的能力越强，资金在公司内部周转越快，公司就没有必要保留过多的货币资金。

4. 公司的行业特点。对于不同行业的公司，合理的货币资金规模会有差异。有一些历史的经验数据，投资者可以通过网络或统计年鉴查询。

(四) 短期投资、长期投资

短期投资是指各种能够随时变现、持有时间不超过 1 年的有价证券以及不超过 1 年的其他投资。短期投资的变现能力非常强，因为公司可以随时在证券市场出售这些有价证券，因此常被人们称为“准现金”。

长期投资是指将资金投入不可能或不准备在 1 年内变现的资产，包括股权投资、债券投资和其他投资。股权投资即公司以购买股权或股票的形式对外投资；债券投资是公司以购买债券的形式对外投资；其他投资是指公司除债券和股票投资以外的投资，主要是指联营投资。

公司对外长期投资除资金投出时间有别于短期投资之外，其投资的性质与目的亦与短期投资不同。公司进行短期投资主要是利用正常经营中暂时多余的资金，购入一些不是公司本身业务上需要但能随时变现的财物，以供经营周转之用，同时达到谋取一定利益的目的。而公司进行长期投资不是公司利用正常经营中暂时闲置的资金以谋求一定的投资收益，也不是作为调节工具在面临营运资金需要时成为随时补充的资金来源，而是公司在财务上合理调度和筹划资金，参与并控制其他公司经营决策，实现某些经营目的的重要手段。公司进行长期投资的目的具体表述为：

1. 影响和控制其他公司的重大经营决策。

2. 加强和其他公司的经济联系，以保证本公司的原料基地和销售市场。

3. 积累整笔资金，以供特定用途之需。

4. 为扩大经营规模做准备。

（五）投资收益

投资收益指公司对外投资所取得的收入或发生的损失。包括公司持有的短期股票和债券带来的收益以及长期股权投资及长期债权投资带来的收益。

公司短期持有的股票和债券，一般在出售或到期收回时，按实际收到的金额与实际成本的差额确认投资收益。

公司长期股权投资持有期间投资收益的确认因核算方法而异。若采用成本核算，在被投资单位宣告发放现金股利或分派利润时，按应收股利额确认投资收益；若采用权益法核算，应按公司分享的被投资单位当年实现的净利润确认投资收益。出售或收回股权投资时，按实际收到的金额或确定的资产价值与股权投资账面价值的差额，确认投资收益。

公司长期债权投资在债权持有期间，应于每期结账时，应计利息额加上折价摊销额或减去溢价摊销额，确认投资收益。

公司若计提短期投资跌价准备及长期投资减值准备，在市价低于成本或账面价值时，冲减投资收益。在出售或到期收回短期投资时，没有冲减完的投资减值准备要加入投资收益中计算投资收益。而新资产减值准则明确了计提的减值准备在转回后不得计入损益，应计入公积金。

较高的投资收益在一定程度上反映了公司良好的投资业绩与管理。但是，若公司过于依赖投资收益来维持公司的业绩，那么就会有“不务正业”的嫌疑。

（六）应收款项

应收款项包括应收票据、应收股利、应收账款和其他应收款等内容。在现代会计体系下，并不以发生现金的实际收入和支出，作为公司确认收益和费用的标准。如果公司已经按照合同或约定向对方提供服务或产品，而且这些服务或产品的价值也可以明确计量，不管公司是否已经从对方收到这些服务或产品的现金，公司就应该将这些服务或产品的价值计作报表中的收入，并将与这些服务或产品有关的支出计作成本或费用，这就是应计制。应计制最大的问题就是公司账面利润与现金收益的脱节，因此必须以现金流量表补充说明公司的现金状况。

应收账款也可能给公司带来损失。应收账款的存在，相应会减少公司的投资机会。因为公司的资金如不占用在应收账款上，可存入银行获取利息或投资在其他项目取得相应收益。应收账款的存在，还会增加公司的管理费用。在实现商品赊销前，一般要对客户的信用情况进行分析调查，由此会产生一定的费用支出。有时为了追讨欠款会发生开支等，这些都会引起公司管理费用的增加。

应收账款收回也是有风险的，按照国际惯例，1 年以上的应收账款和其他应收款，有较大的坏账可能，容易产生财务状况恶化的不良后果。此外，公司也可能因为债务人的死亡或破产而无法收回其债权。这里值得一提的是，如果存在巨额重大回收风险的应收款项，注册会计师往往会就此对公司出具非标准审计报告。

（七）存货

存货是指上市公司在生产经营过程中，为销售或耗用而储备的各种资产。为销售而准备的资产，主要指产成品和可供销售的半成品；为耗用而储备的资产主要指原材料、在产品、自制半成品、包装物、低值易耗品等。

存货在商业类上市公司主要指购入后计划转售的商品，在工业类上市公司主要包括原材料、在产品和产成品。它们以取得时实际成本计价。确定存货成本的方法有个别认定法、先进先出法、后进先出法、加权平均法、移动平均法等。新存货准则下，取消了原先采用的存货准则中的“后进先出”法，使用了“先进先出”法。公司可在报表的会计政策一项进行说明。

存货是上市公司流动资产中重要的项目。它所占的金额通常占流动资产的大部分，一般可达到流动资产金额的 50% ~80%。但存货是流动资产中变现能力较差的一种。存货过多，会影响上市公司资金的使用效益和利润的可靠性；存货过少，又会影响公司的销售。因此，为了提高公司效益，满足销货的需要，必须确定一个合理的存货量。

（八）待摊费用

待摊费用是指各种已经支付而将在1年或一个经营周期内摊销的各种费用，如预付保险费、预付租金、预付水电费等。这些项目尽管不能变现，但如果这些项目不预先支付的话，则在下一年或下一经营周期中会耗用现金或其他流动资产，故作为流动资产处理。

（九）长期资产

长期资产包括长期投资、固定资产、无形资产、递延资产和其他长期资产。

1. 长期投资。长期投资是指将资金投入不可能或不准备在1年内变现的资产，包括股票投资、债券投资和其他投资。

2. 固定资产。固定资产是指使用期限在1年以上，单位价值在规定的标准以上，并在使用过程保持原来物质形态的资产，包括房屋及建筑物、机器设备、运输设备、工具器具等。

3. 无形资产。无形资产是指不具有实物形态的非货币性资产，如专利权、商标权、著作权、土地使用权、非专利技术以及商誉等。

4. 递延资产。递延资产是指不能全部计入当年损益的应当在以后年度内分期摊销的各项费用，包括开办费、租入固定资产的改良及大修费用支出等。

5. 其他资产。公司的其他资产是指除流动资产、长期投资、固定资产、无形资产、递延资产以外的长期资产。

（十）追溯调整

追溯调整，指对某项交易或事项变更会计政策时，如同该交易或事项初次发生时就开始采用新的会计政策，并以此对相关项目进行调整。即，应当计算会计政策变更的累积影响数，并相应调整变更年度的期初留存收益以及会计报表的相关项目。

如果提供比较会计报表，对于比较会计报表期间的会计政策变更，应当调整比较期间各期的净损益和有关项目，视同该政策在比较会计报表期间一直采用；对于比较会计报表期间以前的会计政策变更的累积影响数，应当调整比较会计报表最早期间的期初留存收益，会计报表其他相关项目的数字也做相应调整。

上市公司因执行新会计准则以外的原因做出会计政策、会计估计变更或重大会计差错更正的，应根据年报准则的要求在年度报告中进行说明，并在报送年度报告的同时向证券交易所提交董事会、监事会和独立董事意见的书面报告，以及会计师事务所对上述变更、更正的有关说明。会计师事务所的说明应当包括：上述变更、更正的原因；具体的会计处理；如涉及追溯调整的，对以往各年度财务状况和经营成果的影响金额；如涉及更换会计师事务所的，是否就相关事项与前任会计师事务所进行了必要的沟通等。

上市公司在年度报告中因重大会计差错更正对以前年度财务数据进行追溯调整的，应当按照证监会有关规定，在年度报告披露之前或于年度报告披露同时以临时公告的形式披露重大会计差错更正的情况。

（十一）无形资产

无形资产是指上市公司用于生产商品或提供劳务、出租给他人或用于管理目的而持有的、没有实物形态的、使用年限超过 1 年的非货币性资产。它一般包括专利权、商标权、非专利技术、著作权、土地作用权、商誉、特许权、租赁权等。无形资产的突出特性在于没有实物形态，它只表明公司拥有一种法定权利，或者是表明公司拥有获得高于一般收益水平的能力。

根据无形资产的特点，依照会计准则，公司对内部开发研制的无形资产，应按实际成本计价，但必须是可辨认的、能够确指的取得无形资产的支出，才能作为成本入账，否则，即使公司拥有某项无形资产，也不能将其本金化，作为无形资产入账。如商誉，除公司合并外，不得作价入账。由于无形资产不存在物质磨损，因而也不必计提折旧。为正确计算公司的经营损益，按照谨慎性原则，无形资产从开始使用的年份起，凡有规定使用年限的应按使用年限平均摊销；对没有规定使用年限的，一般应在 10 年之内摊销。如果无形资产的价值受外部条件的影响，使有效使用期有明显变化的，应当将永久性下降的价值计入当期损益。

投资者在分析上市公司无形资产时，要看计入无形资产的内容是否确切，无形资产的摊销期是否符合实际情况。如专利权，随着科技迅速发展，影响了专利权的实际使用年限。此外，还要看无形资产的利用效果如何。

（十二）负债

负债是上市公司所承担的能以货币计量、需以资产或劳务偿付的债务。公司生产经营活动的资金，除投资者投入以外，向银行或金融机构借入资金也是一个重要来源。另外，公司在生产经营活动中由于购买材料、商品等或接受其他单位劳务供应而结欠其他单位的款项；公司由于接受投资者投入资金而应付给投资者的利润，以及应缴纳的税金、应付给职工的工资、福利费等，都属于公司的负债。

负债一般具有确切的债权人和到期日。有些负债在其确立时，并无明确的债权人和确定的日期，但其债权人和日期是可以预计的，这亦称或有负债。如售出产品的保修业务，在其保修期内，购买该产品的单位和个人都可能成为其债权人。

（十三）流动负债

流动负债是指将在 1 年或者超过 1 年的一个营业周期内偿还的债务。它包括短期借款、应付票据、应付账款、预收货款、应付工资、应交税金、应付利润、其他应付款、预提费用等。流动负债的特点为：

一是必须在 1 年内或一个营业周期内履行偿还的义务。

二是要用公司的流动资产或新的流动负债清偿。在流动负债中，数额比较大，经常性发生的主要有：应付账款、应付利润和预提费用。

流动负债产生的原因有多种：由借贷形成的流动负债，如从银行和其他金融机构借入的短期借款；由结算过程中产生的流动负债，如公司购入原材料，货已到而货款尚未支付的待结算应付款项；由经营过程中产生的流动负债，有些费用按权责发生制原则需要预先提取，如预提费用、应交税金、应付工资等；由利润分配产生的流动负债，如应付投资者的利润等。流动负债形成的原因明确后，有利于我们分析流动负债的形成是否合理，数额是否正常，时间上是否合适。

（十四）股东权益

股东权益亦称产权、资本，是指上市公司投资者对公司净资产的所有权。它表明公司的资产总额在抵偿了一切现存债务后的差额部分，包括公司所有者投入资金以及尚存收益等。

根据新会计准则下的财务报表格式，新年报准则对需要在年报正文中披露的财务指标进行了增减修改，鉴于新会计准则在原三大财务报表的基础上已增加股东权益变动表，故新版年报无须在正文中列表披露股东权益变动情况。

（十五）股本

上市公司与其他公司比较，最显著的特点就是将上市公司的全部资本划分为等额股份，并通过发行股票的方式来筹集资本。股东以其所认购股份对公司承担有限责任。股份是很重要的指标。股票的面值与股份总数的乘积为股本，股本应等于公司的注册资本，所以，股本也是很重要的指标。为了直观地反映这一指标，在会计核算上股份公司应设置“股本”科目。

公司的股本应在核定的股本总额范围内，发行股票取得。但值得注意的是，公司发行股票取得的收入与股本总额往往不一致，公司发行股票取得的收入大于股本总额的，称为溢价发行；小于股本总额的，称为折价发行；等于股本总额的，称为面值发行。我国不允许公司折价发行股票。在采用溢价发行股票的情况下，公司应将相当于股票面值的部分计入“股本”科目，其余部分在扣除发行手续费、佣金等发行费用后计入“资本公积”科目。

（十六）公积金

公积金是股东权益的重要内容，包括资本公积和盈余公积两部分。

资本公积是指由股东投入，但不能构成“股本”或“实收资本”的资金部分，主要包括股本溢价、接受捐赠实物资产、投入资本汇兑损益、法定财产重估增值以及投资准备金等。资本公积的主要用途有两个，一是转赠资本，二是弥补亏损。

盈余公积是指公司按照规定从净利润中提取的各种积累资金。盈余公积根据其用途不同分为公益金和一般盈余公积两类。公益金专门用于公司职工福利设施的支出，如购建职工宿舍、托儿所、理发室等方面的支出。现行制定规定，上市公司按照税后利润的5%～10%的比例提取法定公益金。

一般盈余公积分为两种：

一是法定盈余公积。上市公司的法定盈余公积按照税后利润的10%提取，法定盈余公积累计额已达注册资本的50%时可以不再提取。

二是任意盈余公积。任意盈余公积主要是上市公司按照股东大会的决议提取。法定盈余公积和任意盈余公积的区别就在于其各自计提的依据不同。前者以国家的法律或行政规章为依据提取；后者则由公司自行决定提取。

公司提取盈余公积主要可以用于以下几个方面：

1. 用于弥补亏损。公司发生亏损时，应由公司自行弥补。弥补亏损的渠道主要的有三条：

一是用以后年度税前利润弥补。按照现行制度规定，公司发生亏损时，可以用以后5年内实现的税前利润弥补，即税前利润弥补亏损的期间为5年。

二是用以后年度税后利润弥补。公司发生的亏损经过5年期间未弥补足额的，未弥补亏损应用所得税后的利润弥补。

三是以盈余公积弥补亏损。公司以提取的盈余公积弥补亏损时，应当由公司董事会提议，并经股东大会批准。

2. 转增资本，即所谓的“送红股”。公司将盈余公积转增资本时，必须经股东大会决议批准。在实际将盈余公积转增资本时，要按股东原有持股比例结转。盈余公积转增资本时，转增后留存的盈余公积的数额不得少于注册资本的25%。

（十七）留存收益

留存收益是指通过上市公司的生产经营活动而形成的资本，即经营所得净收益的积累。

上市公司利润扣除按国家规定上缴所得税后，即为净利润。净利润可以按照协议、合同、公司章程或有关规定，在公司所有者之间进行分配，可以作为公司所有者投资所得，也可以为了扩充公司实力追加投资；或出于以盈抵亏、预先做准备的考虑等，将其中一部分留下不做分配，这部分留下的净利润与公司所有者投入资金的属性一致，均为股东权益，在会计上算为留存收益。

留存收益属股东权益，股东可以安排分配。这部分有指定用途留存收益称为“盈余公积”。因此，留存收益可分为两类：盈余公积和未分配利润。

1. 盈余公积是指公司按照规定从净利润中提取的积累资金。

2. 未分配利润是指未做分配的净利润，有两层含义：一是这部分利润没有分给公司的投资者；二是这部分净利润未指定用途。

投资者应该知道，上市公司的盈余公积无论是用于补亏，还是用于转增资本（“送红股”），只不过是在同属股东权益的不同分类项目中的相互转换，如公司的转增股份，在减少盈余公积的同时，也增加了实收资本。这种相互转换，并不影响股东权益总额的增减。而“未分配利润”在资产负债表上有贷方余额，反映了公司现有的而尚未分配的利润；如余额在借方，则反映为公司未弥补的亏损数。

二、利润表

（一）什么是利润表

利润表，又称收益表或损益表，是反映上市公司一定期间生产经营成果的会计报表。利润表把一定时期的营业收益与其同一会计期间的营业费用进行配比，以计算出公司一定时期的税后净利润。通过利润表反映的收入、成本和费用等情况，能够反映公司生产经营的收益情况，成本耗费情况，表明公司生产经营成果；同时，通过利润表提供的不同时期的比较数字（本月数、本年累计数、上年数），可以分析公司今后利润的发展趋势、获利能力，了解投资者投入资本的完整性。由于利润是公司经营业绩的综合体现，又是进行利润分配的主要依据，因此，利润表是会计报表中的主要报表。利润分配表反映的是公司的利润分配的情况和年末未分配利润的结余情况，它是利润表的附表。

（二）主营业务利润对上市公司的业绩影响

上市公司主营业务利润计算公式如下：

主营业务利润 = 主营业务收入 − 折扣与折让 − 主营业务成本 − 主营业务税金及附加

主营业务收入指上市公司经营按照营业执照上规定的主营业务内容所发生的营业收入。一般来说，上市公司的主营业务收入应占公司总收入70%以上。

根据新会计准则下的财务报表格式，新年报准则对需要在年报正文中披露的财务指标进行了增减修改，删除了原应披露的“主营业务利润”指标，将原“净利润”改为“归属于上市公司股东的净利润”等。

折扣与折让指公司销售商品时，按合同规定为了及时收回货款而给予买方的销售折扣和因商品品种质量等原因而给予买方的销货折让。

主营业务成本指上市公司经营主营业务而发生的实际成本。上市公司可以根据情况，采用先进先出法、加权平均法、移动平均法、后进先出法和个别计价法等方法，确定销售商品等的实际成本。方法一经确定，不得随意变更。如需变更，应在会计报表附注重予以说明。

主营业务税金及附加指上市公司经营主要业务而应由主营业务负担的税金及附加，包括营业税、消费税、城市维护建设税、资源税、土地增值税和教育费附加等。

上市公司主营业务反映公司的前景，主业兴，则公司兴；主业败，则公司败。无论是绩优公司，还是绩差公司，其兴败无不与主业有关。主营业务收入是上市公司生存和发展的基础，如果公司没有进行过根本性的产业转移和多种经营，主营业务收入将在相当程度上决定着公司的经营状况、盈亏与否，进而决定股东们的投资回报。

主营业务左右着上市公司的业绩。一些上市公司收益虽然不算低，但是不靠主营业务利润支撑，而是靠资产重组、出售不良资产、地方政府的补贴、税收返还、投资收益来支撑的公司，如果经营情况没有根本性改变的话，往往难获得投资者的认可。

（三）三项费用

三项费用是指公司在会计年度内发生的期间费用，包括以下3项。

1. 营业费用

营业费用是在整个经营环节中所发生的费用，包括公司销售商品过程中发生的费用和商业性公司在进货过程中发生的费用。公司销售商品过程中发生的运输费、装卸费、包装费、保险费、展览费和广告费以及为销售公司商品而专设的销售机构的职工工资、福利费、业务费等经常费用都可计入营业费用，但生产性公司不能将其计入营业费用，而是计入材料成本。

2. 管理费用

公司在组织生产和进行管理过程中，由行政管理部门的管理行为而产生的各种费用称为管理费用。管理费用包含的内容相当复杂，包括折旧，如无形资产、长期资产、待摊费用摊销；一些税费，如车船使用税、土地使用税、印花税；行政管理部门在公司经营管理中发生的，或者应由公司统一负担的公司经费，如工会经费、待业保险费、劳动保险费、董事会费、职工教育经费、研究开发费、提取的坏账准备等。无论管理费用多么复杂，但基本上都是为了公司整体的正常运转而支出的。

3. 财务费用

财务费用是指公司为筹集生产经营所需资金等而发生的费用。财务费用包括公司在生产经营中的利息支出、汇兑损失以及相关的手续费等。这里应注意，并非所有的借款利息都计入财务费用，如公司为建造固定资产而借入资金，在固定资产交付使用前发生的利息支出，要计入固定资产成本而不记入财务费用。汇兑损失主要是指公司有外币业务时，由于发生业务和月末、年底结账时汇率不同而造成的账面损失。相关手续费是指公司与金融机构往来过程中发生的各种费用，如结算费用和购买债券、发行债券支付的相关费用。

（四）营业利润和利润总额之间的关系

营业利润是指公司从生产经营活动中取得的全部利润。它等于主营业务利润与其他业务利润之和扣除期间费用（营业费用、管理费用、财务费用等），即：

营业利润 = 主营业务利润 + 其他业务利润 − 存货跌价损失 − 营业费用 − 管理费用 − 财务费用

而上市公司利润总额计算公式为：

利润总额 = 营业利润 + 投资收益 + 补贴收入 + 营业外收入 − 营业外支出

通过营业利润和利润总额的比较，我们可以发现，营业利润是上市公司利润总额的主要来源。营业利润主要由主营业务利润和其他业务利润构成。营业利润这一指标能够比较恰当地反映公司管理层的经营业绩。

（五）净利润

上市公司利润总额计算公式如下：

利润总额 = 营业利润 + 投资收益 + 补贴收入 + 营业外收入 − 营业外支出

根据新会计准则下的财务报表格式，新年报准则对需要在年报正文中披露的财务指标进行了增减修改，如删除了原应披露的“主营业务利润”指标，将原“净利润”改为“归属于上市公司股东的净利润”等。

其中，营业利润主要由主营业务利润和其他业务利润构成；投资收益是指上市公司对外进行股票、债券或其他投资所取得的收入或发生的损失；补贴收入是指上市公司取得的各种政府补贴收入、亏损补贴、减免增值税转入等。

营业外收入是指公司发生的与其生产经营无直接关系的各项收入，包括固定资产盘盈、处理固定资产净收益、资产再次评估增值、债务重组收益、罚款净收入、确实无法支付而按规定程序经批准后转作营业外收入的应付款项等。新债务重组准则改变了过去“一刀切”的规定，将因债权人让步而导致债务人被豁免或者少偿还的负债计入资本公积的做法，改为将债务重组收益计入营业外收入，对于实物抵债业务，引进公允价值作为计量属性。

营业外支出是指公司发生的与其生产经营无直接关系的各项支出，如固定资产盘亏、处理固定资产净损失、资产评估减值、债务重组损失、罚款支出、捐赠支出、非常损失等。

$$净利润 = 利润总额 - 所得税$$

所得税的计算按照税法规定执行征税。

(六) 扣除非经营性损益后的净利润与利润的关系

非经常性损益是指上市公司发生的与生产经营无直接关系，以及虽与生产经营相关，但由于其性质、金额或发生频率，影响了真实、公允地评价公司当期经营成果和获利能力的各项收入、支出。

非经常性损益包括以下项目：交易价格显失公允的关联交易导致的损益；处理下属部门、被投资单位股权损益；资产置换损益；政策有效期短于 3 年，越权审批或无正式批准文件的税收返还、减免以及其他政府补贴；比较财务报表中会计政策变更对以前期间净利润的追溯调整数。

非经常性损益还可能包括流动资产盘盈、盘亏损益；支付或收取的资金占用费；委托投资损益；各项营业外收入、支出等项目。公司在编报招股说明书、定期报告或申请发行新股的材料时，应根据自身实际情况，分析上述项目的实质，准确界定非经常性损益。

非经常性损益属一次性或偶发性获得，含金量较低，且不能显示上市公司的持续盈利能力。证监会在《公开发行证券的公司信息披露规范问答第1号——非经营性损益》中特别指出，注册会计师应单独对非经常性损益项目予以充分关注，对公司在财务报告附注中所披露的非经营性损益的真实性、准确性与完整性进行核实。

（七）利润分配的主要形式

为了反映上市公司利润的分配及未分配情况，公司应该在年终编制利润分配表，作为利润表的附表对外报告。

按照现行制度规定，公司实现的利润应按一定的顺序进行分配，这一分配顺序要求在上一顺序的项目未分配以前，不得进行下一项目的分配。公司税前利润的分配顺序是：

第一步，缴纳被没收的财物、滞纳金和罚款。

第二步，弥补以前年度的亏损。

第三步，提取盈余公积。

第四步，向投资者分配利润。

向投资者分配的利润是指向各类投资者分配的利润，如向国家、其他单位、个人以及外商等投资者分配的利润，但不包括向各种债权人支付的利息。在上市公司，向投资者分配的利润包括支付的优先股股利和普通股股利。

上市公司股利分配有以下几种形式：

1. 现金股利。发放现金股利是股利发放中最常见的方式。在我国现金股利俗称“现金红利”。

2. 股票股利。这是指采用增发股票的方式向股东分派股利。发放这种股利时，一般要按法定程序办理增资手续，然后根据股东所持股票数按应发股利的等值比例折算后，发放股票。

3. 财产股利。这是指公司以现金以外的资产所发放的股利。

4. 负债股利。负债股利是指在某些特殊情况下，公司签发远期票据或用发行公司债券来抵付已宣告发放的股利。

5. 清算股利。清算股利严格地讲应称清算分摊额，它是通过对公司资产的分配，将股东缴入的部分资本予以退回，而不是一种由于盈利而对收益的分配。

（八）送股与资本公积金转增资本的区别

送股与转增股本对一般投资者来说，统称“送股”。实际上，两者具有本质区别。送股俗称“红股”，是上市公司采用股票股利形式进行的利润分配，它的来源是上市公司的留存收益；而公积金转增资本是在股东权益内部，把公积金转到“实收资本”或者“股本”账户，并按照投资者所持有公司的股份份额比例的大小分到各个投资者的账户中，以此增加每个投资者的投入资本。因此，转增股本不是利润分配，它只是公司增加股本的行为，它的来源是上市公司的资本公积。

1. 送股、转增股本的会计实质。从会计角度来说，送股实质上只是将公司的留存收益转入股本账户，留存收益包括盈余公积和未分配利润，现在的上市公司一般只将未分配利润部分送股，实际上盈余公积的一部分也可送股。而转增股本则是将资本公积转入股本账户。股本、未分配利润、资本公积、盈余公积同属股东权益类账户，都是公司的净资产，这些都属于投资者所有，也就是说，经过送股、转增股本后，上市公司的股东权益并没有改变，更不会影响公司的总资产、总负债。可见，送股、转增股本行为本身只是会计上的转账而已，当然上市公司不可能因为这种行为而使公司当年或以后获利，投资者在公司中的权益当然也不可能因此增加。从另一角度看，送股、转增股本虽然使公司发行在外的股票数量发生了变化，但这种股票数量的增加于投资者权益无丝毫影响。这是因为股票数量是同比例增加的，每个投资者所持股数占公司总股本数的比例是不变的。既然送股、转增股本只是使投资者持有的股票增加了，而没有改变投资者在公司中的权益，那么很显然的一个结果就是每股所拥有的权益同比例地下降了，并且，如果公司下年度的经营状况与上年度相比变化不大的话，则下年度的每股收益指标亦将同比例下降。

2. 送股、转送股本的负面效应。稳健、成熟的上市公司制定其分配政策是以公司的发展前景以及对后期经营业绩的预测为根据的，但由于我国股票市场发展的时间还不长，上市公司进入市场也还不久，因而部分上市公司制定分配预案的做法还不很规范。由于这些公司在发行新股时都得了较高的股票溢价收入，超过股票面值的这部分溢价收入被计入资本公积，因而尽管这些公司当年可借分配的利润可能不多，但都有较高的资本公积，将资本公积金转增股本是这些公司常用的做法。虽然转增股本能够博得目前的流通股股东的欢心，但由于转增股本与送股一样，都有摊薄每股收益与每股净资产的效应，势必会影响下年度的利润分配以及下年度的每股盈利指标。

三、现金流量表

（一）现金流量表的定义

现金流量表是以现金为基础编制的反映公司财务状况变动的报表，它反映出上市公司一定会计期间内有关现金和现金等价物的流出和流入的信息。在上市公司对外提供的3张会计报表中，现金流量表反映上市公司一定期间内现金的流入和流出，表明公司获得现金和现金等价物的能力。

根据会计准则的规定，现金是指公司库存现金以及可以随时用于支付的存款。此处的现金有别于会计上所讲的现金，不仅包括“现金”账户核算的现金，而且还包括公司“银行存款”账户核算的存入金融机构、随时可以用于支付的存款，也包括“其他货币资金”账户核算的外埠存款、银行汇票存款、银行本票存款和在途货币资金等。

现金等价物是指公司持有的期限短、流动性强、易于转换为已知金额现金、价值变动风险很小的投资。现金等价物虽然不是现金，但其支付能力与现金的差别不大，可视为现金。

现金流量是某一段时期内公司现金流入和流出的数量。如公司出售商品、提供劳务、出售固定资产、向银行借款等取得现金，形成公司的现金流入；购买原材料、接受劳务、购置固定资产、对外投资、偿还债务等而支付现金，形成公司的现金流出。现金流量信息表明公司经营状况是否良好、资金是否紧缺、公司偿付能力大小等，从而为投资者、债权人、公司管理者提供非常有用的信息。同时还应注意，公司现金形式的转换不会产生现金的流入和流出，如：公司从银行提取现金，是公司现金存放形式的转换，并未改变现金流量；同样，现金与现金等价物之间的转换也不改变现金流量，如公司将一个月前购买的有价证券变现，收回现金，并不增加和减少现金流量。

现金流量表以现金的流入和流出反映公司在一定期间内的经营活动、投资活动和筹资活动的动态情况，反映公司现金流入和流出的全貌。现金流量表的主要作用有：

1. 现金流量表可以提供公司的现金流量信息，从而对公司整体财务状况做出客观评价。

2. 现金流量表能够说明公司一定期间内现金流入和流出的原因，能全面说明公司的偿债能力和支付能力。

3. 通过现金流量表能够分析公司未来获取现金的能力，并可预测公司未来财务状况的发展情况。

4. 现金流量表能够提供不涉及现金的投资和筹资活动的信息。

现金流量表分别按经营活动、投资活动、筹资活动反映公司的现金流入量、现金流出量和现金净流量。

经营活动是指公司投资活动和筹资活动以外的所有交易和事项，包括销售商品或提供劳务、经营性租赁、购买货物、接受劳务、制造产品、广告宣传、推销产品、缴纳税款等。公司的经济活动以经营活动为主，筹资和投资等理财活动则是次要的。经营活动是公司经济活动的主体，而且具有再生性的特点。

一般而言，上市公司经营活动产生的净现金流量应为正数，而且经营活动的现金流量占全部现金流量的比重越大，说明公司的财务状况越稳定，从而支付能力越有保证。若公司经营活动的现金净流量为负数，即使利润表中揭示的营业收入和营业利润增长很多，但相当的部分可能以赊销实现，应收账款和存货等上升过快，从而反映出公司营业利润存在不实或过度包装之嫌。

（二）其他应收款、其他应付款调节经营活动的现金流量

编制现金流量表时，经营活动现金流量的列报方法有两种，一是直接法，二是间接法。直接法是通过现金收入和支出的主要类别反映来自企业经营活动的现金流量，一般是以利润表中的营业收入为起算点，调整与经营活动有关的项目的增减变动，然后计算出经营活动的现金流量。间接法是以本期净利润为起算点，调整不涉及现金的收入、费用、营业外收支以及有关项目的增减变动，据此计算出经营活动的现金流量。

我国目前规定采用直接法，同时要求在现金流量表附注中披露将净利润调节为经营活动现金流量的信息，也就是用间接法来计算经营活动的现金流量。上市公司在净利润基础上进行调整的主要项目包括：

1. 计提的坏账准备或转销的坏账。
2. 固定资产折旧。
3. 无形资产摊销。
4. 处置固定资产、无形资产和其他长期资产的损益。
5. 固定资产报废损失。
6. 财务费用。
7. 投资损益。
8. 递延税款。
9. 存货。
10. 经营性应收项目。
11. 经营性应付项目。
12. 增值税净额。

具体调节公式是：经营活动产生现金流量净额 = 净利润 + 计提的坏账准备或转销的坏账 + 当期计提的固定资产折旧 + 无形资产摊销 + 处置固定资产、无形资产和其他长期资产的损失（减：收益） + 固定资产报废损失 + 财务费用 + 投资损失（减：收益） + 递延税款贷项（减：借

项）+存货的减少（减：增加）+经营性应收项目的减少（减：增加）+经营性应付项目的增加（减：减少）+增值税增加净额（减：减少净额）+其他不减少现金的费用、损失。其中经营性应收项目和经营性应付项目包括应收账款、其他应收款、预付费用、应付账款、其他应付款、预收货款等。

（三）投资活动产生的现金流量

公司的投资活动是指与公司原定期限在3个月以上的资产有关的交易活动，包括公司长期资产的构建和不包括在现金等价物范围内的投资及其处置活动。在观察现金流量表的投资活动产生的现金流量时，应该仔细研究投资活动中的对内投资和对外投资的关系。通常，公司要发展，长期资产的规模必须增长，一个投资活动中对内投资的现金净流出量大幅度提高的公司，往往意味着该公司面临着一个新的发展机遇，或者一个新的投资机会；反之，如果公司对内投资中的现金净流入量大幅度增加，表示该公司正常的经营活动没有能够充分地吸纳其现有的资金。

公司的对外投资产生的现金净流入量大幅度增加时，说明该公司正大量地收回对外投资额，可能公司内部的经营活动需要大量资金，该公司内部现有的资金不能满足公司经营活动的资金需要；如果一个公司当期对外投资活动的现金净流出量大量增加，说明该公司的经营活动没有能够充分地吸纳公司的资金，从而游离出大笔资金，通过对外投资为其寻求获利机会。

如果公司的投资活动产生的现金净流量不大，只是对内投资与对外投资之间产生结构性变化，则比较直观。当公司对内投资的现金净流出量大幅度增长，即对外长期投资的现金净流入量大幅度增长，可能是公司获得了新的市场机会，一时不能从公司外部筹集到足够的资金，只有收回对外投资；反之，如果对外投资现金净流出量大幅度增加，说明公司正在缩小内部经营规模，将游离出来的资金对外投资，寻求适当的获利机会。

实际上在分析投资活动产生的现金流量时，还应该联系到筹资活动产生的现金流量来综合考查，在经营活动产生的现金流量不变时，如果投资活动的现金净流出量主要依靠筹资活动产生的现金净流入量来解决，这就说明公司的规模扩大主要是通过从外部筹资来完成的，这意味着该公司正在扩张。

（四）筹资活动产生的现金流量

筹资活动是指导致公司资本及债务规模和构成发生变化的活动，包括吸收投资、发行股票、借入和偿还资金、分配利润等活动。当一个公司对本期实现的利润减少向投资者分配或者不分配，实际上就相当于在向投资者筹集资金，所以，利润的分配活动也属于公司的筹资活动。

分析公司的现金流量表，从现金流量表上“筹资活动产生的现金流量”项目中，可以了解该公司的筹资活动。如果筹资活动的现金净流入量大幅度增加，则该公司在扩大其经营规模，说明公司现有的资金不能满足经营的需要，又获得了新的市场机会，需要从公司外部大量筹集资金；如果筹资活动的现金净流出量大幅度增加，则说明本期大量的现金流出公司，该公司的规模在收缩。对上市公司来说，除了与其他公司所共有的贷款等间接融资功能以外，还有一项特有的在证券市场上直接融资的功能，如果某一会计期间该上市公司实现了在股市上的融资，将使该期筹资活动的现金流入量大幅增加。

（五）分析现金流量净额及补充资料

现金流量表反映公司的现金及现金等价物的增减变动情况，如果公司的现金及现金等价物在本期增加了，说明该公司本期的支付能力增强了，公司的财务状况在本期得到了改善；如果公司在本期的现金及现金等价物减少了，说明该公司支付能力降低了，公司的财务状况恶化了。所以要考核一个公司的支付能力在本期的变动情况，可以直接观察现金流量表“现金流量净增加额”项目的金额。

在分析“现金流量净增加额”项目时，虽然现金净流量的增加代表着公司支付能力的增强，但它同时代表着公司资产中的一部分游离成现金及现金等价物，这又从另一个侧面说明公司现有的经营活动不能充分地吸收公司现有的资产，使得一部分资产闲置起来，变成现金及现金等价物形式，公司由此会丧失很多盈利机会。因为处于现金状态的资金其盈利能力最弱，资金的使用效果比较差。因此对上市公司的现金流量净增加额的评价，不能仅仅局限于其数额的增加或减少，而应既立足于各家公司的具体情况，又结合其资产负债表和利润表。一家上市公司如果募集了大笔资金，但未能按时投入募股资金使用项目，由此带来的现金净增加额为巨额正数，就不能称其财务状况正常；而投入募股项目或其他投资项目后，现金流出必然大幅增长，这种流出对公司来说未必不好，关键是看该公司今后由此获取现金的情况如何。从投资者的角度来看，现金流量净增加额为正值的公司有较高的投资价值，因为它反映了公司实际的盈利状况和支付能力。

公司在编制现金流量表的同时还要在补充资料中要披露将净利润调节为经营活动现金流量的信息，以及不涉及现金流量的投资活动和筹资活动、现金及现金等价物的净增加内容分析。补充资料内容对正表起着补充及验证作用，它能充分反映公司的非现金交易业务。可以通过用补充资料中按间接法编制的经营活动现金流量结果来验证正表中按直接法计算的结果，这两部分金额必须始终保持相等。

（六）现金流量比率

现金流量比率，是经营活动产生的现金净流量与流动负债的比率，其计算公式为：

$$现金流量比率=\frac{经营活动产生的现金流量}{流动负债}$$

上式中，“流动负债”可以是年末流动负债总额，也可以是全年平均流动负债数额。该指标表示公司偿还即将到期债务的能力，是衡量公司短期偿债能力的动态指标。其值越大，表明公司的短期偿债能力越好；反之，则表示公司短期偿债能力越差。

对于债权人来说，现金流量比率总是越高越好。现金流量比率越高，说明公司的短期偿债能力越强；现金流量比率越低，说明公司的短期偿债能力越弱。如果现金比率达到或超过 1，即现金余额等于或大于流动负债总额，那就是说，公司即使不动用其他资产，如存货、应收账款等，光靠手中的现金就足以偿还流动负债。但对于公司来说，现金比率并不是越高越好。因为资产的流动性（即其变现能力）和其盈利能力成反比，流动性越差的盈利能力越强，而流动性越好的其盈利能力越差。在公司的所有资产中，现金是流动性最好的资产，同时也是盈利能力最低的资产。保持过高的现金比率，就会使资产过多地保留在盈利能力最低的现金上，虽然提高了公司的偿债能力，但降低了公司的获利能力。因此，对于公司来讲，一般不应该保持过高的现金比率，只要能保持一定的偿债能力，不会发生债务危机即可。

（七）现金再投资比率

现金再投资比率是衡量公司来自经营活动的现金的留存部分与各项资产之和的比率。其计算公式如下：

$$现金再投资比率=\frac{来自经营活动的净现金流量-现金股利}{固定资产总额+投资+其他资产+营运资金}$$

现金再投资比率越高，表示公司可用于各项资产上的再投资的现金就越多；反之，现金再投资比率越低，表示公司可用于各项资产上的再投资的现金越少。一般而言，现金再投资比率达到 8%～10%，是比较理想的比率。

（八）每股现金流量

每股现金流量是公司经营活动所产生的净现金流量减去优先股股利之后与流通在外的普通股股数的比率。其计算公式如下：

$$每股现金流量=\frac{经营活动所产生的净现金流量-优先股股利}{流通在外的普通股股数}$$

上式中，“流通在外的普通股股数”应为流通在外普通股的加权平均数。该指标反映了每股流通在外的变通股的现金净流量，它通常大于每股收益，因为现金流量中包含折旧，从短期来看，它主要反映公司进行资本支出和支付股利的能力，也可用于衡量公司的盈利能力。从这个角度来说，该指标的值越大越好。

（九）每股收益与每股现金流量之间的关系

一般而言，在短期来看，每股现金流量比每股盈余更能显示公司从事资本性支出及支付股利的能力。每股现金流量通常比每股盈余要高，这是因为公司正常经营活动中所产生的净现金流量还会包括一些从利润中扣除出去但又不影响现金流出的费用调整项目，如折旧费等。但每股现金流量也有可能低于每股盈余，如公司大量采用赊销方式，或发生大额购买货物或资本支出等。每股现金流量和每股收益之间的差异正是现金制会计和应计制会计之间的差异。

一家公司的每股现金流量越高，说明这家公司的每股普通股在一个会计年度内所赚得的现金流量越多；反之，则表示每股普通股所赚得的现金流量越少。虽然每股现金流量在短期内比每股盈余更能显示公司在资本性支出和支付股利方面的能力，但每股现金流量决不能用来代替每股盈余作为公司盈利能力的主要指标的作用。

（十）净现金流量对总负债比率

净现金流量负债比率，是经营活动产生的现金净流量与总负债之比，其计算公式为：

$$\text{净现金流量负债比率} = \frac{\text{经营活动所产生的现金净流量}}{\text{负债总额}}$$

上式中，“负债总额”可以是年末负债总额，也可以是全年平均负债总额。该项比率反映了公司用年度经营活动产生的现金净流量偿还公司全部债务的能力，体现了公司偿债风险的高低。一般而言，该比率值越大，说明公司偿债能力越大，相应的风险越小；该比值越小，表明偿债能力越小，相应的风险越大。

（十一）净现金流量对现金股利比率

净现金流量对现金股利比率，是指来自经营活动的净现金流量与当期支付的现金股利的比率，其计算公式为：

$$现金流量对现金股利比率 = \frac{经营活动产生的现金净流量}{现金股利}$$

该指标表示公司用年度正常经营活动所产生的现金净流量来支付股利的能力，其值越大，表示公司支付股利的能力越强。反之，公司支付现金股利的能力就越低。一家公司的股利发放与公司的股利政策以及公司对投资者的态度有关。如果公司无意发放股利，而是更愿意用这些现金流量进行再投资，以扩大生产规模，期望获取较高的再投资收益，从而提高公司的盈利能力，这时，净现金流量对现金股利比率的意义就不是很大。

（十二）资产负债表、利润表和现金流量表之间的关系

公司的财务报表多种多样，可分为基本财务报表和附表两大部分。基本财务报表包括资产负债表、利润表和现金流量表三大报表，它们从不同角度反映了公司的财务会计信息。这三张报表之间存在着一定的钩稽关系。“资产 = 负债 + 股东权益”，这一等式是编制资产负债表的主要依据。“利润 = 收入 − 成本费用”这一等式是编制利润表的基本原理。“资产 = 负债 + 股东权益 + （收入 − 成本费用）”，这一等式揭示了资产负债表与利润表之间的关系。

资产负债与利润表最简单的关系就是利润表的附表，利润分配表中的“未分配利润”项所列数字，等于资产负债表中“未分配利润”项数字。除了这一简单的对等外，还有什么呢？由上述会计等式三可以看出，收入与成本费用之差利润并不是一个虚无的数字，它最终要表现为资产的增加或负债的减少。这也就是两个表之间深层次的联系。公司很多的经济业务不仅会影响到公司的资产负债表，也会影响到公司的利润表。比如公司将销售业务收入不计为“主营业务收入”而计入公司的往

来账项，如“应收账款”贷方，这样在资产负债表上反映出应收账款有贷方金额，同时隐瞒收入，使利润表净利润减少，未分配利润减少，回过来又影响资产负债表的“未分配利润”项目。对于投资者而言，在了解了简单的对应关系之后，通晓这一深层次的联系是很有必要的。

现金流量表与资产负债表、利润表的关系主要表现在现金流量的编制方法之中。现金流量表的一种编制方法是工作底稿法，即以工作底稿为手段，以利润表和资产负债表数据为基础，对每一项目进行分析并编制调整分录，从而编制出现金流量表。现金流量表与其他两个报表之间的钩稽关系也较为复杂而隐蔽，需要投资者在深入了解三个报表的基础上才能理解其中的关系。

在实际分析中，光凭三个报表之间的关系就对公司的生产经营下个结论，未免会有些唐突，在分析过程中，还必须有效地利用其他分析工具，才能形成正确的结论。对于会计报表的使用者而言，可以通过分析会计报表之间的钩稽关系，对公司的生产经营有一个总体了解。

上市公司在年度报告全文及摘要中列示主要会计数据和财务指标时，计算主要会计数据和财务指标等的增减变化幅度所采用的比较基期的数据，应以按第 7 号规范问答编制的调整后财务报表相关数据为准。

四、股东权益变动表

在新会计准则下的年度财务报告中，财务报表将由“三大”变成“四大”，《企业会计准则第 30 号——财务报表列报》第 2 条规定，财务报表至少应当包括：资产负债表、利润表、现金流量表、所有者权益（股东权益）变动表、附注等。

股东权益亦称产权、资本，是指上市公司投资者对公司净资产的所有权。它表明公司的资产总额在抵偿了一切现存债务后的差额部分，包括公司所有者投入资金以及尚存收益等。

在我国现行的会计核算中，为了反映股东权益的构成，便于投资者以及其他报表阅读者了解公司股东权益的来源及其变动情况，将股东权益分为实收资本、资本公积、盈余公积及未分配利润 4 个部分分别核算，并在资产负债表上得以反映。实收资本包括国家、其他单位、个人对公司的各种投资。资本公积包括公司接受捐赠、法定财产重估增值等形成的股东权益。盈余公积是从净利润中提取的，具有特定用途的资金，包括法定盈余公积、任意盈余公积和公益金。未分配利润是公司净利润分配后的剩余部分，即净利润中尚未指定用途的、归股东所有的资金。表达股东权益总额变动的即为财务报表的股东权益变动表，所有者权益变动表所包含的主要项目如下：

1. 上年年末余额。

加：会计政策变更。

前期差错更正。

2. 本年年初余额。

3. 本年增减变动金额（减少以“－”号填列）。

（1）净利润。

（2）直接计入所有者权益的利得和损失。

①可供出售金融资产公允价值变动净额。

②权益法下被投资单位其他所有者权益变动的影响。

③与计入所有者权益项目相关的所得税影响。

④其他。

上述（1）和（2）小计。

（3）所有者投入和减少资本。

①所有者投入资本。

②股份支付计入所有者权益的金额。

③其他。

（4）利润分配。

①提取盈余公积。

②对股东的分配。

③其他。

（5）所有者权益内部结转。

①资本公积转增股本。

②盈余公积转增股本。

③盈余公积弥补亏损。

④其他。

4. 本年年末余额。

第三节　合并会计报表

一、合并会计报表的含义和基本内容

合并会计报表，又称合并财务报表，是以母公司和子公司组成的企业集团为一个会计主体，以母公司和子公司单独编制的个别会计报表为基础，由母公司编制的综合反映由母公司与子公司组成的企业集团经营成果、财务状况及变动情况的会计报表。

合并会计报表是现代化企业集团传递会计信息的重要方式，其会计信息的作用有别于个别会计报表，有利于真实反映企业集团的财务状况和经济实质、有利于正确反映企业集团的经营成果和经营规模、有利于客观评价和分析企业集团的经济活动和经营业绩。合并会计报表主要包括合并资产负债表、合并利润表、合并利润分配表和合并现金流量表。

合并资产负债表反映了母公司和子公司所形成的企业集团在某一特定日期财务状况。合并利润表和合并利润分配表反映了企业集团在某一特定会计期间内经营成果及其分配或处理的情况，而合并现金流量表反映了企业集团在某一特定会计期间内现金流入量、现金流出量和现金增减变动情况。

新准则下合并报表范围的确定更关注实质性控制，母公司对所有能控制的子公司均须纳入合并范围，而不一定考虑股权比例。所有者权益为负数的子公司，只要是持续经营的，也应纳入合并范围。

二、合并会计报表分析应注意的问题

如何分析合并会计报表是上市公司年报解读的重要内容。要有效地掌握合并会计报表的分析技巧，应注意以下两方面的问题：

（一）合并会计报表的编制范围

投资者应当注意纳入合并范围的子公司的全称、注册地、法定代表人、注册资本、母公司所持股权比例、经营范围等基本情况，这是构成公司整体收入的具体来源，分析母公司和子公司的营业收入、净利润、资产总额和净资产占上市公司整体的比重。如果企业的营业收入和利润主要来源于关联企业，投资者就应当特别关注关联交易的定价政策，分析公司是否以不等价交换的方式与关联交易发生交易进行会计报表粉饰。如果母公司合并会计报表的利润总额（应剔除上市公司的利润总额）大大低于上市公司的利润总额，就可能意味着母公司通过关联交易将利润“包装注入”上市公司；同时，对未纳入合并范围的子公司的全称、母公司所持股权比例、注册资本、经营情况、财务状况及未合并的原因也要进行仔细分析，分析母公司是否利用子公司作为任意调节利润的“蓄水池”；投资者应当分析合并范围的变动及其影响。

（二）上市公司内部交易的频率、性质及规模

投资者应当比照上市公司有关关联交易的披露信息，对上市公司集团内部下列重大交易及其未实现损益的抵销情况进行分析，确定其影响是否消除，防止上市公司重复计算利润：上市公司内部的债权、债务；上市公司内部的存货交易；上市公司内部的固定资产交易；上市公司内部的资金往来。例如，母公司对于子公司的长期股权投资用权益法核算时，母公司的长期股权投资应与子公司的所有者权益进行抵销，以免重复上市公司的资产和所有者权益对母公司按权益法核算的投资收益进行抵销，以免重复计算上市公司的净利润。

三、上市公司如何利用收购企业改善其合并销售收入和合并利润总额

在合并会计报表体系之下，对于上市公司子公司的收入、成本及费

用，可以全额计入上市公司收入、成本和费用，最后扣除子公司少数股东应得利润之后，即为上市公司所拥有的净利润。因此，有的上市公司往往通过子公司或者“孙公司”来实现利润结构。

合并利润表的有关科目如表 15－1 所示。

表 15－1　合并利润（部分）　　单位：人民币元

项目	合并数		母公司数	
	2018 年 1～6 月	2019 年 1～6 月	2018 年 1～6 月	2019 年 1～6 月
主营收入				
营业利润				
投资收益				
利润总额				
净利润				

四、如何分析会计报表附注

会计报表附注是对资产负债表、利润表、现金流量表和所有者权益变动表等报表中列示项目的文字描述或明细资料，以及对未能在这些报表中列示项目的说明等，是对会计报表的补充说明，也是财务会计报告的重要组成部分。提供了上市公司会计报表真实程度的依据或线索，会计报表附注越具体，我们判定上市公司会计报表所反映的财务状况、经营成果和现金流量情况的真实程度就越高。

证监会颁布的《会计报表附注指引（试行）》中，对上市公司会计报表附注的内容进行了具体的规定，其内容包括以下方面：

1. 公司简介。

2. 主要会计政策。

3. 公司应披露其所控制的境内外所有子公司。

4. 比较会计报表项目注释。

5. 少见的报表项目及其名称，不能反映项目的性质或报表项目金额异常的（如递延税款、合并价差、资产项目金额为负数）应披露项目内容。

6. 分行业资料；关联方关系及其交易的披露。

7. 承诺事项、或有事项应披露基本情况，包括金额以及对报告期或报告期后对公司财务状况的影响。

8. 期后事项。

9. 其他有必要披露的内容。

第四节　审计报告

一、审计报告及其作用

审计报告是注册会计师根据独立审计准则的要求，在实施了必要的审计程序后出具的，用于对被审计单位年度会计报表发表审计意见的书面文件。审计报告是审计工作的最终成果，具有法定证明效力。

注册会计师签发的审计报告，主要具有鉴证、保护和证明3方面的作用。

1. 鉴证作用。注册会计师签发的审计报告，是以超然独立的第三者身份，对被审计单位会计报表合法性、公允性及会计处理方法的一贯性发表意见。这种意见，具有鉴证作用，得到了政府及其各部门和社会各界的普遍认可。会计报表是否合法、公允，主要依据注册会计师的审计报告做出判断。上市公司的股东以及潜在的投资者，主要依据注册会计师的审计报告，来判断上市公司的会计报表是否公允地反映了财务状况和经营成果，以进行投资决策等。

2. 保护作用。注册会计师通过审计，可以对被审计单位出具不同类型审计意见的审计报告，以提高或降低会计报表信息使用者对会计报表的依赖程度，能够在一定程度上对被审计单位的财产、债权人和股东的权益及公司利害关系人的利益起到保护作用。在进行投资之前，投资者必须要查阅投资公司的会计报表和注册会计师的审计报告，了解上市公司的经营情况和财务状况。

3. 证明作用。审计报告是对注册会计师任务完成情况及其结果所做的总结，它可以表明审计工作的质量并明确注册会计师的审计责任。通过审计报告，可以证明注册会计师审计责任的履行情况。注册会计师的审计责任，是指注册会计师应对其出具的审计报告的真实性、合法性负责。审计报告的真实性是指审计报告应如实反映注册会计师的审计范围、审计依据、已实施的审计程序和应发表的审计意见。审计报告的合法性是指审计报告的编制和出具必须符合注册会计师法和独立审计准则的规定。

二、审计报告的内容

在新会计准则下的年度财务报告中，财务报表将由“三大”变成“四大”，也是和新会计准则的规定相一致的。《企业会计准则第30号——财务报表列报》第2条规定，财务报表至少应当包括：资产负债表、利润表、现金流量表、所有者权益（股东权益）变动表、附注。这四大报表都须经注册会计师审计。

根据《中国注册会计师审计准则第1501号——审计报告》的规定，我国审计报告的基本内容包括：

1. 标题：审计报告的标题应统一规范为“审计报告”。

2. 收件人：审计报告的收件人是指注册会计师按照业务约定书的要求致送审计报告的对象，一般是指审计业务的委托人。审计报告应当载明收件人的全称，如“××股份有限公司全体股东”等。

3. 引言段：审计报告的引言段应当说明被审计单位的名称和财务报表已经过审计，并包括下列内容——指出构成整套财务报表的每张财务报表的名称，提及财务报表附注，指明财务报表的日期和涵盖的期间。

4. 管理层对财务报表的责任段：应当说明，按照适用的会计准则和相关会计制度的规定编制财务报表是管理层的责任，这种责任包括设计、实施和维护与财务报表编制相关的内部控制，以使财务报表不存在由于舞弊或错误而导致的重大错报；选择和运用恰当的会计政策；做出合理的会计估计。

5. 注册会计师的责任段：应当说明注册会计师的责任是在实施审计工作的基础上对财务报表发表审计意见。注册会计师按照中国注册会计师审计准则的规定执行了审计工作。中国注册会计师审计准则要求注册会计师遵守职业道德规范，计划和实施审计工作以对财务报表是否不存在重大错报获取合理保证。审计工作涉及实施审计程序，以获取有关财务报表金额和披露的审计证据。选择的审计程序取决于注册会计师的判断，包括对由于舞弊或错误导致的财务报表重大错报风险的评估。在进行风险评估时，注册会计师考虑与财务报表编制相关的内部控制，以设计恰当的审计程序，但目的并非对内部控制的有效性发表意见。审计工作还包括评价管理层选用会计政策的恰当性和做出会计估计的合理性，以及评价财务报表的总体列报；注册会计师相信已获取的审计证据是充分、适当的，为其发表审计意见提供了基础。

如果接受委托，结合财务报表审计对内部控制有效性发表意见，注册会计师应当省略“但目的并非对内部控制的有效性发表意见”的术语。

6. 审计意见段：应当说明，财务报表是否按照适用的会计准则和相关会计制度的规定编制，是否在所有重大方面公允反映了被审计单位的财务状况、经营成果和现金流量。

如果认为财务报表符合下列所有条件，注册会计师应当出具无保留意见的审计报告：

（1）财务报表已经按照适用的会计准则和相关会计制度的规定编制，在所有重大方面公允反映了被审计单位的财务状况、经营成果和现金流量。

（2）注册会计师已经按照中国注册会计师审计准则的规定计划和实施审计工作，在审计过程中未受到限制。

当出具无保留意见的审计报告时，注册会计师应当以“我们认为”作为意见段的开头，并使用“在所有重大方面”、“公允反映”等术语。

当注册会计师出具的无保留意见的审计报告不附加说明段、强调事项段或任何修饰性用语时，该报告称为标准审计报告。

注册会计师出具非标准审计报告时，应当遵守《中国注册会计师审计准则第1502号——非标准审计报告》和本准则的相关规定。

7. 签章和会计师事务所地址：审计报告必须由注册会计师签名、盖章、加盖会计师事务所公章，并标明会计师事务所的地址。

8. 报告日期：审计报告的日期不应早于注册会计师获取充分、适当的审计证据（包括管理层认可对财务报表的责任且已批准财务报表的证据），并在此基础上对财务报表形成审计意见的日期。

9. 注册会计师在为上市公司年度财务会计报告进行审计工作中，应当根据《关于规范上市公司与关联方资金往来及上市公司对外担保若干问题的通知》的规定，对上市公司存在控股股东及其他关联方占用资金的情况出具专项说明。上市公司应当在披露年度报告的同时，在交易所网站披露该专项说明。

存在大股东及其附属企业非经营性占用上市公司资金的上市公司，应当在本次年度报告全文的“重要事项”部分的“关联债权债务往来”以及年度报告摘要“年度资金被占用情况及清欠进展情况”中，增加披露非经营性资金占用的发生时间、占用金额、发生原因、责任人和董事会拟定的解决措施。

三、根据审计报告的条件、格式和措辞来判断其类型

根据注册会计师的审计结论及所发表的审计意见，可将审计报告分为以下4种：无保留意见审计报告（其中又包括标准无保留意见审计报告和附带说明段的无保留意见审计报告两种）、保留意见审计报告、否定意见审计报告、拒绝表示意见审计报告。

注册会计师经过审计后，认为被审计单位会计报表同时符合了合法性、公允性、一贯性，审计过程中审计范围未受限制，也不存在应调整而未调整的事项，就应出具标准无保留意见的审计报告。在格式方面，这类审计报告包括范围段和意见段，没有说明段。在措辞上，一般用“我们认为”的术语作为意见段的开头，以表明本段内容为注册会计师提出的意见，并表示承担对该审计意见的责任。在对会计报表的反映内容是否公允提出审计意见时，一般使用“在所有重大方面公允地反映

了”的术语，因为人们已普遍认识到会计报表不可能做到完全正确和绝对公允，所以审计报告中不会使用“完全正确”、“绝对公允”等词汇，但也不会使用“大致反映”、“基本反映”等模糊不清、态度暧昧的术语。

当注册会计师出具无保留意见的审计报告时，如果认为必要，可以在意见段之后增加说明段，增加对重要事项的说明。

当注册会计师通过审计，认为被审计单位会计报表存在以下三类问题——个别重要的未调整事项、审计范围受到局部限制、个别重要的不符合一贯性原则的事项时，应在审计意见中加以保留。注册会计师出具保留意见的审计报告时，应于意见段之前另设说明段，以说明所持保留意见的理由，并在意见段中使用“除存在上述问题以外”、“除上述问题造成的影响以外”或“除上述情况待定以外”等术语。除使用保留意见的特定术语之外，其余应该使用无保留意见的审计报告的术语，表示其他事项已做了公允的反映。

当未调整事项、未确定事项、违反一贯性原则的事项等对会计报表的影响程度在一定范围内时，注册会计师可以发表保留意见。但是如果其影响程度超出一定范围，以致会计报表无法被接受，被审计单位的会计报表已失去其价值，注册会计师就不能发表保留意见，又不应不发表意见，而只能发表否定意见。注册会计师在出具否定意见的审计报告时，应于意见段之前另设说明段，说明所持否定意见的理由，并在意见段中使用“由于上述问题造成重大影响”、“由于受到前段所述事项的影响”等专业术语，并指出会计报表“不能公允地反映”、“不符合……规定”等问题。

注册会计师在审计过程中，由于审计范围受到委托人、被审计单位或客观环境的严重限制，不能获取必要的审计证据，以致无法对会计报表整体反映发表审计意见时，应当出具拒绝表示意见的审计报告。注册会计师在出具拒绝表示意见的审计报告时，应于意见段之前另设说明段，以说明所持拒绝表示意见的理由，并在意见段中使用“由于审计范围受到严重限制”“由于无法实施必要的审计程序”“由于无法获取必要的审计证据”等术语，并指出“我们无法对上述会计报表整体反映发表审计意见”。

四、无保留意见审计报告

无保留意见审计报告，是注册会计师对被审计单位会计报表发表不带说明段的无保留意见审计报告。无保留意见是指注册会计师对被审计单位的会计报表，依照《中国注册会计师独立审计准则》的要求进行审查后确认：会计报表的编制符合《公司会计准则》及国家其他有关财务会计法规的规定；会计报表在所有重大方面公允地反映了被审计单位的财务状况、经营成果和现金流量；会计处理方法的选用遵循了一贯性原则；其审计已按照《中国注册会计师独立审计准则》的要求，实施了必要的审计程序，在审计过程中未受阻碍和限制；被审计单位会计报表不存在应调整而未予调整的重要事项。因而对被审计单位的会计报表无保留地表示满意。

五、无保留意见附说明审计报告

当注册会计师出具无保留意见附说明审计报告时，说明注册会计师认为需要增加说明段，以对下述重要事项做出说明：

1. 重大不确定事项。如递延费用的可收回性，所得税纠纷或诉讼案的或有事项，大宗应收账款的变现能力，所需融资款项是否能继续利用，连续出现巨额营业亏损或营运资本减少，公司无力支付到期债务，出现未保险的地震、洪水灾害损失等。

在发生重大不确定事项时，注册会计师应查明被审计单位在会计报表及其附注中对有关事实是否做了披露，披露是否充分。但是，如果上述不确定事项发生的可能性较大，该事项又是重要的，即使会计报表附注中已做了充分披露，注册会计师亦应在审计报告中增加说明段，说明该不确定事项。

说明段的目的在于向会计报表使用者就不确定事项做出特别说明。虽然这些不确定事项在会计报表中已做了直接披露，或者通过对会计报表的仔细阅读就可以了解到，但注册会计师仍有必要在审计报告中提醒读者，在阅读会计报表时不应忽视这些不确定事项。

2. 一贯性的例外事项。假如被审计单位会计政策或其会计处理方法要改变，应当对这种改变的性质和影响做出充分说明。当被审计单位出现上述变动，且注册会计师认为这种变动是合理的，就应在审计报告的意见段之后增加说明段，说明这种改变的性质，向审计报告使用者说明这一变更。

3. 注册会计师同意偏离已颁布的会计准则。在特殊情况下，注册会计师认为，被审计单位对会计准则的偏离是必要的，是为了更公允地反映经济业务的性质，从而避免会计报表使用者的误解。如被审计单位在可预知其债务人将要破产而无法偿还其债务时，应增加坏账准备数额。此时，注册会计师应要求被审计单位在会计报表附注中进行披露，并在审计报告的意见段之后增加说明段，对这一偏离予以揭示。

4. 强调某一事项。在某些特定情况下，尽管注册会计师打算发表无保留意见，但仍想强调某个有关会计报表的具体事项，如与关联公司的重要交易以及影响会计报表可比性的会计事项等。类似这种说明性信息就应在审计报告的意见段之后增加说明段，单独进行说明。

5. 涉及其他注册会计师的工作。注册会计师有时要依赖别的会计师事务所的注册会计师代为完成部分审计工作。若对其他注册会计师的工作无法进行复查，或由其他注册会计师代为审核的部分在整个会计报表中很重要，应采用在审计报告的意见段之后增加说明段，在说明段中说明其他注册会计师的工作。

6. 被审计单位对外披露信息的重大差异。被审计单位除公布已审计会计报表和审计报告之外，还可能向公众公布总经理陈述书等信息资料。一般情况下，注册会计师没有责任证实会计报表及其附注之外的信息。但为了保护公司投资者及其他利害关系人的利益，避免卷入诉讼纠纷之中，注册会计师通常会阅读这些信息资料，并考虑其与会计报表中的信息有无重大差异。如存在重大差异，且该差异不是已审计会计报表所造成的，注册会计师的意见仍然可以是无保留的，但应在审计报告的意见段之后增加说明段，说明出现的差异。

六、保留意见审计报告

保留意见是指注册会计师对会计报表的反映有所保留的审计意见，一般是由于某些事项的存在，使无保留意见的条件不完全具备，影响了被审计单位会计报表的表达，因而注册会计师对无保留意见加以修正，对影响事项提出保留意见，并表示对该意见负责。

注册会计师经过审计后，出具了保留意见的审计报告，说明注册会计师认为被审计单位会计报表的反映就其整体而言是恰当的，但还存在着下述情况之一：

1. 个别重要财务会计事项的处理或个别重要会计报表项目的编制不符合《公司会计准则》及国家其他有关财务会计法规的规定，被审计单位拒绝进行调整。即被审计单位的会计处理方法与注册会计师的看法不一致，又不愿进行调整，而且这种不一致所产生的差异能够准确地计量。一般来说，注册会计师在审计过程中提出的应予调整的项目，被审计单位已经做了处理的，如调整本年度会计报表，或在不便调整时，在会计报表附注中加以反映的，审计报告中就不再表示保留，只在相应的审计工作底稿中列示。但被审计单位对于注册会计师认为比较重要的审计调整事项不进行调整，注册会计师应将这些对审计意见有较大影响的内容在审计报告中明确提出，并说明理由，指出这些调整对被审计单位提供的会计报表可能产生的影响。

2. 因审计范围受到重要的局部限制，无法按照独立审计准则的要求取得应有的审计证据。即注册会计师在审计过程中应实施的审计程序，由于审计范围受到局部限制而无法实施，也难于实施必要的替代审计程序，而且无法实施的审计程序对被审计单位的会计报表可能产生影响。

3. 个别重要会计处理方法的选用不符合一贯性原则。即被审计单位的个别会计处理方法虽符合《公司会计准则》及国家其他有关财务会计法规的规定，但前后期不一致，而且这种不一致导致对会计报表反映的影响是可以计量的。

七、否定意见审计报告

所谓发表否定意见是指与无保留意见相反，提出否定会计报表公允地反映被审计单位财务状况、经营成果和现金流量的审计意见。当未调整事项、未确定事项、违反一贯性原则的事项等对会计报表的影响程度超出一定范围，以致会计报表无法被接受，被审计单位的会计报表已失去其价值，注册会计师就不能发表保留意见，又不应不发表意见，而只能发表否定意见。注册会计师经过审计后，认为被审计单位的会计报表存在下述情况之一时，应当出具否定意见的审计报告：

1. 会计处理方法的选用严重违反《公司会计准则》及国家其他有关财务会计法规的规定，被审计单位拒绝进行调整。

2. 会计报表严重歪曲了被审计单位的财务状况、经营成果和现金流量，被审计单位拒绝进行调整。

3. 公司的持续经营能力已受到重大影响。

八、拒绝表示意见审计报告

拒绝表示意见是指注册会计师说明其对被审计单位的会计报表不能发表意见，即对会计报表不发表包括肯定、否定和保留的审计意见。注册会计师在审计过程中，由于审计范围受到委托人、被审计单位或客观环境的严重限制，不能获取必要的审计证据，或对公司的持续经营能力表示怀疑，以致无法对会计报表整体反映发表审计意见时，应当出具拒绝表示意见的审计报告。

注册会计师出具拒绝表示意见的审计报告，是注册会计师实施了必要的审计程序后发表审计意见的一种方式。如果注册会计师已能确定应当出具保留意见或否定意见的审计报告，不得以拒绝表示意见的审计报告来代替。保留意见或否定意见是注册会计师在取得充分、适当的审计证据后形成的，由于被审计单位存在某些未调整事项或未确定事项等，按其影响的严重程度而表示保留或否定的意见，并不是无法判断使用的措辞或问题的归属。拒绝表示意见是由于某些限制而未对某些重要事项取得证据，没有完成取证工作，使得注册会计师无法判断问题的归属。

上市公司 2018 年度财务会计报告被会计师事务所出具非标准审计报告的（包括带强调事项段的无保留意见的审计报告和非无保留意见的审计报告），上市公司应当按照“上市规则”第六章的规定向证券交易所提交相关文件。

若公司 2018 年度财务报告被会计师事务所出具了无法表示意见或否定意见的审计报告，上市公司应当自披露 2018 年度报告之日起，至所涉及事项解决或 2019 年半年度报告披露之日止，每半个月披露一次风险提示公告，公告中应明确说明公司近期经营状况及所涉及事项的解决情况。

九、透过现象看本质——分析非标准审计报告

我们一般将除标准无保留审计报告以外的其他 4 种审计报告称为非标准审计报告，即：无保留带说明段审计报告、保留意见审计报告、否定意见审计报告、拒绝表示意见审计报告。

一般情况下，注册会计师在对上市公司进行审计时，都会按照审计准则并依据一定的审计程序，对上市公司的财务报表的合法性、公允性做出评价。在审计过程中，注册会计师可能会或多或少地发现一些上市公司账务处理过程中有损报表合法性、公允性的因素（这些因素可能是上市公司有意或无意留下的），并会给上市公司提出调整要求。如果上市公司根据注册会计师意见进行了调整，那么注册会计师会出具无保留意见审计报告；如果上市公司拒绝按注册会计师意见对财务报告进行调整，那么注册会计师就会根据需要调整的因素对报表公允性、合法性影响程度的大小，决定是否出具非标准审计报告，并与上市公司进行讨价还价。根据我国公司治理结构的现状及其对注册会计师执业独立性的严重影响，可以得出的结论是，上市公司一般不会允许注册会计师对其报告出具非标准审计报告；而一旦一家上市公司被出具了非标准审计报

告，那么报告“说明段”里所透露的信息就非常值得投资者和有关部门高度关注了。

案例 15－1 “股神”淘金的启示

我们探讨了年报中的一些关注点，解读了年报中的利润表和现金流量表，也许投资者会质疑，看好年报就能投资成功吗？如果我告诉你的答案是肯定的，你会相信吗？下面我们借鉴巴菲特的投资案例与读者分享。

2008 年下半年，尽管金融海啸横扫全球，股市难以独善其身，很多金融巨头面临重新洗牌，但巴菲特却与众不同。他居然出手“抄底”购入通用电气 30 亿美元股票；以每股港币 8 元的价格认购 2.25 亿股比亚迪公司的股份，约占比亚迪 10% 的股份比例，交易价格总金额约为港币 18 亿元；动用 10 亿美元购买日本汽车及飞机工具机厂商 Tungaloy 公司 71.5% 股权；随后又以 50 亿美元购买高盛公司股权；花了 47 亿美元，买下美国最大电力行销巨头星座能源集团公司股权；从 2008 年 8 月 29 日至 10 月 1 日的 33 天中，由于巴菲特持有的美国伯克希尔哈撒韦公司的股价大涨 17%，巴菲特个人财产净值增加了 80 亿美元，当时总值达到了 580 亿美元。

巴菲特从 100 美元起家，通过投资拥有 580 亿美元财富，个人资产曾经超过比尔·盖茨，名列《福布斯》财富榜第一。巴菲特 40 年来所选的股票大约有 20 几只，投资 61 亿美元，盈利 318 亿美元，平均每只股票的投资收益率高达 5.2 倍，创造了有史以来最惊人的选股神话。

人们不禁要问，巴菲特靠什么来决策自己的投资，甚至敢于“逆势而为”？用他自己的话作答就是：“多数情况下，看年报足矣。”因为年报里的丰富信息，足以支持投资者做出英明的投资决策。巴菲特对中石油的投资是成功的，但很多人都不相信他是只看了公司两份年报就做出了那么英明的决定。巴菲特曾这样回答访问他的人：“我是在 2002 年春天读的年报。我从没问过任何人的意见。我当时认为，这家公司（指中石油）值1 000亿美元，但它那时的市值只有350亿美元。我们不喜欢做事要精确到小数点3位以后。如果有人体重为300～350磅，我不需要精确的体重就知道他是个胖子。如果你根据中石油年报上的数字还做不了决定，那你应该看下一家公司。”显然，巴菲特认为投资中石油确实靠看年报就够了，因为看过年报后他已经能给出公司的估值，而其市值又远远低于它的价值。巴菲特投资可口可乐、电讯股等时，也是通过研究年报做出决策的。

世界只有一个巴菲特，想照样模仿或复制是很难的，但是，学习他的投资理念、操作思路还是有可取之处的。

一般中小投资者还不太习惯看年报选股，一是因为他们不知道如何解读年报，二是习惯“跟着感觉走”，从政策面、消息面、技术面找感觉，基本面上的东西太复杂很难让人静下心来花时间做研究。我在证券公司工作时，经常给投资者培训，随便问学员，能否说出10只股票的年报数据，几乎没有人能够回答出来。他们手上常持有3只以上个股，却不了解这些股票近3年的年报信息及数据变化，也说不清具体的投资理由，只是相信朋友的推荐。这样的投资者为数不少，他们盈利的概率有多大？

想做一名合格的投资者，学会看年报、分析年报是树立正确投资观的基础。从年报中发现机遇、规避风险是我们的目的。那么，年报中哪些信息代表股票质量及投资价值，哪些信息预示股票风险？上市公司的报告中，投资者该关注什么呢？

我们通常喜欢这样看年报，即先看年报摘要，再看年报细节，以节省时间。摘要部分首先浏览主要财务指标，不外乎两种情况，不是业绩增长就是亏损，恰巧持平的不多，一般都有其内在原因。作为投资者，不仅要看当年数据，最好做纵向、横向的比较。纵向看，一般追溯3年，看其业绩是否稳定增长，前一年第3季度发过业绩预增公告的，要查核是否兑现或找差距原因、增减速度的高低；纵向比较后还要与同行业进行横向比较，确定在同行业中的经济地位及发展潜力。比如，某公司近3年情况如表15－2所示。

表 15-2 主要财务指标纵向比较 单位:%

报告期	每股收益	每股资本公积金	每股净资产	调整后每股净资产	每股可分配利润	每股未分配利润	净资产收益率	流动负债率	股东权益比率	净利润增长率
2013-12	4.0300	1.4568	11.9100		0	8.3966	33.7900	2.8796		34.2178
2013-09	3.3300	1.4570	11.2200		0	7.7078	29.7000	4.2385		97.7220
2013-06	2.3700	1.4569	10.2600		0	6.7487	23.1200	5.4521		163.5634
2013-03	0.9300	1.4569	9.6500		0	6.3047	9.5900	3.6190		62.9156
2012-12	3.0000	1.4568	8.7200		0	5.3793	34.3800	3.4419		83.2475
2012-09	1.6900	1.4568	7.2800		0	3.4870	23.1400	2.1929		57.6296
2012-06	0.9000	1.4567	6.5000		0	2.7022	13.8500	1.8150		48.0176
2012-03	0.5700	1.4566	6.1700		0	2.3815	9.2100	1.7617		23.9629
2011-12	1.5900	1.4563	6.2500	6.1700	0	2.4639	25.5100	1.9890	240.7401	34.4712
2011-09	1.0100	1.4566	5.6600	5.5900	0	2.1809	17.7900	1.8741	231.4844	35.3754
2011-06	0.6400	1.4561	5.3000	5.2300	0	1.8187	12.1000	2.0195	235.5672	25.8874
2011-03	0.9500	3.9122	11.7400	11.6100	0	4.7811	8.1100	2.3809	278.4444	21.7943

瞄一眼表中数据便可判断这是一只绩优股。该公司近3年的财务指标整体业绩优良，但当年净利润增长率相对同期却呈下滑态势，预示未来的不确定性；每股未分配利润达到历史高点8.3966元，这属于股东权益部分，该公司报告期内可能会有高送配题材；每股净资产与流动负债率的指标值需要结合年报的其他财务报表如资产负债表考查其资产质量。

表 15-3 主要财务指标横向比较

财务指标	××公司	同行业	市场平均水平
偿债能力分析			
流动比率（%）	1.14	1.36	18.03
速动比率（%）	0.47	0.86	13.50
利息支付倍数	32.35	10.08	4.76
应收账款周转率（%）		0.00	3.93
资本结构分析			
股东权益比率（%）	31.19	54.52	51.63

续表

财务指标	××公司	同行业	市场平均水平
资产负债比率（%）	68.81	41.74	45.70
长期负债比率（%）		16.21	2.16
股东权益与固定资产比率（%）	100.00	100.00	22.53
经营效率分析			
存货周转率（%）		0.00	3.34
固定资产周转率（%）		0.00	2.11
总资产周转率（%）		0.00	0.54
主营业务增长率（%）		0.00	5.10
盈利能力分析			
销售毛利率（%）	85.50	31.11	39.81
销售净利率（%）	24.21	14.27	11.16
资产收益率（%）	23.57	10.66	5.27
股东权益收益率（%）	75.58	17.74	6.72
主营业务利润率（%）	66.10	10.10	38.66
投资收益分析			
每股收益（元）	1.17	0.44	0.22
每股净资产（元）	1.54	2.57	2.28

从表15－3中我们不难发现，该公司流动比率（流动比率＝流动资产/流动负债）、速动比率［速动比率＝（流动资产－存货）/流动负债］都比同行业低，达不到市场平均水平，说明其偿债能力相对较弱，而盈利能力、每股收益相对同行业偏高。

以上比较结果总体来看，该公司的投资价值偏高、近期可能产生的投资风险较小。

年报的信息量确实很丰富，我们只看与自己相关的数据及相关事项，定量看完公司年报财务数据后，必须回头看会计师的审计报告是否为标准意见，有没有持保留意见或拒绝表示意见。非标准审计报告原则上可能是因为上市公司某些不确定因素所致，投资者不得不小心“地雷”，规避股票的投资风险。对于二级市场的投资者，应关注股东情况表，对股东户数减少，又是QFII、股票基金等机构入驻的个股，如底部量聚股价还没有拉升的优质股，应重点分析与跟踪。在董事会报告中的“管理层讨论与分析”部分，应关注或有事项，排除隐患发现机遇。

对于长期亏损公司，投资者要不离不弃，仔细阅读年报中的相关信息，比如已有实力大股东入驻、开始进行全面资产重组、出现经常性的或者跨年度的补贴收益，且技术面股价处在相对低位，未来大股东实力雄厚、置入资产的价值将提升、补贴收入对每股收益贡献突出，以及整合后公司的未来盈利能力是否增强，扭亏为盈后是否会乌鸦变凤凰等，这些都是代表股票质量及投资价值的有效信息。

读懂年报其实不难，难就难在专注与耐心。巴菲特在决策时说“多数情况下，看年报足矣”，但他还有句名言：“当别人贪婪时我们恐惧，当别人恐惧时我们贪婪。无人对股票感兴趣之日，正是你应对股票感兴趣之时。”

本章要点

上市公司编制年报中，要处理好上市公司在新旧企业会计准则衔接和实施过程中的疑难问题，遵守新《企业会计准则》及证监会公布的新修订的上市公司年报准则要求，重点把握：

1. 年报披露包括的基本内容。
2. 三大会计报表的编制规则。
3. 审计报告的分析与处理。

思考题

1. 如何理解年报披露规则？
2. 新准则下的董事会报告包括哪些主要内容？
3. 如何从审计报告中解读企业未来发展趋势？

第十六章

境外融资

境外融资其实主要是通过资本市场和货币市场发行股票和债券进行融资。一些境内企业常常以为境内融资难度系数大，如融资渠道少、资金少、政策支持少、上市门槛高、程序多、时间长、效率低等；而认为境外融资优势多，如资金资源多，上市规则简洁明确，没有行政审批和人为干扰，成本可控性好，纯市场化操作，上市时间和融资效果可以预期，上市团队专业性强配合程度高，融资周期短，境外上市融资还可以提升企业的国际地位，容易得到中外政府的双重支持等。所以，到境外融资也成为企业愿意尝试的一种方法和募集资金的途径。

根据我国相关政策，外资企业举借外债的管理政策较内资企业宽松，外资企业可以在批准的投资总额和注册资本差额内自由举借外债。为了从境外融资的方便，很多内资企业通过各种方式实现外资化。

目前境外几个离岸金融中心有英属维尔京群岛、巴拿马、开曼群岛、百慕大等，而中国澳门、中国香港等地是内地企业融资的主要场所。

第一节　境外融资政策支持

一、《关于完善市场约束机制严格防范外债风险和地方债务风险的通知》

国家发改委财政部2018年5月出台了《关于完善市场约束机制严格防范外债风险和地方债务风险的通知》，具体内容如下：

1. 拟举借中长期外债企业（含金融机构，下同）要实现实体化运营，依法合规开展市场化融资，充分论证发行外债的必要性、可行性、经济性和财务可持续性，同时依托自身资信状况制订外债本息偿付计划，落实偿债保障措施。严禁企业以各种名义要求或接受地方政府及其所属部门为其市场化融资行为提供担保或承担偿债责任，切实做到“谁用谁借、谁借谁还、审慎决策、风险自担”。

2. 要紧密围绕推进供给侧结构性改革的方向，着力支持综合经济实力强、国际化经营水平高、风险防控机制健全的大型企业赴境外市场化融资，募集资金重点用于支持创新发展、绿色发展、战略性新兴产业、高端装备制造业以及“一带一路”建设和国际产能合作等。

3. 拟举借中长期外债企业要建立健全规范的公司治理结构、管理决策机制和财务管理制度。申报企业拥有的资产应当质量优良、权属清晰，严禁将公立学校、公立医院、公共文化设施、公园、公共广场、机关事业单位办公楼、市政道路、非收费桥梁、非经营性水利设施、非收费管网设施等公益性资产及储备土地使用权计入企业资产。

4. 利用外债资金支持的募投项目，要建立市场化的投资回报机制，形成持续稳定、合理可行的财务预期收益。如募投项目取得投资补助、运营补贴、财政贴息等财政资金支持，有关决策程序必须依法合规，必须把地方财政承受能力和中长期财政可持续作为重要约束条件，坚决杜绝脱离当地财力可能进行财政资金支持。

5. 拟举借中长期外债企业要统筹考虑汇率、利率、币种及企业资产负债结构等因素，灵活运用货币互换、利率互换、远期外汇买卖、期权、掉期等金融产品，稳妥选择融资工具，合理持有外汇头寸，密切关注汇率变动，有效防控外债风险。

6. 拟举借中长期外债企业要规范信息披露。在债券募集说明书等文件中，不得披露所在地区财政收支、政府债务数据等可能存在政府信用支持的信息，严禁与政府信用挂钩的误导性宣传，并在相关文件中明确，地方政府作为出资人仅以出资额为限承担责任，相关举借债务由发债企业作为独立法人负责偿还。有关信用评级机构不得将企业信用与地方政府信用挂钩。申报企业应对申请材料的真实性、合规性负责。

7. 发展改革部门要切实加大事中事后监管力度，利用社会信用体系建设、大数据预警监测分析等多种创新方式，加强对外债资金使用情况和项目后续建设运营情况的督促检查工作。财政部门对依法合规承接政府投资项目的企业，应当按规定和批准的预算及时拨付资金，不得拖欠。

8. 建立健全责任主体信用记录，对涉及地方政府违法违规融资和担保的企业、承销机构、会计师事务所、律师事务所等主体及其主要负责人，加大惩处问责力度，纳入相关领域黑名单和全国信用信息共享平台归集共享，实施跨部门联合惩戒，及时公开通报，并限制相关责任主体新申请或参与外债备案登记工作。

二、《中国人民银行关于全口径跨境融资宏观审慎管理有关事宜的通知》

人民银行发布《中国人民银行关于全口径跨境融资宏观审慎管理有关事宜的通知》（银发〔2017〕9 号，以下称“9 号文”），具体规定如下所示。

9 号文所称跨境融资，是指境内机构从非居民融入本、外币资金的行为。通知适用依法在中国境内成立的法人企业和法人金融机构。

9 号文进一步完善了本外币一体化的全口径跨境融资宏观审慎管理

框架。在监管持续“扩流入”政策导向下，对企业和银行的跨境融资政策进一步放松。在新政策下，人民银行跨境融资额度会更充裕，境外直贷、内保外贷、NRA 相关业务、国际信用证、代理同业开证、境外代付、跨境同业代付等各项跨境业务均出现重大机遇。主要内容包括以下几项：

1. 企业跨境融资业务。

（1）企业应当在跨境融资合同签约后但不晚于提款前 3 个工作日，向国家外汇管理局的资本项目信息系统办理跨境融资情况签约备案。为企业办理跨境融资业务的结算银行应向中国人民银行人民币跨境收付信息管理系统报送企业的融资信息、账户信息、人民币跨境收支信息等，所有跨境融资业务材料留存结算银行备查，保留期限为该笔跨境融资业务结束之日起 5 年。

（2）企业办理跨境融资签约备案后以及金融机构自行办理跨境融资信息报送后，可以根据提款、还款安排为借款主体办理相关的资金结算，并将相关结算信息按规定报送至中国人民银行、国家外汇管理局的相关系统，完成跨境融资信息的更新。

企业应每年及时更新跨境融资以及权益相关的信息（包括境外债权人、借款期限、金额、利率和自身净资产等）。如经审计的净资产，融资合同中涉及的境外债权人、借款期限、金额、利率等发生变化的，企业应及时办理备案变更。

（3）开展跨境融资涉及的资金往来，企业可采用一般本外币账户办理，也可采用自由贸易账户办理。

（4）企业融入外汇资金可意愿结汇。企业融入资金的使用应符合国家相关规定，用于自身的生产经营活动，并符合国家和自贸实验区的产业宏观调控方向。

2. 金融机构跨境融资业务。

中国人民银行总行对 27 家银行类金融机构跨境融资业务实行统一管理，27 家银行类金融机构以法人为单位集中向中国人民银行总行报送相关材料。国家外汇管理局对除 27 家银行类金融机构以外的其他金融机构跨境融资业务进行管理。金融机构开展跨境融资业务前，应根据本通知要求，结合自身情况制定本外币跨境融资业务的操作规程和内控制度，报中国人民银行、国家外汇管理局备案后实施。

（1）金融机构首次办理跨境融资业务前，应按照本通知的跨境融资杠杆率和宏观审慎调节参数，以及本机构最近一期经审计的资本数据，计算本机构跨境融资风险加权余额和跨境融资风险加权余额上限，并将计算的详细过程情况报送中国人民银行、国家外汇管理局。

金融机构办理跨境融资业务，应在本机构跨境融资风险加权余额处于上限以内的情况下进行，如跨境融资风险加权余额低于上限额，则金融机构可自行与境外机构签订融资合同。

（2）金融机构可根据《人民币银行结算账户管理办法》（中国人民银行令〔2003〕第 5 号）等管理制度开立本外币账户，办理跨境融资涉及的资金收付。

（3）金融机构应在跨境融资合同签约后执行前，向中国人民银行、国家外汇管理局报送资本金额、跨境融资合同信息，并在提款后按规定报送本外币跨境收入信息，支付利息和偿还本金后报送本外币跨境支出信息。如经审计的资本，融资合同中涉及的境外债权人、借款期限、金额、利率等发生变化的，金融机构应在系统中及时更新相关信息。

（4）金融机构融入资金可用于补充资本金，服务实体经济发展，并符合国家产业宏观调控方向。经国家外汇管理局批准，金融机构融入外汇资金可结汇使用。

3. 企业和金融机构的跨境融资签约币种。提款币种和偿还币种须保持一致。

4. 跨境融资风险加权余额及上限的计算均以人民币为单位，外币跨境融资以提款日的汇率水平按以下方式折算计入：已在中国外汇交易中心挂牌（含区域挂牌）交易的外币，适用人民币汇率中间价或区域交易参考价；未在中国外汇交易中心挂牌交易的货币，适用中国外汇交易中心公布的人民币参考汇率。

5. 纳入本外币跨境融资的各类型融资在跨境融资风险加权余额中按以下方法计算。

（1）表外融资（或有负债）：金融机构向客户提供的内保外贷按

20%纳入跨境融资风险加权余额计算；金融机构因客户基于真实跨境交易和资产负债币种及期限风险对冲管理服务需要的衍生产品而形成的对外或有负债，及因自身币种及期限风险对冲管理需要，参与国际金融市场交易而产生的或有负债，按公允价值纳入跨境融资风险加权余额计算。金融机构在报送数据时需同时报送本机构或有负债的名义本金及公允价值的计算方法。

（2）跨境融资风险加权余额上限的计算如下：

跨境融资风险加权余额上限 = 资本或净资产 × 跨境融资杠杆率 × 宏观审慎调节参数

资本或净资产：企业按净资产计，银行类法人金融机构（包括政策性银行、商业银行、农村合作银行、城市信用合作社、农村信用合作社、外资银行）按一级资本计，非银行法人金融机构按资本（实收资本或股本资本公积）计，外国银行境内分行按运营资本计，以最近一期经审计的财务报告为准。

（3）其他：其余各类跨境融资均按实际情况纳入跨境融资风险加权余额计算。

个别地方试点国内信用证人民币福费廷跨境资产转卖业务须按100%比例占用跨境融资风险余额，期限系数一年（含）以下为1，以地方政策为准。

中国人民银行可根据宏观金融调控需要和业务开展情况，对跨境融资风险加权余额中各类型融资的计算方法进行调整。

（4）跨境融资风险加权余额及上限的计算均以人民币为单位，外币跨境融资以提款日的汇率水平按以下方式折算计入：已在中国外汇交易中心挂牌（含区域挂牌）交易的外币，适用人民币汇率中间价或区域交易参考价；未在中国外汇交易中心挂牌交易的货币，适用中国外汇交易中心公布的人民币参考汇率。

（5）中国人民银行建立跨境融资宏观风险监测指标体系，在跨境融资宏观风险指标触及预警值时，采取逆周期调控措施，以控制系统性金融风险。

三、前海跨境融资平台

（一）什么是前海跨境人民币贷款

前海跨境人民币贷款是指符合条件的境内企业从中国香港经营人民币业务的银行借入人民币资金；符合条件的境内企业指在前海注册成立的，并在前海实际经营或投资的内资企业或外资企业。

（二）前海跨境人民币贷款的优势

1. 内资企业无须申请外债额度。按照现行外债管理规定，内资企业是很难申请到外债额度的，而依据前海跨境人民币贷款新政，内资企业无须向外汇局申请额度。

2. 境外融资成本低于境内。一般中国香港银行提供境内企业的1年期人民币贷款利率为4%～5%（如按4%贷款利率计算，相关税费约0.58%），融资成本明显低于境内。此外还有人民币融资规避汇率风险、利率不受央行基准限制、贷款期限双方协商确定等优势。

（三）前海跨境人民币贷款资金用途要求与限制

借款资金的用途要求符合前海产业目录要求，用于前海的建设与发展，优先支持进口及对外支付。借款资金不得投资有价证券/金融衍生品、不得购买非自用房产、不得用于委托贷款/购买理财产品。

（四）交易主体

跨境人民币贷款涉及以下几个交易主体：前海注册企业（借款人）、境外贷款银行（目前为中国香港地区银行，未来将进一步放开其他地区）、境内结算银行（指深圳市银行业金融机构）、贷款监管机构（指深圳人行）。

（五）跨境人民币贷款担保

《前海跨境人民币贷款管理暂行办法》第15条规定，境内金融机构和企业可以保证、抵押或者质押等形式，为前海跨境人民币贷款提供担保。《跨境担保外汇管理规定》放松了对跨境担保的审批，拓宽了跨境担保的方式，为跨境人民币贷款担保提供了便利。本文提到的交易模式属于借款人在境内、贷款人在境外的情形，此种借贷模式下担保应属于该规定中其他形式的跨境担保，可以自行签订跨境担保合同，除外汇局另有明确规定外，担保人、债务人不需要就其他形式跨境担保到外汇局办理登记或备案。具体担保方式也由传统的银行保函担保扩大到机构和个人保证担保、物权的抵押质押等多种形式。

（六）对港发债

《国务院关于支持深圳前海深港现代服务业合作区开发开放有关政策的批复》明确支持在前海注册、符合条件的企业和金融机构在国务院批准的额度范围内在中国香港发行人民币债券，用于支持前海开发建设。

（七）设立母基金

《国务院关于支持深圳前海深港现代服务业合作区开发开放有关政策的批复》明确支持设立前海股权投资母基金。在前海部际联席会议上，人民银行表示，支持设立母基金，同意在境外募集人民币资金调回境内作为基金的资金来源。国家发改委于 2013 年 3 月 12 日批复，原则支持设立前海股权投资母基金，并可将在中国香港募集人民币资金投向前海使用；母基金应在完成工商登记后一个月内到该委备案。商务部表示：同意前海母基金在投资子基金比例不超过后者基金规模 10% 的情况下，子基金视同内资管理，但不应涉及禁止外商投资的领域。前海管理局已草拟母基金设立方案，前海金控、国开金融已着手成立筹备小组，开展工作。

（八）前海跨境融资再创新

在前海，金融与科技相结合，金融与现代服务业相结合，在继续推进人民币资本项目可兑换、资本项下资金流动先行先试，离岸市场金融创新业务试点等金融改革的同时，前海将可能发展成为亚太乃至全球现代服务业的重要基地。

第二节　境外非金融企业债务融资

根据中国银行间市场交易商协会发布的《境外非金融企业债务融资工具业务指引（试行）》精神，解决境内外规则惯例接轨问题，提高市场运行效率，提升市场透明度，夯实银行间市场对外开放的制度基础，交易商协会积极推进熊猫债市场制度体系建设，致力于推动熊猫债市场发展成为规则透明、机制高效、流程规范的市场，进而推动银行间市场对外开放的持续稳健发展。

一、注册和发行

境外非金融企业发行债务融资工具应在交易商协会注册，并按照《非金融企业债务融资工具注册发行规则》中规定的发行方式发行债务融资工具。操作上有以下规则：

1. 发行债务融资工具应由具备非金融企业债务融资工具相关承销业务资格的金融机构承销。至少一家主承销商须在企业注册或主要营业国家或地区有子公司或分支机构，或有其他必要安排，以确保其具备开展尽职调查等工作的能力。

2. 交易商协会接受发行注册的，向境外非金融企业出具《接受注册通知书》，注册有效期 2 年。

境外非金融企业发行债务融资工具的，可在接受注册后 12 个月（含）内自主发行，12 个月后发行的应事先向交易商协会备案。

3. 定向发行债务融资工具的，可在注册有效期内自主定向发行。境外非金融企业在接受注册后 12 个月内（含）未发行的，12 个月后首期发行应事先向交易商协会备案。

4. 发行超短期融资券、资产支持票据、项目收益票据等债务融资工具品种另有规定的，从其规定。

5. 自接受注册之日起至债务融资工具债权债务关系确立前，境外非金融企业发生重大事项，或者发生非重大、但可能对投资价值及投资决策判断有重要影响事项的，参照《非金融企业债务融资工具公开发行注册工作规程》、《非金融企业债务融资工具定向发行注册工作规程》相关规定，进行补充信息披露或提交注册会议评议。

6. 境外非金融企业发行债务融资工具，应于每期发行文件公告前至少3个工作日，向交易商协会提交当期债务融资工具的募集资金使用计划书。首次发行及备案发行项目无须提交募集资金使用计划书。

二、注册文件要求

境外非金融企业发行债务融资工具，应依据交易商协会相关自律规则和相关指引要求编制注册文件。应向交易商协会提交以下注册文件：

1. 注册报告（附境外合法注册成立的证明文件、章程性文件、有权机构决议或其他证明文件）。

2. 募集说明书。

3. 近3个会计年度经审计的财务报告，及最近一期会计报表（若有）。

4. 信用评级报告及跟踪评级安排（若有）。

5. 境内律师事务所和发行人所在国家（地区）具有相关法域执业资质的律师事务所分别出具的法律意见书。

6. 境外会计师同意函（如适用）。

7. 承销协议。

8. 交易商协会要求的其他文件。

境外非金融企业定向发行债务融资工具，应向交易商协会提交以下注册文件：

1. 注册报告（附境外合法注册成立的证明文件、章程性文件、有权机构决议或其他证明文件）。

2. 主承销商推荐函。

3. 定向发行协议或定向募集说明书。

4. 近两个会计年度经审计的财务报告，及最近一期会计报表（若有）。

5. 境内律师事务所和发行人所在国家（地区）具有相关法域执业资质的律师事务所分别出具的法律意见书。

6. 境外会计师同意函（如适用）。

7. 承销协议。

8. 交易商协会要求的其他文件。

境外非金融企业如编制合并财务报表，除提交并披露合并财务报表外，原则上还应提交并披露母公司财务报表，或披露母公司财务状况中对投资者投资决策有重要影响的内容并在注册发行文件显著位置提示投资者。

境外非金融企业发行债务融资工具若公开披露信用评级报告，其评级报告应由经认可的全国银行间债券市场评级机构出具。财务报告的会计准则和审计要求应适用中国相关监管机构的规定或要求。应由企业注册所在国家（地区）具有相关法域执业资质的律师事务所出具涉及境外事项的法律意见。境内律师事务所应对涉及的境内事项出具法律意见。律师事务所应对其出具的法律意见承担法律责任。

四、募集资金使用

境外非金融企业发行债务融资工具所募集的资金可根据相关法律法规及监管要求使用于中国境内或境外。

募集资金的账户开立、跨境汇拨及信息报送等事宜，应符合中国人民银行及国家外汇管理局的有关规定。

境外非金融企业应确保募集资金用途符合相关法律法规和国家政策要求，严格按照募集说明书披露的资金用途使用募集资金，并履行相关信息披露义务。如存续期内需要变更募集资金用途，应履行相关变更程序，并至少于变更前5个工作日披露相关变更情况。变更后的募集资金用途也应符合相关法律法规及国家政策要求。

五、信息披露

1. 境外非金融企业发行债务融资工具，应通过交易商协会认可的网站公布当期发行文件。发行文件应至少包括：

（1）信用评级报告和跟踪评级安排（若有）。

（2）境内律师事务所和发行人所在国家（地区）具有相关法域执业资质的律师事务所分别出具的法律意见书。

（3）近3个会计年度经审计的财务报告，及最近一期会计报表（若有）。

（4）境外会计师同意函（如适用）。

（5）交易商协会要求的其他文件。

2. 境外非金融企业定向发行债务融资工具的，应通过中国银行间市场交易商协会综合业务和信息服务平台对定向投资人披露当期发行文件。发行文件应至少包括：

（1）境内律师事务所和发行人所在国家（地区）具有相关法域执业资质的律师事务所分别出具的法律意见书。

（2）近两个会计年度经审计的财务报告，及最近一期会计报表（若有）。

（3）境外会计师同意函（如适用）。

（4）交易商协会要求的其他文件。

3. 境外非金融企业应定期披露相关财务信息。存续期信息披露参照《银行间债券市场非金融企业债务融资工具信息披露规则》，在注册发行文件中约定。境外非金融企业在其他证券市场披露的财务信息，应在全国银行间债券市场披露。

在存续期内发生可能影响其偿债能力的重大事项、更正已披露信息差错及变更会计政策和会计估计的，应及时披露。重大事项参照《信息披露规则》对于重大事项的定义，在注册发行文件中约定。境外非金融企业在其他证券市场披露的重大事项，应在全国银行间债券市场披露。

4. 境外非金融企业发行债务融资工具，注册发行环节披露的文件应为中文或附中文版本。

存续期信息披露原则上应为中文。如境外非金融企业以英文在其他证券市场披露，应同时或在合理的最短时间内在全国银行间债券市场披露英文信息，并且按照注册发行文件指定的时间披露重要内容的中文版本。如境外非金融企业以英文在其他证券市场披露应同时或在合理的最短时间内在全国银行间债券市场披露英文信息，并且不晚于7个工作日披露中文版本或摘要。

5. 注册发行环节披露的主要文件应为中文或附中文版本，其他文件可与定向投资人约定以中文或英文披露。存续期信息披露可由企业与定向投资人约定以中文或英文披露；如未约定，参照《非金融企业债务融资工具市场自律处分规则》第28条要求执行。

境外非金融企业应确保所有信息披露文件翻译的准确性，并对因翻译差错给投资者造成的损失承担责任。

第三节　引进战略投资者

一、什么是战略投资者

所谓战略投资者的确切定义，目前还没有统一、权威的答案，应该说境内外标准基本相同。对于把目标瞄准上市公司或拟上市公司的战略投资者是指符合国家法律、法规和规定要求，与发行人具有合作关系或合作意向和潜力并愿意按照发行人配售要求与发行人签署战略投资配售协议的法人，是与发行公司业务联系紧密且欲长期持有发行公司股票的法人。

我国在新股发行中引入战略投资者，允许战略投资者在发行人发行新股中参与申购。主承销商负责确定一般法人投资者，每一发行人都在股票发行公告中给予其战略投资者一个明确细化的界定。

具体来讲战略投资者就是指具有资金、技术、管理、市场、人才优势，能够促进产业结构升级，增强企业核心竞争力和创新能力，拓展企业产品市场占有率，致力于长期投资合作，谋求获得长期利益回报和企业可持续发展的境内外大企业、大集团。操作时一般要把握以下几条原则：

1. 战略投资者必须具有较好的资质条件，拥有比较雄厚的资金、核心的技术、先进的管理等，有较好的实业基础和较强的投融资能力。

2. 战略投资者不仅要能带来大量资金，更要能带来先进技术和管理，能促进产品结构、产业结构的调整升级，并致力于长期投资合作，谋求长远利益回报。

3. 引进战略投资者，要结合各自的实际情况，根据不同情况选择合适的合作对象，不仅与国际500强、国家500强建立战略投资合作关系，对有资金、有技术、有市场，能够增强企业竞争力和创新能力、形成产业集群的实力投资人也可以建立战略投资合作关系。

二、战略投资者的分类

1. 资本实力雄厚类。此类群体投资规模大、持股量较多、市场再融资能力强，比较喜欢投资金融、房地产业。

2. 偏科技类投资型。此类群体的特点是，既有大资本，又有技术含量高、创新能力强、品牌影响大、市场营销网络健全等优势，常常喜欢投资生物科技、能源等产业。

3. 资源整合型。此类群体具有较好的产业背景和管理水平，资源整合能力强，以谋求长期战略利益为目的，把处于同一或相近行业的对象进行产业整合，打造出具有国际影响力的大企业、大集团，从而获得长远丰厚的回报。

三、规范外商投资

根据《中华人民共和国外商投资法》相关规定，外商投资是指外国的自然人、企业或者其他组织直接或者间接在中国境内进行的投资活动，包括下列情形：

1. 外国投资者单独或者与其他投资者共同在中国境内设立外商投资企业。

2. 外国投资者取得中国境内企业的股份、股权、财产份额或者其他类似权益。

3. 外国投资者单独或者与其他投资者共同在中国境内投资新建项目。

4. 法律、行政法规或者国务院规定的其他方式的投资。

国家坚持对外开放的基本国策，鼓励外国投资者依法在中国境内投资。

国家实行高水平投资自由化便利化政策，建立和完善外商投资促进机制，营造稳定、透明、可预期和公平竞争的市场环境。

国家对外商投资实行准入前国民待遇加负面清单管理制度。

准入前国民待遇，是指在投资准入阶段给予外国投资者及其投资不低于本国投资者及其投资的待遇；所谓负面清单，是指国家规定在特定领域对外商投资实施的准入特别管理措施。国家对负面清单之外的外商投资，给予国民待遇。

外商投资企业，是指全部或者部分由外国投资者投资，依照中国法律在中国境内经登记注册设立的企业。

对外国投资者在中国境内投资银行业、证券业、保险业等金融行业，或者在证券市场、外汇市场等金融市场进行投资的管理，国家另有规定的，依照其规定。

外商投资企业的组织形式、组织机构及其活动准则，适用《公司法》、《企业法》等法律的规定。

外商投资企业开展生产经营活动，应当遵守法律、行政法规有关劳动保护、社会保险的规定，依照法律、行政法规和国家有关规定办理税收、会计、外汇等事宜，并接受相关主管部门依法实施的监督检查。

外国投资者并购中国境内企业或者以其他方式参与经营者集中的，应当依照《中华人民共和国反垄断法》的规定接受经营者集中审查。

国家建立外商投资信息报告制度。外国投资者或者外商投资企业应当通过企业登记系统以及企业信用信息公示系统向商务主管部门报送投资信息。

外商投资信息报告的内容和范围按照确有必要的原则确定；通过部门信息共享能够获得的投资信息，不得再行要求报送。

四、我国有哪些商业银行引进了战略投资者

中资商业银行包括：国有控股大型商业银行、中国邮政储蓄银行、股份制商业银行、城市商业银行等。

中国银行业引进的战略投资者应该是注重长期利益、与所入股银行结成利益共同体的投资者。引进战略投资者必须坚持五项原则、符合五个标准，才算合格的战略投资者，才能达到我国银行业改革开放的预期目的，才能提高中资银行的国际竞争力，才能实现中外资银行“双赢”。五项原则是：

1. 从国家利益看，要保持国家对大型银行的绝对控股。

2. 从市场行为看，中外双方应按市场原则在自愿、互利的基础上进行合作。

3. 从中方看，引进战略投资者主要不是为了引进资金，而是为了引进先进的管理经验和技术手段，促进中资银行完善公司治理结构，提高管理水平，因此，引进战略投资者应与自身特点相结合，以提升中资银行自主创新能力和管理水平为目的。

4. 从外方看，投资入股中资银行一般应当是大型金融机构，在银行经营管理方面有丰富经验。

5. 从监管看，要坚持严格的资格审查，并跟踪和评估实际效果。

五个标准为：

1. 投资所占股份比例不低于5%。

2. 股权持有期在3年以上。

3. 派驻董事。

4. 入股中资同质银行不超过两家。

5. 技术和网络支持。

这些年部分外资入驻的中资银行持股情况如表16－1所示。

表 16－1　部分外资股东对中资银行主要持股情况一览

被投资银行名称	外资股东名称	持股比例（%）	地位
交通银行	汇丰银行	19.03	第二大股东
渤海银行	渣打银行	19.99	第二大股东
恒丰银行	新加坡大华银行	13.18	第二大股东
天津银行	澳新银行	11.95	第二大股东
杭州银行	澳洲联邦银行	17.996	第一大股东
齐鲁银行	澳洲联邦银行	20	第一大股东
重庆银行	大新银行	14.66	第一大股东
南京银行	法国巴黎银行	18.63	第一大股东
厦门银行	富邦银行（香港）	19.99	第一大股东
北京银行	荷兰 ING 集团	13.64	第一大股东
西安银行	加拿大丰业银行	20	第一大股东
厦门国际银行	亚洲开发银行	2.55	前十大股东
厦门国际银行	美国赛诺金融集团	1.27	前十大股东
上海银行	西班牙桑坦德银行	6.48	第二大股东
宁波银行	新加坡华侨银行	20（含 QFII）	并列第一大股东
青岛银行	意大利联合圣保罗银行	15.33	第一大股东
成都银行	马来西亚丰隆银行	19.99	第二大股东
天津滨海农商行	国际金融公司	7.64	第八大股东
吉林银行	韩亚银行	16.98	第一大股东
烟台银行	恒生银行	15.09	第二大股东
烟台银行	永隆银行	3.77	第三大股东
营口银行	马来西亚联昌银行	14.66	第二大股东
四川天府银行	德国投资与开发有限公司（DEG）	6	第五大股东

银监会及其派出机构依照《中国银行业监督管理委员会行政许可实施程序规定》，对中资商业银行实施行政许可。

第四节　外商投资证券公司

为了适应证券市场对外开放的需要，加强和完善对外商投资证券公司的监督管理，明确外商投资证券公司的设立条件和程序，须根据《公司法》和《证券法》有关规定执行。

扩大金融业对外开放，尤其是在2018年内确保放宽外资股比限制的落地，让外资进一步进军国内证券行业是必然趋势，同时也是外资进入中国资本市场的一次重大机遇，它将加速国内证券业分化，重新洗牌后，会提升证券业整体国际竞争力。境外机构投资者对中国资本市场有着巨大的投资需求，如果能够很好地利用这些资源，中国资本市场也能得到很好的发展，企业更直接地进入国际资本市场融资，降低融资难度和融资成本。通过境外股东与境内股东依法共同出资设立的证券公司搭建的平台，资本流进与输出的监管体系更加完善，对于防止系统性金融风险具有深刻意义。

一、什么是外商投资证券公司

1. 境外股东与境内股东依法共同出资设立的证券公司。

2. 境外投资者依法受让、认购内资证券公司股权，内资证券公司依法变更的证券公司。

3. 内资证券公司股东的实际控制人变更为境外投资者，内资证券公司依法变更的证券公司。

证监会负责对外商投资证券公司的审批和监督管理。

二、设立外商投资证券公司的条件

设立外商投资证券公司除应当符合《公司法》、《证券法》、《证券公司监督管理条例》和经国务院批准的证监会规定的证券公司设立条件外，还应当符合下列条件：

1. 境外股东具备相关办法规定的资格条件，其出资比例、出资方式符合相关办法的规定。

2. 初始业务范围与控股股东或者第一大股东的经营证券业务经验相匹配。

3. 证监会规定的其他审慎性条件。

三、境外股东的条件

外商投资证券公司的境外股东应当具备下列条件：

1. 所在国家或者地区具有完善的证券法律和监管制度，相关金融监管机构已与证监会或者证监会认可的机构签订证券监管合作谅解备忘录，并保持着有效的监管合作关系。

2. 为在所在国家或者地区合法成立的金融机构，近3年各项财务指标符合所在国家或者地区法律的规定和监管机构的要求。

3. 持续经营证券业务5年以上，近3年未受到所在国家或者地区监管机构或者行政、司法机关的重大处罚，无因涉嫌重大违法违规正受到有关机关调查的情形。

4. 具有完善的内部控制制度。

5. 具有良好的国际声誉和经营业绩，近3年业务规模、收入、利润居于国际前列，近3年长期信用均保持在高水平。

6. 证监会规定的其他审慎性条件。

四、申请设立外商投资证券公司应提交的文件

申请设立外商投资证券公司，应当由全体股东共同指定的代表或者委托的代理人向证监会提交下列文件：

1. 境内外股东的法定代表人或者授权代表共同签署的申请表。

2. 关于设立外商投资证券公司的合同及章程草案。

3. 外商投资证券公司拟任董事长、总经理、合规负责人简历。

4. 股东的营业执照或者注册证书、证券业务资格证书复印件。

5. 申请前3年境内外股东经审计的财务报表。

6. 境外股东所在国家或者地区相关监管机构或者证监会认可的境外机构出具的关于该境外股东是否具备相关办法规定的条件的说明函。

7. 境外股东具有良好的国际声誉和经营业绩，近3年业务规模、收入、利润居于国际前列以及近3年长期信用情况的证明文件。

8. 由中国境内律师事务所出具的法律意见书。

9. 证监会要求的其他文件。

五、变更为外商投资证券公司时应提交的文件

内资证券公司申请变更为外商投资证券公司，应当向证监会提交下列文件：

1. 法定代表人签署的申请表。

2. 股东（大）会关于变更为外商投资证券公司的决议。

3. 公司章程修改草案。

4. 股权转让协议或者出资协议（股份认购协议）。

5. 拟在该证券公司任职的境外投资者委派人员的名单、简历以及相应的从业资格证明文件、任职资格证明文件。

6. 境外股东的营业执照或者注册证书、相关业务资格证书复印件。

7. 申请前 3 年境外股东经审计的财务报表。

8. 境外股东所在国家或者地区相关监管机构或者证监会认可的境外机构出具的关于该境外股东是否具备相关办法规定条件的说明函。

9. 境外股东具有良好的国际声誉和经营业绩，近 3 年业务规模、收入、利润居于国际前列以及近 3 年长期信用情况的证明文件。

10. 由中国境内律师事务所出具的法律意见书。

11. 证监会要求的其他文件。

第五节　金融衍生品

一、基金

（一）品种划分

1. 封闭式基金和开放式基金

这是根据基金的运作方式分类的，主要是看基金份额是不是固定，

投资者是不是允许申购和赎回。封闭式基金是指基金份额在基金合同期限内固定不变，基金份额可以在依法设立的证券交易所交易，但基金份额持有人不得申请赎回的一种基金运作方式。开放式基金是指基金份额不固定，基金份额可以在基金合同约定的时间和场所进行申购或者赎回的一种基金运作方式。这里所指的开放式基金特指传统的开放式基金，不包括 ETF（交易型开放式指数基金）、LOF（上市开放式基金）等新型开放式基金。

2. 公司型基金和契约型基金

这是根据基金的组织形式来分类的，是由不同国家不同的法律环境来决定的，目前我国的基金全部是契约型基金，而美国绝大多数基金则是公司型基金。

3. 股票基金、债券基金、货币市场基金、混合基金等

这是根据基金主要投资对象的不同来分类的，顾名思义，股票基金以股票投资为主，货币市场基金以货币市场工具为投资对象。在我国现行法规的规定下，以上分类的基金在各自的投资风险与预期收益方面也有明显的区别，股票基金的预期收益和投资风险都是最高的，混合基金次之，债券基金较低，而货币市场基金的预期收益和投资风险都是最低的。

60%以上的基金资产投资于股票的，为股票基金；80%以上的基金资产投资于债券的，为债券基金；仅投资于货币市场工具的，为货币市场基金；投资于股票、债券和货币市场工具，并且股票投资和债券投资比例不符合股票基金、债券基金规定的为混合基金。

4. 成长型基金、价值型基金和平衡型基金

这是根据投资目标的不同而分类的，如成长型基金是指以追求资本增值为基本目标，较少考虑当期收入的基金，主要以具有良好增长潜力的股票为投资对象。

5. 主动型基金和被动（指数）型基金

这是根据投资理念不同而分类的，主动型基金是一类力图超越基准组合表现的基金；被动型基金则不主动寻求取得超越市场的表现，而是试图复制指数的表现，并且一般选取特定的指数作为跟踪的对象，因此通常又被称为指数型基金。相比较而言，主动型基金比被动型基金的风险更大，但取得的收益也可能更大。

6. 特殊类型的基金

如伞形基金、保本基金、交易型开放式指数基金与上市开放式基金等。

（二）国际市场上的基金

国际市场上的基金大体分为共同基金、私募基金、封闭式基金、交易基金等，它们在不同程度上运用金融衍生品进行交易。

一般情况下共同基金专指开放式基金。以美国为例，美国曾是世界上最大的共同基金市场。

国外公共基金对股指期货的运用主要是资产管理和套期保值，更多是为资产做对冲，是风险管理的手段之一。共同基金基本上是不用它来做投机的，对于用多少资产比例来做对冲是有严格规定的。

20 世纪 90 年代以来，随着金融全球化趋势加深和各种投资工具创新，私募基金业获得极大发展，基金数量和规模增长迅猛。目前，美国有超过 4 000 家的私募基金，资本总额超过 5 000 亿美元。

私募基金是相对于公募的共同基金和封闭式基金而言的一种基金类型。私募基金一般属于有限合伙人制的小型私人投资公司，种类繁多，而且投资对象多种多样，包括公开交易的证券和衍生金融产品、风险投资、杠杆买断等。索罗斯量子基金就是对冲基金，它也是私募基金的一种。

（三）指数基金

根据指数基金本身的投资操作方式，可以把指数基金分为完全被动跟踪指数的指数基金与增强型的指数基金两类。前者是完全意义上的指数基金，后者跟踪指数的同时加入了积极投资的成分以期战胜市场，在提高收益预期的同时，也在一定程度上增加了风险与成本。

指数基金可以按照所跟踪指数对应的资产类型不同或投资区域的不同进行细分。比如说在美国根据所跟踪指数涉及的资产类别不同可以将指数基金分成股票指数基金、债券指数基金、不动产指数基金等；又如股票指数基金可以根据投资区域的不同进行划分，如美国标准普尔 500 指数基金、英国金融时报 100 指数基金、日本日经指数基金等。

目前的指数基金以股票基金为主，根据基金所跟踪的股价指数的特点可以进一步细分为以下几种类型：

1. 综合型的指数基金。综合型指数基金是目前市场中见得最多、最为典型的指数基金，它们以市场中某一反映全市场状况的综合性指数作为跟踪标的，如我们常听说的上证指数、深证成指、上证 180 指数、深证 100 指数以及国际上著名的道琼斯工业平均数、标准普尔指数等，都属于综合型的指数。由于这些综合性的指数反映的是整个市场的平均收益，不仅具有非常强的市场代表性，也充分分散了个股的风险，所以这类综合型指数基金也就成了指数基金的主流品种。

2. 按照板块分类的局部型指数基金。这一类的指数基金以反映市场中某一板块的指数作为跟踪对象，其中最常见的是按上市公司的规模分类的指数，以及它所对应的基金，也就是大盘股指数基金、中盘股指数基金和小盘股指数基金。另外还有一种较为常见的是按投资目标进行区分的指数基金：按投资目标的风格类型进行划分，可以将股票分为价值型或成长型股票，于是也就有了价值型指数基金与成长型指数基金。

3. 行业指数基金。某些股价指数可以是描述某一特定行业上市公司股价的变化情况，由此就产生了各种类型的行业指数，以这些行业指数作为跟踪目标的指数基金就是行业指数基金。

4. 混合型指数基金。这一类的基金是上述几种类型的组合，也就是将上述的行业或板块进行复合后作为标的指数的指数基金。

所有基金产品的市场运作规则境内外都一样，只是政策环境有所不同而已。

二、资产证券化

资产证券化，是指以基础资产未来所产生的现金流为偿付支持，通过结构化设计进行信用增级，在此基础上发行资产支持证券（即 ABS）的过程。

广义的资产证券化是指某一资产或资产组合采取证券资产这一价值形态的资产运营方式，它包括以下 4 类：

1. 实体资产证券化：即实体资产向证券资产的转换，是以实物资产和无形资产为基础发行证券并上市的过程。

2. 信贷资产证券化：就是将一组流动性较差的信贷资产，如银行的贷款、企业的应收账款，经过重组形成资产池，使这组资产所产生的现金流收益比较稳定并且预计今后仍将稳定，再配以相应的信用担保，在此基础上把这组资产所产生的未来现金流的收益权转变为可以在金融市场上流动、信用等级较高的债券型证券进行发行的过程。

3. 证券资产证券化：即证券资产的再证券化过程，就是将证券或证券组合作为基础资产，再以其产生的现金流或与现金流相关的变量为基础发行证券。

4. 现金资产证券化：是指现金的持有者通过投资将现金转化成证券的过程。

狭义的资产证券化是指信贷资产证券化。按照被证券化资产种类的不同，信贷资产证券化可分为住房抵押贷款支持的证券化（MBS）和资产支持的证券化（ABS）。

资产证券化的过程就是，B 把 A 转移给 C，C 以证券的方式销售给 D。B 低成本地（不用付息）拿到了现金；D 在购买以后可能会获得投资回报；C 获得了能产生可见现金流的优质资产。投资者 D 之所以可能获得收益，是因为 A 不是垃圾，而是被认定为在将来的日子里能够稳妥地变成钱的好东西。SPV 是个中枢，主要是负责持有 A 并实现 A 与破产等麻烦隔离开来，并为投资者的利益说话做事。SPV 进行资产组合，不同的 A 在信用评级或增级的基础上进行改良、组合、调整，目的是吸引投资者，为发行证券做准备。

（一）资产证券化交易架构

资产证券化的交易架构如图 16－1 所示。

ABS 融资模式以项目所属的资产为支撑的证券化融资方式，即以项目所拥有的资产为基础，以项目资产可以带来的预期收益为保证，通过

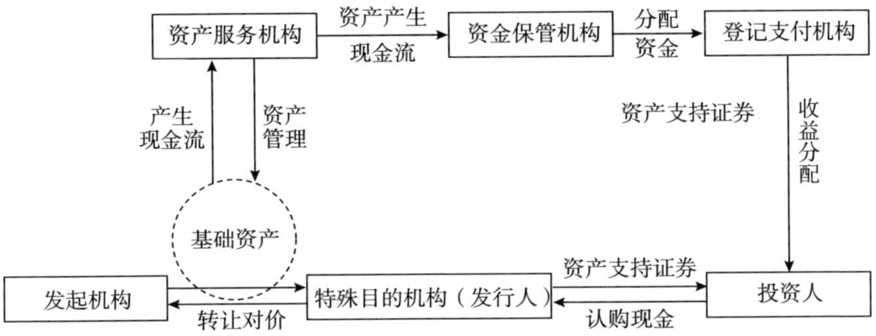

图 16 -1　资产证券化的交易架构

在资本市场发行债券来募集资金的一种项目融资方式。其特点为：

1. ABS 融资模式的最大优势是通过在国际市场上发行债券筹集资金，债券利率一般较低，从而降低了筹资成本。

2. 通过证券市场发行债券筹集资金，是 ABS 不同于其他项目融资方式的一个显著特点。

3. ABS 融资模式隔断了项目原始权益人自身的风险，使其清偿债券本息的资金仅与项目资产的未来现金收入有关，加之在国际市场上发行债券是由众多的投资者购买，从而分散了投资风险。

4. ABS 融资模式是通过 SPV 发行高档债券筹集资金，这种负债不反映在原始权益人自身的资产负债表上，从而避免了原始权益人资产质量的限制。

5. 作为证券化项目融资方式的 ABS，由于采取了利用 SPV 增加信用等级的措施，从而能够进入国际高档证券市场，发行那些易于销售、转让以及贴现能力强的高档债券。

6. 由于 ABS 融资模式是在高档证券市场筹资，其接触的多为国际一流的证券机构，有利于培养东道国在国际项目融资方面的专门人才，也有利于国内证券市场的规范。

（二）资产证券化基础资产负面清单

1. 以地方政府为直接或间接债务人的基础资产。地方政府按照事先公开的收益约定规则，在政府与社会资本合作模式（PPP）下应当支付或承担的财政补贴除外。

2. 以地方融资平台公司为债务人的基础资产。这里所指的地方融资平台公司是指根据国务院相关文件规定，由地方政府及其部门和机构等通过财政拨款或注入土地、股权等资产设立，承担政府投资项目融资功能，并拥有独立法人资格的经济实体。

3. 矿产资源开采收益权、土地出让收益权等产生现金流的能力具有较大不确定性的资产。

4. 有下列情形之一的与不动产相关的基础资产：

（1）因空置等原因不能产生稳定现金流的不动产租金债权。

（2）待开发或在建占比超过 10% 的基础设施、商业物业、居民住宅等不动产或相关不动产收益权。当地政府证明已列入国家保障房计划并已开工建设的项目除外。

5. 不能直接产生现金流、仅依托处置资产才能产生现金流的基础资产。如提单、仓单、产权证书等具有物权属性的权利凭证。

6. 法律界定及业务形态属于不同类型且缺乏相关性的资产组合。如基础资产中包含企业应收账款、高速公路收费权等两种或两种以上不同类型的资产。

7. 违反相关法律法规或政策规定的资产。

8. 最终投资标的为上述资产的信托计划受益权等基础资产。

三、房地产信托投资基金

房地产信托投资基金（即 REITs）是房地产证券化的重要手段，境内企业尤其是房地产企业比较喜欢在境外发行 REITs 融资。房地产证券化就是把流动性较低的、非证券形态的房地产投资，直接转化为资本市场上的证券资产的金融交易过程。房地产证券化包括房地产项目融资证券化和房地产抵押贷款证券化两种基本形式。

（一）REITs 的特点

1. 收益主要来源于租金收入和房地产升值。

2. 收益的大部分将用于发放分红。

3. REITs 长期回报率较高，与股市、债市的相关性较低。

（二）REITs 的运作方式

一是设立特殊目的载体公司（房地产信托基金公司），向投资者发行收益凭证，类似股票发行，将募集资金投资于商场、写字楼、酒店式公寓等商业地产，并将所属经营性物业项目产生的现金流向投资者还本派息。

二是物业开发商将旗下全部或部分经营性物业资产打包，设立专门的 REITs，将其每年租金、按揭利息等现金流收益作为标的，分割成若干等份出售给投资者，之后定期派发红利，实际上给投资者提供了一种类似债券的投资方式。相比之下，商场、写字楼、酒店式公寓、停车场等商业地产收入现金流比住宅地产更稳定，因此 REITs 一般适用于商业地产。

（三）REITs 的优势

1. 基金大部分投资于房地产物业，如中国香港为 90% 以上，美国、新加坡为 75% 以上。

2. 投资收益主要来源于租金收入（包含房地产升值）。

3. 收益的大部分将用于发放分红，如中国香港、美国均为税后收益的 90% 以上分红给投资者。

4. 投资者持有的是 REITs 的股权，而非债权。

5. 物业单元值、物业零售化，类似于众筹上市。

6. 份额固定，类似于“老股 IPO”。

7. 长期回报率稳定并较高，与股市、债市的相关性较低。

（四）REITs 的分类

根据投资对象，REITs 可分为：

1. 权益型房地产投资信托。

2. 抵押型房地产投资信托。

3. 混合型房地产投资信托。

根据募集方式，可分为：

1. 公募型房地产投资信托。

2. 私募型房地产投资信托。

根据运行方式可以分为封闭型和开放型。

根据组织形式可以分为信托型和公司型。

（五）REITs 的税收

1. 预提所得税。根据《中华人民共和国外商投资企业和外国企业所得税法》规定，BVI（英属维尔京群岛）公司需缴纳外商投资企业所得税（一般情况下，对于 BVI 公司的租金收入部分应缴纳 10% 的预提所得税，出售物业时按资产净收益的 10% 缴纳预提所得税）。

2. 营业税。相关税法规定，BVI 租金收入与不动产出售净收益须以 5% 的税率缴纳营业税。

3. 土地增值税。《中华人民共和国土地增值税暂行条例》规定，BVI 公司需按出售物业所得的增值额来缴纳土地增值税，也就是说，缴税税基为出售物业总收入减去可扣除项目金额（可扣除项目金额包括下列项目：取得土地使用权所支付的金额、建筑物的评估价值及转让房地产有关的其他税金）且采用累进税率制度。

4. 城市房地产税。根据《中华人民共和国城市房地产税暂行条例》（2009 年此条例废止，目前按照《中华人民共和国房产税暂行条例》进行缴纳），在广州按房产原值的 70% 以 1.2% 的年税率缴纳城市房地产税（目前按照《中华人民共和国房产税暂行条例》规定，房产税依照房产原值一次减除 10% ~30% 后的余值计算缴纳，房产税的税率，依照房产余值计算缴纳的，税率为 1.2%；依照房产租金收入计算缴纳的，税率为 12%）。

5. 印花税。须按租赁协议及房屋转让合同的 0.1% 及 0.05% 缴纳。

6. 契税。根据《中华人民共和国契税暂行条例》规定，BVI 公司在转让土地（或楼宇）使用权时应缴纳契税，契税税率为 3% ~5%。

主要国家和地区 REITs 的税收政策比较如表 16 -2 所示。

表 16-2　主要国家和地区 REITs 的税收政策比较

项目	美国	澳大利亚	新加坡	中国香港
税收优惠	是	是	否	否
REITs 收入	向股东和受益权凭证持有人支付的股息或收益免征公司所得税，未分配应税收入正常纳税	消极持有物业所产生的收入不缴纳所得税	消极持有物业所产生的收入不缴纳所得税	支付的收益免税，地区外收入免税，其余部分正常纳税
不动产转让	出售方对超过成本部分的收入正常纳税，如不动产持有超过 10 年则享受税收优惠	无	无	无
登记	对取得不动产时征收流转税	免税	减免印花税	印花税（设上限）
境内机构投资者	正常纳税	正常纳税	20% 所得税	免税
境内个人投资者	正常纳税，但可享受优惠	股利正常纳税、资本利得减税	免税	免税
境外投资者	根据所得税税收协定享受减免优惠	正常纳税、资本利得减税	正常纳税	享受香港居民待遇

四、熊猫债券

熊猫债券是指外国政府、境外金融机构、外资工商企业或国际组织在我国境内发行的以人民币计值的债券。与点心债相对应，是我国债券市场双向扩张的一部分，这是推进人民币国际化的路径之一。

熊猫债券与日本的“武士债券”、美国的“扬基债券”均属于外国债券的一种。由于此前境内发行成本较高，且债市开放度有限，熊猫债券在过去长达 10 年的时间处于“遇冷状态”。然而，随着境内债市不断开放，离岸和在岸利差收窄，熊猫债券有望迈向新的阶段。

国际开发机构、境外非金融企业和境外商业银行已先后在我国银行间债券市场发行了人民币债券。中国银行间市场交易商协会也接受了加拿大不列颠哥伦比亚省在我国银行间债券市场发行 60 亿元人民币债券的注册。

五、点心债

“点心债”指称近年兴起的中国香港离岸人民币债券。

很多香港人有饮午茶的习惯，而点心则是午茶的最佳伴侣。点心好吃，但量少，不能当大餐，这就是香港人对待点心的态度。把“点心”的概念挪用到金融市场上，就创造出了“点心债”这一专有名词。

从息率回报来看，相对于在岸人民币债券，点心债的收益率较低，因此投资者也只能当它是吃“点心”。更主要的是，每次有公司在中国香港发行人民币债券，基本上是供不应求，机构的胃口很大，而这些债券的规模就跟点心一样，吃一口就没了，想多买也没有。

国家发展和改革委员会公布发行点心债的新审批规定，当中包括对发行人、债券结构、监管机构以及所得款项用途等方面的要求。总括而言，拟在中国香港发行人民币离岸债券的任何内地非金融机构，仍必须向发改委申请，而且仅“营利能力较强”及“信贷状况良好”的发行商会获批准。

销售有关债券的所得款项应主要用于固定资产投资，且有关投资必须符合中国有关产业发展的相关政策。这表示国有企业将有发行点心债的优先权。

以往并无特定规则规范内地企业发行点心债。新审批规定属重要规定，因其规范了审批过程并提高了透明度，令国内企业可较为容易地赴港发行点心债。

六、绿色债券

所谓绿色债券，是一种专门为风力发电场和净水系统等气候友好项目融资的金融工具。首批 5 亿美元绿色债券一上市，投资者们便趋之若鹜，需求量是供应量的 3 倍还多，达到 18 亿美元。中国农业银行在伦敦证券交易所发行中资金融机构首单绿色债券，并与伦敦证交所集团签署《绿色金融合作备忘录》，开启中英绿色金融合作。业内人士认为，随着中国金融市场日渐成熟，债券将成为越来越重要的融资工具。这对于金融和经济政策问题以及环境问题都具有深远的意义，因为它增加了利用债券市场使中国向低碳、绿色经济转型的融资机会。绿色债券也适用于“一带一路”沿线国家融资。

（一）绿色债券发展的关键点

1. 明确绿色项目的界定。
2. 限定绿色债券募集资金用途。
3. 加强绿色债券的款项管理。
4. 增加绿色债券的第三方认证。
5. 灵活设计绿色债券的结构。

（二）绿色债券的支持重点

绿色债券是指募集资金主要用于支持节能减排技术改造、绿色城镇化、能源清洁高效利用、新能源开发利用、循环经济发展、水资源节约和非常规水资源开发利用、污染防治、生态农林业、节能环保产业、低碳产业、生态文明先行示范实验、低碳试点示范等绿色循环低碳发展项目的企业债券。现阶段支持重点为：

（1）节能减排技术改造项目。包括燃煤电厂超低排放和节能改造，以及余热暖民等余热余压利用、燃煤锅炉节能环保提升改造、电机系统能效提升、企业能效综合提升、绿色照明等。

（2）绿色城镇化项目。包括绿色建筑发展、建筑工业化、既有建筑节能改造、海绵城市建设、智慧城市建设、智能电网建设。

（3）能源清洁高效利用项目。包括煤炭、石油等能源的高效清洁化利用。

（4）新能源开发利用项目。包括水能、风能、核能、太阳能、生物质能、地热、浅层地温能、海洋能、空气能等开发利用。

（5）循环经济发展项目。包括产业园区循环化改造、废弃物资源化利用、农业循环经济、再制造产业等。

（6）水资源节约和非常规水资源开发利用项目。包括节水改造、海水（苦咸水）淡化、中水利用等。

（7）污染防治项目。包括污水垃圾等环境基础设施建设，大气、水、土壤等突出环境问题治理，危废、医废、工业尾矿等处理处置。

（8）生态农林业项目。包括发展有机农业、生态农业，以及特色经济林、林下经济、森林旅游等林产业。

（9）节能环保产业项目。包括节能环保重大装备、技术产业化，合同能源管理，节能环保产业基地（园区）建设等。

（10）低碳产业项目。包括国家重点推广的低碳技术及相关装备的产业化、低碳产品生产项目、低碳服务相关建设项目等。

（11）生态文明先行示范实验项目。包括生态文明先行示范区的资源节约、循环经济发展、环境保护、生态建设等项目。

（12）低碳发展试点示范项目。包括低碳省市试点、低碳城（镇）试点、低碳社区试点、低碳园区试点的低碳能源、低碳工业、低碳交通、低碳建筑等低碳基础设施建设及碳管理平台建设项目。

发改委将根据实际情况，适时调整可采用市场化方式融资的绿色项目和绿色债券支持的范围，并继续创新推出绿色发展领域新的债券品种。

目前，中债—中国绿色债券指数样本券有 759 只，市值规模约为 2.45 万亿元；中债—中国绿色债券精选指数样本券有 413 只，市值规模约为 1.85 万亿元。

本章要点

企业境外融资主要把握以下几方面：

1. 境外融资政策规则。
2. 分析跨境融资的优势和特点。
3. 了解境外融资的主要金融工具。

思考题

1. 新股发行中引入战略投资者的必要性。
2. 除了去境外上市融资，境内企业到境外融资的渠道还有哪些？
3. 资产证券化的融资模式适用于哪些企业操作？

第十七章

境外上市

中国企业选择境外融资上市一般会选择中国香港、新加坡、英国、美国、日本、韩国等地的市场，主要考虑因素为：企业行业偏好、上市标准、发行效果、股票流通性、上市费用和维持费用、法定信息披露的基本要求以及中介机构的匹配、政策风险、财务风险、企业决策风险等。

早在2008年，美国《时代》杂志曾在封面故事《三城记》中，创造了一个崭新的英文名词：Ny-lon-kong（纽伦港），这个名词的出现，代表着纽约、伦敦与香港3个国际大都会，各居地球一方，已构成今天世界最繁荣的金融网络中心，因此，纽伦港成为全球化时代中的成功代号，境外上市的目标市场也无疑首选纽伦港。不过这还要看英国股市受脱欧的影响程度，如果英国经济持续受挫或者没有向上发展的动力，伦敦股市的吸引力就不会那么大了。也许中国上海的国际板会有可能择机推出，成为世界优质外资公司上市的主战场之一。

截至2018年6月，主板境外上市外资股上市公司231家，创业板境外上市外资股上市公司24家，境外上市外资股（H股）275家，上市地多以香港为主。

第一节　境外上市的基本规定

《证券法》第 238 条规定："境内企业直接或间接到境外发行证券或者将其证券在境外上市交易，必须经国务院证券监督管理机构依照国务院的规定批准。"

《国务院关于股份有限公司境外募集股份及上市的特别规定》（国务院令第 160 号）第 2 条规定："股份有限公司经国务院证券委员会批准，可以向境外特定的、非特定的投资人募集股份，其股票可以在境外上市。"第 5 条规定："股份有限公司向境外投资人募集股份并在境外上市，应当按照国务院证券委员会的要求提出书面申请并附有关材料，报经国务院证券委员会批准。"

一、受理机构

证监会办公厅。

二、审核机构

证监会国际合作部。

三、审批数量

无数量限制。

四、审批收费依据及标准

不收费。

五、办理时限

自受理之日起20个工作日；经证监会负责人批准，可以延长10个工作日。

六、申请条件

1. 发行人是依照《公司法》设立的股份有限公司。

2. 发行人符合境外上市地上市条件。

3. 发行人按照第九部分列明的“申请材料目录及要求”提交申请文件。

七、申请材料

（一）申请材料目录及要求

1. 境外首次公开发行股份（包括普通股、优先股等各类股票及股票的派生形式）。

（1）申请报告及相关文件。申请报告内容包括：公司演变及业务概况、股本结构、公司治理结构、财务状况与经营业绩、经营风险分析、发展战略、筹资用途、符合境外上市地上市条件的说明、发行上市方案等；相关文件包括：股东大会及董事会决议、营业执照、特殊行业许可证（如适用）、公司章程、申请人及中介机构联络表。

（2）行业监管部门出具的监管意见书（如适用）。

（3）国有资产管理部门关于国有股权设置的相关批复文件（如适用）。

（4）募集资金投资项目的审批、核准或备案文件（如适用）。

（5）近3年（主板）或2年（创业板）税务部门出具的纳税证明。

（6）境内法律意见书。

（7）招股说明书（草稿）。

2. 境外增发股份（包括普通股、优先股等各类股票及股票的派生形式）。

（1）申请报告及相关文件。申请报告内容包括：公司历史沿革、业务概况、股本结构、经营业绩与财务状况、筹资用途、前次募集资金使用情况、经营风险分析、业务发展目标、发行方案等；相关文件包括：股东大会及董事会相关决议、申请人及中介机构联络表。

（2）行业监管部门出具的监管意见书（如适用）。

（3）募集资金投资项目的审批、核准或备案文件（如适用）。

（4）近一年税务部门出具的纳税证明。

（5）境内法律意见书。

（二）材料数量及形式

以上材料一式三份，活页装订，并附一张光盘。申请报告、境内法律意见书均应为原件，其余材料一份原件、两份副本，副本须经律师鉴证。

八、申请接收

（一）接收方式

窗口接收：证监会行政许可申请受理服务中心。

（二）办公时间

8：30～11：00，13：30～16：00。

九、办理程序

一般程序。

十、审批结果

审批通过的，发送核准批复。审批未通过的，发放不予核准批复。

十一、结果送达

做出行政决定后，应在10个工作日内，通过电话方式通知服务对象，并通过现场领取、邮寄、公告等方式将结果（证件及文书等）送达。

十二、申请人权利和义务

（一）申请人的权利

《行政许可法》等规定，申请人依法享有以下权利：

1. 申请人对行政机关实施行政许可，享有陈述权、申辩权；有权依法申请行政复议或者提起行政诉讼；其合法权益因行政机关违法实施行政许可受到损害的，有权依法要求赔偿。

2. 行政机关对行政许可申请进行审查时，发现行政许可事项直接关系他人重大利益的，申请人有权进行陈述和申辩；行政许可直接涉及申请人与他人之间重大利益关系的，申请人享有要求听证的权利。

3. 被行政机关依法做出不予行政许可的书面决定的，申请人有权要求行政机关说明理由，并享有依法申请行政复议或者提起行政诉讼的权利。

（二）申请人的义务

《行政许可法》等规定，申请人依法履行以下义务：

1. 申请人申请行政许可，应当如实向行政机关提交有关材料和反映真实情况，并对其申请材料实质内容的真实性负责。

2. 被许可人要求变更行政许可事项的，应当向做出行政许可决定的行政机关提出申请。

3. 被许可人需要延续依法取得的行政许可的有效期的，应当在该行政许可有效期届满30日前向做出行政许可决定的行政机关提出申请。

4. 被许可人以欺骗、贿赂等不正当手段取得行政许可的，应当予以撤销，行政机关应当依法给予行政处罚；取得的行政许可属于直接关系公共安全、人身健康、生命财产安全事项的，申请人在3年内不得再次申请该行政许可；构成犯罪的，依法追究刑事责任。

5. 行政许可申请人隐瞒有关情况或者提供虚假材料申请行政许可的，行政机关不予受理或者不予行政许可，并给予警告；行政许可申请属于直接关系公共安全、人身健康、生命财产安全事项的，申请人在1年内不得再次申请该行政许可。

6. 申请人未经行政许可，擅自从事依法应当取得行政许可的活动的，行政机关应当依法采取措施予以制止，并依法给予行政处罚；构成犯罪的，依法追究责任。

十三、办理流程

相关办理流程如图17－1所示。

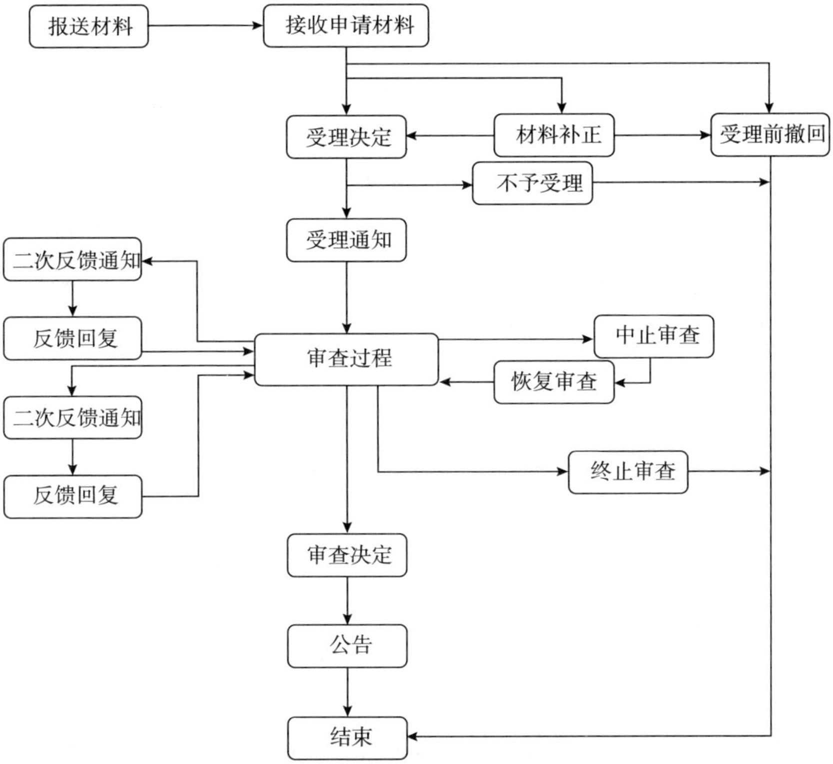

图17－1　境外上市申请流程

第二节　上市方式

国内企业境外上市的方式及途径比较多，归纳起来一般有两类：直接上市与间接上市。

一、境外直接上市

境外直接上市即直接以国内公司的名义向国外证券主管部门申请发行的登记注册，并发行股票（或其他衍生金融工具），向当地证券交易所申请挂牌上市交易。即我们通常说的 H 股（以“Hong Kong”第一个字母“H”为名，指中国企业在香港联合交易所发行股票并上市）、N 股（以“New York”第一个字母“N”为名，指中国企业在纽约交易所发行股票并上市）、S 股（以“Singapore”第一个字母“S”为名，指中国企业在新加坡交易所上市）等。

“红筹上市”方式通常指境内企业实际控制人以个人名义在开曼群岛、维尔京群岛、百慕大等离岸金融中心设立壳公司，再以境内股权或资产对壳公司进行增资扩股，并收购境内企业的资产，以境外壳公司名义达到曲线境外上市的目的。一般操作方式是：企业实际控制人先以个人名义在英属维尔京群岛等地设立注册资本在 1 万美金左右的空壳公司，再把境内股权或资产以增资扩股方式注入空壳公司；之后以境外公司名义申请在美国、中国香港、新加坡等地上市，俗称“红筹通道”。相对于国有企业的红筹上市，业内也把多见于民营企业的这种上市路径称为“小红筹”。而作为风险资本的 3 种退出渠道（IPO、股权转让、破产清算）中获利最高的一种，境外红筹上市成为创投基金的理想选择。早年，盛大、蒙牛等有风险投资的企业到境外上市，都是采用的这种方式。

2005 年 11 月 1 日国家外汇管理局《关于境内居民通过境外特殊目的公司融资及返程投资外汇管理有关问题的通知》正式出台，为境外

（红筹）上市重新打开通道。

通常，境外直接上市都是采用IPO方式进行。程序较为复杂，因为须经过境内、境外监管机构审批，成本较高，所聘请的中介机构也较多，花费的时间较长。但是，IPO有三大好处：公司股价能达到尽可能高的价格，公司可以获得较大的声誉，股票发行的范围更广。所以从公司长远的发展来看，境外直接上市应该是国内企业境外上市的主要方式。

境外直接上市的主要困难在于：国内法律与境外法律不同，对公司的管理、股票发行和交易的要求也不同。进行境外直接上市的公司需通过与中介机构密切配合，探讨出能符合境内、境外法规及交易所要求的上市方案。

境外直接上市的工作主要包括两大部分：国内重组、审批和境外申请上市。

二、境外间接上市

由于境内直接上市程序繁复、成本高、时间长，所以许多企业，尤其是民营企业为了避开国内复杂的审批程序，以间接方式在境外上市。即国内企业在境外注册公司，境外公司以收购、股权置换等方式取得国内资产的控股权，然后将境外公司拿到境外交易所上市。

间接上市主要有两种形式：买壳上市和造壳上市。其本质都是通过将国内资产注入壳公司的方式，达到以国内资产上市的目的，壳公司可以是已上市公司，也可以是拟上市公司。间接上市的好处是成本较低，花费的时间较短，可以避开国内复杂的审批程序。但有三大问题要妥善处理：向证监会报材料备案、壳公司对国内资产的控股比例问题和选择上市时机。

三、其他境外上市方式

中国企业在境外上市通常较多采用直接上市与间接上市两大类，也有少数公司采用存托凭证和可转换债券上市。但这两种上市方式往往是企业在境外已上市，再次融资时采用的方式。

1. 存托凭证（Depositorg Receipt，简称 DR）是一种可转让的、代表某种证券的证明，包括 ADR（美国存托凭证）和 GDR（全球存托凭证）。

2. 可转换债券是公司发行的一种债券，它准许证券持有人在债务条款中规定的未来的某段时间内将这些债券转换成发行公司一定数量的普通股股票。

以上是我国企业在境外上市过程采用的各种上市方式。

四、上市地点

中国企业境外上市地点，多为中国香港、美国和新加坡，多伦多、伦敦、澳大利亚、东京等地也偶有涉及。但这 4 个地方，影响力相对较小，表 17 - 1 着重对美国、新加坡、中国香港三地进行了简单对比。

表 17 -1　三地上市比较

上市地	中国香港	美国	新加坡
基金量	多	多	一般
当地证监会监管力度	强	极强	强
对企业品牌号召力	强	较强	较强
变现能力	强	最强	强
媒介推介力度	强	一般	一般
对策略基金的吸引	有力	有力	较有力
股价上行空间	一般	大	一般
对国内企业欢迎程度	好	较好	较好
中国政策影响力	强（裕兴之后）	一般	一般
上市费用	一般	较高	较低

第三节　香港证券市场

2017 年 12 月 15 日，港交所宣布将在主板上市规则中增加新政：

1. 接受同股不同权企业上市。

2. 允许尚未营利或者没有收入的生物科技公司来香港上市。

在港交所总裁李小加看来，这是港交所24年来最大的改革，以后在港进行IPO更容易了。

2018年，全年中国企业境内外上市总数量232家，境内市场上市数量达到106家，中企在境外市场上市126家。小米集团、美团点评、蔚来汽车、拼多多、哔哩哔哩、陆金所、蚂蚁金服、快手、腾讯音乐……一批国内“独角兽”企业在境外上市，包括正荣地产、弘阳地产、银城国际、德信中国、美的置业、大发地产、海伦堡、恒达集团、中梁控股在内的9家房企相继奔赴香港联交所IPO。

截至2018年12月，在香港新上市的218家企业中，来自中国内地的共111家，占当年香港新上市企业数量的50.9%。

这111家内地企业，在主板挂牌的94家，分别是以红筹、H股、介绍形式、GEM（创业板）转主板等方式上市的，其相应的数量分别为70家、16家、3家和5家；在GEM挂牌的有17家，都是通过红筹的方式上市的。

从融资规模看，通过IPO上市的103家（GEM转主板的5家和介绍上市的3家不涉及募资，不包括在内）一共募资2 737.63亿港元，占当年香港IPO募资总额（2 864.97港元）的95.6%；也就是说，107家非内地企业，只募资了127.34亿港元，占4.4%。

香港除了是内地企业境外上市的首选市场，还是内地证券期货机构在境外开展业务的第一站。与此同时，内地不断出台政策，将全面提高香港投资者进入内地资本市场的便利性。

一、企业香港上市流程

图17－2简单列示了中国内地企业在香港上市的基本流程。

二、香港主板市场上市条件

1. 主板上市公司须至少有3年业绩记录（若干情况例外），若新申请人选择按“盈利测试”申请在主板上市，该新申请人必须在最近财政

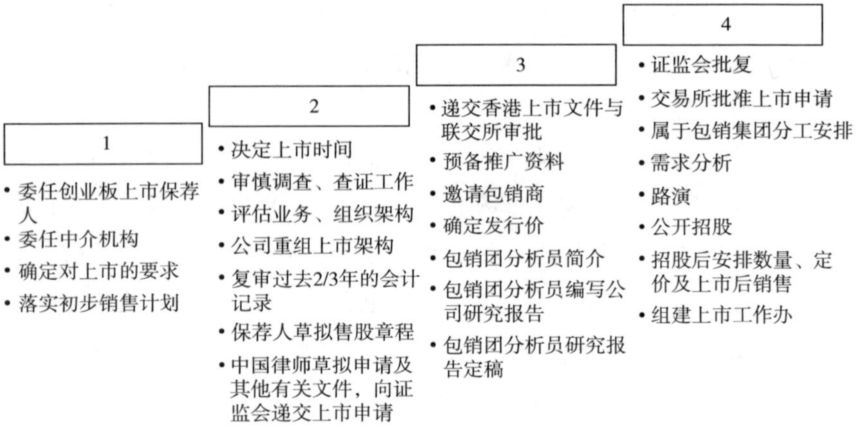

图 17－2　企业在香港上市流程

年度录得 2 000 万港元的溢利，并在再之前两个财政年度总共录得 3 000 万港元的溢利。另新申请人若选择采用“市值/收益测试”或“市值/收益/现金流量测试”，该申请人仍须遵守另外一些财务标准（包括收益规定，如新申请人必须能够在最近一个经审核的财政年度内产生重大收益）。创业板则无盈利记录要求或其他财务标准或收益规定，但公司须于申请上市前 24 个月有活跃业务记录（规模及公众持股权方面符合若干条件的公司，则可减免至 12 个月）。

2. 主板并无明确规定公司须有主营业务，但创业板上市的公司则须拥有主营业务。

3. 主板申请人的业务须于 3 年业绩记录期间大致由同一批人管理（若干情况例外）。创业板申请人则须在申请上市前 24 个月（或减免至 12 个月）大致由同一批人管理及拥有。

4. 有关聘用保荐人的要求于主板公司上市后即告终止（H 股发行人除外，H 股发行人须至少聘用保荐人至上市后满 1 年）。创业板公司则须于上市后最少两整个财政年度持续聘用保荐人担当顾问。

5. 主板公司和创业板公司均须委任至少 3 名独立非执行董事，其中至少 1 名独立非执行董事必须具备适当专业资格或有会计或相关财务管理经验。此外，主板公司和创业板公司均须委任 1 名符合资格的会计师，以及成立审核委员会。创业板公司亦须委任 1 名监察主任。

6. 主板上市公司的最低公众持股量须为5 000 万港元及已发行股本的25%（如果发行人的市值超逾100亿港元，则该比例可由联交所酌情降低至不少于15%）。创业板方面，市值不超过40亿港元的公司的最低公众持股量须占25%，涉及的金额最少为3 000 万港元；市值超过40亿港元的公司，最低公众持股量须达10亿港元或已发行股本的20%（以两者中之较高者为准）。

7. 主板上市公司须于公司股东周年大会召开日期至少21天前，及有关财政年度结束后4个月内发表年报，另须就每个财政年度的首6个月编制中期报告。创业板上市公司则须于财政年度结束后3个月内发表年报，并于有关期间结束后45天内发表半年报告及季度报告。

三、创业板基本上市要求

1. 无盈利记录要求，公司须于申请上市前24个月有活跃业务纪录（特殊情况除外）。

2. 公司本身须拥有主营业务，但用作辅助核心业务的周边业务亦可允许。

3. 在申请上市前24个月公司须大致由同一批人管理及拥有。

4. 公司须委任1名保荐人协助其准备及提出上市申请。此外，公司亦须于上市后至少两个完整财政年度聘用1名保荐人担当顾问。

5. 公司须符合企业管治的规定，委任独立非执行董事、合格会计师和监察主任以及设立审核委员会。

6. 就市值不超过40亿港元的公司而言，最低公众持股量须占25%，涉及的金额最少要达3 000 万港元。至于市值超过40亿港元的公司，最低公众持股量须为10亿港元或已发行股本的20%（以两者中之较高者为准）。

7. 公司的公众股东须有足够的分布；作为一项指引，股份在上市时应至少由100名公众人士持有。

8. 公司须于以下其中一个司法地区注册成立：中国、百慕大及开曼群岛。

主板与创业板上市条件比较见表17－2。

表 17－2　主板与创业板上市条件比较

项目	香港主板上市条件及要求	香港创业板上市条件及要求
盈利要求	须具备 3 年的营业记录；过去 3 年盈利合计 5 000 万港元（最近 1 年须达 2 000 万港元，再之前两年合计须过 3 000 万港元）；在 3 年的业绩期，须有相同的管理层	不设最低溢利要求，但一般须显示有 24 个月的活跃业务和须有活跃的主营业务在活跃业务期，须有相同的管理层和持股人
市值要求	新申请人上市时的预计市值不得少于 1 亿港元，其中由公众人士持有的证券的预计市值不得少于 5 000万港元	上市时的最低市值无具体规定，但实际上市时不能少于 4 600 万港元；期权、权证或类似权利，上市设计须达 600 万港元
股东要求（新上市）	在上市时最少须有 100 名股东而每 100 万港元的发行额须由不少于 3 名股东持有	于上市时公众股东至少有 100 名，如公司只能符合 12 个月“活跃业务纪录”的要求，于上市时公众股东至少有 300 名
公众持股要求	最低公众持股数量为 5 000 万港元或已发行股本的 25%（以较高者为准）；但若发行人的市值超过 40 亿港元则可以降低至 10%	市值少于 40 亿港元的公司的最低公众持股量须占 25%，涉及的金额最少为 3 000 万港元；市值相等于或超过 40 亿港元的公司，最低公众持股量须达 10 亿港元或已发行股本的 20%（以两者中之较高者为准）
禁售规则	上市后 6 个月控制性股东不能减持股票及后 6 个月期间控制性股东不得丧失控股股东地位（股权不得低于 30%）	在上市时管理层股东及高持股量股东必须合共扭亏增盈，不少于公司已发行股本的 35%，管理层股东和持股比例少于 1% 的管理层股东的股票禁售期分别为 12 个月和 36 个月
主要业务要求	并无有关具体规定，但实际上，主线业务的盈利必须符合最低盈利的要求	必须从事单一业务，但允许有围绕该单一业务的周边业务活动
公司治理要求	主板公司须委任至少两名独立非执行董事，联交所亦鼓励（但非强制要求）主板公司成立审核委员会	须委任独立执行董事，合资格会计师和监察主任以及设立审核委员会
保荐人制度	有关聘用保荐人的要求于公司上市后即告终止（H 股发行人除外：H 股发行人须至少聘用保荐人至上市后满一年）	须于上市后最少两整个财政年度持续聘用保荐人担当顾问

续表

项目	香港主板上市条件及要求	香港创业板上市条件及要求
管理层稳定性要求	申请人的业务须于3年业绩记录期间大致由同一批人管理	申请人则须在申请上市前24个月（或减免至12个月）大致由同一批人管理及拥有
业务目标声明	并无有关规定，但申请人须列出一项有关未来计划及展望的概括说明	须申请人的整体业务目标，并解释公司如何计划于上市那一个财政年度的余下时间及其后两个财政年度内达致该等目标
信息披露	一年两度的财务报告	按委披露，中期报和年报中必须列示实际经营业绩与经营目标的比较
包销安排	公开发售以供认购必须全面包销	无硬性包销规定，例如发行人要筹集新资金，新股只可以在招股章程所列的最低认购期达到时方可上市

在港交所上市的成本包括支付给保荐人、法律顾问、会计师等中介的费用，总费用根据首次发行规模的大小会有很大差异，企业应准备将5%～30%的募集资金作为发行成本。其中，标准的承销费用为募集资金的1.5%～4.0%。

四、民营企业赴香港上市需要做的基本事项

1. 变更身份，由国内企业变成“境外企业”，以境外企业身份上市；如在中国香港、百慕大、开曼等地注册。

2. 资产重组，做好各种报表和材料。

3. 提交证监会审核，出具“不反对意见函”。

4. “路演”，到中国香港、新加坡等地，向各基金公司的经理们兜售、推销，直到公开上市。

5. 整个过程聘请一位财务顾问全程操作，时间一般为4～6个月。

其中，参与企业股份制“改制”是“财务顾问”的业务之一，改制报告主要内容大致包括：

（1）告诉企业怎么改制。

（2）成本是多少。

（3）效益预测。

（4）实现上市目标的难度。

财务顾问具体操作的程序主要有几个环节：债务重组、市场重组以及做账等。

建立一个共同协作体，包括注册会计师、律师、券商、公关公司等，把企业的管理、市场营销、资本运作、财务运作等结合在一起。企业的所有账目均需调成符合国际会计准则。

中介机构收费标准：通常在100万元以上，企业付费可以现金支付，股份支付或部分现金、部分股份支付等方式。

五、关于港股通下香港上市公司向境内原股东配售股份的备案规定

1. 根据两地证监会监管安排，港股通下香港上市公司向境内原股东配售股份的行为应当向证监会备案。

2. 香港上市公司配股申请在取得香港联交所核准后，应当将申请材料、核准文件报证监会。证监会基于香港方面的核准意见和结论进行监督。

3. 香港上市公司在提交备案材料时，应当对提交材料的文本效力做出以下原则性说明，并出具以下承诺：

（1）本次备案文件为经香港联交所审议的最终文本，与提交香港联交所内容完全一致。

（2）为维护股东合法权益，本公司承诺向内地原股东配售股份事项，将公平对待内地投资者。

（3）自备案材料提交之日起至本次股票发行结束前，如发生重大事项，本公司承诺将及时向证监会报告。

六、内地与香港股票市场交易互联互通机制若干规定

内地与香港股票市场交易互联互通机制包括沪港股票市场交易互联互通机制（以下简称沪港通）和深港股票市场交易互联互通机制（以

下简称深港通）。

沪港通包括沪股通和沪港通下的港股通。沪股通，是指投资者委托香港经纪商，经由香港联交所在上海设立的证券交易服务公司，向上交所进行申报（买卖盘传递），买卖沪港通规定范围内的上交所上市的股票。沪港通下的港股通，是指投资者委托内地证券公司，经由上交所在香港设立的证券交易服务公司，向香港联交所进行申报（买卖盘传递），买卖沪港通规定范围内的香港联交所上市的股票。

深港通包括深股通和深港通下的港股通。深股通，是指投资者委托香港经纪商，经由香港联交所在深圳设立的证券交易服务公司，向深交所进行申报（买卖盘传递），买卖深港通规定范围内的深交所上市的股票。深港通下的港股通，是指投资者委托内地证券公司，经由深交所在香港设立的证券交易服务公司，向香港联交所进行申报（买卖盘传递），买卖深港通规定范围内的香港联交所上市的股票。沪港通下的港股通和深港通下的港股通统称港股通。

上交所、深交所和香港联交所开展内地与香港股票市场交易互联互通机制相关业务，应当履行下列职责：

1. 提供必要的场所和设施。

2. 上交所、深交所分别在香港设立证券交易服务公司，香港联交所分别在上海和深圳设立证券交易服务公司；对证券交易服务公司业务活动进行管理，督促并协助其履行本规定所赋予的职责。

3. 制定相关业务规则，对市场主体的相关交易及其他活动进行自律管理，并开展跨市场监管合作。

4. 制定证券交易服务公司开展相关业务的技术标准。

5. 对相关交易进行实时监控，并建立相应的信息交换制度和联合监控制度，共同监控跨境的不正当交易行为，防范市场风险。

6. 管理和发布相关市场信息。

7. 证监会规定的其他职责。

证券交易服务公司应当按照证券交易所的相关业务规则或通过证券交易所的相关业务安排履行下列职责：

1. 上交所证券交易服务公司提供沪港通下的港股通相关服务，深交所证券交易服务公司提供深港通下的港股通相关服务；香港联交所在上海设立的证券交易服务公司提供沪股通相关服务；香港联交所在深圳设立的证券交易服务公司提供深股通相关服务。

2. 提供必要的设施和技术服务。

3. 履行沪股通、深股通或港股通额度管理相关职责。

4. 制定沪股通、深股通或港股通业务的操作流程和风险控制措施，加强内部控制，防范风险。

5. 上交所、深交所设立的证券交易服务公司应当分别制定内地证券公司开展港股通业务的技术标准，并对拟开展业务公司的技术系统进行测试评估；香港联交所在上海和深圳设立的证券交易服务公司应当分别制定香港经纪商开展沪股通、深股通业务的技术标准，并对拟开展业务公司的技术系统进行测试评估。

6. 为证券公司或经纪商提供技术服务，并对其接入沪股通、深股通或港股通的技术系统运行情况进行监控。

7. 证监会规定的其他职责。

中国证券登记结算有限责任公司、香港中央结算有限公司开展内地与香港股票市场交易互联互通机制相关业务，应当履行下列职责：

1. 提供必要的场所和设施。

2. 提供登记、存管、结算服务。

3. 制定相关业务规则。

4. 依法提供名义持有人服务。

5. 对登记结算参与机构的相关活动进行自律管理。

6. 证监会规定的其他职责。

境外投资者的境内股票投资，应当遵循下列持股比例限制：

1. 单个境外投资者对单个上市公司的持股比例，不得超过该上市公司股份总数的 10%。

2. 所有境外投资者对单个上市公司 A 股的持股比例总和，不得超过该上市公司股份总数的 30%。境外投资者依法对上市公司战略投资的，其战略投资的持股不受上述比例限制。境内有关法律法规和其他有关监管规则对持股比例的最高限额有更严格规定的，从其规定。

案例 17－1　小米 VIE 架构设计①

2018 年 7 月 9 日，小米集团正式在港交所挂牌上市。

小米对涉及外资“限制”和“禁止”业务的经营主体搭建相关合约安排，并分别于 2017 年 12 月 1 日、2018 年 4 月 11 日及 2018 年 4 月 17 日完成，涉及业务板块包括电子商务及互联网服务、游戏业务、金融、网络出版、影视、投资等。小米集团业务属于电子商务及互联网服务板块，它将要分设几个 VIE 架构才行，其操作思路值得借鉴。

一、小米科技

小米科技目前主要从事第三方电商平台、云服务、移动通信转售业务等互联网信息发布业务，属于外资限制业务，存在采用 VIE 架构的必要性。

小米集团（开曼）在香港设立了一个 SPV 小米香港，小米香港在境内设立 WOFE（外商独资企业）小米通讯。小米通讯与小米科技及其工商登记的股东雷军（77.8%）、黎万强（10.12%）、洪锋（10.07%）、刘德（2.01%）签署协议控制法律文件，通过 VIE 协议控制小米科技 100% 股权，并间接控制小米科技附属公司（见图 17－3）。

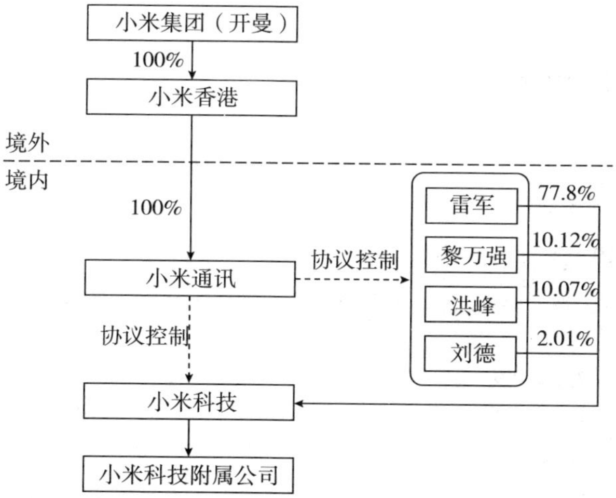

图 17－3　小米科技的股权架构

① 资料来源：金融监管研究院。

二、有品信息科技

同样通过小米香港在境内设立的WOFE还有小米有品科技。小米有品科技与有品信息科技及其工商登记的股东雷军（70%）、刘德（10%）、洪锋（10%）和黎万强（10%）签署协议控制法律文件，通过VIE协议控制有品信息科技100%股权（见图17－4）。

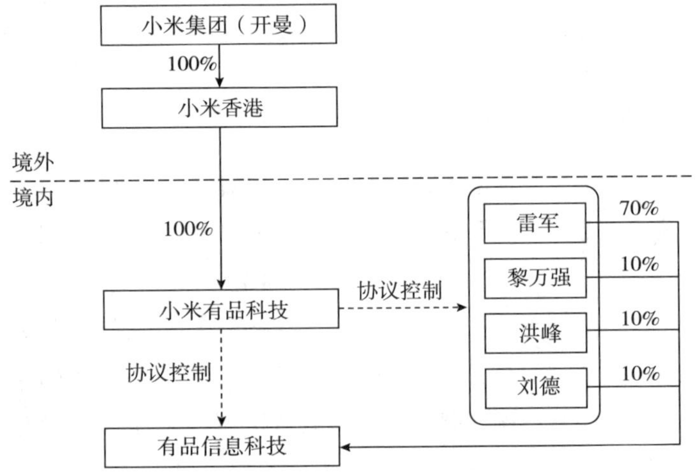

图17－4　有品信息科技的股权架构

三、美卓软件设计

小米通讯除了协议控制小米科技之外，其全资子公司小米移动软件也与美卓软件设计之间建立了协议控制结构。小米移动软件与美卓软件设计及其工商登记的股东朱印（61%）、李炯（39%）签署协议控制法律文件（借款合同除外），通过VIE协议控制美卓软件设计100%股权（见图17－5）。

四、VIE的常规协议

要实现协议控制，就需要一系列法律文件来约束。以小米为例，协议控制法律文本包括《独家业务合作协议》、《独家购买权协议》、《借款合同》、《股权质押协议》、《委托授权书》、《确认及承诺函》及《配偶承诺函》。

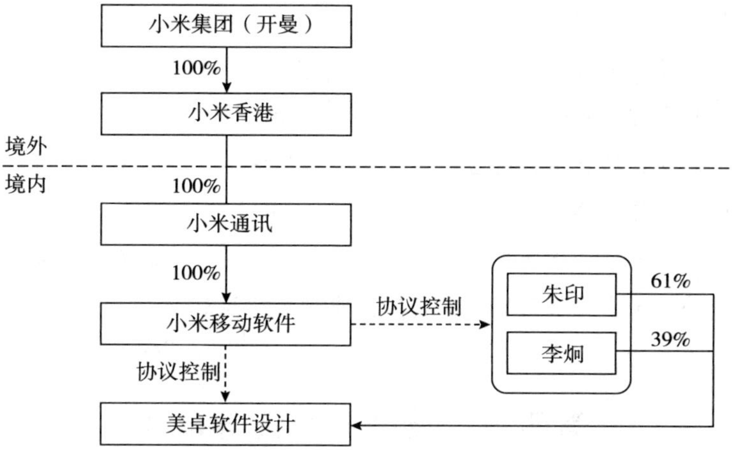

图 17-5　美卓软件设计的股权架构

《独家业务合作协议》由 WOFE 与 VIE 公司签署。WOFE 作为 VIE 公司的独家服务提供者，向 VIE 公司提供全面的技术支持、咨询服务和其他服务，VIE 公司就上述服务按月向 WOFE 支付服务费，WOFE 对在双方履行本协议过程中产生、创造或开发的任何和所有知识产权或无形资产均享有独占的和排他的所有权、权力和利益。

《独家购买权协议》由 WOFE、VIE 公司、VIE 公司股东签署。WOFE 可以随时从 VIE 公司股东处购买其届时所持有的 VIE 公司的全部或部分股权。VIE 公司股东未经 WOFE 的事先书面同意，不出售、转让、抵押或以其他方式处置其拥有的 VIE 公司的股权。

《股权质押协议》由 WOFE、VIE 公司、VIE 公司股东签署。VIE 公司股东以其在 VIE 公司中拥有的全部股权向 WOFE 就 VIE 公司和 VIE 公司股东履行独家业务合作协议、独家购买权协议、借款合同和授权委托书项下的义务做出质押担保。

《委托授权书》由 VIE 公司股东签署。授权 WOFE 或 WOFE 指定人作为其唯一的排他的代理人，就有关 VIE 公司股权的事宜全权代表该股东行使相关权利。

VIE 股东还需要承诺在任何可能影响其形式股东权利的情况下，任何其他人都不会在任何情况下以任何方式采取任何影响其履行义务的行动。

除此之外，VIE股东的配偶也需要签署《配偶承诺函》。其配偶现在和将来持有的VIE公司的股权及其附带的任何权益是其配偶的个人财产，不构成其与其配偶的夫妻共同财产。2010年，土豆网在冲击纳斯达克上市前夕，其首席执行官的前妻提出诉讼保全，要求分割婚姻存续期间的财产，导致公司股权被部分冻结，土豆上市进程也被搁置半年有余，错过了最佳的上市时机。《配偶承诺函》一签，股东夫妻共同财产分割纠纷就不会对公司股权架构产生重大影响了。

第四节　英国伦敦证券市场

英国的发行与上市审核制度比较特殊。在英国，发行和上市是分离的。如果一个公司仅想发行股票而并不想让其股票在交易所交易，那么它就不需要进行实质性审核。如果一个公司希望其股票在交易所上市，那么它就要受到英国上市委员会和伦敦证券交易所的双重审核。这两重审核都包含了实质审核的内容。也就是说，英国上市委员会和伦敦证券交易所都会对公司的盈利、行业前景、管理等提出要求和门槛。而如果通过了双重审核，则可以在伦敦证券交易所上市。

一、政府机构的审核

对于上市股票而言，发行公司需要得到伦敦证券交易所或者UKLA（英国上市管理署）的上市许可。发行公司必须将招股说明书以及其他文件交伦敦证券交易所/UKLA审核，经审核后才能在报纸上公开刊登，并抄送一份招股说明书给公司注册署备案，由其监管股票发行的登记。对于非上市股票的发行而言，公司只需向公司注册署进行注册登记，就可以向公众发行股票。

UKLA的审核是根据两个规则进行的：上市规则和招股说明书规则。上市规则主要是针对公司本身是否符合上市的要求，这其中包括对公司规模、盈利、管理等的要求。而招股说明书规则是对招股说明书本身的格式和披露的内容做出审查。对于拟上市公司而言，UKLA 的具体要求如表 17 -3 所示：

表 17 -3 UKLA 对拟上市公司的具体要求

项目	上市条件
公司条件	发行人必须是按照英国《公司法》批准注册的合格公司，其经营管理运作与该公司的章程一致
经营要求	申请上市的公司，必须有自己的主营业务，且必须是独立并有收入的主营业务，一般至少有 3 年经营记录
公司管理	申请 IPO 的公司，其董事会和高管人员必须包括以往 3 年主营业务的主管人员 董事会成员应有较高专业技能和经验，确保与公司利益无冲突
运营资本	运营资本必须充足。财务报表与注册所在地的法律和交易所认可的会计准则一致，并按英美国际会计准则进行了独立审计
发行股份	必须是可以自由转让的证券 最低市值为 70 万英镑 公众持股不少于 25% 预购该证券的承诺和期权比例一般情况下不得高于发行数的 20%

二、伦敦证券交易所的审核

伦敦证券交易所的上市分成主板和 AIM 板（创业板）。主板主要为具备一定规模、盈利良好、通过 UKLA 上市审核的公司服务，而 AIM 板主要是为中小企业提供服务。所有在伦敦证券交易所交易的股票都必须符合其“准入标准”（Admission Standard）和“披露标准”（Disclosure Standard）。“准入标准”主要是对证券本身的交易规则、交易手段的标准，包括证券必须可以电子交易、可以自由议价、遵守交易所的交易流程等。“披露标准”则要求每个证券符合其相应监管机构规定的披露标准。

由于在伦敦证券交易所 AIM 市场交易的股票为非上市股票，因此，申请至 AIM 挂牌交易的公司无须报经 UKLA 核准，仅须经伦敦证券交易所同意即可。申请公司除须指定辅导公司以协助其完成申请程序外，亦须指定一名股票经纪商，并递交申请文件（包括董事背景、发起人、主要营业及财务状况等）。伦敦证券交易所通常于收件后72小时内完成审核工作。

三、英国各股票市场上市规则比较

英国股票市场分伦敦交易所、英国二板市场（AIM）及场外交易市场（OFEX），其各自的主要上市规则如表17－4所示。

表17－4　英国股票市场一览

主要上市规则	伦敦交易所	英国二板市场（AIM）	场外交易市场（OFEX）
保荐商及保荐期	必须指定	需要指定注册的保荐人	需要终身保荐人
营业史要求	3年经审计的全面经营记录	无须具备3年的经营记录	无要求
上市证券的市值	至少70万英镑	无要求	无要求
公众持股比例	至少25%	没有最低限制	无要求
营运资金	企业在上市后的12个月内必须有足够的运营资金	无要求	无要求

（一）英国伦敦证券交易所上市条件

1. 公司一般须有3年的经营记录，并须呈报最近3年的总审计账目。如没有3年经营记录，某些科技产业公司、投资实体、矿产公司以及承担重大基建项目的公司，只要能满足伦敦证交所《上市细则》中的有关标准，亦可上市。

2. 公司的经营管理层应能显示出为其公司经营记录所承担的责任。

3. 公司呈报的财务报告一般须按国际或英美现行的会计及审计标准编制，并按上述标准独立审计。

4. 公司在本国交易所的注册资本应超过70万英镑，且至少有25%的股份为社会公众持有。实际上，通过伦敦证交所进行国际募股，其总股本一般要求不少于2 500万英镑。

5. 公司须按伦敦证券交易所规范要求（包括欧共体法令和1986年

版金融服务法）编制上市说明书，发起人须使用英语发布有关信息。

（二）英国伦敦证券交易所 AIM 市场的上市条件

在伦敦证券交易所推出的 AIM 板块交易的股票，严格意义上来说并不是上市的股票，但是由于通过了伦敦证券交易所的“交易审核”，取得了“交易许可证”，则可以在伦敦证券交易所的 AIM 板块交易。对于这些公司，伦敦证券交易所全权进行审核，其审核要求包括了形式审核和实质审核。

英国在 1980 年年底建立了二板市场，即 AIM 市场。在 AIM 上市的公司中，公司规模基本上是比较小型的，80% 的公司是市值低于 3 000 万英镑（约 4 亿元人民币）的。在 122 家通过发起上市（IPO）募集资金的公司中，超过 75% 的公司募集资金范围在 100 万英镑（约 1 400 万元人民币）至 1 000 万英镑（约 1.4 亿元人民币）。在众多规模不大及新兴的公司募资需求下，AIM 在 2004 年共募集 46 亿英镑（约 650 亿元人民币），在 2005 年募集 60 亿英镑（约 840 亿元人民币），且在 AIM 上市公司已有超过 50 家转升至伦敦交易所主板市场。

AIM 对于企业的上市标准没有特定的要求，但是拟在 AIM 上市的公司还是必须具备一些足以吸引投资者的基本特征。保荐人及投资者在选择项目时，一般考虑的因素包括：

1. 合理的董事局构成。公司必须聘用 1 名英国公民作为公司的独立非执行董事，保荐人、经纪人及投资者均要求上市公司董事局内最少要有 2 名独立非执行董事。

2. 强有力的管理团队。公司具有一个强有力的管理团队，重要或关键的职位均由具有丰富经验和能力的人员担任。

3. 具有竞争力的产品或服务。公司提供的产品或服务在行业中具有一定的竞争力，显示出较强的发展潜力。

4. 完善的财务控制体系和管理报告系统。公司有完善和严密的财务控制体系和管理报告系统，能够提供及时准确的管理报表。

5. 至少 1 年的盈利营业记录。

6. 较好的增长前景。公司必须并能于一个可塑性的商业计划中展示未来良好的盈利增长前景。

7. 境外拓展计划。境外机构投资者非常关注企业是否已经进入国际市场，以及将来是否有境外拓展计划。

AIM 上市由于不需经过交易所或证券监督管理机构的实质性审批，所以上市进程非常快，一般 3～6 个月即可完成全部上市过程。其基本上市流程如图 17－6 所示。

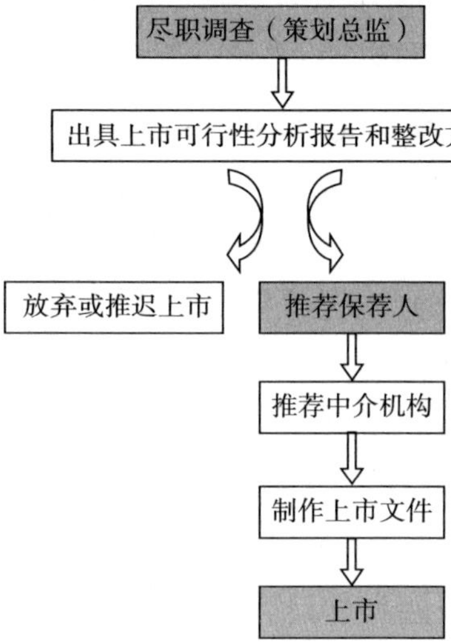

图 17－6　AIM 上市流程

资料来源：天使投资 http：//www. myvc. com. cn/。

企业支付给中介机构的收费标准及中介机构收取费用的付款程序如表 17－5 和图 17－7 所示。

表 17－5　中介机构收费情况

中介机构	收费（一般收费标准，根据具体情况收费有浮动）
保荐人	人民币 150 万～200 万元
策划总监	人民币 150 万～200 万元
美国律师	人民币 70 万～90 万元
中国律师	人民币 40 万～50 万元
报告会计师	人民币 120 万～150 万元
审计会计师	人民币 80 万～150 万元
公关	人民币 30 万～50 万元
承销商	融资金额的 3%～5%
总数	人民币 640 万～890 万元

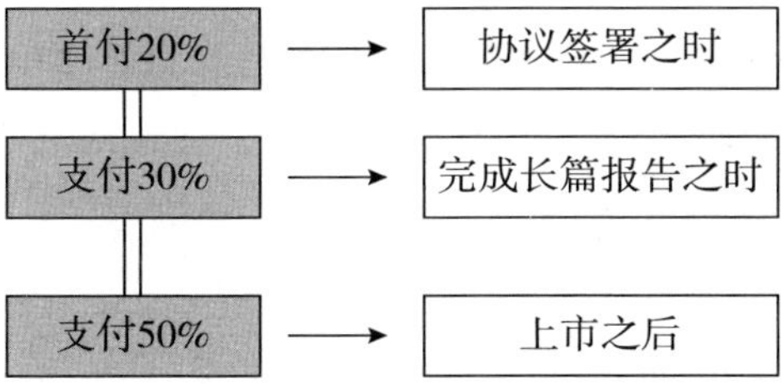

图 17 -7　中介机构费用付款进程

公司上市后的维护成本主要包括两部分：保荐人年费、交易所年费。

1. 保荐人年费：各保荐人的收费不同，根据企业资产规模、市值的大小，保荐人的收费也有差异，一般情况下大约在 25 000 英镑左右。

2. 交易所年费计算遵循如下标准：

（1）上市年费以上市公司 11 月 30 日的市值为基础进行累进计算。

（2）上市年费以直线法进行累进计算，最低年费 5 125 英镑，最高年费 20 525 英镑。

（3）市值小于 3. 5 亿英镑的公司支付固定年费 5 125 英镑。

（4）市值大于 3. 5 亿英镑的公司，市值每增加 100 万英镑，年费增加 7. 7 英镑，直至最高年费 20 525 英镑。

四、申请伦敦交易所主板市场上市的主要步骤

1. 通常总共需要两年时间徘徊公司募股，大多数顾问会建议从决定到执行的时间至少为一年。这有助于企业保持稳定，并确保适当的内部财务和管理控制已就位以及公司董事会的适当组成，还可留出时间深入执行制度和纪律，从而将问题消灭在萌芽状态。

2. 募股程序本身的时间表很短，通常为自顾问指导之日后 3 ~4 个月左右。但时间表也将取决于具体情况，是否有任何新股或已有股票将随同募股发行（通常不需要），以及（如有上述情况）发售方式（如零售、机构发售、员工配股或优先配股、或组合方式）；是否将被承销；发行是否会扩展至国际投资人以及任何所需的股票发行前的重组范围。

时机选择中的另一个关键因素是审计师为了准备详细的审计报告和简短的审计报告以及审验营运资本所需进行的工作量有多少。

3. 募股中所涉及的主要步骤如下：

（1）顾问的委任和聘请。

（2）尽职调查和法定审查。

（3）先期进行的重组。

（4）先期进行的营销。

（5）招股说明书和验证。

（6）发售/承销。

（7）影响日之前的董事会会议。

（8）影响日。

（9）准入。

（10）准入后事项等。

五、伦敦交易所主板市场上市的中国企业

伦敦交易所主板市场上市的中国企业有：

浙江东南发电股份有限公司

江西铜业股份有限公司

大唐国际发电股份有限公司

中国石化：SINOPEC CORP（CHINA PETROLEUM & CHEMICAL CORP）

上海石化

燕山石化

沪杭甬：Zhejiang Expressway Co.

中国国航：Air China

江西铜业：Jiangxi Copper Co. LD.

大唐发电：Datang Intl Power Gen Co.

东南电力：Zhejiang ；Southeast ；Elec Power Co. LD

中国石油：PetroChina

中国电信：China Telecom

中国联通：China Unicom

华能国际：Huaneng Power International Inc.

广深铁路：Guangshen Railway

中海油 & nbsp：China National Offshore Oil & nbsp Corp.

中国移动：China Mobile

中国铝业：Aluminium Corp

华润创业：China Resources Enterprise

中国钢铁：China Steel GDS

煤气：HK & China Gas

六、沪伦通存托凭证业务

沪伦通存托凭证业务就是上海证券交易所与伦敦证券交易所互联互通存托凭证业务，是指符合条件的在伦敦证券交易所上市的境外基础证券发行人在境内公开发行存托凭证并在上海证券交易所上市，以及符合条件的在上海证券交易所上市的境内上市公司在境外发行存托凭证并在伦敦证券交易所上市。具体规则如下：

1. 以非新增股票为基础证券在境内公开发行存托凭证的，境外基础证券发行人应当按规定提交以下申请文件：

（1）招股说明书及境外基础证券发行人授权董事签署的确认意见。

（2）境外基础证券发行人的申请报告。

（3）境外基础证券发行人关于本次发行的有关决议。

（4）发行保荐书和保荐工作报告。

（5）最近 3 年的财务报告和审计报告，以及最近一期的财务报告。

（6）境内律师出具的法律意见书和律师工作报告。

（7）公司注册文件和公司章程。

（8）存托协议和托管协议。

（9）保荐协议。

（10）证监会要求的其他文件。

2. 保荐人及其保荐代表人应当按照下列要求履行保荐职责，证监会另有规定的除外：

（1）按照《证券发行上市保荐业务管理办法》履行保荐职责，重点就境外基础证券发行人风险因素和信息披露合规情况、境内外法律制度差异、存托凭证持有人保护、发行上市涉及的跨境转换安排、基础股票存放安排等事项进行核查和披露。

（2）按照《保荐人尽职调查工作准则》的规定，并参照《保荐创新企业境内发行股票或存托凭证尽职调查工作实施规定》中关于已在境外上市红筹企业的相关规定，开展尽职调查工作。

境外基础证券发行人和保荐人应当到境外基础证券发行人在境内设立的证券事务机构所在地的证监会派出机构申请办理辅导备案和辅导验收事宜。

3. 从事跨境转换业务的境内证券公司可基于跨境转换及对冲风险的目的按照相关主管部门的规定买卖存托凭证对应的基础股票及下列投资品种，但在境外市场的资产余额不得超过证监会规定的上限。

（1）货币管理工具。

（2）对冲基础股票市场风险和汇率风险的金融产品或工具。

（3）证监会认可的其他投资品种。

境内证券公司开展上述跨境交易以及境内存托人按照存托协议的约定参与分红派息等公司行为，应当符合国家关于跨境资金管理的有关规定，并及时向证监会和上海证券交易所报告境外投资及跨境资金流动情况。

4. 境内上市公司存在下列情形之一的，不得以其新增股票为基础证券在境外发行存托凭证：

（1）本次发行申请文件有虚假记载、误导性陈述或者重大遗漏。

（2）上市公司的权益被控股股东或者实际控制人严重损害且尚未消除。

（3）上市公司及其附属公司违规对外提供担保且尚未解除。

（4）现任董事、高级管理人员最近 36 个月内受到过证监会的行政处罚，或者最近 12 个月内受到过证券交易所公开谴责。

（5）上市公司或者其现任董事、高级管理人员因涉嫌犯罪正被司法机关立案侦查或者涉嫌违法违规正被证监会立案调查。

（6）最近一年及一期财务报告被注册会计师出具保留意见、否定意见或者无法表示意见的审计报告。保留意见、否定意见或者无法表示意见所涉及事项的重大影响已经消除或者本次发行涉及重大重组的除外。

（7）严重损害投资者合法权益和社会公共利益的其他情形。

5. 境内上市公司以其新增股票为基础证券在境外发行存托凭证的，发行价格按比例换算后准日前20个交易日基础股票收盘价均价的90%。

6. 境内上市公司以新增股票为基础证券在境外发行存托凭证购买资产的，应当符合《上市公司重大资产重组管理办法》第43条规定的条件。

投资者及其一致行动人通过存托凭证和其他方式拥有境内上市公司权益的，应当合并计算其权益，并遵守证券监管、外资管理等规定，履行法定义务。

单个境外投资者持有单一境内上市公司权益的比例不得超过该公司股份总数的10%；境外投资者持有单一境内上市公司A股权益的比例合计不得超过该公司股份总数的30%。境外投资者依法对境内上市公司战略投资的除外。

境外存托人因履行存托职责持有基础股票，不适用境内上市公司股东权益变动的相关规定。

7. 境外证券经营机构可基于跨境转换及对冲风险的目的按照相关主管部门的规定买卖存托凭证对应的境内基础股票及以下投资品种，但在境内市场的资产余额不得超过证监会规定的上限：

（1）货币市场基金。

（2）国债。

（3）证监会认可的其他投资品种。

境外证券经营机构开展上述跨境交易以及境外存托人按照存托协议的约定参与分红派息等公司行为，应当符合国家关于跨境资金管理的有关规定。

第五节　美国证券市场

美国新股发行和上市的审核主体有很多，包括联邦范围内的美国证券交易委员会（SEC）、每个州各自的证券监管部门以及各个证券交易所。这些部门的监管权责和范围各有不同。SEC 审核在所有地区发行的证券，各个州的监管部门只负责审核在本州发行的证券，各个交易所则只负责审核在本交易所交易的证券。

一、美国证监会对发行的审核

SEC 的审核主要内容是企业在招股说明书中有没有公布所有投资者感兴趣的信息。根据 SEC 网站的信息提示，SEC“只检查公开的内容是否齐全，格式是否符合要求，而不管公开的内容是否真实可靠，更不管公司经营状况的好坏……坚持市场经济中的贸易自由原则，认为政府无权禁止一种证券的发行，不管它的质量有多糟糕”。

审核的具体流程是，企业和承销商向 SEC 提交注册登记书，一个独立的审计者要向 SEC 提供一份审计报告。接下来，SEC 要根据企业的性质组织一个审核小组进行审核。这个审核小组通常由律师、会计师、分析师以及专业从业人员组成。然后，SEC 根据审核情况向企业发意见书（letter of comments）。意见书中通常会提出关于企业信息披露的问题，以及企业注册登记书中提出事项的补充说明。经常提出的问题包括：

1. 公司的产品、服务等所属行业的情况。
2. 新产品的开发、生产、营销以及客户满意度。
3. 是否有关联交易未被披露。
4. 对财务报表遗漏的风险因素的说明。

企业根据 SEC 的意见书写一封回复信（response letter），并且附上修改后的注册登记书。SEC 会再根据修改过的注册登记书中不清楚的地方发出第二封意见书。一般来说，这种发意见书和回复意见书的过程会持续2~3个月，直到SEC认为所有投资者需要了解的信息都被披露为止。

在整个审核过程中，有两个关键点需要注意。

第一，SEC会对企业的盈利状况、未来的盈利预期等实质性问题提出疑问，但是这些疑问一般仅由于SEC认为有一些投资者需要知道的信息没有得到披露，也就是说不符合“披露原则”，而并不是因为SEC对这些指标有硬性要求。

例如，一个典型的例子是：“我们注意到在你们的报告中指出了你们在新兴市场上的利润下降了。我们认为新兴市场的主权债务存在比较大的风险，在你们的招股说明中，请提供你们在新兴市场主权债务的头寸，以及可能导致的风险。”

在这个例子中，SEC虽然提出了公司在新兴市场上的利润下降，但是并没有将这个利润下降问题作为公司不能上市的理由，而是将新兴市场主权债务的头寸作为披露的要求提出。

我们还可以举出一个跟风险有关的案例：“我们注意到在你们的报告中提到你们购买了许多评级比较低的公司债券，请你们在以后的报告中披露你们对这些债券的风险计量方法，以及针对这些债券的会计准则。”

在这个例子中，风险虽然被提出来，但是SEC并没有把风险过大作为企业不能上市的理由，而是要求企业充分披露计量风险的方法和会计准则。

第二，在SEC的审核中，并没有专门针对真实性的审核，也就是说对真实性的要求主要隐含在SEC保留事后追究的权利中。在SEC的法案中提到，SEC是事前审核，对信息的真实性不做审核，如果事后发现信息造假，发行的公司对报告中的造假要负全部责任，承销商和独立的审计公司要为自己为何在尽职调查中没有发现问题负相应的责任。

二、各州监管部门的审核

在1996年美国《国家证券市场改进法》出台之后，一部分证券不需要通过州一级的审核。这些证券包括：

1. 在纽交所、纳斯达克、美交所等部分指定交易所上市的证券，或者在与这些交易所平级的交易所上市的证券。

2. 共同基金。

3. 只固定销售给某些机构投资者的股票（并没有在法案中详细说明哪些机构投资者）。

4. 政府发行的债券、市政债、银行发行的证券以及商业票据。

虽然这些证券免于州一级监管部门的审核，但是除去第一种证券（在某些指定的交易所上市的证券）之外，其余证券仍有可能需要在各个州登记。另外，所有交易商和做市商都必须在当地监管部门注册并接受监管。

如上文所描述的，在很多全国性市场交易的证券是免受州监管部门的监管的。对于不在那些市场交易的证券，每个州的监管部门会审核以保证在证券发行的过程中没有欺诈和非法行为。州的监管法案包括3种不同的注册方式：通知注册（notification registration）、协调注册（coordination registration）和资质注册（qualification registration）。其中，协调注册适用于那些已经在联邦注册，但是又不符合《国家证券市场改进法》中豁免范围的证券，这些证券发行人只需要向州证券监管部门提供3份联邦的招股说明书，并且提供一些额外的信息（每个州要求的额外信息不同）。

三、各交易所对上市的审核

各个交易所是私人所有的上市公司。这些交易所受SEC的监管，并要对股东负责。很多交易所出于品牌战略的需要，会对在该交易所上市的证券做出一些规定。例如纽交所的上市要求中就包括了以下几项要求：

1. 规模：至少有400个或以上的股东，至少有110万股股票，市场上对这个公司的估值不得少于4 000万美元。

2. 盈利状况：过去3年的收入总和不低于1 200万美元，最近一年的收入不低于500万美元，下一年的预计收入不低于200万美元；或者是全球市值不低于5亿美元，最近一年的收入不低于1亿美元，以及过去3年现金流的总和不低于2 500万美元；或者（对于有母公司的子公司上市而言）全球的市值不得低于5亿美元，而且运营时间不得少于12个月。

因此，对于在全国范围内的交易所上市的公司而言，实质审核是在交易所进行，而不是在各个州进行的。

四、美国证券交易所上市条件

美国证券交易所挂牌上市，须具备以下几项条件：

1. 最少要有500 000股的股数在市面上为大众所拥有。
2. 市值最少要在3 000 000美元以上。
3. 最少要有800名的股东（每名股东须拥有100股以上）。
4. 上个会计年度须有最低750 000美元的税前所得。

在纳斯达克交易所尚未设立时，一些现存的美国大企业在公司创立之初，由于资本额尚小，加上公司名气不彰，因此选择在上市条件较松散的地区股票上市，以便募集资金做企业扩张。例如，艾克森石油公司（Exxon Corporation）、通用汽车公司（General Motors Corporation）之前都在这里养精蓄锐，等到公司真正成长茁壮后再到最大的纽约证交所上市，所以美国证交所也可称得上是明星股的酝酿所。

五、美国证券交易所挂牌要求

（一）数量标准

标准一

股东净资产：400万美元，最近1个财政年度或最近3年之中2年的税前收入75万美元；800公众股东及50万公众股，或400个公众股东及100万公众股，或400个公众股东及50万公众股；前6个月每日平均交易量达到2 000股；股价3美元，公众持股市值达300万美元。

标准二

股东净资产：400 万美元，公司历史 2 年；800 公众股东及 50 万公众股，或 400 个公众股东及 100 万公众股，或 400 个公众股东及 50 万公众股；前 6 个月每日平均交易量达到 2 000 股；股价 3 美元，公众持股市值达 1 500 万美元。

标准三

股东净资产：400 万美元，全部市场价值 500 万美元；800 公众股东及 50 万公众股，或 400 个公众股东及 100 万公众股，或 400 个公众股东及 50 万公众股；前 6 个月每日平均交易量达到 2 000 股；公众持股市值达 1 500 万美元。

（二）质量标准

在评估是否达到挂牌标准时，交易所还要考虑质量因素，例如：公司业务性质、公司产品的市场、公司管理的口碑、历史记录和成长性、财务稳健程度、表现出来的盈利能力和未来展望，初始挂牌费和挂牌年费。

六、美国纳斯达克上市条件

企业想在小资本市场上市，只要符合以下 3 个条件及 1 个原则，就可以向美国证券交易委员会（SEC）及全美证券交易商协会（NASDR）申请挂牌。

1. 先决条件。经营生化、生技、医药、科技（硬件、软件、半导体、网络及通信设备）、加盟、制造及零售连锁服务等公司，经济活跃期满 1 年以上，且具有高成长性、高发展潜力者。

2. 消极条件。有形资产净值在 500 万美元以上，或最近 1 年税前净利在 75 万美元以上，或最近 3 年其中 2 年税前收入在 75 万美元以上，或公司资本市值（market capitalization）在 5 000 万美元以上。

3. 积极条件。SEC 及 NASDR 审查通过后，需有 300 人以上的公众持股（NON-IPO 得在国外设立控股公司，原始股东并须超过 300 人）才能挂牌，所谓的公众持股依美国证交会手册（SEC Manual）指出，公众持股人之持有股数需要在整股以上，而美国的整股即基本流通单位100股。

4. 诚信原则。纳斯达克流行一句俚语："Any company can be listed, but time will tell the tale."（任何公司都能上市，但时间会证明一切）意思是说，只要申请的公司秉持诚信原则，挂牌上市是迟早的事，但时间与诚信将会决定一切。

美国纳斯达克市场分为两个市场：一个是全国市场，一个是小型资本市场。全国市场又分两类企业：一类是有盈利的企业，一类是无盈利企业。

就全国市场而言：

第一个条件是资产净值，有盈利的企业资产净值要求在400万美元以上，无盈利企业资产净值要求在1 200万美元以上。

第二个条件是净收入，也就是税后利润，要求有盈利的企业以最新的财政年度或者前3年中2个会计年度净收入40万美元；对无盈利的企业没有净收入的要求。

第三个条件是公众的持股量。任何一家公司不管在什么市场上市流通，都要考虑公众的持股量，通常按国际惯例公众的持股量应是25%以上。比如说，在股票市场上，同一个公司A股价格是10元，而B股才1元或2元。这是为什么呢？就是因为B股没有公众持股的要求，没有充分的公众持股量，也就没有很好的流通性，市价就会很低。市价一低就没有公司愿意在你的市场发行股票或者能够发行股票。如果是这样，你这个市场就无法利用了。美国纳斯达克全国市场要求，有盈利的企业公众的持股要在50万股以上，无盈利企业公众持股要在100万股以上。

第四个条件是经营年限。对有盈利的企业经营年限没有要求，无盈利的企业经营年限要在3年以上。

第五个条件是股东人数。有盈利的企业公众持股量在50万~100万股的，股东人数要求在800人以上；公众持股多于100万股的，股东人数要求在400人以上。无盈利的企业股东人数要求在400人以上。股东人数是与公众持股量相关的，有事实上的公众持股就必然有一定的股东。我国的《公司法》规定，A 股上市公司持有 1 000 股的持股人要 1 000人以上，这才能保证它的流通性。如果持股人持股量很大，那么股东人数就相应减少了。

七、场外柜台交易系统（OTCBB）进入条件

按照美国相关法律规定，企业满足下列条件可向 NASDR 提出申请升入纳斯达克小型资本市场的条件：

1. 企业的净资产达到500 万美元或年税后利润超过 75 万美元或市值达 5 000 万美元。
2. 流通股达 100 万股。
3. 最低股价为 4 美元。
4. 股东超过 300 人。
5. 有 3 个以上的做市商等。

第六节　新加坡证券市场

根据普华永道发布的“股权资本市场观察”报告，2018 年新加坡证券交易所（SGX）一共仅有 15 起 IPO，融资总额为 7. 3 亿美元，仅高于 2008 年以来的最低值。相比之下，2017 年有 120 起 IPO，融资总额达 47 亿美元。这其中，5. 6 亿美元为主板融资，另外 1. 7 亿美元为凯利板（Catalist，即创业板）融资。在这种背景下，吸引企业来新加坡市场上市更加迫切。

从 2019 年开始，各家交易所争夺新经济公司的脚步并未停下，甚至有更加激烈的趋势。1 月 14 日，新加坡宣布了自己的招揽计划，新加坡财政部长王瑞杰表示，新加坡将于 2 月 14 日推出 7 500 万新元的新加坡资本市场津贴（GEMS），以帮助企业通过新加坡证券市场（主要是新加坡证券交易所）融资。值得注意的是，这批补贴中将有很大比例倾

向到新经济企业中。

其他地区市场逐步加大吸引力，另外境内资本市场首个真正意义上服务科创企业的板块科创板也将横空出世。对于境内的新经济企业来说，2019 年是选择年。

一、主板上市规则

（一）主板上市程序

图 17－8 简单列示了新加坡市场主板上市的流程。

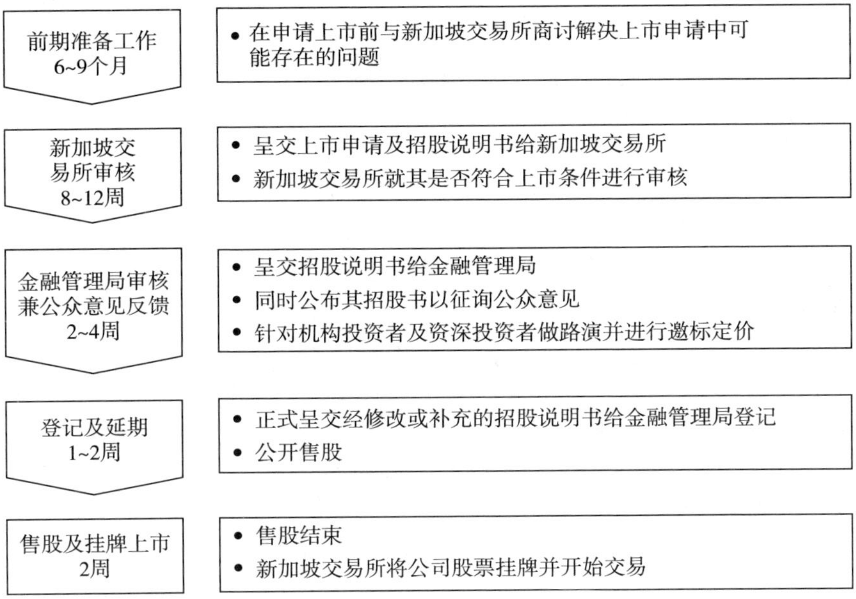

图 17－8　新加坡主板上市流程

（二）主板上市基本要求

企业无论是在新加坡本地还是在外国注册，如果寻求在新加坡交易所主板做第一或第二上市，只需要满足表 17－6 所列示的 3 项标准中的任何一项。

表 17 -6　新加坡上市 3 项标准

项目	标准 1	标准 2	标准 3
税前利润	过去最近 3 年的累计税前利润超过 750 万新元，同时该 3 年每年的税前利润均超过 100 万新元	过去最近 1 年或 2 年的累计税前利润超过 1 000 万新元	无
上市资本值	无	无	根据发行价格，在公开发行时的资本总市值至少为 8 000 万新元
售股量及股权分布	公司市值少于 3 亿新元，至少发行 25% 的股份；如果市值超过 3 亿新元，新加坡交易所可批准公司酌减上市发售量，最低不可少于 12% 的股份，有不少于 1 000 名的公众股东		
	如果是第二上市，全球股东至少 2 000 名		
业务经营记录	3 年	无	无
管理层连续服务年限	3 年	1 年或 2 年，视情况而定	无
会计准则	新加坡、美国或国际会计准则		
持续上市义务	有	有	有
	如果同时亦在其他国际认可的交易所上市，企业可以国际交易所的上市义务为准		

上述不同的上市标准是为了满足不同行业、不同类型的企业的上市需要。对于快速发展而且对投资者具有吸引力的企业，如果只有较短但很好的盈利记录，有的或者还没有开始盈利，则可以遵循标准 2 或 3 在主板上市。

（三）其他要求

除上述上市数量标准外，所有上市申请者也需要披露企业经营的业务、前景、管理层的组成、经验、与企业的利益冲突以及其他要求披露的事项。

（四）上市费用

当企业被批准在交易所首次挂牌，以及当已上市的企业发售新级别证券时，它应缴付首次上市费及文件审阅费。此外，上市企业每年也须付上市年费。如表17－7所示。

表17－7　新加坡上市费用一览

主板			
费用	金额（新元）		标准
首次上市费	最低	50 000	市值小于等于5亿新元
	最高	200 000	市值大于等于20亿新元
	变动费率/百万新元	100×（市值/百万）	市值介于5亿~20亿新元
年费	最低	25 000	市值小于等于10亿新元
	最高	100 000	市值大于等于40亿新元
	变动费率/百万新元	25×（市值/百万）	市值介于10亿~40亿新元
审阅费	最低	3 000	按个案复杂性计算
	最高	10 000	

二、凯利板挂牌上市

凯利板是亚洲第一个为本地和国际成长型公司设立的由保荐人监督的上市平台。

新加坡已被誉为是全球的金融中心之一。它蓬勃的金融服务业不仅为充满活力的国内经济，也为广大的亚太地区和世界其他地区提供服务。在新交所上市的公司中，超过1/3是外国公司，共占市场总资本的30%。

（一）凯利板上市条件

1. 保荐制

申请上市的公司必须由认可的保荐人引导上市。保荐人评估该公司是否适合在凯利板上市。

2. 招股文件

申请者必须呈交招股文件。我们将获得新加坡金融管理局（MAS）的批准，使申请者豁免新加坡证券及期货法（SFA）的某些限制。因此，在凯利板上市不需要招股说明书。

不过，在凯利板挂牌的信息披露标准将维持不变，因为投资者将根据所披露的信息做出决定。因此在内容上，对凯利板上市公司招股文件的披露要求与招股说明书相同。为了确保及时准确的信息披露，新加坡证券及期货法（SFA）中有关民事和犯罪的条款对招股文件仍然有效。

豁免计划书的做法也意味着申请人不需要再向金融管理局呈交和登记招股文件，而是呈交给新交所。为了给予公众表达其顾虑和意见的渠道，并且多提供一种防范风险的措施，招股文件将呈交在新交所的Catalodge网页上至少14天，征询公众意见。

3. 数值标准

由于保荐人将决定一个公司是否适合上市，因此对上市申请者财务指标没有最低要求。

4. 股权分布

为了促进公司上市后的交易活动，股权分布要求如下：发行资本的15%必须由公众持有，并且至少有200个股东。

5. 锁股期

为了将发起人的自身利益与公众持股人的利益挂钩，发起人出售股权将受到限制。

（二）上市费用

凯利板上市费用如表17－8所示。

表17－8　凯利板上市费用

项目	首次上市费	年度上市费
最低收费	30 000新元	15 000新元
最高收费	100 000新元	50 000新元
变动收费（每百万新元）	100新元	25新元
增发证券的上市费（每次）		8 000新元

注：与中央托收公司（CDP）服务有关的其他应收费用和主板相同。

（三）监管机制

在这个由保荐人监督的市场上，新交所将继续通过上市标准和持续性义务规则管理上市公司，它也将保留对公司的处罚权利。而对于公司的直接监督，则由保荐人执行。

保荐人是在管理公司财务以及指导公司遵守条例等方面，具有丰富经验和相应资格的专业公司。新交所将通过严格的审批和持续性义务规则，授权并管理这些保荐人。详见图 17－9。

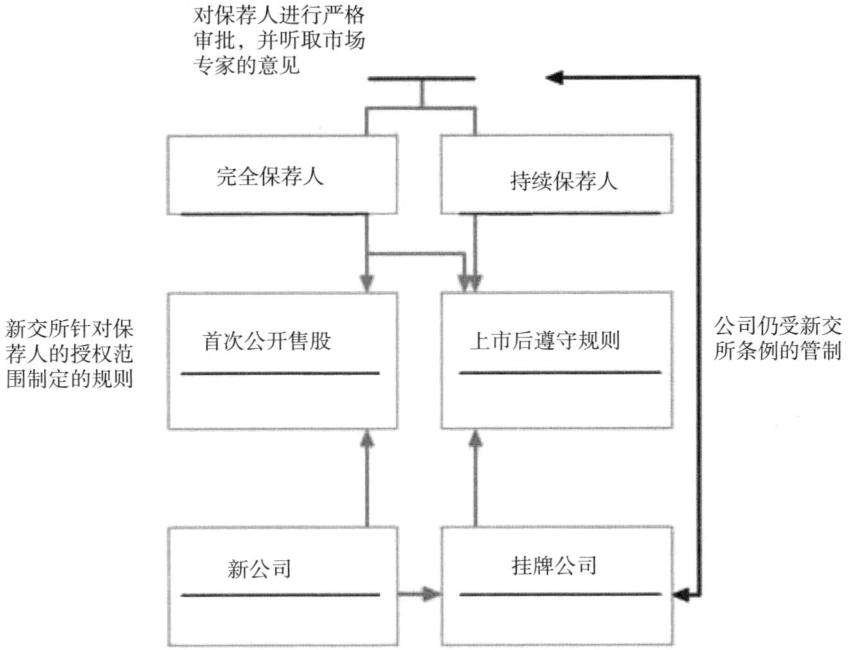

图 17-9　监管机制

资料来源：新加坡交易所 http：//www. sgx. com。

新交所认可的保荐人分为两种：上市及持续保荐人和持续保荐人。上市及持续保荐人负责在首次公开招股过程中评估一个公司是否符合上市标准，并协助该公司筹备上市。同时，上市及持续保荐人和持续保荐人将在负责上市公司的公共责任及义务方面继续扮演指导和监督的角色，但持续保荐人不负责评估及协助公司进行首次公开招股。当保荐人确认或怀疑有任何违反规定的行为时，应该及时通知新交所。

保荐人的审批与持续性义务：鉴于保荐人在凯利板中的重要作用，新交所在保荐人的选择和保留其资格方面有严格的标准。具体来说，保荐人必须拥有令人满意的工作记录和信誉。除此之外，从事凯利板工作的专业队伍必须是经注册的专业人士。保荐人及注册的专业人士在通过审批之后，必须始终维持高质量的工作。新交所将对保荐人进行定期评估。如果保荐人或注册的专业人士被确定或被怀疑违反规定，新交所将展开适当的调查。保荐人或注册的专业人士可被控上纪律委员会。处罚方式包括训斥、罚款、限制职责范围、暂停职务、撤销资格（保荐人）、取消注册（注册的专业人士）和接受教育等。

第七节　韩国证券市场

韩国投资者对中国企业投资的需求较高，中国企业在韩国科斯达克市场（KOSDAQ）上市时能够得到较高的企业评估。不仅是上市时，上市后还能以较低费用维持上市和持续融资资金。在韩国上市的费用成本大约是新加坡的1/3。

一、中国企业赴韩交所主板市场的上市条件

到主板上市的多以制造业、金融业等大型优质企业为主，上市条件如下：

1. 净资产8 000万元以上人民币（约100亿韩元）。

2. 3年经营业绩，最近会计年度的利润至少是2 000万元人民币（约25亿韩元）、销售收入2.4亿元人民币（约300亿韩元），累计利润4 000万元人民币（约50亿韩元）、平均年销售收入1.6亿元人民币（约200亿韩元）。

3. 股权结构，要求最低公众持股数量1 000名、在韩交所募股不少于100万股、小股东份额须占股本的30%以上。

二、韩国创业板企业上市条件

创业板是以 IT、BT 等小规模风险企业为主的市场，不符合收益条件的可通过创业板上市委员会的技术和潜力评估上市。

1. 风险企业，只要其小股东持股比例达到 20%，监事认为适合上市，即可登记上市。

2. 一般企业，有三种选择：一是建立企业为 3 年，股东交付的资本金为 5 亿韩元，小股东持股比例不低于 20%，有经常收益，无资本蚕食情况，负债比例不超过同行业平均水平的 15 倍，经监事同意。二是自有资本为 100 亿韩元，资产总额为 500 亿韩元，小股东持股比例不低于 20%，负债比例不到同行业的平均数，经监事同意。三是自有资金为 1 000亿韩元，股票分散率为 20%，资本金蚕食不足 50%，负债比例不超过同行业的 400%，经监事同意，一般企业可以根据自己的情况登记上市。

三、中国的中小企业赴韩上市的步骤

中国的中小企业赴韩上市的平均承销费用只占企业融资额的 5%。因此，对于资金力量相对薄弱的企业而言，赴韩创业板上市是一个不错的选择。

韩国证交所要求，只要事先与该所就发行和上市有关事项进行沟通，并充分准备好资料，从提交准备上市审查申请书到上市只需 3 个月的时间。

中小企业在韩交所上市要经过 3 个步骤：上市准备、上市审查、公募及上市。首先要选定主承销商，然后提交上市预审申请书和有价证券备案书，最后定价发行、挂牌交易。而韩交所也要经过尽职调查、上市审查和需求预测几个程序，然后企业便可发行上市。

第八节　东京证券市场

东京证券交易所对非日本公司上市的主要要求如表 17－9 所示。

表 17－9　东京证券交易所对非日本公司上市的主要要求

<table>
<tr><td>净资产</td><td colspan="7">公司提出上市申请日前 1 年的公司净资产必须达到 100 亿日元以上</td></tr>
<tr><td>税前利润</td><td colspan="7">最近 3 年的税前利润每年都要达到 20 亿日元以上</td></tr>
<tr><td>红利分配</td><td colspan="7">公司提出上市的前 1 年必须进行红利分配，而且要能显示公司今后具有良好的红利分配前景</td></tr>
<tr><td>股份有限公司成立年限</td><td colspan="7">• 公司提出上市申请的前 1 年度最后一天为止，该公司应设立股份有限公司至少 5 年
• 若是民营企业，则需有 5 年经营业绩，且提交了东京证交所认为合适的财务文件，才可申请上市</td></tr>
<tr><td rowspan="2">上市股数须按超过此标准交易单位区分的股数标准进行交易</td><td>股数</td><td>2 000 万股</td><td>100 万股</td><td>200 万股</td><td>100 万股</td><td>2 万股</td><td>2 万股</td></tr>
<tr><td>交易单位</td><td>1 000（以下类推）</td><td>500</td><td>100</td><td>50</td><td>10</td><td>1</td></tr>
<tr><td rowspan="2">股东人数</td><td>已经上市</td><td colspan="6">公司股票如已在其他交易所上市，且流通状况良好，上市时的公司股东人数须达到 1 000 人以上</td></tr>
<tr><td>仅在东京证交所上市</td><td colspan="6">在日本国内的股东人数须达到 2 000 人以上</td></tr>
<tr><td>其他</td><td colspan="7">• 公司必须提供近 3 年每年的年度和中期财务报告，且要有注册会计师签字的审计报告，所有财务报告不能有虚假的记载
• 公司必须承诺，对公司股票的转让不做任何限制
• 公司须制定符合东京证交所规定的股票样式
• 公司须提交经认可的各种有重要影响的合并、收购和分离的财务文件</td></tr>
</table>

本章要点

熟悉中国香港、新加坡、英国、美国、日本、韩国等地市场的各项规定及上市流程、成本费用、上市时间，分析企业自身状况，选择境外上市地，聘请财务顾问和中介机构。

国际板推出的受益公司以及证监会对境外上市的规定及审批程序。拟境外上市企业首先掌握公司申请境外上市的申请条件、审批程序、上市方式等。

思考题

1. 熟悉境外上市与境内上市规则，试问你所在的企业选择上市地需要考虑哪些因素？

2. 纽约、伦敦、香港等地证券市场各有哪些特点？

3. 如何推动境内中小企业上市？

第十八章

融资工具回顾

企业常常因资金短缺而急于找快钱，上市融资固然好，但不是快钱。其实上市前的融资途径和使用工具也是多种多样的，有些机构投资者还专门盯着上市前的优质企业进行股权投资，希望一年左右能够获得上市公司股票而上市变现退出，实现超额回报。暂时没有战略投资者青睐，企业仍然可以通过发行可转换债券或私募基金等方式实现企业融资。

企业融资模式与融资工具的匹配关系如图 18 - 1 所示。

本章以回顾方式对前十七章企业融资模式与融资工具进行总结与缩影描述，把它分为上市前融资、上市后融资、境外融资三部分梳理，以便于读者查阅章节内容。

从应用角度看，上市前、上市后的融资工具并无本质区别，多数是共用的，只是融资方的企业身份不同、信用评级不同，在融资工具的选择上存在差异。上市公司与非上市公司在资本市场的吸引力、资本品牌价值是不一样的，其风险控制、信息披露等方面的规范管理与要求也不同，所以，读者在阅读时要注意鉴别。

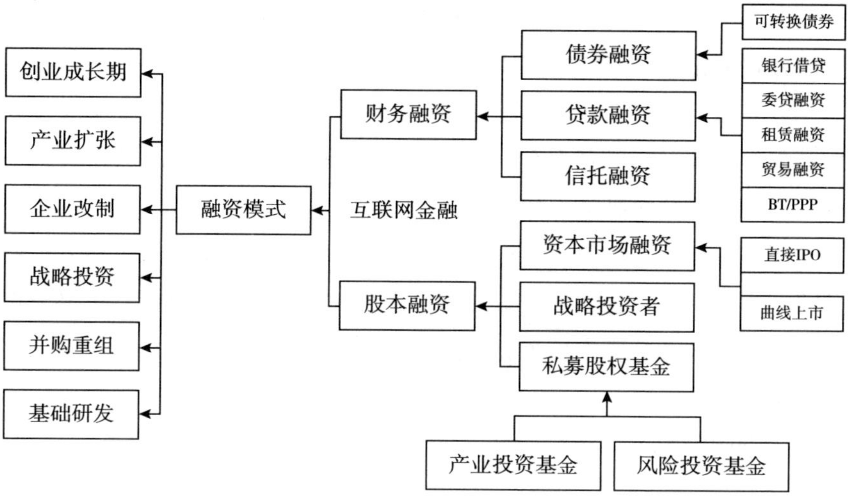

图 18－1 企业融资模式与融资工具

第一节 上市前融资

企业在上市前的融资渠道主要是银行信贷，或者民间金融机构支持，其融资渠道及融资成本相对不宽松，所以会想尽一切可能的办法解决融资难的问题。在前面第八章我们介绍了企业上市前如何进行资本运作的融资工具，主要有转增股本，配股和增发，缩股、分立、换股，资本运作模式，企业债，私募基金，军民融合融资，企业债等模式。

为了便于读者理解，本节权且把一些非上市公司限制和特有的融资工具稍做梳理来进行介绍。其实以上融资工具对于上市前和上市后的企业都可操作，尤其是私募股权投资基金、军民融合融资模式，对上市公司也是不错的选择。

一、转增股本

转增股本是指公司将资本公积转化为股本向全体股东转增，扩大公司股本总规模，又不改变股东的权益。

企业上市前如果存有大量未分配利润或未转增的资本公积，为保护企业老股东的合法权益，或扩大公司股本规模，可采取送红股或转增股本的方式消化这部分留存未分配利润和资本公积。

因为转增股本部分来自公司资本公积，它可以不受公司本年度可分配利润的多少及时间的限制，只要将公司账面上的资本公积金减少一些、增加相应的注册资本金即可。

用资本公积转增股本，不会增加企业负债率，由于转增股本后企业总股本规模扩大，有利于提高公司整体实力，所以资本公积金在很大程度上反映了公司的股本扩张能力。

二、配股和增发

企业上市前给老股东配股其实也是维护股东权益时的一种股本扩张。向原股东配售，股东按配股价格和配股数量缴纳配股款。原股东可以按配股比例掏钱认购新发行的股票，也可以放弃。股东数量没有增加，总股本增加了。如果股东全体参与配售，则持股比例没有变动；如果部分股东放弃配售，则放弃配售股东持股比例下降，参与配售的股东持股比例上升。企业上市前所配股是不能上市交易的，等企业上市后即按上市公司规定上市交易。配股分为有偿配股与无偿配股两种。有偿配股是公司办理现金增资，股东得按持股比例拿钱认购股票。此种配股除权，除的是“新股认购权”。

增发实际上是上市前企业定向增发，是指非公开发行即向特定投资者（机构）发行新股，实际上就是境外常见的私募。定向增发指向的是特定机构，其目的往往是为了引入该机构的特定能力，如管理、渠道等。定向增发的对象可以是老股东，也可以是新的投资者。总之，定向增发完成之后，公司的股权结构往往会发生较大变化，甚至发生控股权变更的情况。

定向增发是发行方和认购方协商的结果，认购人一般只限于少数有资金的机构或个人。

定向增发和配股都属于发行新股，是企业上市前的资本运作的融资手段。

三、缩股、分立、换股

缩股是股本分割的一种方式。企业上市前为了降低股本泡沫，控股股东以一定价格回购本公司股份然后注销，这样总股本被缩小，每股收益及每股净资产等指标将得到提升，有利于正式发行后股价上行，而且也给企业上市后股本扩张提供了空间。

公司分立指将一家公司分成两个以上具有相互独立的法律地位而互不具有股权连接关系的公司。公司进行分立的动因主要在于：经营不同业务的综合性公司分立成几家上市公司，可以提高财务报表的透明度，有利于资本市场对不同业务的分别估值。分立出去的公司的价值将被提高，这有助于新公司独立地从资本市场以更高的价格进行融资，更便捷地进行资本运作。

换股是指企业并购业务中比较简单的一种股权交换方式，它既节省并购目标的现金支出，同时又能达到借道上市的目的。

缩股、分立、换股三种操作方式都是企业资本运作的有效手段，其目的就是帮助企业尽快避险，找到更好的融资通道。

四、资本运作模式

我们在第八章第四节中介绍了 11 种资本运作模式。其实企业上市前的资本运作目的很简单，一是通过并购重组方式扩大企业规模，获得行业竞争优势，提高产品市场占有率；二是通过对已上市公司的股权投资、股权置换等方式间接上市，当对已上市公司的控股比例达到一定的控制地位时，便举牌收购，成为正式的上市公司控制人。并购重组、股权投资、股权置换等常用方式在实际运用中，关键在于尽调的严谨性、价值评估模式、定价原则、风控管理、资源整合能力等，只要细节设计好一般会事半功倍。

五、军民融合融资模式

军民融合是内涵深刻的资本运作模式。对上市前、上市中、上市后的企业都适合，尤其对没有上市通道融资的民企来说，选择军民融合的产业模式进入资本市场，更利于资本运作，上市前的时机与节奏把握得好，可以分享政策红利，提速上市，赢得投资者的认可，实现产业与资本的有效结合，打造新型的硬科技产业品牌。

军民融合是军事能力与经济发展能力相融合，是国防战略和经济发展战略融为一体。主要表现为构建军民统一的科技基础、工业基础、人才基础、设施基础等方面，既可以发行债券，也可以发行产业投资基金，对于存量资产相对较大的军工或军民融合的企业，通过资产证券化的方式来融资是很有利的。打造出一批优质的军民融合的硬科技企业可以直接申请上海科创板、深圳创业板 IPO 上市融资，而主板及其他板块也是军民融合企业上市融资的主战场。

六、企业债

企业债是指从事生产、贸易、运输等经济活动的企业发行的债券。企业债券目前主要有地方企业债券、重点企业债券、附息票企业债券、利随本清的存单式企业债券、产品配额企业债券和企业短期融资券等。地方企业债券，是由全民所有制工商企业发行的债券；重点企业债券，是由电力、冶金、有色金属、石油、化工等部门国家重点企业向企业、事业单位发行的债券；附息票企业债券，是附有息票，期限为 5 年左右的中期债券；利随本清的存单式企业债券，是平价发行，期限为 1 ~ 5 年，到期一次还本付息的债券，各地企业发行的大多为这种债券；产品配额企业债券，是由发行企业以本企业产品等价支付利息，到期偿还本金的债券；企业短期融资券，是期限为 3 ~ 9 个月的短期债券，面向社会发行，以缓和由于银根抽紧而造成的企业流动资金短缺的情况。

企业债既适合上市前企业发行，也适合上市后企业发行。

七、私募基金

私募基金，是指通过非公开方式，面向少数机构投资者募集资金而设立的基金。由于私募基金的销售和赎回都是通过基金管理人与投资者私下协商来进行的，因此它又被称为向特定对象募集的基金。

（一）私募基金的优势

与封闭式基金、开放式基金等公募基金相比，私募基金具有公募基金无法比拟的优势。

1. 私募基金通过非公开方式募集资金。在美国，共同基金和退休金基金等公募基金，一般通过公开媒体做广告来招徕客户，而按有关规定，私募基金则不得利用任何传播媒体做广告宣传，其参加者主要通过获得的所谓“投资可靠消息”，或者直接认识基金管理者的形式加入。

2. 在募集对象上，私募基金的对象只是少数特定的投资者，圈子虽小门槛却不低。如在美国，对冲基金对参与者有非常严格的规定：若以个人名义参加，最近两年个人年收入至少在 20 万美元以上；若以家庭名义参加，家庭近两年的收入至少在 30 万美元以上；若以机构名义参加，其净资产至少在 100 万美元以上，而且对参与人数也有相应的限制。因此，私募基金具有针对性较强的投资目标，它更像为中产阶级投资者量身定做的投资服务产品。

3. 和公募基金严格的信息披露要求不同，私募基金这方面的要求低得多，加之政府监管也相对比较宽松，因此私募基金的投资更具隐蔽性，运作也更为灵活，相应获得高收益回报的机会也更大。

4. 私募基金一个显著的特点就是基金发起人、管理人必须以自有资金投入基金管理公司，基金运作的成功与否与他们的自身利益紧密相关。从国际目前通行的做法来看，基金管理者一般要持有基金 3% ~5% 的股份，一旦发生亏损，管理者拥有的股份将首先被用来支付参与者，因此，私募基金的发起人、管理人与基金是一个唇齿相依、荣辱与共的利益共同体，这也在一定程度上较好地解决了公募基金与生俱来的经理人利益约束弱化、激励机制不够等弊端。

（二）我国私募股权投资基金的发展

中国已经成为仅次于美国的全球第二大私募股权投资市场，大中华区在全球私募股权投资基金的市场份额已经达到24%。

根据中基协统计数据，截至2019年1月底，中国证券投资基金业协会已登记私募基金管理人24 458家，已备案私募基金75 178只，私募基金管理人员工总人数24.43万人。已登记私募证券投资基金管理人8 997家，私募股权、创业投资基金管理人14 685家，其他私募投资基金管理人776家。

随着科创板的推出，私募股权基金迎来了新的投资机遇，对所投项目的退出增加了一个前所未有的良性通道，如果所投企业质地优良，上市速度快，盈利有保障，投资人也能获得预期收益。当然，能否运作得好，也是对私募股权基金硬实力的考验。

第二节　上市后的融资工具

上市公司再融资包括内部融资与外部融资、股权融资与债务融资、直接融资与间接融资、短期融资与长期融资、上市公司发行新股、发行可转换公司债券、企业短期融资券的发行、证券公司债券、资产支持证券等融资工具。

一、上市公司增发新股

上市公司非定向公开募集新股必须符合以下条件：

1. 具备健全且运行良好的组织机构。
2. 具有持续营利能力，财务状况良好。
3. 最近3年财务会计文件无虚假记载，无其他重大违法行为。
4. 经国务院批准的国务院证券监督管理机构规定的其他条件。

除以上必须具备的条件和要求外，还应遵守以下具体规定：

1. 最近3个会计年度加权平均净资产收益率平均不低于6%，扣除非经常性损益后的净利润与扣除前的净利润相比，以低者作为加权平均净资产收益率的计算依据。

2. 除金融类企业外，最近一期末不存在持有金额较大的交易性金融资产和可供出售的金融资产、借予他人款项、委托理财等财务性投资的情形。

3. 发行价格应不低于公告招股意向书前20个交易日公司股票均价或前一个交易日的均价。

二、上市公司配股

上市公司向原股东配售股份，除符合以上发新股的必需条件和要求外，还应当符合以下具体规定：

1. 拟配售股份数量不超过本次配售股份前股本总额的30%。

2. 控股股东应当在股东大会召开前公开承诺认配股份的数量。

3. 采用证券法规定的代销方式发行。

控股股东不履行认配股份的承诺，或者代销期限届满，原股东认购股票的数量未达到拟配售数量70%的，发行人应当按照发行价并加算银行同期存款利息返还已经认购的股东。

三、上市公司发行可转换债券

可转换债券是债券持有人可按照发行时约定的价格将债券转换成公司的普通股票的债券。如果债券持有人不想转换，则可以继续持有债券，直到偿还期满时收取本金和利息，或者在流通市场出售变现。如果持有人看好发债公司股票增值潜力，在宽限期之后可以行使转换权，按照预定转换价格将债券转换成为股票，发债公司不得拒绝。该债券利率一般低于普通公司的债券利率，企业发行可转换债券可以降低筹资成本。可转换债券持有人还享有在一定条件下将债券回售给发行人的权利，发行人在一定条件下拥有强制赎回债券的权利。具体内容参照第十五章第三节。

四、公司债券

根据《证券法》、《公司法》规定，公司债券是指公司依照法定程序发行、约定在一定期限还本付息的有价证券。公司债券可以公开发行，也可以非公开发行。

上市公司、股票公开转让的非上市公众公司发行的公司债券，可以附认股权、可转换成相关股票等条款。上市公司、股票公开转让的非上市公众公司股东可以发行附可交换成上市公司或非上市公众公司股票条款的公司债券。商业银行等金融机构可以按照有关规定发行附减记条款的公司债券。

上市公司发行附认股权、可转换成股票条款的公司债券，应当符合《上市公司证券发行管理办法》、《创业板上市公司证券发行管理暂行办法》的相关规定。

股票公开转让的非上市公众公司发行附认股权、可转换成股票条款的公司债券，由证监会另行规定。

六、短期融资券

短期融资券是指企业依照中国人民银行制定的《短期融资券管理办法》规定的条件和程序，在银行间债券市场发行和交易并约定在一定期限内还本付息的有价证券。融资券应采用实名记账方式在中央国债登记结算有限责任公司进行登记托管。中央结算公司负责提供二级市场交易结算、代理兑付及相关信息发布服务。

短期融资券筹资的优点主要有：

1. 短期融资券的筹资成本较低。

2. 短期融资券筹资数额比较大。

3. 发行短期融资券可以提高企业信誉和知名度。

短期融资券筹资的缺点主要有：

1. 发行短期融资券的风险比较大。

2. 发行短期融资券的弹性比较小。

3. 发行短期融资券的条件比较严格。

七、保理业务

保理业务是一项集商业资信调查、应收账款管理、信用风险担保及贸易融资于一体的新兴综合性金融服务，近年来发展迅速，目前全球保理业务量已超过7 000多亿美元。中国银行于1992年在国内率先推出国际保理业务，与国外保理公司及国际保理组织密切合作，积累了相当丰富的业务经验，在世界各地为广大客户提供全面的保理服务。目前所提供的业务品种主要包括：国际双保理项下出口保理、国际双保理项下进口保理、国际双保理项下出口商业发票贴现、国内综合保理、国内商业发票以预支的方式提供卖方所需营运资金，加速资金周转。

（一）国内保理业务种类

保理业务根据当事人的不同可分为国际保理和国内保理。根据国内保理业务的特点和风险程度，又可分为以下几类：

1. 融资保理与非融资保理。融资保理是指保理方（银行）承购供应商的应收账款，给予资金融通，并通过一定方式向买方催还欠款。非融资保理指保理方在保理业务中不向供应商提供融资，只提供资信调查、销售款清收以及账务管理等非融资性服务。

2. 公开型保理和隐蔽型保理。公开型保理指债权转让一经发生，供应商须以书面形式将保理商的参与情况通知买方，并指示买方将货款直接付给保理方。隐蔽型保理指供应商不将债权转让以及保理商参与情况通知买方，买方仍将货款付给供应商，供应商收到货款后转付给保理商。整个操作过程只在供应商与保理方之间进行。

3. 有追索权保理和无追索权保理。有追索权保理指保理方凭债权转让向供应商融资后，如果买方拒绝付款或无力支付，保理商有权向供应商要求偿还资金。无追索权保理指保理方凭债权转让向供应商融通资金后，即放弃对供应商追索的权利，保理方独立承担买方拒绝付款或无力付款的风险。

保理业务种类需要通过保理合同来加以明确规定，因而不同的保理业务种类具有不同的操作内容和操作程序，保理业务各方当事人也因而拥有不同的权利与义务。

我国出口企业习惯将保理作为一种新的国际贸易结算方式来使用，并认为保理将取代信用证（L/C）成为国际贸易主要结算方式。在银行业，人们更多把保理当作一种新的融资方式来运作。

（二）商业银行代替保理商以收购债权人应收账款为核心所展开的业务活动

1. 贸易融资。它是典型的保理业务，即出口企业将应收账款卖给商业银行。保理中的贸易融资与其他贸易融资最大的不同是商业银行无追索权。如果企业的应收账款是远期商业汇票，商业银行既可购买后立即支付款项，也可在商业汇票到期后支付。不管是先支付还是后支付款项，只要承购了应收账款，在信用限额内，商业银行必须承担相应的风险和损失。

2. 应收账款催收。这是保理最富挑战性的工作，帮助企业追讨债务。商业银行利用政治、地域、人力等各种资源，采用行政、法律等各种手段协助企业收取应收账款。

3. 销售分户账管理。销售分户账管理又称会计支持，是指商业银行对所承办应收账款的企业提供分类记账、结算、分析等项服务。商业银行利用自身专业知识和专业人才的优势，帮助企业了解已收、未收款情况，分析应收账款动态，提出解决应收账款各种方案供企业参考。

4. 信用风险控制。信用风险控制又称坏账担保。出口企业与商业银行签订保理协议后，商业银行为债务人核定一个信用额度（一般不超过企业提供发票金额的80%），并且在协议执行过程中，根据债务人资信情况的变化对信用额度进行调整。在核准信用额度内所产生的应收账款，商业银行提供100%的坏账担保。

（三）从商业银行经营角度看保理利弊

1. 利：是指其高收益。保理业务作为一项新的银行业务，其收益高于传统的银行业务，一般按应收账款金额收取一定比例的服务费（通常为2% ~6%），或者贴现收购应收账款，贴现率远高于同期银行利率。所以，许多人认为保理业务是商业银行新的利润增长点。

2. 弊：主要指保理业务所面临的贸易融资无法收回的风险。保理业务中的贸易融资是无追索权的买断行为，商业银行买断出口商应收账款，便成为货款债权人，同时也承担了原先由企业承担的应收账款难以收回的风险。

（四）国际保理业务流程及操作步骤

1. 出口商与进口商签订国际贸易合同，约定托收或赊销的成交方式后，出口商把合同内容和进口商名称通知本国的（出口）保理商，提出叙做保理的要求，并要求为进口商核准信用额度。

2. 出口保理商将有关资料通知进口地的保理商，由其对进口商进行资信调查和信用评估并及时将调查结果和评估情况通知出口保理商，如进口商信用良好，进口保理商将为其核准信用额度。

3. 如果进口商同意购买出口商的商品或服务，出口商开始按合同供货，取得已注明应收账款转让给出口保理商的运输单据，并将附有转让条款的发票寄交付进口商。

4. 出口商将发票副本交付出口保理商，出口保理商通知进口保理商有关发票详情。

5. 如出口商有融资需求，出口保理商可付给出口商不超过发票金额的80%的融资款。

6. 进口保理商于发票到期日前若干天开始向进口商催收，进口商于发票到期日向进口保理商付款。

7. 进口保理商将款项交付出口保理商，如果进口商在发票到期日90天后仍未付款，进口保理商承担向出口保理商付款责任。

8. 出口保理商将收到的货款在扣除融资本息（如有）及费用后，

将余额付给出口商。

9. 如进口商不能按时付款或拒付，保理商应负责追偿和索赔，并且由出口保理商按原订的协议中规定的时间向出口商付款。

(五) 办理国际保理业务必须符合的条件

1. 进出口商应经工商行政管理部门核准登记，取得经年检的企业法人营业执照和生产经营许可证，具有进出口贸易经营权，符合国家有关结汇和售/付汇及国际收支申报的规定。

2. 独立核算，具有健全的财务会计制度。

3. 开立外汇账户，办理外汇结算业务。

4. 出口保理业务中，出口商应有较强经营能力和履约能力，现金流量情况良好。

5. 交易双方为非关联企业，特殊情况应征得总行的同意。

6. 同时必须符合以下交易背景：

（1）真实的贸易背景。

（2）原则上应为通过销售所产生的债务可以自行成立的商品或服务，如生产资料、零部件和消费品。

（3）商品有较强的适销性，且不宜引起商业纠纷。

（4）根据贸易合同或有关法律规定，无相关的债权不得转让的规定。

（5）不涉及非法交易和不公平交易。

(六) 申办手续

1. 出口保理。须填制保理业务申请书、提供营业执照副本等批文、提供国外进口商的名单及有关资料、签订出口保理协议。

2. 进口保理。提供供货商及相关交易的详细情况、签订进口保理协议。

八、套期保值

套期保值是指把期货市场当作转移价格风险的场所，利用期货合约作为将来在现货市场上买卖商品的临时替代物，对其现在买进准备以后售出商品或对将来需要买进商品的价格进行保险的交易活动。

(一) 套期保值的作用

企业是社会经济的细胞，企业用其拥有或掌握的资源去生产经营什么、生产经营多少以及如何生产经营，不仅直接关系到企业本身的生产经济效益，而且还关系到社会资源的合理配置和社会经济效益的提高。而企业生产经营决策正确与否的关键，在于能否正确地把握市场供求状态，特别是能否正确掌握市场下一步的变动趋势。期货市场的建立，不仅使企业能通过期货市场获取未来市场的供求信息，提高企业生产经营决策的科学合理性，真正做到以需定产，而且为企业通过套期保值来规避市场价格风险提供了场所，在增进企业经济效益方面发挥着重要的作用。

(二) 套期保值策略

为了更好实现套期保值目的，企业在进行套期保值交易时，有以下策略：

1. 坚持“均等相对”的原则。“均等”，就是进行期货交易的商品必须和现货市场上将要交易的商品在种类上相同或相关数量上相一致。“相对”，就是在两个市场上采取相反的买卖行为，如在现货市场上买，在期货市场则要卖，或相反。

2. 应选择有一定风险的现货交易进行套期保值。如果市场价格较为稳定，那就不需进行套期保值，进行保值交易需支付一定费用。

3. 比较净冒险额与保值费用，最终确定是否要进行套期保值。

4. 根据价格短期走势预测，计算出基差（即现货价格和期货价格之间的差额）预期变动额，并据此做出进入和离开期货市场的时机规划，并予以执行。

(三) 企业进行套期保值操作的一般程序

1. 分析市场行情。准确分析判断市场趋势是正确决策的基础，当市场行情发生突变时，应及时采取相应对策。

2. 制订套期保值方案。全面分析国际、国内市场趋势发展，根据企业经营目标制定企业年度或阶段性套期保值建议，形成可操作的套期保值方案。以市场走势分析为基础，以产品成本为参照，以企业整体效益为目标，把风险降到最低。

3. 实施套期保值方案。企业套期保值方案经过多方论证确定后，方可进行具体运作，如市场行情发生变化要及时对保值方案进行修正，规避市场风险。

4. 套期保值头寸的交割。在进入交割月的前1月由指定单位进行验收、制作仓单，并根据期货部的书面指令将仓单交由期货经纪公司进行实物交割，或由财务部按期货部提出的资金计划筹集货款交指定的期货经纪公司办理实物交割。交割完毕后期货部将仓单交由现货部门处理。如因资源、资金、运输等原因不能如期办理交割进行协调处理，确定不能进行交割则必须提前通知期货部做平仓处理。

5. 资金管理与调拨。用于期货套期保值的资金由企业法人授权期货部经理进行调拨。期货部在保值方案中应制订资金需求计划。在保值方案确定后，按方案所需资金及时间要求及时足额提供保证金，如遇行情突变需临时增加保证金时，应及时增拨资金，平时保证金有富裕时应及时调回企业。

（四）套期保值操作

1. 买入套期保值

买入套期保值，又称多头套期保值，是在期货市场中购入期货，以期货市场的多头来保证现货市场的空头，以规避价格上涨的风险。

例如：油脂厂3月份计划2个月后购进100吨大豆，当时的现货价为每吨0.22万元，5月份期货价为每吨0.23万元。该厂担心价格上涨，于是买入100吨大豆期货。到了5月份，现货价果然上涨至每吨0.24万元，而期货价为每吨0.25万元。该厂于是买入现货，每吨亏损0.02万元；同时卖出期货，每吨盈利0.02万元。

两个市场的盈亏相抵，有效地锁定了成本。

2. 卖出套期保值

卖出套期保值，又称空头套期保值，是在期货市场出售期货，以期货市场上的空头来保证现货市场的多头，以规避价格下跌的风险。

例如：5月份供销公司与橡胶轮胎厂签订8月份销售100吨天然橡胶的合同，价格按市价计算，8月份期货价为每吨1.25万元。供销公司担心价格下跌，于是卖出100吨天然橡胶期货。8月份时，现货价跌至每吨1.1万元。该公司卖出现货，每吨亏损0.1万元；又按每吨1.15万元价格买进100吨的期货，每吨盈利0.1万元。

两个市场的盈亏相抵，有效地防止了天然橡胶价格下跌的风险。

第三节 境外融资

境外融资其实主要是通过境外资本市场和货币市场发行最常见的股票和债权进行融资。

根据我国相关政策，外资企业举借外债的管理政策较内资企业宽松，外资企业可以在批准的投资总额和注册资本差额内允许自由举借外债。为了方便从境外融资，很多内资企业通过各种方式实现外资化。

目前境外几个离岸金融中心如英属维尔京群岛、巴拿马、开曼群岛、百慕大等，而中国澳门、中国香港等地是内地企业融资的主要场所。

一、境外非金融企业债务融资工具

境外非金融企业发行债务融资工具应在交易商协会注册，并按照《非金融企业债务融资工具注册发行规则》中规定的发行方式发行债务融资工具。

境外非金融企业发行债务融资工具，应通过交易商协会认可的网站公布当期发行文件。

境外非金融企业定向发行债务融资工具的，应通过中国银行间市场交易商协会综合业务和信息服务平台对定向投资人披露当期发行文件。

境外非金融企业应定期披露相关财务信息。存续期信息披露参照《银行间债券市场非金融企业债务融资工具信息披露规则》在注册发行文件上的约定。境外非金融企业在其他证券市场披露的财务信息，应在全国银行间债券市场披露。

二、基金

基金种类很多，按品种划分为：

1. 封闭式基金和开放式基金。
2. 公司型基金和契约型基金。
3. 股票基金、债券基金、货币市场基金、混合基金。
4. 成长型基金、价值型基金和平衡型基金。
5. 主动型基金和被动（指数）型基金。
6. 特殊类型的基金。

国际市场上的基金大体分为共同基金、私募基金、封闭式基金、交易基金等，它们在不同程度上运用金融衍生品进行交易。

三、指数基金

根据指数基金本身的投资操作方式，可以把指数基金分为完全被动跟踪指数的指数基金与增强型的指数基金两类。

目前的指数基金以股票基金为主，根据基金所跟踪的股价指数的特点可以进一步细分为以下几种类型：

1. 综合型的指数基金。
2. 按照板块分类的局部型指数基金。
3. 行业指数基金。
4. 混合型指数基金。

四、资产证券化

资产证券化是指以基础资产未来所产生的现金流为偿付支持，通过结构化设计进行信用增级，在此基础上发行资产支持证券的过程。

广义的资产证券化是指某一资产或资产组合采取证券资产这一价值形态的资产运营方式，它包括以下 4 类：

1. 实体资产证券化。
2. 信贷资产证券化。
3. 证券资产证券化。
4. 现金资产证券化。

五、房地产信托投资基金

房地产信托投资基金是房地产证券化的重要手段，境内企业尤其是房地产企业比较喜欢在境发行 REITs 来融资。房地产证券化就是把流动性较低的、非证券形态的房地产投资，直接转化为资本市场上的证券资产的金融交易过程。房地产证券化包括房地产项目融资证券化和房地产抵押贷款证券化两种基本形式。

六、熊猫债券

熊猫债券是指外国政府、境外金融机构、外资工商企业或国际组织在我国境内发行的以人民币计值的债券，与点心债相对应，是我国债券市场双向扩张的一部分，也是推进人民币国际化的题中之义。

熊猫债券是境外机构在中国发行的以人民币计价的债券，它与日本的“武士债券”、美国的“扬基债券”均属于外国债券的一种。由于此前境内发行成本较高，且债市开放度有限，熊猫债券在过去长达 10 年的时间里处于“遇冷状态”。然而随着境内债市不断开放，离岸和在岸利差收窄，熊猫债券有望迈向新的阶段。

七、点心债

点心债指近年兴起的中国香港离岸人民币债券。

国家发展和改革委员会公布了发行点心债的新审批规定，其中包括对发行人、债券结构、监管机构以及所得款项用途等方面的要求。总括而言，拟在香港发行人民币离岸债券的任何内地非金融机构，仍必须向发改委申请，而且仅“营利能力较强”及“信贷状况良好”的发行商会获批准。

八、绿色债券

所谓绿色债券，是一种专门为风力发电场和净水系统等气候友好项目融资的金融工具。首批 5 亿美元绿色债券一上市，投资者们便趋之若鹜，需求量是供应量的 3 倍还多，达到 18 亿美元。中国农业银行在伦敦证券交易所发行中资金融机构首单绿色债券，并与伦敦证交所集团签署《绿色金融合作备忘录》，开启中英绿色金融合作。随着中国金融市场日渐成熟，债券将成为越来越重要的融资工具，这对于金融和经济政策问题以及环境问题都具有深远的意义，因为它增加了利用债券市场使中国向低碳/绿色经济转型的融资机会。同时，绿色债券也适用于“一带一路”沿线国家融资。

本章要点

本章主要帮助读者梳理上市前、上市后、境外融资等各种融资工具及操作程序，帮助企业选择适合的融资工具。

思考题

1. 如何利用上市前和上市后、境外融资工具帮助企业解决融资难的问题？

2. 私募基金有哪些优势？其组织形式有几种？

3. 发行可转换债券的基本条件及程序是什么？

参考资料

1.《中华人民共和国公司法》，2018 年 10 月修订并开始施行。

2.《中华人民共和国证券法》，2014 年 8 月修订并开始施行。

3.《上海证券交易所股票上市规则》，2018 年 11 月修订并开始施行。

4.《深圳证券交易所股票上市规则》，2018 年 11 月修订并开始施行。

5.《深圳证券交易所创业板股票上市规则》，2018 年 11 月修订并开始施行。

6.《首次公开发行股票并上市管理办法》，2018 年 6 月修订并开始施行。

7.《首次公开发行股票并在创业板上市管理办法》，2018 年 6 月修订并开始施行。

8.《上海证券交易所科创板股票上市规则》，2019 年 4 月修订并开始施行。

9.《科创板首次公开发行股票注册管理办法（试行）》，2019 年 3 月发布并开始施行。

10.《保荐人通过上海证券交易所科创板股票发行上市审核系统办理业务指南》，2019 年 3 月发布并开始施行。

11.《上海证券交易所科创板上市保荐书内容与格式指引》，2019 年 3 月发布并开始施行。

12.《科创板上市公司持续监管办法（试行）》，2019 年 3 月发布并开始施行。

13.《上交所第一届科创板股票上市委员会、科技创新咨询委员会委员》，2019 年 3 月发布并开始施行。

14.《中国证券监督管理委员会发行审核委员会办法》，2017 年 7 月修订并开始施行。

15.《深圳证券交易所上市委员会工作细则》，2018 年 12 月修订并开始施行。

16.《上市公司章程指引》，2016 年修订，2017 年开始施行。

17.《全国中小企业股份转让系统业务规则（试行）》，2013 年发布并开始施行。

18.《全国中小企业股份转让系统挂牌公司分层管理办法》，2017 年发布并开始施行。

19.《全国中小企业股份转让系统股票挂牌业务操作指南（试行）》，2017 年 6 月修订并开始施行。

20.《全国中小企业股份转让系统股票转让细则》，2017 年发布并开始施行。

21.《上海证券交易所章程》，2018 年修订并开始施行。

22.《上市公司治理准则》，2018 年修订并开始施行。

23.《证券交易所管理办法》，2017 年修订，2018 年开始施行。

24.《股份有限公司境外公开募集股份及上市（包括增发）审批》，2016 年 2 月 25 日发布。

25.《上海证券交易所与伦敦证券交易所市场互联互通存托凭证业务监管规定（试行）》，2018 年 10 月发布并开始施行。

26.《上海证券交易所证券发行上市业务指引》，2018 年 6 月修订并开始施行。

27.《证券发行与承销管理办法》，2018 年 6 月修订并开始施行。

28.《上市公司重大资产重组管理办法》，2016 年 9 月修订并开始施行。

29.《上市公司股东大会规则》，2016 年 9 月修订并开始施行。

30.《公开发行证券的公司信息披露内容与格式准则第 2 号——年度报告的内容与格式》，2017 年 12 月修订并开始施行。

31.《公开发行证券的公司信息披露内容与格式准则第 3 号——半年度

报告的内容与格式》，2016 年 12 月修订并开始施行。

32. 《上市公司股权激励管理办法》，2018 年 9 月修订并开始施行。

33. 《上海证券交易所上市公司可转换公司债券发行上市业务办理指南》，2018 年 12 月修订并开始施行。

34. 《上海证券交易所上市公司重大违法强制退市实施办法》，2018 年 11 月修订并开始施行。

35. 《外商投资证券公司管理办法》，2018 年 4 月发布并开始施行。

36. 《境外非金融企业债务融资工具业务指引（试行）》，2019 年 2 月发布并开始施行。

37. 《公司债券发行与交易管理办法》，2015 年 1 月发布并开始施行。

后记

《企业上市全程指引》更新至第四版的修订工作终于可以暂时停笔喘口气儿了。其实自 2014 年 3 月修订出版了《企业上市全程指引》第三版以来就没有停止过再修订工作，因为国务院、证监会、沪深交易所及相关政府部门对证券市场的政策调整及一系列的管理办法、上市规则也一直在不断修订并推出新的政策，所以这几年，为了对读者负责，我随时收集整理变化中的各项政策及规则条例，对第三版是改了又改。截至 2019 年 6 月 3 日，科创板已受理上市申请企业 113 家，已问询 94 家，再过两天，微芯生物、天准科技、安集科技将于 6 月 5 日作为科创板上市委首次审核会议审核的企业。此时，我终于可以把新规更新至第四版，以奉献给亲爱的读者们。

中共中央政治局就完善金融服务、防范金融风险举行第十三次集体学习时，习近平总书记在主持学习中发表重要讲话，深刻阐明金融与经济的关系："金融活，经济活；金融稳，经济稳。经济兴，金融兴；经济强，金融强。经济是肌体，金融是血脉，两者共生共荣。"

包括股票市场在内的资本市场也将成为国家重要核心竞争力的组成部分，中国是全方位、多层次资本市场结构，股权、债权等融资工具种类不缺。

从上交所的"老八股"到 1 463 家上市公司，从深交所的"深市老五股"到 2 148 家上市公司，而今新三板已有的 10 419 家挂牌企业。看这些资本市场的弄潮儿，它们为中国成为世界经济大国，再走向经济强国都做出了不可磨灭的贡献，它们的发展史就是中国改革开放 40 年资本市场的发展史。见证并亲历这一段历史的人都不得不承认，包括股票市场在内的资本市场是国家重要核心竞争力的重要组成部分。

人类历史的进步得益于科技的发展，但是如果没有一个强大的资本市场作为支撑，人类是难以追逐科技梦想的。

按照“高标准、稳起步、严监管、控风险”基本要求的科创板即将开门迎客，谁是座上宾？科创板将汇聚中国最具潜力的科技公司，分属于科技型、创新型、硬科技企业，我们准备好了吗？

2019 年是中华人民共和国成立 70 周年，也是中国人民向着第一个百年奋斗目标奋进的关键一年。强国梦的实现，百年奋斗目标的实现，不仅需要科技的推动，更需要资本的力量，只有科技、资本、产业的深度融合，才是实现我们共同目标的基本保证。

《企业上市全程指引》一书就是专为正在创业、准备上市，或已在上市路上，或已是上市公司的企业家、企业中高管人员服务的随身伴侣。第四版专为科创板发行上市及相关规则单书一章，同时把主板、中小板、创业板、新三板、国际板章节里的重要规则与相关操作程序也分别修订更新，对内资企业去中国香港上市的架构设计与操作规则做了补充与完善。根据《中华人民共和国外商投资法》相关规定，对境外融资与上市章节也做了相应补充与修订。另外对企业上市前的资本运作与上市后的再融资及其融资工具章节也进行了筛选与更新。全书修订完后由第三版的十六章增至十八章，希望第四版《企业上市全程指引》能给您带来实际的帮助，并伴随您的企业踏进资本市场的大门，再创辉煌。

有人说：“将来中国资本市场皇冠上的明珠就是科创板。”“中国真正的牛市将会在科创板开盘以后到来。”我虽不敢妄言称是，但我祈祷梦想成真！致敬，我的读者！致敬，中国的企业家们！

最后，真诚感谢本书资深策划彭锦华老师，资深责编许志、丰虹老师，经他们精心打造的书都具高品质。我是幸运的，是他们的启发让我找到了修订此书的真正动力与创作中的灵感。有中信出版社的力推，让我们相识互助，我将陪伴各位读者走进浩瀚的资本市场去寻找自由、诗和远方。

周红